21 중등수학교육

수학과 수업모델 및 설계

신현성 지음

KM 경문사

머리말

이 책은 사범대학 수학예비교사 및 학교수학교사들 모두가 활용할 수 있도록 만들었다. 예비교사는 임용고사의 면접시험에 이 책을 효과적으로 활용할 수 있으며 하교의 현장교사는 수업모형을 중단없이 발전시켜 나가는 데 이 책의 도움을 얻을 수 있다.

수학교사의 전문성은 자기가 가르치려 하는 수학내용, 학생의 인지수준, 교실환경에 알맞은 수업모형을 선택·발전시키는데 있다. 전통적으로 우리의 교실은 수학내용을 충실히 그리고 많은 학생들에게 전달하는 S-R 수업모형 또는 유의미 설명수업모형을 선호했다. 그러나, 1990년에 들어서면서 학교는 정부, 산업사회 및 학부형들로부터 심각한 권고를 받았다. 간단히 말하면 학생 개인의 능력과 개성에 맞는 창의적인 교육을 실시해 달라는 주문이며, 이는 단순히 해보는 말이 아니고 우리나라가 앞으로 생존하는 최소의 요구사항이라고 한다. 이러한 분위기는 리쿠르트사가 외국 및 국내기업(주로 IT분야)이 이미 취업한 국내 대학생의 문제점을 지적한 한국교육의 약점을 실은 일간지에서 잘 나타나 있다. 즉, 대학생들의 교육 문제점으로 크게 세 가지 ① 전문실력 부족 ② 탐구능력 취약 ③ 책임감 결여를 들었다.

이들 요인 모두 초·중·고의 교육과 깊은 관련이 있다. 쉽게 말하면 고등학교 1학년에서 배우는 삼각함수에 관한 지식이 산업현장에 어떤 과제에 연결되었는데, 그 응용성을 이해하지 못한다는 것이고 어떤 직장에서 일어나는 실제적 과제의 해결에 스스로 계획하고 실행하고 발전시키는 탐구능력과 습관이 결여되었다는 것이다. 이들은 학교의 수업형태와 조직활동에 모두 관련이 되어 있다. 그러면 '현재의 교실환경(수업과 평가)을 수학교사는 어떻게 개선해야 할까?'는 정부, 사범대학, 교육청 및 학교가 중요성을 실감하고 수학교사들의 동의를 얻어 교실수업환경을 바꾸어야 한다.

신임교사를 채용하는 장에서는 수업능력을 엄격히 측정해야 하고 학교 장학활동도 교사의 최고전문성, 즉 학생들의 유연한 사고와 창의력을 기르는 수업활동에 그 초점을 맞추어야 한다. 특히, 사범대학을 졸업한 학생들이 수업의 다양성과 역동성을 경험하지 못했다는 것은 사범교육의 큰 약점이 될 수 있다. 이 책은 이러한 운동에 도움을 줄 수 있는 지식을 담았다.

사범대학과 교육대학은 학교현장과 거리있게 교육과정을 짜서는 안 된다. 다시 말하면 교실 수업에서 보인 학생들의 수학이해에 대한 약점, 수학에 흥미를 잃어가는 원인, 실세계 문제해결에 취약한 환경, 탐구적인 정신을 길러주는 교수학습방법 등에 교사는 전문적인 지식을 갖추어야 한다. 끝으로 이 책이 나오기까지 적극적인 후원을 아끼지 않으신 경문사의 사장님과 직원 여러분들께 감사의 마음을 보냅니다.

2011. 3

저자 씀

차례

1. 수학의 수업이론(1)

2. 수학의 수업이론(2)

3. 수학의 수업기술

4. 수학의 수업모형 실제(1)

5. 수학의 수업모형 실제(2)

6. 수학의 수업설계

7. 수학교실의 역동적 환경

8. 교실의 수학적 상황

1

수학의 수업이론(1)

1.1 이론의 이동

교실에서 일어나는 수학의 수업활동을 지원해줄 수 있는 교수학습이론은 1920년대부터 시작했다고 볼 수 있다. 처음에는 손다이크의 S-R(자극반응)이론으로부터 연습법칙, 효과법칙, 준비성의 법칙, 분석의 법칙을 수학시간에 도입했으며, 최근에는 교실수업에서 상황(context)을 도입한 상황학습을 수업시간에 활용한다. 이를 도표로 나타내어보면 다음과 같다.

	상황(구성)교수학습	수학화교수학습	유의미설명교수학습
개념	• 상황인지학습 • 의사소통 • 경험의 재조직	• 프로이덴탈의 수학화 • 딘즈의 놀이학습 • 부르너의 발견	• 오수벨의 유의미학습, 통합이론, 선행조직자 • 가네의 위계학습, 개념의 계통성, 준비성
문제해결	• 프로젝트 • 문제포즈	• 실생활문제해결 • 장이론·폴리야식문제해결	• 부르너의 EIS표현 • S-R식 문제해결

이 표는 수학과 교수학습의 여러 이론의 변천과정을 나타낸 것으로 수학의 수업방법을 보는 관점이 시대에 따라 변화했음을 알 수 있다. 이 변화 중 가장 큰 관심은 이해에 대한 연구였다. 수학의 수업에서 개념이해의 중요성 때문에

많은 수학교사나 수업이론가들이 이해 연구에 시간과 노력을 투자하지만 이해를 정확히 설명한다는 것은 매우 어렵다는 인식이었다. 그만큼 이해는 복잡하고 시간이 지남에 따라 끊임없이 변한다는 사실이다. 이러한 이해를 누가 어떤 관심을 가지고 무엇을 연구했을까 하는 질문은 자연스러운 것이었다.

불룸(1956)은 이해를 "알고 적용하는 것"으로 정의한다. 이 정의에 의하면 학생들이 최소공배수

> 두 개 이상의 자연수의 공통인 배수를 그 수들의 공배수라 하고, 공배수 중에서 가장 작은 수를 최소공배수라고 한다.

를 이해하기 위해서는 2의 배수의 합을 A, 3의 배수의 집합을 B라고 하고

$$A = \{2, 4, 6, 8, 10, 12, 14, 16, 18, 20, \cdots\}$$
$$B = \{3, 6, 9, 12, 15, 18, 21, \cdots\}$$

를 정한 다음에 두 집합의 교집합은

$$A \cap B = \{6, 12, 18, \cdots\}$$

을 구하여 정의를 설명할 수 있어야 하고, 다음 같은 적용연습(또는 소재)을 성공적으로 수행해야 한다.

> 롤러블레이드로 운동장을 한 바퀴 도는데 에릭은 40초, 보아는 50초 걸린다고 한다. 이와 같은 속력으로 두 사람이 같은 곳에서 동시에 출발하여 같은 방향으로 운동장을 돌 때 두 사람이 몇 초 후에 출발점에서 만나는가?

그런데, 교실에서는 이러한 과정이 무난하게 이루어지지 않는다. 대부분 학생들은 개념에 대한 설명을 보기를 들어가면서 설명했어도 다양한 적용연습을 성공적으로 수행하지 못한다(김영순, 2006). 지문을 읽고 문맥에 적합한 개념이 최소공배수라는 연결망을 만들어야 하는데 이 과정이 잘 일어나지 않는다.

스켐프(1979)와 브롸우넬(1935)은 이해를 관계파악으로 설명하려 한다. 즉,

학생들이 어떤 개념을 이해한다는 것은 그 개념에 관련된 지식(정의, 원리, 공식, 계산)을 의미 있게 연결하여 연결망을 완성한다는 것이다. 특히, 브라우넬은 수학에서 이해의 생성의 중요성을 기억의 보존과 전이 능력의 향상, 문제해결의 수월성, 다양한 접근 방법의 사용 등으로 설명한다. 한 가지 좋은 예로, 불룸은 학생들이 이차방정식의 근의 공식을 외우고 몇 개의 이차방정식을 풀었다면 그들은 근의 공식을 이해했다고 보지만 스켐프는 그들이 근의 공식도 유도할 수 있어야 한다고 본다.

수학의 학습에서는 스켐프의 생각을 중시하며, 실제 교실에서도 최소공배수의 개념을 학생들에게 이해시킬 때는 교사가 탐구과정을 통해 최소공배수를 의미화하고 이것을 다양한 상황에 적용하여 개념의 연결망을 완성하도록 인도한다(윤재연, 2004). 다만 두 사람의 생각의 차이는 브라우넬은 문제장면 속에서 개념의 연결망을 완성하도록 권장한다. 이들의 아이디어는 곧 딘즈(1960)의 지각적 다양성과 수학적 다양성에 연결이 된다. 이들 생각을 종합해 보면 학생들이 최소공배수를 이해한다면 다양한 다음연습을 수행해야한다.

문제상황 1

가로의 길이가 18, 세로의 길이가 9, 높이가 6인 직육면체의 모양의 블록을 같은 방향으로 빈틈없이 쌓아서 가능한 한 작은 정육면체를 만들려 한다. 이때, 필요한 블록은 모두 몇 개인가?

문제상황 2

서로 맞물려 도는 톱니바퀴 두 A, B가 있다. A의 톱니바퀴 수는 18개, B의 톱니바퀴 수는 24개이다. 이 톱니바퀴가 한 번 맞물린 후 같은 톱니에서 다시 맞물릴 때가지 A는 몇바퀴 도는가?

문제상황 3

두 분수 $\frac{5}{6}$, $\frac{25}{12}$에 가능한 작은 분수 $\frac{b}{a}$를 곱하여 자연수를 만들려 한다. 이때, a와 b의 값을 구하여라.

수학지식을 다른 상황설정에 활용하려 할 때는 비슷한 방법으로 두 상활설정을 해석하고 인지하기 때문이라는 것이다(Lave, 1996: Young, 1986). 앞에서 다양한 소재로 최소공배수를 이해한 학생은 새로운 소재로 구성된 다음 문제를 볼때 생각의 혼란과 장벽을 덜 느낀다는 것이다. 즉, 전이가 일어날 수 있다는 것이다.

> 두 신호들은 동시에 빨간등이 켜진 후 다시 빨간등이 켜지는데 각각 60초, 80초가 걸리다. 오후 6시 정각에 두 신호등이 동시에 빨간등이 켜졌다면 이후 처음으로 빨간등이 동시에 켜지는 시각은 언제인가?

학교에서 최소공배수를 알고 있다는 학생들에게 이 문제를 주면 많은 학생은 배우지 않은 새로운 문제라고 답하지 않는다(윤재연, 2004).

그러면 학생들은 다양한 연습상황 또는 소재에서 어떻게 수학개념을 획득하게 될까? 단순히 교사가 반복설명을 하면 되는가에 대한 의문이 있다. 이를 위해 함수개념(7・가)을 생각하여 보자.

함수

변화하는 두 양 x, y에 대하여 x의 값이 정해짐에 따라 y의 값이 오직 하나만 정해질 때 y를 x의 함수라 한다. 기호로 $y=f(x)$라 쓴다.

이 개념을 획득하기 위해 학생들은 다음과 같은 다양한 소재를 활용한다.

수준 1

(1) 고속도로를 100km 달리는 버스가 있다. 이 버스가 x시간 달린 거리를 $y$km 라고 한다.

(2) 창문을 왼쪽으로 천천히 열 때 창문틀이 왼쪽으로 x 움직일 때 열려진 면적은 $y\text{cm}^2$이다.

수준 2

(3) 승용차와 버스가 동시에 출발하여 고속도로를 달리고 있다. 승용차는 시속 100km 속력으로 달리고, 버스는 시속 80km의 속력으로 달린다.

(4) 규칙: 집합 $\{2, 3, 4, 5\}$에 속한 원소 x의 약수 개수

(5) 오른쪽 그림은 직사각형 $ABCD$에서 점 P가 점 B를 출발하여 점 C가지 변 BC 위를 움직인다.

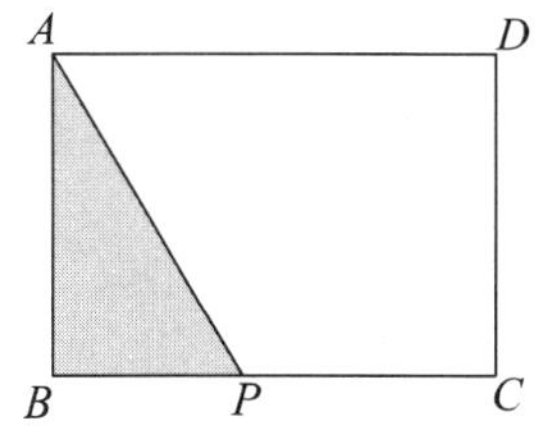

교사가 함수개념을 이해시키기 위해 5개 소재를 반복설명할 때 학생들은 이 개념을 완전히 이해했다고 볼 수 있을까? 대답은 그렇지 않다는 것이다. 물론, 학생들 중에 교사의 설명을 내적으로 동화할 수 있는 인지구조를 가진 학생들은 쉽게 교사의 설명이 앞에서 배운 함수개념과 일치한다는 것을 안다. 이런 학생들은 함수에 관한 다양한 문제해결의 세계로 들어갈 준비가 되어 있다. 그러나 많은 학생은 두 학습사이에 연결망을 구성하지 못한다. 학생들이 연결망을 가지게 하기 위해서는 그들과 아이디어 토론이 적절하다고 한다. 즉, 학생들은 해결방법을 개발하고 분석하면서 연결망을 구성한다. 다른 사람의 아이디어와 해결방법을 주의 깊게 살펴보고 자기 것을 보완한다. 선생님과 상호작용을 하여 정보를 공유하는 것도 여기에 속한다. 이때, 교사의 일방적인 설명(의사소통)은 개념의 이해과정에서 문제가 있다고 본다. 교사가 학생들에게 자주적 활동을 주면 그들은 반성적으로 사고하는 기회를 가질 뿐 아니라 의사소통과 사회적 상호작용의 패턴을 개발하는 수준까지 나긴다. 위에서 언급한 말 이외에도 이해의 관점에 대한 프로이덴탈(1983)의 생각도 의미가 있다. 즉, 그들은 개념의 확정(교과서 정의, 정리 등)을 위해서는 다음 탐구과정이 중요하다고 본다.

자연현상 놀이소재	→	반영적 과정	→	개념진술 (교과서 표현)

이들 과정을 비교적 정확하게 활용한 강태성(2003)의 수업을 비디오를 보면 학생들의 반성적 사고를 돕는 교사의 역할을 확인할 수 있다.

한편, 앞의 이론의 이동에서 문제해결은 개념이해보다 언급이 적었다. 실제로 문제해결의 연구는 많은 시도가 있었음에도 불구하고 수학교사에게 권장할만한 확실한 수업방식과 학습이론이 없다는 점이다.

초지의 문제해결의 수업연구는 본드이론에서 출발했다고 볼수 있다. 여기서는 시행착오를 중요시했고 교사가 문제의 해결을 주도했다. 문제의 해법을 교사가 자세하게 설명하고 유사문제의 비유(analogy)를 통하여 문제해결의 수업을 권장했다. 가네의 입장에서 보면 이 수업방법은 학생들이 개념과 원리, 공식, 계산을 잘 보유하고 있을 때 성공적이라고 본다. 즉, 다음문제에서

19부터 92까지의 두 자리인 정수를 차례로 이어 붙어 만든 수

$$N = 19202122 \cdots 909192$$

를 소인수 분해 하였을 때, 소수 3의 최대지수는?

교사는 문제를 이해시키고, 각 자릿수의 합이 3의 배수(문제풀이계획)임을 보이는 설명으로 들어간다. 그래서 그 합이 3, 3^2으로 나누어지는가를 조사하여 최대지수를 구한다. 학생들이 교사의 설명을 이해하든 자기 스스로 풀든, 가네 방식으로 이 문제 속에 있는 개념 (자릿수 합이 3으로 나누어지면 그 수는 3의 배수임)을 기억하는 일은 매우 중요하다. 그러나 실제로 이 문제를 학생에게 풀려보면 학생들은 무척 당황해 한다.

S: 처음 본 문제라 어디서부터 시작해야 할지 모르겠어요. …….

S: 각 자리의 수 합을 구해야 하는데 어려운데요. 좋은 방법은?

위에서 맨 처음 학생 S는 문제의 뜻은 알지만 “각 자리의 수 합이 3의 배수이면 문제는 해결할 수 있다.”는 생각이 떠오르지 못했고, 뒤의 학생 S는 실마리를 찾기는 했는데 각 자릿수의 합을 효과적으로 찾는 기술이 부족하다. 전자는 정신활동의 통제로 머릿속에 있는 정보의 홍수 속에서 이 문제에 알맞은 개념, 계산을 찾지 못했고, 반대로 후자는 발견전략을 연습하지 않은 결과이다.

이 교실현상에 대해 장이론에서는 앞의 시행착오 이론을 비판하며 문제해결 수업을 다른 각도로 본다. 사실 시행착오 이론은 방정식과 같은 영역에 관련된 문제해결에는 상당한 효과가 있으나 복잡한 개념과 계산활동이 같이 있는 통합문제를 해결하는 데는 알맞지 않다. 다음 문제는 일종의 구조파악이 필요한 문제이다.

> 한 변의 길이가 4인 정사각형 $AXYZ$의 안쪽에 그림과 같이 한 변이 2인 정삼각형 ABP를 변 A가 변 AX 위에 오도록 한다. 이 삼각형은 시계방향으로 점 B를 중심으로 회전하고, 다시 P, A를 중심으로 정사각형의 변 위를 회전하여 점 A, B, P가 원래자리로 돌아올 때까지 움직인다. 이때, 점 P가 이동한 거리를 계산하여라.

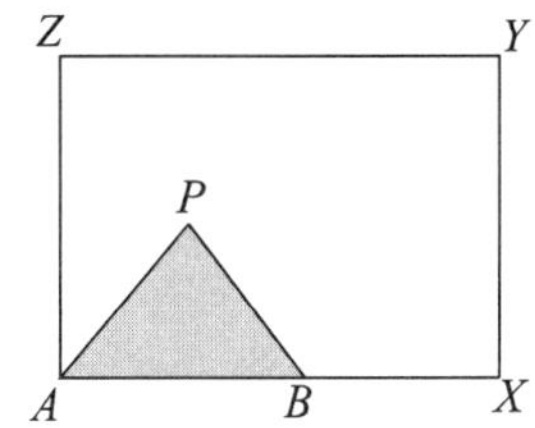

이 문제는 두 종류의 회전을 이해하여 각각 몇 번 회전했는지를 예측하고 이들 정보를 모두 그림으로 잘 표현했을 때 해결의 아이디어가 나온다. 그러면 교사는 학생들이 이러한 구조파악을 스스로 하도록 어떻게 도와주어야 할까? 아마도 학생이 자주적으로 하도록 가만히 있다든지, 또는 직접 그림을 그려가면서 친절하게 설명할 것이다. 그러나 장이론에서는 가능한 적은 횟수의 힌트를 권장한다. 한 개의 좋은 힌트를 통하여 구조가 파악되고 이어서 문제의 해를 발견하는 사례를 우리는 자주 본다.

고등학교의 3학년 교실에서 흔히 볼 수 있는 다음 일반화 문제군을 보자. 이 실험에서 먼저 연구자는 n에 관련된 문제를 실험 학생에게 주었다.

> 한 변의 길이가 1인 정사각형 내에 n^2+1개의 점을 잡을 때, 두 점 사이의 길이가 $\sqrt{2}/n$을 넘지 않은 적어도 한 쌍의 점이 존재함을 보여라.

이어서 일정한 사간을 관찰했지만 실험에 참석한 학생 모두 해결하지 못하였다. 이후 연구자는 한 개 힌트를 제언했다.

> 한 변의 길이가 4인 정사각형 내에 17개의 점을 찍을 때, 두 점 사이의 길이가 $\sqrt{2}$를 넘지 않은 적어도 한 쌍의 점이 있음을 그림으로 보여라.

얼마의 시간이 흐른 다음 실험에 참여한 학생으로부터 해가 나오기 시작했다. 이들의 아이디어는 오른쪽 그림에 잘 나타나있다.

폴리아는 위의 교실현상을 좀 다르게 본다. 장이론 쪽의 구조파악과 통찰을 세분해서 네 단계로 문제해결 과정을 설명한다. 이 단계의 수행에서 교사의 역할은 매우 중요해서 문제해결 발문과 문제해결 환경을 조정하는 조정자역할을 한다. 이를테면, 다음 문제해결 계획 단계에서 교사의 던진 질문을 보자(위의 문제가 아니고 다른 문제의 경우임).

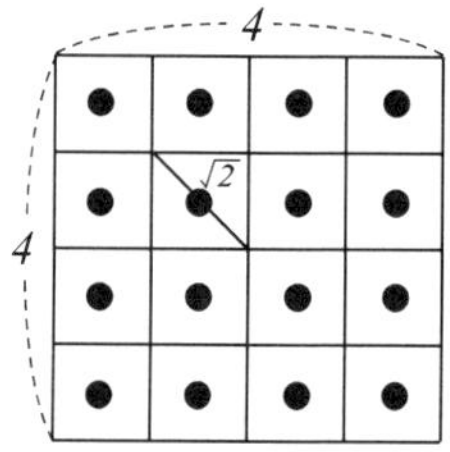

S: 이 문제를 어떻게 풀어야 할까?

S: 이 문제를 풀기 위해 저는 책상을 네모 모양으로 그려 풀이과정을 생각하겠습니다.

T: 좋은 생각이다. 다른 학생은 어떻게 생각해요?

그러나 버트(1980) 등은 폴리야 생각은 열린 정도를 강조하는 문제에서 잘 맞지 않다고 말한다. 그뿐 아니라 많은 교사들도 네 단계 수업이 교실에서 잘 맞지 않다고 말한다. 한편, 많은 수학교사와 대화를 나누어보면 폴리야의 발견전략(Heuristics)은 효과가 있다고 말한다. 다음 문제를 보자.

어떤 수 X에 관한 3진법의 수를 나타낸 결과가

$$12112211122211112222$$

이다. 이 수를 다시 9진법으로 나타낼 때 제일 큰 자리의 수(맨 왼쪽 자리의 수)는 얼마인가?

에서 문제를 이해하고, 이것이 가지고 있는 규칙성 읽기를 보지 못하면 비효율적인 방법, 십진수로 고친 다음 다시 9진법으로 고쳐 구하려하는 자리의 수를 말한다(고등학교 3학년 실험). 이 문제를 준 교사는 이러한 비효율적인 접근을 생각한 것이 아닐 것이고, 다음과 같은 생각을 가르치려 했을 것이다.

$$(3\times 1+2)3+\ \cdots$$

이러한 발견전략 외에도 문제해결에서 메타인지(Lester, 1989; Schoenfeld, 1987)와 고등 사고 기술(Peterson, 1985)은 문제해결에 영향을 주는 기술이라고 본다. 즉 메타인지는 학생들이 인지자원에 대한 자기통제, 모니터링, 평가를 조화 있게 운영하는 것이고 여기에 신념, 직관력도 의미를 더해준다. 실제로 문제해결에 성공적인 학생은 문제를 다루는데 강력한 전략을 소유하고 문제 해결

행동을 반성하고, 그런 전략을 효율적으로 점검하고 통제한다는 것이 발견되었다. 또, 고등사고 기술에 대해서는 용어 및 그 특징을 아직 연구하고 있지만, 다음과 같은 기술로 보면 무난하다(English & Halford, 1995; 고상숙 옮김).

- 유연하고 창조적인 사고
- 귀납적 연역적 사고
- 공간적 시각적 사고, 패턴의 지각
- 비판적 사고

위의 기술은 다소 추상적이고 여러 생각이 합친 표현처럼 보이며, 대학에서 2~3년 지난 수학과 학생들의 문제해결에서 일부를 관찰할 수 있었다. 그러나 이러한 행동은 문제만 다르게 주면 초·중등 모든 학생에게서 관찰 할 수 있다.

a, b는 집합 $\{1, 2, 3, \cdots, 99, 100\}$에서 임의로 택한 수라고 할 때, $3^a + 7^b$의 일의 자리의 수가 8일 확률은?

이 실험에서는 유연하고 창의적인 실험집단이 그렇지 않은 집단보다 다음 사고에서 탁월한 능력을 보였다.

- a, b를 집합에서 임의로 선택해서 3, 7을 계산 할 때 그 결과의 패턴 인식
- 확률을 구하기 위한 총 가짓수와 일의 자리의 수가 8인 가짓수를 쉽게 생각하기

교실에서 문제해결을 지도하는 교사로서 고민은 "모든 학생에게 이러한 기술을 성공적으로 가르칠 수 있는가?"라는 자기 질문일 것이다. 이 질문에 대해 예라는 대답은 쉽게 나오지 않다는 것을 모두 잘 알고 있다. 다만, 여기서 논의할 중요한 점은 문제해결 지도의 좋은 경험을 쌓은 교사를 학생과 학부형이 찾고 있다는 점이다.

산업사회의 변화는 필연적으로 교사들의 수업 관점을 바꾸게 하고 있다. 이를테면, 각국의 교육과정 설계는 세 개의 저울추에 의하여 결정되었다. 그림에서 세 개의 저울추는 수학의 변화, 사회의 변화, 학습이론의 변화이며, 교사는

강조점을 어디에 둘 것인지를 생각한다. 아마도, 70년에는 우리사회가 제조업을 중심으로 한 산업의 구조로 짜기 시작했기 때문일 것이다. 또 학문중심사상의 영향으로 교사는 중심 추를 수학의 변화에 보다 가까이 하고, 상대적으로 학습 이론의 변화와 사회의 변화에 대해서는 민감하지 못했다고 볼 수 있다.

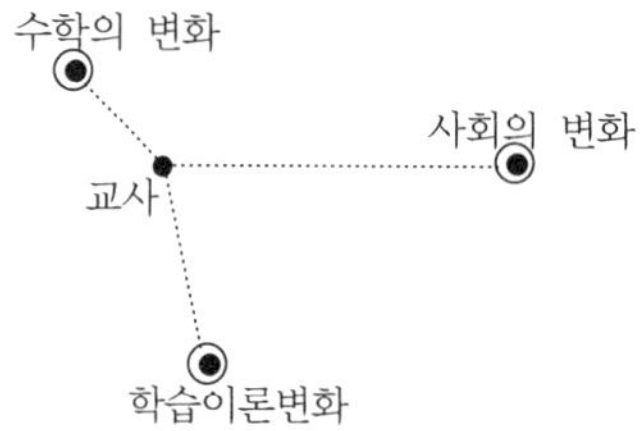

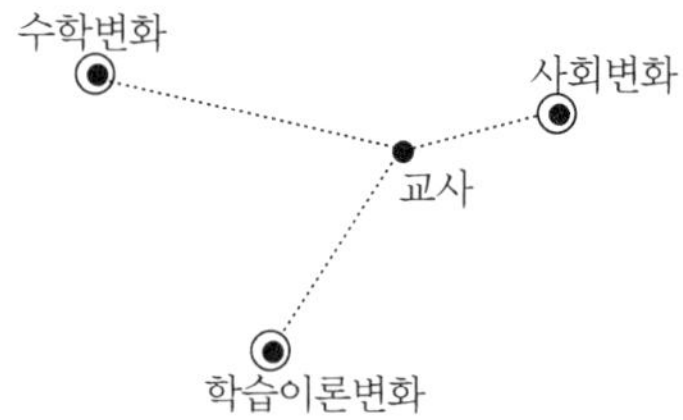

그러나 각국은 80년대로 들어오면서 수학과 교육과정의 성격을 재정립하기로 했으며, 종전에 교실에서 수학내용을 추상적으로 배웠다는 관점에서 탈피하여 수학적 활동을 경험했다고 한다. 이를테면, 종전의 직선 $y=2x+5$에서 기울기를 정의하는 수준을 벗어나 학생들이 협력학습(cooperative learning)으로 데이터를 수집하고, 이를 분석하여 그래프로 표시하고 기울기에 대한 여러 탐구활동을 하게 한다.

수박이 단위 무게당 0.39(천원)에 팔린다.

조사활동 1 가격을 조사하는 표를 만들어라.

단위수	가격
1	0.39
2	0.78
3	1.17
4	1.56

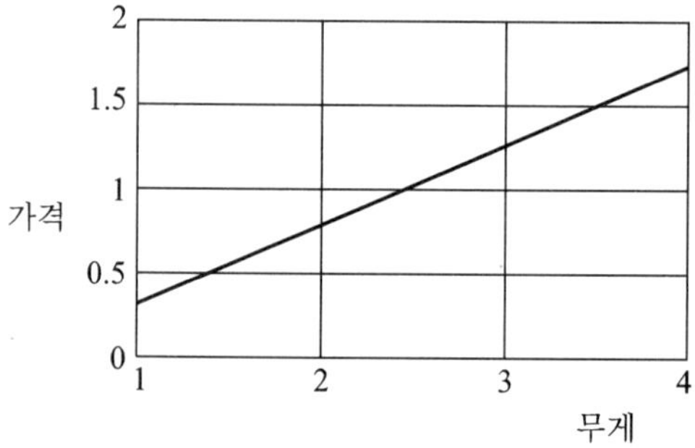

조사활동 2 패턴을 그래프로 나타내어라.

조사활동 3 패턴에서 직선의 기울기를 말하여라. 또, 단위무게당 변화의 양(가격)은?

따라서 교육과정의 개정은 사회의 변화 쪽에 추의 중심을 가까이했고, 이와 맞게 교과서를 범국가적으로 제작함과 동시에 수학교사에게 수업을 탐구중심으로 옮기도록 하였다. 즉, 수학내용을 단순히 전달하는 관점에서 벗어나 사고기술, 탐구기술을 익히도록 했다. 이유는 학생들이 졸업하고 산업사회에 나가는데, 그쪽에서 위의 능력을 갖춘 사람을 원했기 때문이다. 지금까지 설명한 이론의 이동에서 가장 활발한 연구가 이루어진 분야는 수학적 이해이다. 이러한 흐름에 따른 학교의 수업변화를 좀더 자세하게 살펴보자.

1.2 수학적 이해문제

교실은 학생, 교사, 도구, 환경 등이 서로 유기적으로 작용하는 공간이다. 이들 중 일부가 제대로 작동하지 않으면 수학의 학습이 일어나지 않는다. 수학의 구조전달을 중시하는 구조주의자들은 잘 조직된 수학체제를 교사가 전달하는데 의미를 두지만, 구성주의자들은 이들이 만들어 내는 활동, 의사소통, 교섭을 매우 중시한다. 물론 이 세 가지 용어가 저절로 이루어지는 것이 아니고 수학과제의 선정, 교사의 역할, 교육적인 도구의 활용이 잘 조화가 되어야 한다. 즉, 학습자의 활동이 주 관심사이며 교사는 이 활동의 조절자, 창안자, 통제자의 역할을 할 뿐이다. 관찰에 의하면 학생들의 수업활동은 교사의 과제선정, 상황설정, 성공적인 활동을 유도하는 능력에 지대한 영향을 받는다고 한다. 이러한 능력을 가진 교사에 의해 학생들은 능동적으로 자신들의 반영활동을 성공적으로 이끌어 가고 자신들의 수업활동에 집중하게 된다. 교실에서는 어떤 형태의 수업도 교사와 학생, 학생과 학생의 의미 있는 의사교환으로 이루어진다. 왜냐하면 수학적 의미는 의사교환이 없이는 전달하기 어렵기 때문이다. 교실에서는 아이디어의 교환으로 브레인스토밍(각자 생각을 활발히 교환하면서 최선책을 찾는 창조적 사고), 모둠활동, 문제해결에서 역할담당, 동료설명, 전문가와 대화, 자기 보고서 발표 등 여러 형식으로 나타난다. 이와 같이 구성주의에서는 이상적인 교실환경을 제시하지만 교실에서 이를 실행하는 것은 쉽지 않다. 사실 구성주의가 나온 이유는 새 수학 운동이 전개된 후 학생들의 수학과 교육과정에 나타난 이해의 문제 때문이었다. 수학적 이해가 학생들에게 얼마나 어렵게 느껴지는가를 알아보려면 다음 교실에서 일어난 몇 가지 에피소드에서 알 수 있다.

[미국] 다음은 어느 중학교 1학년에서 중간고사를 치르는 과정에서 일어난 에피소드이다. 시험지에는 굵은 두 점을 준 다음에 다음과 같은 질문을 하였다.

다음 두 점을 잇는 직선은 몇 개인가?

학생들의 대답은 교사가 바라는 것과는 아주 다른 대답이었다. 즉, 일부 학생은 4개, 다른 학생들은 5개, 6개, 또는 무수히 많다는 대답이 나왔다. 어른들은 당연히 교과서에 있는 대로 오직 하나라는 대답이 나오기를 바랐을 것이다.

[한국] 한 학생이 칠판에 다음과 같이 그의 풀이과정을 학생들에게 보인다.

$$\begin{aligned}\sqrt{(-3)^2} &= \{(-3)^2\}^{\frac{1}{2}} \\ &= (-3)^{2 \cdot \frac{1}{2}} \\ &= -3\end{aligned}$$

따라서 $\sqrt{9} = -3$이다.

[한국] 수업이 끝난 후 한 학생이 다음을 주장한다. 이 학생은 논리적 전개 과정이 옳다고 주장한다.

$$c > 1,\ c = d\text{라면}$$

(1) $c-1 = d-1$　　(2) $(c-1) = 1-d$

(3) $c-1 = -1(1-d)$　　(4) $c-1 = 1-c$

(5) $(c-1)^2 = (-1)^2(1-d)^2$　　(6) $2c = 2$

(7) $(c-1)^2 = (1-d)^2$　　(8) $c = 1$　　$\therefore\ 1 > 1$

위의 두 사례도 학생이 교사의 설명을 잊고 자기가 생각한 대로 적어 보인 것이다. 이들 학생은 왜 교사의 설명을 잘못 해석하고 기억하고 있었을까? 하는 의문이 교사의 머릿속에 남는다. 다시 말하면, 그들은 교사의 설명을 이해하지 않고 외우는 경향이 있다. 위의 사례는 구조주의를 선호하는 교사가 지도하는 교실에서 흔히 볼 수 있는 것이다.

다음은 춘천과 경기도 북부지역에서 실시한 확률문제의 실험이다. 이 인터뷰에서

(1) 한 개의 주사위를 2회 던질 때, 눈의 합이 3 이하일 확률을 구하여라.

(2) a, b는 집합 $\{1, 2, 3, \cdots, 99, 100\}$에서 임의로 택한 수라고 할 때 $3^a + 7^b$의 일의 자릿수가 8일 확률은 얼마인가?

두 문제는 똑같이 확률을 구하는 문제로 수학을 전문으로 하는 사람은 확률의 정의를 이용해 답을 구할 수 있는 문제이다. 비교적 우수한 학생들이 푼 다음 인터뷰를 해보면 대부분 학생은 첫 번째 문제를 푸는데 활용한 확률의 정의는 두 번째에 이용될 수 없다고 말한다. 확률의 정의가 여러 개 있을 수 있다고 말한다.

T: 첫 번 문제를 구할 수 있어요?

S: 첫 번째 문항은 $(1, 1)$, $(1, 2)$, $(2, 1)$와 같이 세 가지이므로 답은 $\dfrac{3}{36}$ 입니다.

T: 옳아요.
그러면 두 번째도 지금 이용한 방법으로 확률을 구해보세요.

S: … 앞의 확률과는 다르겠는데……

맨 처음 문제는 교과서에서 흔히 볼 수 있는 소재로 실험에 참여한 모든 학생이 쉽게 풀었다. 이유는 교과서에서 늘 보던 문제이고 확률 p=(사건이 일어난 경우의 수)/(일어난 모든 경우의 수)를 쉽게 적용할 수 있다는 것이다. 그러나 두 번째 문제는 이 정의가 적용이 되지 않는다는 것이다.

다음은 아주 우수한 학생이 해결한 것으로 이들은 문제가 동일한 확률의 정의로부터 나온다는 것을 알았다. 이 과정을 보면

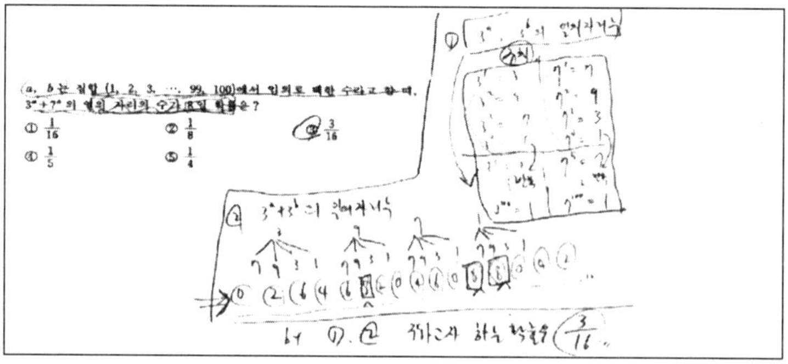

이해를 위한 이 학생의 독특한 기법을 엿볼 수 있다. 이어진 면담에서 이 학생은 개인적으로 생각한 내용을 다음과 같이 말한다. 이 해결과정에서 학생이 보인 정보분석은 매우 중요한 문제해결 기법으로 보인다.

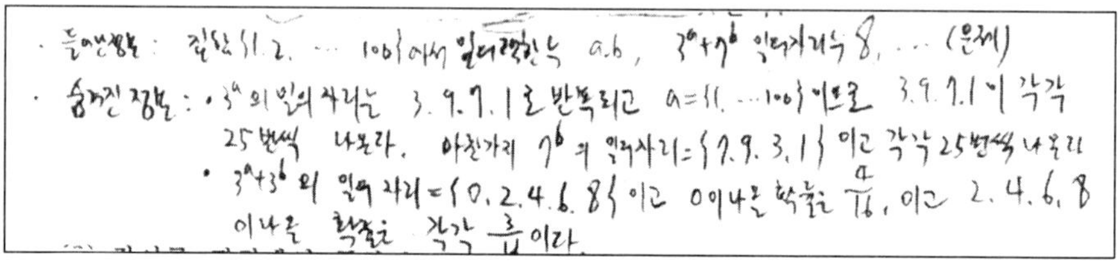

위의 사례를 보면 수학의 개념의 이해는 단순히 반복 설명이나 보기 하나로 기호 아래 숨어있는 아이디어를 해석할 수 없는 성질의 것임을 알 수 있다. 수학교사의 입장은 앞에서 언급한 역동적인 교실환경에서 이런 사례가 일어나지 않기를 원한다. 그동안 수학적 이해연구에서는 이들 문제를 해결하기 위해 많은 노력이 있었다.

(1) 이해를 위한 종전의 연구

1) 수학적 이해를 위한 스켐프와 프로이덴탈 이론

스켐프(Skemp, 1976)는 수학의 학습에서 세 가지 종류의 이해를 제시한 바 있다. 즉, 도구적 이해, 관계적 이해, 형식적 이해(논리적 이해)를 말하며, 이 용어 중 관계적 이해는 문제해결의 방법과 무엇을 해야 할지 그리고 왜 그런지 모두 알고 있으면서 더 일반적인 수학적 관계로부터 특수한 규칙이나 절차를 연역할 수 있는 능력을 말하며, 형식적 이해(논리적 이해)는 수학적 기호를 개념에 연결하고, 이들 아이디어를 사용하여 논리적 추론을 이끄는 능력을 말한다. 그는 이해를 위한 교수학습으로 스키마식 학습을 원한다. 스키마를 간단히 도식이라고 번역했으나, 이보다 개념적 구조라고 말하는 것이 바람직하다. 이 말은 개념이 독립적으로 존재하기 보다는 이들이 모여 구조를 형성한다고 보며, 이 구조는 고정된 것이 아니고 변화하여 새로운 구조를 선택적으로 만들어간다는 뜻이다. 교실에서는 이러한 스키마의 구성이 자유롭게 이루어지는 수업이 일어나야하며 교사는 학습자가 능동적으로 스키마 구성에 들어가도록 학습 환경을 제공해야 한다. 스키마 구성은 아주 중요한 일이어서 스켐프는 세 가지 양식을 제시한다(박주희(2010) 수업 참고).

첫 번째 양식은 수학적 아이디어를 물리적으로 구체화된 활동을 통해 주로 감각적 경험을 공유하는 단계이며, 이 경험으로부터 모델이 만들어지고 실험을 통해 이 모델을 검증한다.

두 번째 양식은 사회적인 것으로 수학적 아이디어 교환과 토론에 의한 협동학습을 통하여 공통적으로 가져야 할 기초를 가지는 단계이다.

세 번째 양식은 기존의 지식에서 자신의 상상, 직관 등을 이용하여 한 차원 높은 개념형성을 하는 단계로 자발적이고 창조적인 사고가 강조된다.

이러한 스켐프 방식의 이해를 약간 다르게 표현한 사람이 프로이덴탈(Freudenthal, 1983)이다. 그는 몇 가지 수학교육의 문제점을 지적하면서 이해교육(특히, 개념교육)을 수학화로 설명하려 했다. 그가 말한 수학화의 정의는 "수학개념, 아이디어 구조 등을 포함한 수학적 수단에 의해 현실적 경험을 조직하거나 수학적 경험을 체계화시켜 나가는 것"이라고 보았다. 이를 설명하기 위하여 그는 두 가지 종류의 활동계열을 준비했던 바, 하나는 실험하기, 관찰하기, 귀납적 분류 등과 같은 구체적 활동이고 다른 하나는 기호화, 일반화, 형식화 등이다. 이들 생각은 두 가지의 특징을 가진다.

- 수학화는 다양한 상황(context), 즉 실생활 장면, 수학의 응용 등에 관련된다.
- 수학화는 지식을 형성해가는 과정을 중시한다.

이들 수학화를 얻기 위한 교실의 수업도 일부 구체적으로 제언이 되었다. 이것은 학생이 능동적인 활동을 주도하여 실세계 상황을 통해 수학적 모델을 찾는 것으로 그들이 환경을 구성하는 경험을 통하여 수학에 대한 높은 수준을 이해하는 것이다. 처음에는 실생활 상황을 직관적으로 탐구하고, 이를 반영적 추상화로 이끌어간다. 이 과정에서 학생들과 교사간의 의사교환은 필수적이다. 프로이덴탈은 수학화 과정에서 수준의 변화를 기능하게 하는 정신활동으로 반성적 사고를 강조한다(강태서(2004))과 박주의(2010) 모의수업 참고).

2) 수학적 이해를 위한 딘즈, 반힐, 오스벨 이론

딘즈(1960)의 학습이론도 이해를 위한 학습 원리로 파악할 수 있다. 그는 이해를 위한 개념학습을 위해서 네 가지 학습이론을 제시한 바 있다. 첫째는 역동적 원리로 놀이단계, 의식단계, 개념형성단계를 거치는 역동적인 정신활동을 강조하는 원리이고, 둘째는 구성 원리로 자기경험을 반성하여 개념을 구성하는 활동으로 분석에 앞서 진행하는 원리이고, 셋째는 수학적 다양성 원리로 변수를 포함한 개념은 그 변수를 포함하는 많은 경험을 통하여 학습하는 원리이며, 마지막은 지각적 다양성 원리로 개념형성을 위해서는 학습자에게 개별화된 다양한 상황을 동시에 준다는 원리이다. 이러한 그의 개념학습의 원리는 앞의 스켐프의 것보다 훨씬 정교하게 다듬어졌음을 알 수 있다.

기하영역에서도 이해지도를 위한 좋은 학습이론이 검증되었다. 반힐(Van Hiele, 1986)은 학생들이 기하적 그림의 글로벌한 인지에서부터 형식적 기하 증명에 이르기까지 경험하는 다양한 사고를 말해주는 학습 모델을 가설화했다.

처음 단계는 자료수집으로 수업하려는 과제 또는 토픽에 대한 자료, 정보, 활동소재 등을 수집하며, 이 자료는 순수수학적인 자료도 될 수 있고, 실생활에 관련된 생활 자료도 될 수 있다. 두 번째 단계는 제한된 오리엔테이션으로 학생들이 탐구의 장으로 들어가는데 교사 또는 교재개발에 의하여 주의 깊게 유도된 질문과 구조화된 활동이 있다. 세 번째 단계는 설명으로 학생과 교사는 토론을 통하여 위의 활동에서 얻을 수 있는 가능한 성질을 찾으며 용어와 기호를 이 수준에 알맞게 사용한다. 네 번째 단계는 자유로운 오리엔테이션으로 두 번째 단계보다 더 발전된 소재를 주고 개방적 접근(open-end)을 하며, 여러 해법을 제시하여 수업을 활기차게 한다. 마지막 단계는 통합화로 교사는 학생들이 하는 활동이 다른 과제와 어떻게 통합이 되어 새로운 성질을 유도하며 창조하는지 조사하게 한다.

위에서 살펴본 바와 같이 효과적으로 기하학습이 일어나려면 수업하는 토픽에 알맞은 활동이 개발이 되고 이를 통한 활발한 토론, 탐구활동, 적절한 용어 및 기호의 수업이 이루어져야 한다. 특히, 각 수준은 알맞은 용어나 기호에 의하여 그 특성이 정리된다. 이때, 한 수준에 있는 학생에게 다음 수준에 있는 과제를 주면 학생들은 이를 이해할 수 없으며, 이해를 극복하기 위해서는 수준 바로 앞에 있는 학습기간을 통과해야 한다. 반힐의 이론 및 수업모델은 이미 여러 나라에서 검증이 되었다(Fuys, 1983; Mayberr, 1981; Tischler, 1988 등). 또, 이 이론을 적용한 교육과정(기하영역)을 구성한 예도 이미 보고된 바 있으며 (NCTM 1989) 이들 나라에서는 다음과 같은 작업을 했다.

- K-4학년: 모양을 그리고, 설명하고, 모델화할 수 있으며, 모양을 분류하고, 여기서 아동은 공간 센스를 얻는다. 이들 지도에 반힐의 수업모델을 적용한다. 아동이 얻는 공간관계는 이후 높은 수준의 기하 또는 수를 측정을 하는 데 중요한 기본을 제공한다. 이 기간은 반힐의 수준 1인 영상임을 알 수 있다.
- 5~8학년: 도형을 확인, 비교, 설명하고 도형으로 그리며 도형의 이동을 도입하여 도형의 성질과 관계를 알아보는 문제를 취급한다. 정의가 중요하고 도형의 관계가 비형식적으로 탐구된다.
- 9~12학년: 닮음, 합동, 연역적 추론이해, 공리론적 방법이해는 조사활동으로부터 시작한다. 또, 대수와 결합(변환기하), 벡터 개념 등이다. 이때 자주 사용하는 용어로 이동한다, 유도한다, 분석한다, 응용한다 등이 있으며 반힐의 마지막 단계이다.

위 이론의 대부분은 개념의 구성이 이해로 연결된다는 주장이다. 지금까지는 주로 이해 수업을 위한 구성적인 접근이었지만 구조관점으로 교실에서 사용할 만한 수업이론도 있었다. 오스벨(1968)은 "논리적으로 의미있는 학습과제가 학습자의 인지구조에 들어있는 관련의미와 관계를 맺는 상태"를 유의미학습이라고 한다. 물론 이 말은 수학적 이해를 위한 것으로 유의미 설명을 통해 수업을 진행할 때 참고하는 수업 원리로 이해되어야 한다. 먼저 선행조직자의 원리는 새로운 학습과제의 점진적 증진효과를 최대로 해주도록 인지구조를 조정하는 방법을 말하며 이것은 포괄적이고 높은 추상성, 일반성을 지닌 자료이어야 한다. 이를테면, 역함수의 개념 획득을 최대화하기 위해서는 "역"이라는 추상적이고 일반성을 지닌 경험을 준다는 것이다. 다음으로 점진적 분화의 원리를 들 수 있는데 학습내용 중에서 가장 일반적이고 포괄적인 의미를 먼저 제시하고 점차 세분화되고 특수한 의미로 분화되도록 한다는 원리이다.

이를테면, 삼각형의 닮음과 합동을 지도할 때 삼각형의 닮음을 먼저 지도하고 구체적이고 세분화된 삼각형의 합동을 다음에 지도한다는 것이다. 이 원리는 여러 독립적인 아이디어들을 상호 관련시켜 이해시키는 데 도움이 되게 한다는 것인데, 이 원리에 의해 수학의 지도는 교실에서 잘 일어나지 않는다. 한 예로 종전에는 관계를 배우고 함수로 들어갔으나 그동안 이러한 지도의 문제점이 제기되어 현 교육과정에서는 함수들만 가르친다든지 도형에서 합동을 먼저 지도하고 닮음을 지도한다.

마지막으로 통합조정원리는 새로운 개념이나 의미는 이미 학습된 내용과 통합을 해야 한다는 것으로 수학에서는 일찍부터(수학사의 초기) 이 원리를 받아들였다고 볼 수 있다. 수학사를 보면 바빌로니아 또는 그리스 수학에서는 대수와 기하가 통합이 되어 발전하였으며 현대수학도 이러한 통합의 바탕에서 그 이론이 전개된다.

교실에서도 유의미학습의 효과를 자주 검증할 수 있다. 오스벨에게는 새로운 지식(역함수)이 학습자의 기존 지식구조(함수, 함수의 그래프)에 잘 연결이 되어 흡수가 되면 유의미학습이 일어난다고 본다. 그렇지 않으면 기억에 의존하고 다른 내용과 연결이 안되는 상태로 남아 있다. 이 학습은 흔히 발견적 학습과 서로 반대되는 학습으로 이해된다. 초등학생들에게는 발견 학습은 수학의 개념형성을 스스로 주도하는데 매우 의미있는 접근이나 대학생에게는 많은 지식을 만들고 이를 구조화하는 과정을 중시하므로 유의미설명이 의미있게 받아들인다.

3) 수학적 이해를 위한 구성주의 이론

지금까지 해온 수학적 이해를 새로운 각도에서 바라보자는 운동이 90년도에 들어오면서 수학적 이해수업 또는 이해연구는 새로운 국면을 맞이했다. 구성주의에서는 "사람은 일생을 통하여 이해를 생성하고 수정하는 과정을 거친다."라고 본다. 스테피(Steffe, 1990)는 1에서 6까지의 합을 단위 정사각형으로 채워진 모눈종이에서 보여주면서 구성주의에서 말하는 이해의 본질을 설명한 적이 있었다. 이때 그는 구성주의 수학교사에게 수업에 도움이 되는 몇 가지 조언을 주었다(박주희(2010) 모의수업, OCTM 수학교사 발표).

- 수학교사가 직면한 가장 기본적인 문제는 학생들이 수학적 의미를 발전시키도록 도와주는 일이다.
- 교사 자신이 통찰에 이르는 생산적 사고를 경험할 때 학생들의 이해 수업에 영향을 끼친다.
- 교사는 구성 과정의 역동적 절차인 통합, 동화, 개념형성, 개념 확장을 중요시 한다.
- 교사는 높은 수준의 일반화와 추상화를 이끌어 갈 수 있는 전략을 가지고 있어야 한다.
- 교사와 학생, 학생과 학생 간의 의사교환, 상호접촉을 중요시한다.

수학적 이해를 위한 구성주의자의 수업은 가능하면 구체 사례, 문제 상황, 완벽하지 않게 정의(ill-defined)한 질문, 프로젝트 등으로 시작하며, 교사는 학생이 이러한 활동을 하는 동안 능동적으로 정보와 지식을 배우기를 바란다. 어떤 학생이 트럭에 대단히 흥미가 있다면 트럭을 생산 활용하는 산업현장에 수학을 활용하는 상황을 창출한다. 또, 다른 학생이 인형에 큰 흥미를 느끼면 인형에 관련된 상황에 수학을 활용하는 소재를 생각해야 한다(Schank, 1992). 뿐만 아니라, 이들 상황에서 정보와 자료를 수립하고 조직하는 활동이 들어있으면 더욱 좋다. 이를테면, 과학자가 지진을 예측하는 상황이라면 건물, 땅 등에 관한 자료를 모으면서 수학적 아이디어가 접목이 되고, 따라서 믿을만한 구성주의 자료가 된다(oliver, 1999). 이러한 활동을 하는 이유는 실제적 또는 실생활적인 응용상황과 동떨어진 개념을 탐구하지 않기 위해서이다. 이러한 실제적 상황은 학생들로 하여금 개념(예를 들면, 함수, 거리 등)이 어떻게 밀접하게 관련되며 실세계에 어떤 방식으로 활용이 되는가를 느끼게 한다. 이를테면, 교사는 행렬 개념을 가르치기 위하여 실제 자료를 교실에 도입한다.

> 어떤 지역의 운동화 대리점의 판촉담당자는 이 지역에 유통하고 있는 세 종류의 운동화에 대한 소비자들의 선호도(%)를 조사했다. 다음 행렬은 한 소비자가 현재 신고 있는 운동화를 바꿀 때 어떤 제품을 살 것인지 소비자들의 응답을 퍼센트로 나타낸 것이다.

		다음 브랜드		
		나이키	리 복	휠 라
현재 브랜드	나이키	40%	40%	20%
	리 복	20%	30%	30%
	휠 라	10%	20%	70%

이를테면, 현재 나이키를 신은 사람이 운동화를 바꿀 때는 나이키를 다시 사겠다는 사람이 40%, 리복을 사겠다는 사람이 40%, 휠라를 사겠다는 사람이 20%이다. 그런데 위와 같은 인증된 과제를 준비만해서 쉽게 구성주의 학습 환경에 들어오는 것이 아니며, 학생자신이 그 과제에 소속이 되어 무엇을 탐구하는 활동을 마련해주는 노력이 교사에 의하여 마련되어야 한다. 즉, 학생들은 자신의 목표를 능동적으로 설정하고, 자신이 속해있는 팀에서는 조사를 위한 역할 분담을 하고 일정한 기간을 설정하여 실제작업에 들어가도록 해야 한다. 만일, 팀 스스로 이러한 활동계획을 세우기 어려워 교사가 개입하는 경우에는 교사가 마련하는 활동계획에 학생들의 목소리가 반영이 되어 표준계획을 수립한다든지 평가계획이 마련되어야 한다.

구성의 프로그램은 문제 상황(인증된 소재)에 바탕을 둔 교수학습이 시작되면서 수학내용의 틀을 짜는 것은 물론이고 비판적 사고, 분석적 사고와 같은 정신활동도 병행해서 얻어나간다. 때문에 과학자, 의사, 공학자, 교육자 등이 고민하는 복잡한 지식구조를 경험한다. PBL과 같은 구성주의 프로그램을 보면 학생들이 두 집단으로 나누어지고, 실생활 문제가 제시되고, 토론과 가설성정이 있고, 학생들이 문제 속에 있는 핵심 사상을 분류하고, 팀의 각 개인에게 특별한 조사활동을 분담시키고, 자료를 모으고, 각 팀원이 가져온 자료를 평가하고, 공동사고를 통해 과제해결의 틀을 짜고, 과제를 해결하고 반성하는 활동을 계획한다.

특히, 구성주의에서는 연습을 보통 우리가 쓰는 연습과 다르게 사용한다. 즉, 이 말은 실생활에서 일어날 수 있는 불확실한 문제를 해결하려 노력하는 활동으로 사용한다. 이 때문에 반영모델이라는 용어를 이 연습에 적절하게 사용하려고 노력한다. 이 용어에 대하여 윌리스(Willis, 2000)의 말을 빌리면 "연습에 대한 반영모델은 실세계에서 일어나는 많은 문제 또는 상황이 잘 포장되며 완전한 해가 나오지 않는 경우가 많다."와 같이 구성주의자들이 선호하는 학습 환경이 어떤 것인지 이해할 수 있다(김하나(2005) 모의수업). 특히 상황을 매우 중요시 하는 상황 인지론자들은 상황과 수학적 이해를 전이와 관련시켜 강조한다. 상황인지는 지식과 기능, 경험 간의 연결을 증진시키는 유의미한 연결자의 역할을 하는데, 인지론자들은 학교의 학습환경에서 얻는 인지활동과 일상생활 속에서 얻는 인지활동의 차이점을 말한다. 학교의 수업 속에는 상황이 부여되지 않는 상징적 지식을 강조한다. 이를테면, 학교수업에 대부분의 시간을 쓰지만 그 학생들이 일상생활로 돌아오면 계산기, 컴퓨터, 자기가 선택한 도구를 이용하여 경험과 관찰을 하고 이를 통하여 지식과 기술을 끊임없이 습득한다. 다시 말하면 일상생활의 생활인은 계속 변하는 환경 속에서 직관적 사고와 문제해결, 문제 상황에 맞는 문제해결의 기법을 창안하고, 발전해간다. 그러나 학교환경에서는 옳다고 정의된 사고방법과 문제해결의 기법을 획득하기 위하여 교사나 교과서에 의존한 정보를 받아들인다. 이 경우 양 집단에서 사용한 상황은 크게 다르며, 학교에서 사용하는 상황(수학능력평가와 같이 잘 다듬어진 인공석 상황)은 상황을 독특하게 해석하고 이해하기보다는 획일적인 사고를 유발시킨다.

물론 상황 인지의 이론은 구성주의에 바탕을 둔다. 구성주의에서 중요시하는 가설 "학습은 개인경험에 근거해서 의미개발이 되는 능동적 과정이며, 이때 의미는 개인이 자신의 고유한 경험으로부터 세계를 해석하는 방법에 의해 형성된다."와 상황인지의 이론과는 크게 다르지 않음을 알 수 있다. 즉, 학습은 경험에 근거하므로 개인이 그 아이디어를 이해하고 활용하기 위해서는 그 아이디어가 포함되어 있는 경험이 필수적으로 제공되어야 한다는 것이다. 때문에 학습에서는 배우고자하는 수학내용을 포함한 의미있는 상황을 도입해야하며, 이러한 상황은 수학적 지식에 통합되어야 한다.

줄을 바꾸어 이해와 매우 밀접하게 관련된 전이에 대해 알아보자. 전이의 속성에 대해서도 레이브(1966)는 중요한 관점을 제시했다. 그는 학생들은 한 장면(Situation)에서 배운 수학지식을 다른 장면에 이용하지 못한다고 한다. 이유는 두 장면이 서로 다른 연습의 세계를 가지기 때문이다. 학생들은 서로 다르게 그들을 관련시키며 두 상황설정에 관련된 서로 다른 아이디어를 형성한다. 그녀는 학생들의 수학활용에 대해서도 중요한 가설을 제시했다. 즉, 학생들이 한 상황설정에서 배운 수삭지식을 다른 상황설정에 활용하려 할 때는 비슷한 방법으로 두 상황설정을 해석하고 인지했기 때문이며 두 상황설정에서 비슷한 표현과 의미를 만들었기 때문이다. 전이에 대해 레이브는 구조주의자들과 다른 의견을 제시한다. 즉, 전이는 서로 다른 상황설정에서 보인 개인의 행동인 사고방법을 설명해주는 적절한 개념이 아니라는 것이다. 이를테면, 대수의 증명능력과 기하의 증명능력 사이에 일어나는 학생들의 활동을 전이로 설명해서는 안된다는 것이며 지식을 경험의 해석으로 표현한다는 것이다. 이와 같은 그녀의 주장은 종전의 학교교육의 관점을 뒤엎는 것이었다. 그녀는 학생들은 교실에서 배운 수학적 개념, 공식 등을 여러 장면에 전이한다고 보지 않았고, 단지 새로 주어지는 장면에서 지식을 구성한다고 말했다.

(2) 최근의 수학적 이해연구

1) 개념 망의 구성

학생들은 새로 본 수학적 의미를 과거 이해한 아이디어와 개념을 연결하여 구성한다. 과거 이해한 아이디어는 단순히 학교에서 얻은 것뿐 아니라, 집과 사회에서 경험한 것도 포함된다. 이렇게 얻은 경험은 수학시간의 의미구성에 연결되어 폭 넓은 이해과정을 만든다. 이렇게 만든 이해는 관련된 다른 이해와 결합하여 개념 망을 구성하고 수학적 구조를 이룬다. 예를 들면 미분계수는 중학교 2학년에서 배운 직선의 기울기로부터 연결이 되어 평균변화율로 이어진다. 물론 이들 이해 과정에서 실생활을 통해 얻은 경험, 즉 기울기 장면, 고속도로에서 경험한 속도와 거리에 관한 상황 등이 직관적으로 작용한다. 여기에 극한 개념의 이해가 결합되면서 미분계수가 기하적 방법 또는 수치 해석적 방법으로 이해된다. 주의할 점은 수치 해석적 방법은 계산기를 필요로 한다는 점이다. 미분계수에 대한 개념망은 반드시 미분계수와 관련된 다른 개념 망, 즉 구간에서 도함수와 연결이 되어야한다. 우리 초중고 교육과정에 있는 많은 개념 망이 가능하게 모두 연결이 안되면 의미학습이 일어나지 않는다.

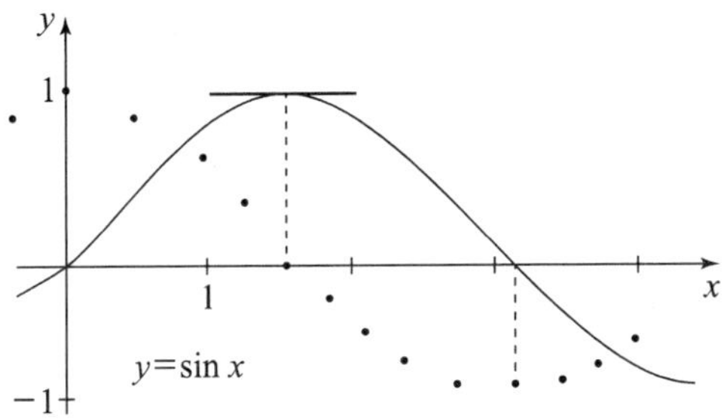

$y=\sin x$의 미분이 $y=\cos x$임을 보여주는 컴퓨터 그래픽

각각의 개념 망들이 연결이 안되면 그들은 독립된 채로 외우는 수학을 하고 더 이상 수준 높은 개념 획득, 복합적인 문제해결 등에 많은 어려움을 보인다. 따라서 개념의 관계는 문제해결을 통해 완성이 된다(김장준 모의수업, 2009). 다음 문제해결은 어떤 개념 망으로 이루어졌는지 각자 조사해보아라.

조사활동 1 곡선 $y=x^2$ 위의 점 $P(x, y)$에 대하여 $A(x)$를 세 점 $O(0,0)$, $P(x,y)$, $Q(1,0)$을 꼭지점으로 하는 삼각형의 면적이라 하고, $B(x)$를 세 점 $O(0,0)$, $P(x,y)$, $R(0,1)$을 꼭짓점으로 하는 삼각형의 면적이라 하면 $\lim_{x \to 0} A(x)/B(x)$의 값은?

2) 수학적 지식의 활용

불룸은 이해를 '알고 활용하는 것'으로 본다. 그런데 활용의 범위가 항상 문제가 된다. 단순한 수준에서 피타고라스 정리를 직사각형의 대각선을 구하는 데 활용하는 정도로 지식을 활용한다고 말 할 수는 없다. 학생들은 더 광범위한 수학적 구조를 탐구하는 동안 수학을 활용하는 경험을 한다. 피타고라스 정리에 관한한 대수, 기하에서 복합적인 문제해결을 경험하면서 비로소 진정한 피타고라스 정리를 이해한다. 중학교 3학년 때 피타고라스 정리를 배운 후 실생활 문제 몇 개를 풀었다고 해서 활용이 끝난 것이 아니다. 수학적 활동인 문제해결, 구조탐구를 통해 얻은 지식은 새로 들어온 지식에 연결하는 수준을 넘어 새로운 구조를 창조 또는 생성하게 된다. 이 단계, 즉 높은 구조를 생성하는 수준에서 학생들은 기억을 하는데 어려움이 없다. 이를테면, 사인 코사인 함수의 그래프는 다음과 같은 활용에서 비로소 이해영역에 들어온다.

• 지름이 0.2미터인 바퀴가 그림과 같이 지면을 굴러간다. 점 P가 θ만큼 이동하면 지면에서 점 P까지 높이는 h이다. 그래프를 그려라. 또, 시터에 인한 h의 방정식을 세워라.

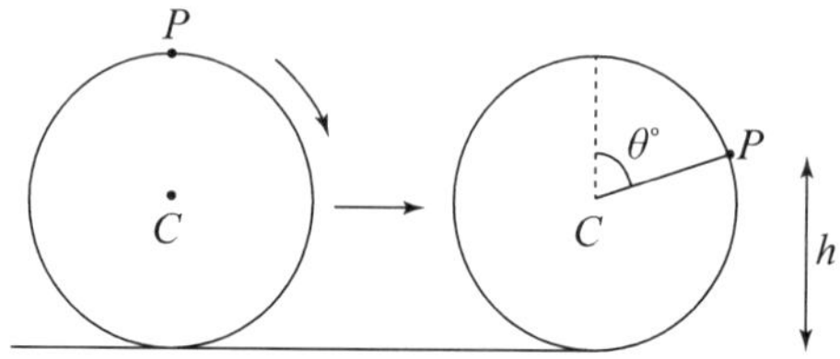

• 조류의 두 높이의 주기는 12시간이다. 가장 낮은 조류 높이는 5.7미터, 가장 높은 것은 7.3미터이다. 그래프를 그려라. 또, 시간 t에 대한 조류의 높이 h를 나타내어라(그래프는 조류가 최고점에 도달한 이후를 그려라).

최근에는 지식의 활용 측면에서 이해연구가 진행되고 있고 많은 연구결과가 나오고 있지만 우리 수학교사들이 의문을 가지는 것도 있다. 보통 교실에서는 학생들이 활용 전에 많은 양의 계산과 기초 지식이 컨텍스 없이 드릴(drill) 수준으로 연습한 다음에 활용으로 간다. 예를 들면 이차방정식의 응용 전에 충분히 이차방정식의 해를 구하는 드릴이 여러 시간 진행이 된 다음에 대수에서 소재를 가져와 응용문제를 해결한다. 그러나 이해의 연구에서 많은 연구가 잘못된 시각이라고 지적한다. 실제로 어린이들은 계산과 기초개념연습이 부족하여도 생활에서 얻은 직관적인 경험을 이용하여 문제해결을 한다. 즉, 계산이 익숙하지 않아도 컨텍스(문제상황)를 이용하여 문제해결을 한다. 한 예로 $\frac{1}{3}+\frac{2}{3}$를 계산할 때 자연스럽게 동그란 피자를 사용하여 답을 얻어낸다. 브라운 웰의 말처럼 전통적인 수학학습에서는 어떤 연산을 때로는 암기하면서 반복학습을 통해 익히고 이 과정을 문장제 또는 수학적 문제 장면에 활용한다. 그러나 복합적인 문제 상황에서는 어떠한 연산을 택하고, 어떠한 과정을 구상하고, 이러한 과정을 어떻게 혼합해야 할지, 즉 문제 장면에 알맞도록 자신의 인지활동을 적응시키는 데 어려움을 느꼈다. 바로 이러한 약점들이 문제 해결을 통해 의미학습을 강조하는 이유이기도 하다(김하나 모의수업).

3) 경험의 반영(반영적 사고, 내면적의 조직화)

반영은 자신의 행동(공식외우기, 문자설정, 문제풀이 등) 또는 사고를 조심스럽게 검토하는 것을 말한다. 문제를 푼 다음 자기가 잘못 생각한 점, 자신도 놀랄 정도로 새로운 기법을 사용한 점 등 자기학습에 대한 반성은 수학을 하는 데 필수적이다. 그런데 이해를 말할 때 반영활동을 새삼 말하는 것은 학생들이 새로운 문제해결을 시도할 때 반영을 매우 중시한다는 것이다. 학생들은 새로운 문제를 풀 때 문제에 있는 조건들을 그들의 머릿속에 있는 기존지식과 연결을 하려 노력한다. 항상 자신의 학습을 반영하는 훈련이 잘된 학생은 쉽게 연결을 하지만 그렇지 못한 학생은 새로운 지식을 종전의 관련 지식과 연결하지 못하고 외우거나 교사에게 답을 요청한다. 이를테면 어떤 교사는 학생들이 미분계수에 대하여 반영활동을 잘하도록 계산기로 다음 과정을 보여준다.

$$f(x)=\frac{1}{x^2+1},\ P=\left(1,\ \frac{1}{2}\right)$$

에서 다음 표와 같이

Q_i	$\overline{PQ_i}$ 의 기울기
$1+\frac{1}{10}$	$\dfrac{\frac{1}{(1.1)^2+1}-\frac{1}{2}}{1.1-1}\fallingdotseq-0.4751131$
$1+\frac{1}{100}$	$\dfrac{\frac{1}{(1.01)^2+1}-\frac{1}{2}}{1.01-1}\fallingdotseq-0.4975001$
$1+\frac{1}{1000}$	$\dfrac{\frac{1}{(1.001)^2+1}-\frac{1}{2}}{1.001-1}\fallingdotseq-0.4997500$
$1+\frac{1}{10000}$	$\dfrac{\frac{1}{(1.0001)^2+1}-\frac{1}{2}}{1.0001-1}\fallingdotseq-0.4999750$

$$Q_1=1+\frac{1}{10},\ Q_2=1+\frac{1}{100},\ Q_3=1+\frac{1}{1000}$$

으로 하면 $s=1$에서 기울기 함수 s의 값은 -0.5이다.

학생들이 반영 활동을 어떻게 잘하도록 할까는 교사의 고민이다. 반영은 많은 문제를 풀어보는 동안 자기 스스로 얻는 정신활동이기 때문에 그들이 항상 개념이해와 문제해결에 노출이 될 수 있도록 교사가 배려해야 한다. 문제해결을 뜸하게 하면서 지식의 활용과 반영을 잘 할 것이라고 생각하는 것은 오류이다. 반영활동의 또 다른 특징은 혼자서 하기 어려운 정신활동이기 때문에 동료 또는 교사와 의미교섭을 해야 한다는 것이다.

교사와 의미교섭을 하면서 자신의 것이 왜 잘못되었는지 이해하게 된다. 의미교섭 중에 교사는 그림과 그래픽, 다이어그램, 기하학적인 모델 등을 사용한다. 이는 대단히 좋은 자료로 아이디어 중 중요한 단서를 제공해준다. 학생들은 새로운 이 과제를 해결하면서 종전의 관련 아이디어 또는 전략 지식을 적용하려 노력한다. 이때 교사가 주는 적절한 좌표평면의 그림은 그의 반영능력을 증가시킨다(박주희 모의수업, 2010).

종합해서 말하면 학생들은 그들 자신의 학습을 해낼 수 있고, 수학의 서로 다른 형식 또는 연습을 훌륭하게 완성할 수 있다. 예를 들면, 한 학생은 수와 연산에 대한 탁월한 감각을 보이는 반면, 다른 학생은 공간 또는 기하에 대한 좋은 센스를 보인다. 교사가 일부 큐를 주지만 그들 자신의 정신구조를 만들어 간다. 수학을 잘 이해한 학생은 자기가 하고 있는 활동을 정의해 가는 능력을 발휘한다. 교과서에 정리된 수학내용의 순서가 저절로 학생들의 머릿속에 정리되고 자리가 잡히는 것이 아니며 이러한 문제 때문에 구성주의가 나왔다.

(3) 다양한 이해수준과 문제해결

최근의 새로운 이해 연구의 경향으로 수학자 대회(2006)에서 NCTM에 권고한 문제해결 속에서 이해 문제를 찾으라는 말을 곰곰이 생각할 필요가 있다. 이 말은 앞에서 언급한 브라운 웰의 말 “전통적인 수학학습에서는 어떤 연산을 때로는 암기하면서 반복학습을 통해 익히고 이 과정을 문장제 또는 수학적 문제 장면에 활용한다. 그러나 복합적인 문제 상황에서는 어떠한 연산을 택하고, 어떠한 과정을 구상하고, 이러한 과정을 어떻게 혼합해야 할지, 즉 문제 장면에 알맞도록 자신의 인지활동을 적응시키는 데 어려움을 느낀다. 바로 이러한 약점들이 문제해결을 통해 의미학습을 강조하는 이유이기도 하다.”와 관련시킬 수 있다. 한편, 문제해결은 개념의 이해에서부터 시작되기 때문에 개념을 대강 이해하고 문제해결로 들어가면 그 문제해결은 암기하는 것이 되고, 이러한 학습이 계속되면 수준 높은 이해와 문제해결은 불가능하다. 노블한 문제해결일수록 문제해결에는 깊은 개념 이해와 전략지식이 필요하다. 교사입장에서 보면 이해는 직접 간단한 소재 한 두 개를 주고 이해시킬 수 있는 성질의 것이 아니다. 아무리 친절하고 명확하게 그리고 인내심을 발휘하여 설명해도 학생을 이해시킬 수 없다. 새로운 문제를 접했을 때 학생들은 이미 배운 개념, 전략, 동기 등을 연결해야 한다. 교실에서는 관찰해보면 학생 A는 새로운 문제를 주어도 당황하지 않고 해결하나, 어떤 학생은 막연하게 생각한다. 아마도 전자는 개념이해나 전략지식을 다른 사람보다 의미 있는 방법으로 학습했음을 알 수 있다. 많은 실험에 의하면 단순히 학생 혼자 새로운 정보를 이미 배운 정보, 아이디어에 연결할 수 없다는 것이다. 학생들은 문제해결에 몰입해야 하는데 이것은 저절로 이루어지는 것이 아니고 친구들과 아이디어를 토론하고, 가설을 세우고, 자신의 것을 주장, 반박, 설명하고 추론 기술을 개발하면서 이루어진다. 물론 이러한 활동은 도전적인 문제해결 속에서 이루어진다. 그러면 어떤 문제해결이 깊은 수학적 이해에 도움이 되는가? 다음은 필자가 있는 춘천지역에서 다양한 이해수준을 문제해결 속에서 찾는 실험을 한 것이다. 실험에서 인터뷰를 위해 문제의 난이도 수준, 다양한 문제 컨텍스 또는 소재를 반영했다(춘천지역 중고등학교 실험 중).

(1) 한 개의 주사위를 2회 던질 때, 눈의 합이 3 이하일 확률을 구하여라.

(2) 십진법으로 나타낸 3자리 양의 정수 N을 무작위로 뽑을 때 $\log_2 N$이 정수일 확률은 얼마인가? 단, 각 N이 뽑혀질 기회는 같다고 한다.

(3) 직교좌표 평면에서 점 (X, Y), X와 Y는 정수이고 $|X|, |Y| \le 4$들이 무자위루 뽑혀짐 때, 원점에서 많아야 2 단위인 거리에 있는 점이 뽑힐 확률은 얼마인가? 단, 각 점이 뽑힐 확률은 같다고 한다.

(4) 한 수가 각 자리 수의 합이 43인 다섯 자리 수로 된 집합에서 무작위로 뽑힌다. 이들 수가 11에 의하여 나누어질 확률을 구하여라.

(5) 순서쌍 (b, c), b, c는 정수이고 $|b|, |c| \le 5$가 무작위로 뽑혀질 때, 이차방정식 $x^2 + bx + c = 0$가 서로 다른 양의 실근을 갖지 않을 확률은 얼마인가? 단, 각 순서쌍이 뽑혀질 확률은 같다고 한다.

이러한 실험이 깊은 이해의 획득에 어떤 방식으로 작용을 할까?는 연구자의 가장 큰 관심 사항이다. 한편 Hiebert(1997)도 이해를 위한 시각으로 이해수준이 수업에 효과를 미치는 몇 가지 요소를 포함시켰다. 이 중에서 이해수준에 대한 시각은 "개념들은 서로 연결하는 개념 망을 만들어 지도할 때 학생들은 그 의미를 파악할 수 있다."는 것이다. 이 사실은 앞에서 설명했다.

수준의 설정은 과제의 복합성에 따라 단계를 늘리며 문제 장면, 즉 컨텍스는 대수, 도형, 실생활, 이산 등 다양한 소재로 한다. 그의 의견은 춘천지역에서 실험한 결과와 서로 연결된다. 또, 주의해야 할 점은 학생들은 자신의 이해를 개발한다는 점이다. 학생들은 다양한 개념 표현방식을 동원하여 개념이해 방식을 개발한다. 이 과정에서 수학적 기호를 이용하여 개념과 성질을 서로 연결하여 관계를 구성한다. 이 과정은 단순한 수학적 소재에서 일어나는 것이 아니고 복합적인 문제해결에서 의미있게 진행된다. 이때 구체물 조작을 이용하며 수학적 상징 과정을 도입하여 추상과정으로 들어간다. 이 추상과정은 학습자 개인이 극복해야 하는 가정으로 자신의 이해방식을 개발하지 않으면 이 과정 속에 들어가지 못한다. 이렇게 추상한 개념은 다른 개념과 통합하는 과정을 거치면서 개념 망을 구성하고 이를 발전시켜 지식의 구조를 완성한다(춘천지역 실험 중, 2010).

- 그리기, 기호 등 서로 다른 표현방식을 중요시한다.
- 유사문제 개발을 문제설정의 활동으로 개발한다.

지금까지 이해를 개념 망의 구성, 개념 활용, 경험의 반영, 다양한 이해수준과 문제해결로 나누어 알아보았다. 이러한 과정에서 중요한 두 가지가 연구할 과제로 수학교사들에게 넘겨진 셈이다.

1) 과제특성

반성적으로 사고하고 의사소통하는 수업시스템을 구축하기 위하여 연결성과 수학적으로 탐구하고, 수학적으로 가치 있는 (수학적인 다양한 해결) 과제이어야 한다. 개념의 이해에 알맞은 과제를 선택하는 일은 학생들에게 의미전달을 할 수 있는 최선의 기회이다. 다음 그래프 상항은 NCTM(1989)이 함수를 이해하기 위해 학생들이 종강 파티장면을 도입한 것이다.

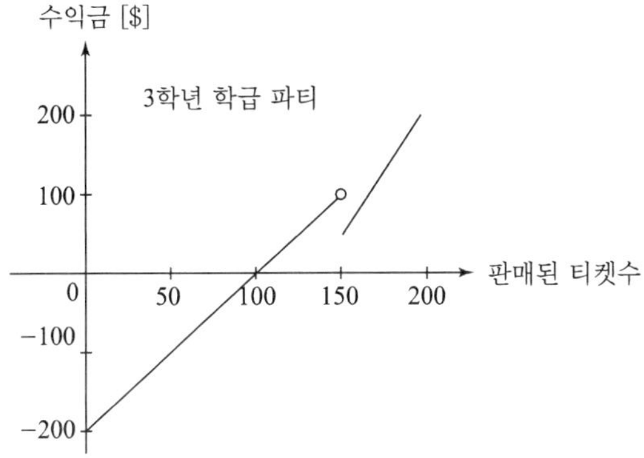

판매된 티켓수의 함수로서의 파티 수익금

종전에는

$$
\begin{aligned}
P(t) &= 2t - 200 \ \text{for} \ 0 \le t < 150 \\
&= 3t - 300 \ \text{for} \ 150 \le t \le 200
\end{aligned}
$$

와 같은 함수식을 칠판에 쓰고 컨텍스 없이 함수 $P(t)$를 그려 이들에 대한 여러 성질을 파악하는 수업으로 들어갔다. 그러나 지금은 어느 교실을 가도 구성적으로 수학적 개념을 구성해가는 수업을 볼 수 있다. 이와 같이 이해를 새롭게 본 이유는 무엇일까?

2) 교사의 역할

문제해결에 필요한 정보를 공유하며 개별적인 또는 상호작용을 통하여 새로운 문제에 접하게 하고 그 해결방법에 대하여 토론하는 사회문화를 조성한다. 너무 많이 개입하는 것은 학생의 자주성과 독창성을 잃어버리게 한다. 따라서 실수도 하나의 학습과정이고, 학생과 아이디어를 공유하는 것도 인정하고, 학생의 자율적인 해결방법도 존중하는 교실이 되어야 한다. 다음 소재도 이해의 대상이 된다(nctm, 1992). 교사의 역할을 논하여 보자.

[첫 번째 소재] 콘서트 흥행주가 다가오는 콘서트를 광고하기 위해 라디오와

TV 광고시간을 협상하고 있다. 그녀는 판촉에 20,000달러까지 가지고 있다. 각 20초마다 라디오 상업비용은 100달러인 반면, TV의 30초는 주 프로그램 가격이 800달러와 관련된다. 그녀는 다양한 채널에 분포되어 있는 적어도 30대의 라디오 광고를 원한다. 그러나 총 60개를 넘지 않는다. 그녀는 또한 적어도 15개의 TV 광고를 가지기를 원한다. 어떻게 계획해야 할까? (즉, 얼마나 많은 라디오와 TV 시간의 광고출연을 최대화할 수 있는가?)

여기서는 대단히 복잡한 변수잡기를 해야 한다. 이를테면, 부등식을 만들어 조건으로 세워야 하고, 최댓값을 다음 조건하에서 구한다.

- 조건 1: $30 < r < 60$
- 조건 2: $t > 15$
- 조건 3: $100r + 800t < 20000$

또, 목적함수 $20r + 30t$을 구하여 최댓값을 구해야 한다.

3) 학습도구 활용

도구는 수학적인 아이디어를 효과적으로 논의하는데 유용한 방법과 시간을 마련해준다. 학생들에게 개념의 효과를 돕게 해주는 방법으로 컴퓨터 또는 계산기는 매우 중요하다. 우리의 경우 개념 수업을 칠판에서 주로 하는데 칠판은 개념이해를 위해 좋은 환경을 마련해주지 않는다. 이를테면 계산기 수업의 장점은 다음과 같은 응용소재를 수업할 때 극대화가 된다.

본문의 프로그램을 모두 끝낸 학생은 다음을 연습하여라.

벽을 향해 시계추가 진동한다. 벽으로부터 거리 $d(t)$cm는 시간 t초에 대해 다음 함수식을 가진다.

$$d(t) = 50 + 30(0.9)^t \cdot \cos \pi t$$

이 함수 $d(t)$의 그래프는 다음과 같다.

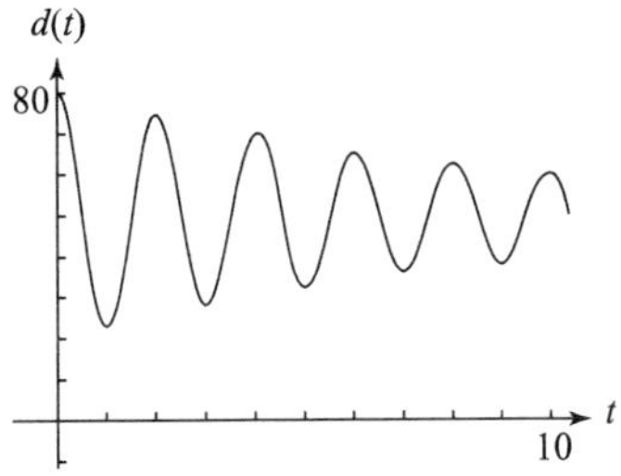

(1) $t \to \infty$ 일 때 $d(t)$값은 무엇인가? 어림하여라.

(2) $\varepsilon = 0.01$일 때 t의 값을 어떻게 처리하는가?

위에서는 수학교육에서 활발하게 연구되었던 교실의 이해문제를 알아보았다. 수학교사는 항상 자신에게 "오늘 수업을 모든 학생들에게 어떻게 이해시킬 수 있을까?"라고 묻는다. 왜냐하면, 이해를 잘 한 학생은 자기 지식을 이용하여 새로운 지식을 창의적으로 얻을 뿐 아니라 새로운 문제해결도 잘하기 때문이다. 반대로 이해를 못한 학생들은 학교에서 배운 개념, 원리, 법칙을 서로 연결시키지 못할 뿐 아니라 이들을 독립적으로 생각하여 개념의 응용, 노블한 문제해결, 발전적 개념형성을 할 수 없기 때문이다. 위에서는 교실의 이해수업에 도움되는 몇 가지 중요한 이슈를 제시했다.

(1) 수학교사의 반영적 수업활동은 학생들의 수학 개념 형성에 중요하다. 특히, 수준 높은 일반화 및 추상화에 반영적 수업활동은 매우 중요한 의미를 가진다.

(2) 수학적 지식의 활용과 개념의 확장(개념망 구성)에서 좋은 이해가 나온다. 다시 말하면 이해는 응용은 물론이고 주어진 지식을 이용하여 통합된 지식구조를 생성하는 활동에서 태어난다. 지식이 높은 수준으로 복합적인 구조화를 했을 때 새로운 지식은 지식 망 형태로 기존 구조에 통합된다. 이러한 통합된 지식 망 속에서 학생들은 노블한 문제해결에 필요한 지식을 쉽게 꺼낼 수 있다.

(3) 수학적 개념이해는 문제 상황 또는 의미 있는 문제해결 속에서 이루어진다. 뿐만 아니라 개념형성에서 계산 기술은 중요한 역할을 한다.

(4) 교실에서 교사와 학생, 학생과 학생 간의 의사교환(또는 의미교습)은 수

학적 이해에 중요한 역할을 한다.

(5) 수학적 이해는 학생들 자신이 지식을 형성하고 문제해결 속에서 스스로 집중할 때 생긴다. 즉, 구성주의 가설 "지식은 타인에 의하여 전달되지 못한다."를 전적으로 동의하지 않지만 교사가 설명하고, 실증하고, 계산하는 활동을 보고 듣는 것만으로 그들은 지식을 형성할 수 없다.

이들 외에 수학적 이해 수업에서 교육적인 도구를 빼놓을 수 없다. 학생들이 비형식적 지식을 바탕으로 개념응용, 문제해결, 개념의 확장을 하는데 교사의 의미있는 과제선택과 역할은 무엇보다 중요하다.

1.3 유의미 설명수업

(1) 수업원리

설명을 강조하는 교수학습은 각국에서 오랜 전통을 가진 수업방식이었으며, 주로 오수벨(Ausubel, 1963)의 수업이론에 근거했다.

그는 유의미한 학습과제로 중요시하는데, 이는 학습이 의미로운 것이 되기 위해서는 새로운 학습내용 또는 지식이 학습자의 인지구조에 정착이 되어 학습자에게 새로운 심리적 의미를 주어야 한다는 것이다. 이때, 인지구조는 학습자의 의식체계 속에 있는 조직화된 개념이나 아이디어의 조직체를 말하며 학문의 조직방식과 유사하다. 실제 실험(정민수, 1992)에 의하면 우리나라 고등학교 2학년생의 관점에서 도함수는 다음과 같은 인지구조(네트워크)를 가진다. 그런데 이 인지구조에 알맞은 유의미자료는 어떤 것일까?

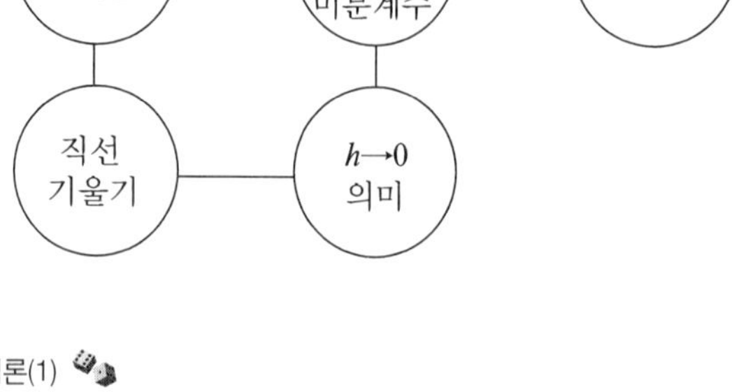

이 실험에서 "$f(x)=3x^2-2x$ 의 $x=a$ 에서 미분계수"는 보통 교과서에는 다음과 같이 표현되었다.

$x=a$ 에서 $x=a+h$ 까지 평균변화율은

$$\frac{f(a+h)-f(a)}{h}=\frac{3(\mathrm{a}+\mathrm{h})^2-2(\mathrm{a}+\mathrm{h})-(3\mathrm{a}^2-2\mathrm{a})}{h}$$

$$=6a+3h-2$$

$$\therefore\ f'(a)=\lim_{h\to 0}\frac{f(a+h)-f(a)}{h}$$

$$=\lim_{h\to 0}(6a+3h-2)=6a-2$$

그러나 실제평가(인터뷰)에서는 많은 학생이 $f'(x)=6x-2$를 먼저 계산하고 $x=a$를 대입하는 것으로 관찰되었다. 어쨌든 많은 학생은 위의 형식적인 절차를 강조한 교재를 유의미 자료로 받아들이지 못했다. 그러나 다음 교재를 보면, 위와는 약간 다른 표현방법을 가진다.

$$f(x)=\frac{1}{x^2+1},\ P=\left(1,\ \frac{1}{2}\right)$$

Q_i	$\overline{PQ_i}$ 의 기울기
$1+\frac{1}{10}$	$\dfrac{\frac{1}{(1.1)^2+1}-\frac{1}{2}}{1.1-1}\fallingdotseq-0.4751131$
$1+\frac{1}{100}$	$\dfrac{\frac{1}{(1.01)^2+1}-\frac{1}{2}}{1.01-1}\fallingdotseq-0.4975001$
$1+\frac{1}{1000}$	$\dfrac{\frac{1}{(1.001)^2+1}-\frac{1}{2}}{1.001-1}\fallingdotseq-0.4997500$
$1+\frac{1}{10000}$	$\dfrac{\frac{1}{(1.0001)^2+1}-\frac{1}{2}}{1.0001-1}\fallingdotseq-0.4999750$

오수벨은 인지구조와 학습과제의 관계를 중요시하여 새로운 학습과제나 정

보에 대응하는 학생들의 인지구조가 형성되어 있지 않으면 유의미 학습이 촉진될 가능성이 전혀 없거나 줄어들게 된다고 말했다. 실제로 교실을 관찰해보면 $(-2)+(+3)$을 배울 인지구조 잘 되어있지 않은 하집단 학생에게 다음 활동소재는 유의미한 자료로 생각될 수 있다.

다음 표에 있는 각 품목에는 두 개의 상표가 있다. 각각의 품목 중 어느 것을 사는 것이 경제적인지 말하여라.

품목	상표 A		상표 B	
	용량(g)	비용(원)	용량(g)	비용(원)
감자칩	50	200	40	190
양파 튀김	1560	390	1500	500
햄버거	800	1,470	900	1,600
빵	500	1,450	750	1,850

이들 이외에도 오수벨은 수업의 원리로 선행조직자원리, 점진분화의 원리, 통합조정의 원리, 선행학습요약의 원리, 학습준비의 원리를 말했다. 이 중에서 선행조직자는 학교수업에서 연구대상이 될 첫 번째 원리이기도 하다. 그는 이것을 '아주 명료하면서도 안정된 적절하게 포괄적인 입문적 자료'라 한다. 예를 들면, 중학교 2학년의 직선의 기울기라는 한 차시의 수업에서 선행조직자는 지붕의 기울기, 언덕의 기울기와 같은 일상생활에서 경사가 급하다거나 또는 완만하다는 소재가 된다. 또, 통합조정의 원리는 수학의 학습에서 새롭게 배우는 내용은 이미 배운 내용과 통합되고 연결되어야 한다는 것으로 학습계열의 구성에 의미 있게 활용이 된다.

다항식의 전개(2003)와 이상석(2003)의 구분구적법에 대한 마이크로 수업을 보고 오수벨의 수업원리를 비평하여라.

의미를 전달하는 설명 수업에서 가네의 견해도 중요하다. 우선 과제분석을 통한 학습위계를 설정하는 것이다. 학습위계를 변영계(2001)는 "하위요소를 먼저 학습하지 않고는 그 위의 상위 요소를 학습할 수 없는 두 기능간의 연결이며, 어떤 주제에 대한 이해를 표상하는 지적기능들의 조직된 집합을 획득시키기 위한 최선의 길을 기술한 표식"이라고 정의한다(도함수에 대한 과제분석과 위계 설정을 연습하여라).

이 정의에서 지적기능이란 여러 가지 기호나 상징(그림, 그래프 등)을 사용하여 환경과 상호작용할 수 있는 능력으로 '~을 할 수 있다'에 해당한다. 이를테면, 이차함수를 알고(정보, 지식) 이것을 실생활 문제풀이에 이용할 수 있다는 것을 의미한다.

개념획득은 수학교실에서 늘 대하는 정신활동이며, 사회생활 속에서도 경험하는 교육적 활동이다. 교실에서 교사가 다음과 같은 사례를 보여준다고 하자.

- 분속이 일정한 값 v인 시간과 간 거리의 두 양의 관련을 그래프로 나타내기
- 창문열기에서 두 양을 열린 부분의 가로의 길이와 열린 부분의 넓이라 할 때 이 두 양 사이에는 어떤 관련이 있음을 보임
- 분당 일정한 양의 물이 나오는 수도에서 걸린 시간과 물의 양을 비교하는 그림을 보임

학생들은 각 경우에서 두 양 사이의 관련성을 그림으로 나타내어 보면 어떤 패턴이 있음을 느낀다. 이때 패턴은 개념이다. 이와 같이 하나의 개념은 공통적인 성질을 가진 것끼리 묶인 어떤 분야의 현상을 말한다. 이를테면, 원은 다른 도형(삼각형, 사각형 등)과 다른 한 부류의 대상물임을 알 수 있다. 이들 개념은 다른 부류와 구분이 되는 준거속성을 가진다. 중학생에게 닮은 삼각형의 준거속성은 처음에는 잘 들어오지 않지만 여러 사례를 보면서 귀납적으로 준거속성이 들어오고 $\triangle ABC \backsim \triangle STR$과 같은 표상적 수준으로 들어온다. 이후에는 이 기호 $\backsim$를 보아도 구체적인 보기 없이도 닮음의 준거속성을 말할 수 있다. 이와 같이 한 부류의 준거속성을 귀납적으로 발견하는 과정을 개념형성(개념획득과정)이라고 한다. 이때 삼각형의 닮음은 개념 명칭이 되며, 이 명칭은 외연적, 내연적 의미를 가진다. 개념학습에서 어려운 것은 복합개념의 의미를 지닌 "삼각형의 세 내각의 합은 $180°$이다."와 같은 명제학습이다. 이 경우에는 학습자는 문장에 포함된 개개의 용어를 이해해야 하며 직관을 통해 문장 속에 있는 연결어, 지시어, 시제 등이 어떻게 관련되어 있는지 이해한다.

다음 명제에 대한 개념획득과정을 조사하여라. 여기에서 귀납적 과정은 어

느 것인가?

사각형, 오각형, 육각형은 한 꼭지점에서 그은 대각선에 의하여 각각 두 개, 세 개, 네 개의 삼각형으로 나누어진다. 또한, 삼각형의 세 내각의 크기의 합은 180°이므로 사각형, 오각형, 육각형의 내각의 크기의 합은 다음과 같다.

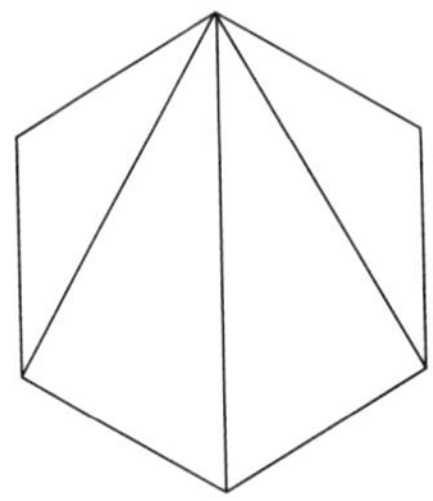

$$180° \times (4-2) = 180° \times 2 = 360°$$
$$180° \times (5-2) = 180° \times 3 = 540°$$
$$180° \times (6-2) = 180° \times 4 = 720°$$

일반적으로 n각형은 한 꼭지점에서 그은 대각선에 의하여 $(n-2)$개의 삼각형으로 나누어지므로 n각형의 내각의 크기의 합은 $180° \times (n-2)$이다.

개념획득에서 귀납적 과정은 타바(Taba, 1978)에게 중요한 의미를 준다. 그는 사고력을 가르칠 수 있는 것으로 보고, 사고력은 개인과 자료간의 하나의 능동적 거래 행위로 보았다. 즉, 학습교실에서 수업자료가 학생에게 주어지면 그는 이 자료에 어떤 인지적 조작행위를 일으키며, 이를 조직하여 개념체계를 형성한다. 또, 더 나아가 이 자료에 내재한 관련성을 연결하여 이로부터 일반화를 유도해내며, 가설을 설정하고 예측하고 설명하는 행위를 강조한다.

특히, 그는 귀납적 사고과정을 세 단계, 즉 개념형성, 자료해석, 원리적용으로 보았다. 먼저 개념형성에서 교사와 학생이 할 수 있는 활동, 질문을 다음과 같이 요약했다.

외적활동	내적활동	질문
•열거 및 목록화하기 •집단화하기 •명명 및 범주화하기	•구별 •공통특성찾기, 추상화하기 •상위와 하위간의 위계설정	•무엇을 발견했는가? •한데 묶을 수 있는 것은? •무엇이라 부를까?

중학교에서 집합을 정의한다. 어느 교과서이든 두 집합 A와 B의 교집합을 $A \cap B$로 하고

$$A \cap B = \{x \mid x \in A,\ x \in B\}$$

와 같이 또, 합집합은 $A \cup B$로 하고

$$A \cup B = \{x \mid x \in A \text{ 또는 } x \in B\}$$

와 같이 소개한다. 두 개념의 개념형성과정을 위의 타바의 표에 의하여 만들어 보아라.

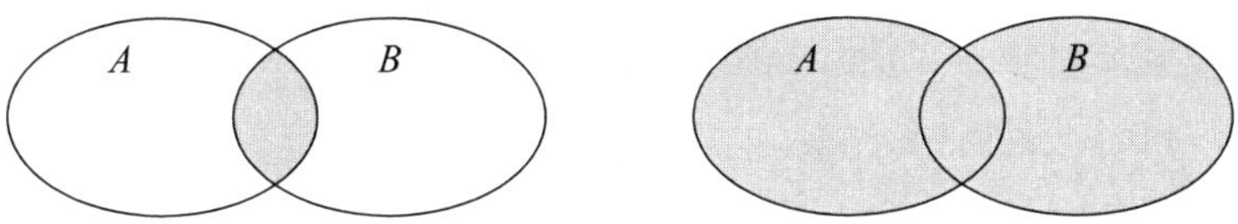

$A \cap B$　　　　$A \cup B$

두 번째 자료해석은 해석하기, 추론하기, 일반화하기와 같은 정신작용과정에서 만들어진 것이다. 이때 외적활동, 내적활동, 질문은 다음과 같다.

외적활동	내적활동	질문
•중요한 관계찾기 •찾아낸 관계를 탐색하기 •추론하기	•구별해 내기 •원인과 결과의 관계결정하기 •시사점 찾기 •미지의 사실을 기존의 사실로부터 추정하기	•무엇을 발견했는가? •왜 이렇게 되었는가? •무슨 뜻인가? •어떤 결론을 얻는가?

중학교에서 정다각형 다섯 개의 그림을 보고 각 정다각형의 꼭지점의 수를 v, 모서리 수를 e, 면의 수를 f라 하며 표를 만들어 자료 수집을 하고, 중요한 관계를 찾는 추론활동을 하여라.

세 번째의 원리의 적용은 원리를 적용하여 새로운 현상을 설명하는 것이다. 이때, 외적활동, 내적활동, 질문은 다음과 같다.

중학교 3학년의 직각삼각형의 피타고라스 정리를 자료제시를 통해 예측하고, 분석적 방법으로 논리적 이유를 설명한 다음에 직접증명으로 예측을 입증하여라.

외적활동	내적활동	질문
• 결과를 예측하기, 친숙하지 않는 현상 설명하기, 가설 세우기 • 예측 또는 가설을 설명하기 • 예측입증하기	• 문제 또는 상황분석하기 • 관련 지식상기하기 • 인과관계 결정하기 • 논리적 원칙, 사실을 이용 필요충분조건 찾기	• 만약 …하면 어떤 일이 발생할까? • 왜 그런 일이 일어나는지 설명하여라. • 가능성이 있다고 믿는가?

정미량(2003)과 김수연(2003)의 수업광경을 비디오로 본 후 다음에 대한 타바의 귀납적 과정을 비평하여라(Joyce, 2003).

(1) 피타고라스 정리의 일반화와 증명

(2) 삼각형의 세 내각의 합

(2) 교재개발

수업할 교재를 개발하는 문제는 앞의 수업원리로 설명할 수 있다. 위에서는 오수벨의 선행조직자는 다음 모델을 가진다(Joyce, 2003).

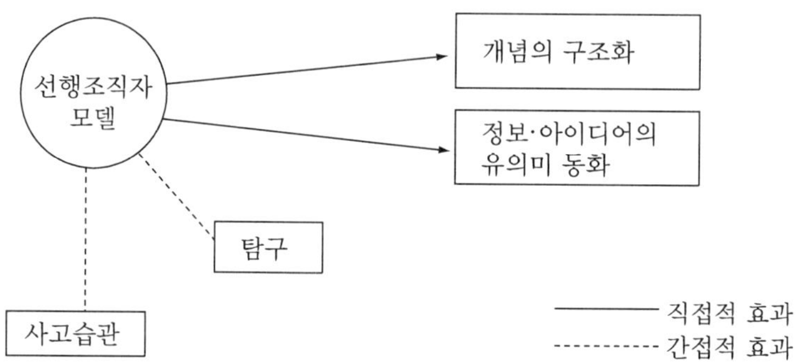

이들 이론가들의 영향을 받아 제작한 교재는 여러 형태로 나타났다. 우선 북미지역에서 개발했던 자료를 보자(Zweng, 1982).

1) 선행조직자

다음에서는 판자를 이용하여 판자 짜맞추기(선행조직자) 활동을 해본다.

[step 1] x 직사각형 판자와 $-x$ 라고 쓴 판자를 합치면 0이 됨을 약속한다.

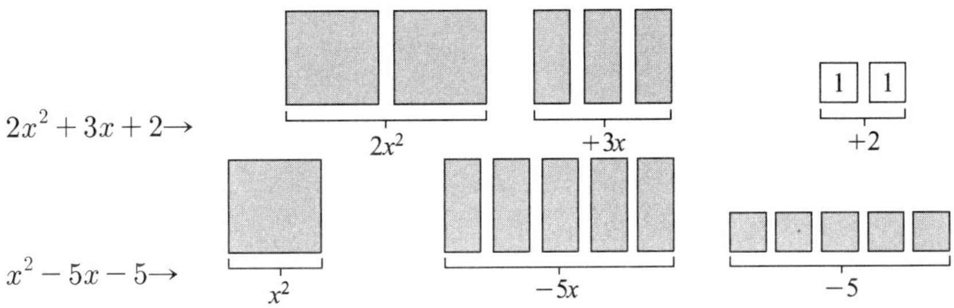

[step 2] 같은 항을 합치고 0은 무시한다.

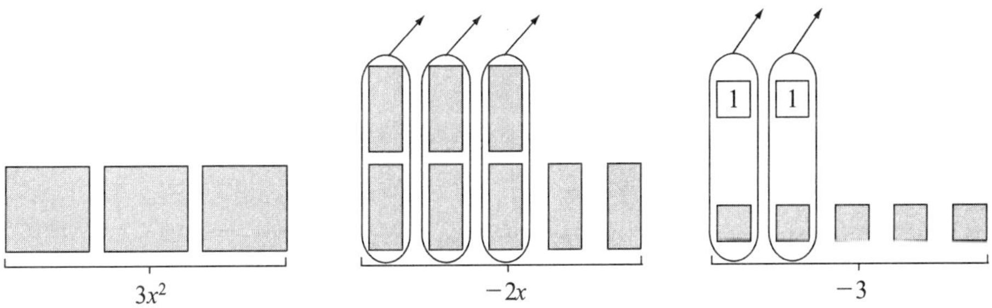

[step 3] 다항식의 합을 판자로 짜맞추어라.

$$(2x^2+3x+2)+(x^2-5x-5)=3x^2-2x-3$$

2) 점의 집합

[소재 1] 김 씨는 새로 이사한 도시에서 집을 지을 곳을 찾고 있다. 그는 고속도로에서 $\frac{1}{2}$마일 떨어진 곳과 일산 초등학교에서 1마일 떨어진 곳으로 집을 지을 곳을 택한다. 다음 그림에서는 고속도로를 직선으로, 초등학교를 점으로 나타내었다. 1마일을 2cm로 하여 예상 지역을 점으로 까맣게 나타내어라.

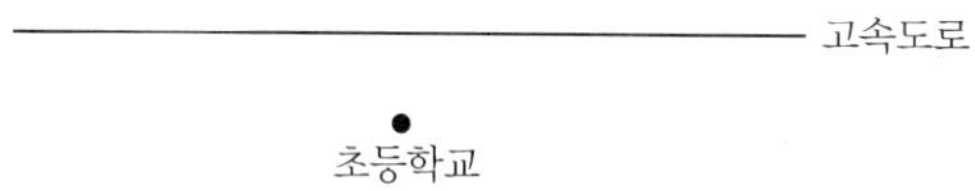

[소재 2] 집을 구입하는데 박 씨는 주엽 고등학교에서 $1\frac{1}{2}$마일 떨어진 곳에, 능곡 고등학교에서 1마일 떨어진 곳에, 박 씨의 직장에서 3마일 떨어진 곳에 정하려 한다. 그림에서 1마일을 2cm로 하여 이 지역을 점으로 까맣게 나타내어라.

한편, 유럽과 러시아 쪽에서도 유의미 자료를 만들기 위한 노력을 관찰할 수 있다. 다음은 우리나라 고등학교 1, 2학년의 이동과 변환에 대한 이들 국가들의 교재개발의 부분을 조사해본다.

$$M: \begin{pmatrix} x \\ y \end{pmatrix} \rightarrow \begin{pmatrix} y+3 \\ x-3 \end{pmatrix}$$

와 같은 변환 M을 생각하려면 다음과 같이 단위정사각형의 사상을 생각하면 쉽게 변환 M을 그림으로 확인할 수 있다.

$$M: \begin{pmatrix} 1 \\ 0 \end{pmatrix} \rightarrow \begin{pmatrix} 0+3 \\ 1-3 \end{pmatrix} = \begin{pmatrix} 3 \\ -2 \end{pmatrix}$$

$$M: \begin{pmatrix} 1 \\ 1 \end{pmatrix} \rightarrow \begin{pmatrix} 0+3 \\ 1-3 \end{pmatrix} = \begin{pmatrix} 4 \\ -2 \end{pmatrix}$$

$$M: \begin{pmatrix} 0 \\ 1 \end{pmatrix} \rightarrow \begin{pmatrix} 1+3 \\ 0-3 \end{pmatrix} = \begin{pmatrix} 4 \\ -3 \end{pmatrix}$$

$$M: \begin{pmatrix} 0 \\ 0 \end{pmatrix} \rightarrow \begin{pmatrix} 0+3 \\ 0-3 \end{pmatrix} = \begin{pmatrix} 3 \\ -3 \end{pmatrix}$$

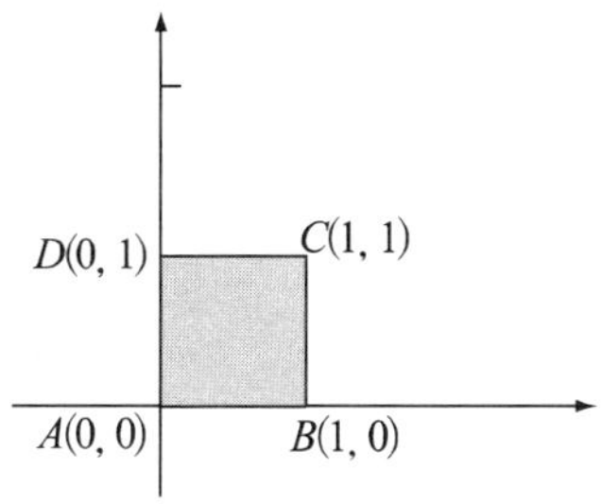

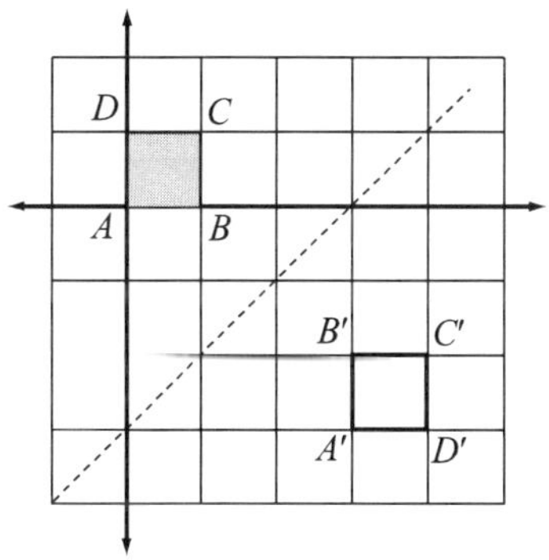

주어진 단위 정사각형에 변환 M에 의하여 어떤 상으로 사상되었는지 그려 보면 위의 그림과 같이 직선 $y=x-3$에 대하여 대칭의 원상과 상은 대칭임을 알 수 있다.

(활동) 시범 수업한 유정(2003)의 비디오를 보고 유의미 설명 수업의 장·단점을 토론하여라.

1.4 수학화, 탐구수업

(1) 수업원리(α)

기억정보처리 이론이란 새로운 정보가 투입되고 저장되며 기억으로부터 인출되는 방식에 대한 이론이다. 따라서 학습의 과정을 '인간의 감각기관을 통해서 들어오는 정보를 체계적으로 정리하여 두뇌라는 저장고에 보관하는 과정'으로 정의한다. 이론가들은 정보처리의 과정을 다음 도식과 같이 나타낸다(변영계, 2001).

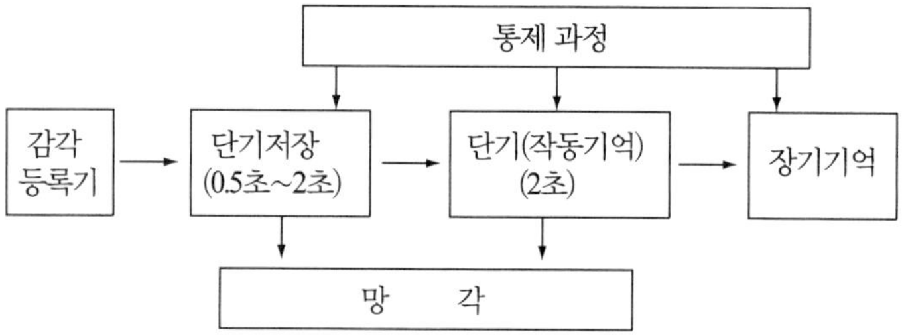

위에서 감각등록기는 우리의 감각수용기관(눈, 귀 등)을 통해 정보를 최초 저장하는 곳으로 투입되는 정보가 즉시 처리되지 않는 경우에는 그 정보는 곧 유실된다. 작동기억은 암산과 같은 활동이 잠깐 일어나며(20초 정도) 정보의 양과 지속시간에 제한이 있고 분할(chunking)의 역할을 한다. 이를테면, ㅎ, ㅏ, ㅁ, ㅅ, ㅜ는 다섯 개의 단위로 기억속에서 자리 잡지만 함수로 하면 한 개의 단위로 자리 잡는다. 장기기억은 무한한 정보를 영구적으로 저장하는 장소이며, 문제해결의 전략, 생각방법, 수학개념과 규칙 등이 서로 연관을 맺으며 네트워크를 구성한다. 때문에 정보처리이론에서는 학생이 정보를 수동적으로 받아들이는 것이 아니고 정보를 이해하고 능동적으로 조직한다는 가정을 택한다.

위에서 말한 학습의 과정은 세 단계로 이루어진다. 첫째는 자극에 주의를 하는 것으로 정보가 입력이 되면 식별이 가능하며 투입된 장소 속에서 그 구조를 발견한다(자료처리). 또, 개념주도적 처리가 진행되는데, 이를테면 함수라는 일종의 패턴은 전후좌우에 있는 수의 배열로 그 개념을 느끼게 된다. 이러한 정보는 중학생이 숫자인식과 같이 자동적으로 주의를 기울이지 않더라도 얻어지나, 낯선 패턴(함수의 뜻을 인식하기)이 들어오면 심사숙고하는 과정을 거친다.

두 번째 단계는 자극을 부호화(encoding)하는 단계인데, 정보가 장기기억에 보존되려면 이 과정이 필요하다. 이 단계는 자극을 변형시켜 나중에 쉽게 회상될 수 있는 형태로 바꾸어주는 것이다. 이를 위해서는 조직화, 정교화, 스키마 등이 필요하다. 이 중에서 잘 조직화된 정보는 학습하기도 쉽고 기억하기도 쉽다. 그림에서 직사각형의 넓이를 이용하여 삼각형의 넓이를 기하판에서 구할 수 있다. 즉, 잘 조직화된 학습이라 볼 수 있다.

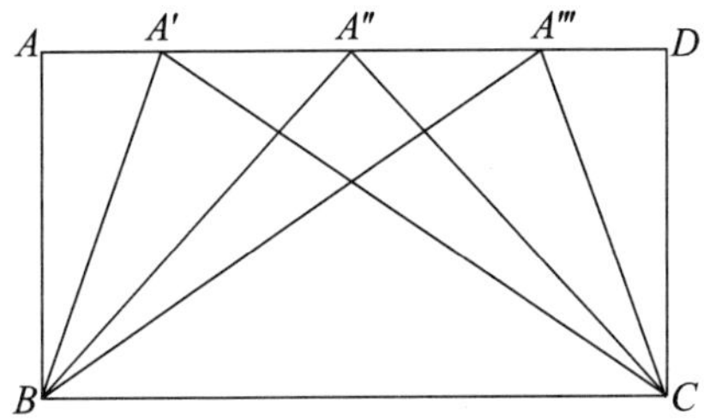

정교화는 새로운 정보에 다른 것을 더하거나 또는 이미 알고 있는 다른 것에 관련시켜 기억하려하는 것의 정보를 확대시키는 것을 말한다. 이를테면, 삼각비의 값을 좌표평면에서 쉽게 기억시킨다든지 합동을 닮음의 특수한 경우로 기억하는 일이 해당된다. 마지막으로 스키마는 어떤 자료를 학습할 때 학생이 필요하다고 생각되는 스키마를 상기기억 속에서 활성화시키고 자료내용을 스키마 공간에 맞추려 한다.

세 번째 단계는 저장과 인출이다. 사실 부호화과정은 장기기억 속에 정보를 잘 보관하기 위한 수단이다. 프로기사들은 자신이 몇 시간 둔 대국을 후에 그대로 재생시키는 것을 본다. 이는 분할의 크기와 부호화가 다른 사람에 효율적이라는 뜻이다.

다음은 공통수학에서 흔히 공부하는 역함수의 성질이다. 정보처리이론에서 말하는 세 단계를 설명하여 보아라.

함수 $y=f(x)$의 그래프와 그 역함수 $y=f^{-1}(x)$의 그래프는 직선 $y=x$에 대하여 대칭이다.

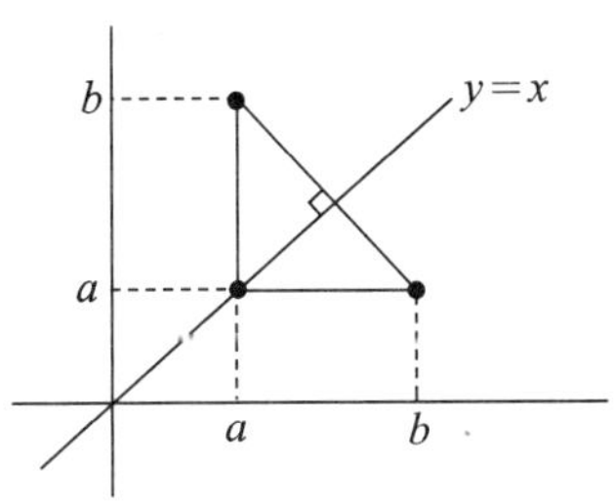

켈러(Keller, 1981)는 기억을 유지시키는 변인으로 주의, 관련성, 자신감, 만족감(ARCS)을 제시하였다. 이들 이론은 학습동기의 네 가지 요소를 설명하는데, 간단히 말해서 주의는 호기심과 관심을 유지시켜주고, 관련성은 “왜 이 과

제를 공부해야 하는가?"에 의문을 갖고 학습상황에서 개인적 관련성을 지각하는 것이다. 즉, 관련성을 "이 과제가 나의 개인적 흥미나 삶의 목적과 관련 있는가?"라는 노력이다. 또, 자신감은 학생이 가지는 자신감을 말하며 만족감은 학생의 노력에 대한 만족으로 동기를 유지시켜주는 요소이다. 변영계(2001)는 네 가지 요소에 대한 교실의 전략을 제언한 바 있다.

1) 주의

- 시청각효과의 사용
- 문제해결의 구상장려
- 다양한 교수형태 사용
- 교수자료의 변화추구

2) 관련성

- 친밀한 인물 혹은 사건 활용
- 친밀한 예문, 배경지식활용
- 실용성에 중점을 둔 목표제시
- 협동적 상호학습 상황제시

3) 자신감

- 평가기준 및 피드백 제시
- 적정수준과 다양한 수준의 난이도 제시
- 학습속도조절, 선택가능하고 다양한 과제의 난이도 제공

4) 만족감

- 후속 학습상황을 통한 적용기회 제공
- 선택적 보상체제 활용
- 연습과 시험내용의 일치

위의 표에서 제시한 활동은 수학의 학습에서도 유용하게 사용할 수 있다. 다음 소재를 이용하여 고등학교 1학년에서 학생들이 동기유발로 주의, 관련성을 가지게 하려 한다. 토론하여라.

또, 자신감 또는 만족감에 대해서도 교육과정의 설계나 수업설계에서 동기 유지를 위한 여러 활동을 계획할 수 있다. 이를테면, 다음은 문제활동을 나타낸 소재이다. 문제해결에서 문제는 난이도가 높은 학습활동이며, 특히 학습의 동기 유발 또는 유지가 중요한 영역이다. 위의 자신감과 만족감에 해당하는 항목을 연습하여라.

어느 지역의 조수간만의 차 조사

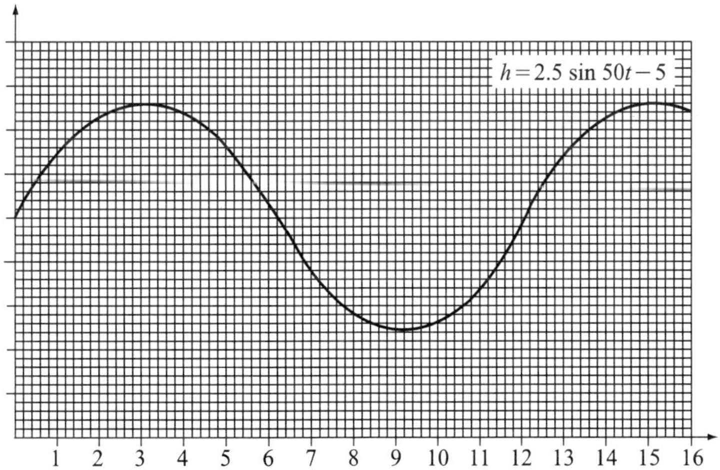

서울랜느에서 빙빙도는 놀이기구 활용

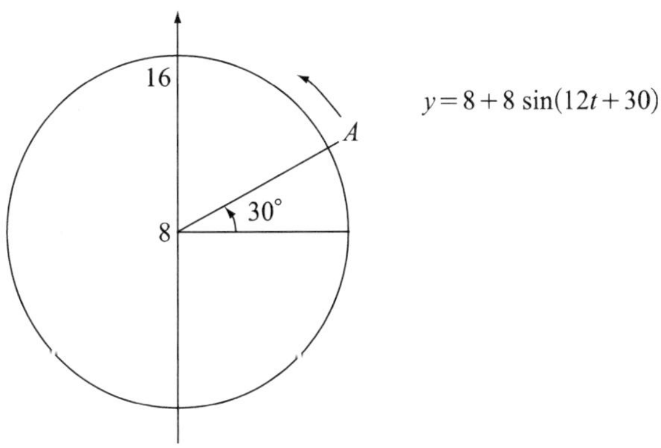

교실에서 교사의 가장 큰 고민은 "어떻게 문제를 설정하여 학생들 앞에 내놓을 것인가?"일 것이다. 서로 독립된 문제를 수집하여 이를 풀도록 하는 방법이 주로 학교에서 사용되는 것인데, 여기에서 이야기하려는 것은 문제의 정보,

조건 등을 변형해가면서 문제의 구조를 바꾸는 활동을 주로 취급한다. 이를테면,

50원짜리 동전으로 7500원을 만들려 한다. 몇 개가 필요한가?

이와 같은 문제의 설정은 중학교 1학년에서 흔히 볼 수 있는 쉬운 문제 설정이며, 교사의 입장에서는 "이 문제로 끝내고 이와 독립적인 다른 문제를 설정할 것인가?"에 고민을 한다.

이 문제를 변형해가면서 유사문제를 심도 있게 보여주기 위해서는 현재 문제에 주어진 틀을 확장할 수 있다.

	문제에 주어진 지식	세부 정보
알려진 정보	돈의 합	7500원
알려지지 않은 정보	동전의 수	
제한 1	특정한 동전이 적어도 한번 사용	50원
제한 2	모든 동전이 같은 유형임	

이를 근거로 많은 문제를 만들 수 있다.

원리 1: 주어진 정보, 알려지지 않은 정보, 제한 사항을 서로 변형시킨다.

원리 2: 학생들이 자신 있는 영역, 자료를 택하여라. 대수에 자신 있고, 기하에 약한 학생에게 기하문제를 설정도록 할 필요는 없다.

원리 3: 처음에서 기존 문제의 중요정보를 빼고 완성하는 단계에 있지만, 창의적인 포즈는 신문, 잡지 등에서 소재를 얻어야 한다. 이를 위해 수능에서 만든 문제를 보자.

위의 원리를 설명하기 위해 수능에서 출제된 문제를 검토할 수 있다.

(2) 수업원리(b)

인지발달론자들은 인간의 사고는 일정한 단계를 거치면서 더 복잡한 수준으로 발달해간다고 믿는다. 각 단계는 스키마(schema)라는 특정개념 또는 지적구조를 가진다. 다른 말로 표현하면 스키마는 환경과 상호작용할 때 사용하는 프

로그램 또는 전략이다.

아동들은 생활의 경험을 자신의 행동양식에 동화시키고, 자신의 행동양식으로 동화할 수 없는 새로운 경험은 조절을 통해 새로운 스키마를 만든다. 그들의 지적능력은 환경을 동화시키기 위해 더 복잡한 스키마를 형성해간다. 이를테면, 운동장에서 선생님이 줄서기를 자주하는 경험에서 수학의 순서개념을 익히게 된다.

이와 같이, 피아제는 스키마가 유기체를 세상에 연결해주는 방법에 따라 인지발달을 4단계로 구분한다(인지발달단계를 참고).

이를 바탕으로 워드워스(Wadsworth, 1978)는 교실에서 행할 수 있는 몇 가지 수업원리를 제시했다.

첫째, 교수는 학생의 인지구조를 발달시키고 변화할 수 있는 환경을 창조하는 것이라 본다. 따라서, 교실의 목표는 학생들의 조작(출발점으로 되돌아갈 수 있고 또한 이러한 가역성을 지니는 다른 행위와 통합할 수 있는 내면화된 행위) 능력을 신장시킬 수 있는 학습환경으로 준비하는데 있다. 이때, 학생의 역할에는 능동적, 발견적 그리고 귀납적 경험이 필요하다.

둘째, 수학과 논리에 관한 지식은 심사숙고하고 추상하는 과정에서 얻어지기 때문에 학생들의 탐구와 실험을 통한 능동적 지식 구축환경을 마련해야 한다.

셋째, 일종의 사회적 지식으로 의견을 교환하는 기회, 협동해서 과제해결을 하는 기회와 개인적 경험을 나눌 수 있는 기회는 지적발달의 토대가 되는 인지적 갈등을 제공한다.

다음 소재를 보고 위에서 언급한 환경의 창조, 조작, 탐구와 실험, 협동과제해결 등을 논하여라.

확률의 개념을 얻기 위해 연속적으로 두 과제를 수행한다.

①

두 번째 동전 \ 처음 동전	앞면(H)	뒷면(T)
뒷면(T)	H, T	T, T
앞면(H)	H, H	T, H

②

과자 종류			
S	V, S	C, S	P, S
B	V, B	C, B	P, B
N	V, N	C, N	P, N
	V	C	P

아이스크림 종류

마찬가지로 중학교 2학년 학생에게는 확률을 위의 관점으로 색다르게 지도해 볼 수 있다. 다음 상황을 잘 읽고 확률의 개념을 지도하기 위한 인지발달론자들의 권고를 생각해 보아라.

농장을 경영하는 김 씨는 어느 날의 일기예보를 전날의 것으로 예측하는 방법을 써왔다. 그가 15일 동안 날씨를 관찰한 결과는 다음과 같았다.

$$CRRSSSCRSSCSRCC$$

여기서 R은 비온 날, S은 햇빛이 있는 날, C는 구름이 낀 흐린 날이다.

1) 현재 상태가 C라면 다음 상황이 될 확률은?
- 비오는 날로 변경
- 햇빛이 있는 날로 변경
- 흐린 날로 변경

2) 현재 상태가 비 오는 날 R로 하면 다음 상황이 될 확률은?
- 비오는 날
- 햇빛이 있는 날
- 흐린 날

3) 현재 상태가 S라면 다음 상황이 될 확률은?
- 비오는 날
- 햇빛이 있는 날
- 흐린 날

특히, 피아제는 발단단계에서 아동의 수학·논리개념의 획득과정을 임상적 방법으로 측정할 수 있는 길을 열어놓았다. 이는 임상적 면접이라고 불리는 방법에 의해 시행되는데 일대일 상황 속에서 분류나 수 보존과 같은 여러 사고능력을 측정하기 위하여 과제가 아동에게 제시되고 면접자는 질문을 한다. 아동이 응답할 때 면접자는 귀를 기울여듣고 아동의 행동을 관찰한다. 일정한 사고수준에 대한 요구조건을 충족시키는지 확신할 때까지 계속 질문한다. 이러한 상황 속에서 얻어진 정답 또는 오답 모두 면접자에게 유용한 정보를 제공한다.

다음은 교사가 학생에게 임상적 방법으로 개념획득이 어떻게 이루어졌는지 조사한 방법을 프로토콜 형식으로 나타낸 것이다.

원뿔 모양의 용기에 비율 r로 물이 흘러들어간다. 원뿔 모양의 용기는 원 모양이 위로 올라가고 꼭지점이 수직으로 밑에 있다. 윗면 원의 반지름은 a이고, 높이는 b이다. 물의 높이가 y만큼 되었을 때 y에 대한 비율을 구하여라. 또, $a=4$, $b=3$, $r=2$, $y=1$일 때 그 비율을 구하여라(Polya, 1945).

교사 데이터는 무엇인가?

학생 직원뿔의 윗면의 반지름 $a=4$cm이고 직원뿔의 높이 $b=3$cm이고 물이 용기에 흘러가는 비율 $r=2$cm/m이고 어떤 확실한 순간에 그 깊이 $y=1$cm입니다.

교사 맞다. 문제의 진술은 다음과 같은 것을 제안하는 것 같다. 국소적인 숫자로 표시된 값을 무시하고, a, b, r, y의 용어로 표현하려고 한다. 결과적으로 위의 문자 a, b, r, y의 표현을 획득하여 나중에 각각의 미지수 값을 대입하려 한다. 미지수는 무엇인가?

학생 물의 깊이가 y만큼 되었을 때, 물의 표면적이 불어나는 비율입니다.

교사 그것은 무엇인가? 그것을 다른 용어로 기술할 수 있는가?

학생 물의 깊이가 점점 깊어갈 때 비율입니다.

교사 맞는 말이다. 그것은 y에 대한 변화의 비율이다. 그러나 변화의 비율은 무엇인가? 정의로 되돌아가라.

학생 미분이란 함수에 대한 변화의 비율입니다.

교사 맞는 말이다. 자, 그러면 y는 함수인가? 앞에서 언급하였던 것과 마찬가지로 우리는 y에 대한 숫자로 주어진 값을 경시하였다. y가 변화하는 것을 상상할 수 있는가?

학생　예, 물의 깊이 y는 시간이 지남에 따라 증가합니다.

교사　그러면 y는 무엇에 대한 함수인가?

학생　시간 t에 관한 함수입니다.

교사　좋다. 적절한 기호의 표기를 도입하여라. y에 대한 변화의 비율을 수학적인 기호로 어떻게 쓰겠는가?

학생　$\frac{dy}{dt}$입니다.

교사　좋다. 이것이 미지수이다. 여러분은 그것은 a, b, r, y의 용어로 표현하여야 한다. 그런데, 이 데이터 중에 어느 것이 "비"인가? 어느 것인가?

학생　r은 물이 용기에 흘러들어가는 비율입니다.

교사　그것은 무엇인가? 그것을 다른 용어로 말할 수 있는가?

학생　r은 용기에서 물의 부피에 대한 변화의 비율입니다.

교사　그것은 무엇인가? 그것을 좀더 다르게 재진술할 수 있는가? 그것을 적절한 기호로 어떻게 표기하겠는가?

학생　$r=\frac{dV}{dt}$입니다.

교사　V는 무엇인가?

학생　시간 t에서의 용기에 있는 물의 부피입니다.

교사　좋다. 그러면, 여러분은 $a, b, \frac{dV}{dt}, y$의 용어로 $\frac{dy}{dt}$를 표현하여야 한다. 그것을 어떻게 표기하겠는가?

학생　…

교사　만약에 여러분이 제시된 문제를 해결할 수 없다면 먼저 몇 가지 관련된 문제를 해결하도록 하여라. 만약에 이 $\frac{dy}{dt}$와 데이터관련성(connection)을 이해하지 못했다면, 디딤돌(stepping stone)로 제공할 수 있는 몇 가지 간단한 관련성을 도입하도록 하여라.

학생　…

교사　여러분은 거기에 또 다른 관련성이 있다는 것을 이해하지 못하는가? 예를 들어, y와 V는 서로 독립인가?

학생　아닙니다. y가 증가할 때 V도 역시 증가합니다.

교사　그러면 거기에는 관련성이 있는 것이다. 관련성은 무엇인가?

학생 예. V는 높이가 y인 직원뿔의 부피입니다. 그러나 저는 아직까지도 물이 들어 있는 원뿔의 윗면의 반지름을 알지 못하겠습니다.

교사 그럼에도 불구하고, 여러분은 그것을 생각하여야 한다. 그것을 x를 사용하여 말하여 보아라.

학생 $V=\dfrac{\pi x^2 y}{3}$

교사 맞는 말이다. 자, x는 무엇인가? 그것은 y와 독립인가?

학생 아닙니다. 물의 깊이 y가 증가함에 따라 물의 표면의 반지름 x도 증가합니다.

교사 그러면 거기에는 관련성이 있는 것이다. 관련성은 무엇인가?

학생 물론 닮음인 두 삼각형에서 $x : y = a : b$입니다.

교사 한 가지의 관련성을 좀더 생각하여 보아라. 나는 그것의 이점을 버릴 수가 없다. 여러분은 V와 y 사이의 관련성을 알아야 된다는 것을 잊지 않도록 하여라.

학생 다음의 관련성을 생각할 수 있다.

$$x=\frac{ay}{b}, \quad V=\frac{\pi a^2 y^3}{3b^2}$$

교사 아주 잘했다! 이것은 디딤돌이 될 것 같다. 그렇지 않은가? 그러나 여러분은 여러분의 목표를 잊어서는 안된다. 미지수는 무엇인가?

학생 예, $\dfrac{dy}{dt}$입니다.

교사 여러분은 $\dfrac{dy}{dt}$, $\dfrac{dV}{dt}$, 그리고 다른 양(quantities)과의 관련성을 찾아내야만 한다. 그리고 여러분은 y, V 그리고 다른 양에서 한 가지를 가져야 한다. 무엇을 하여야 하는가?

학생 미분입니다! 물론입니다! 다음을 얻을 수 있다.

$$\frac{dV}{dt}=\frac{\pi a^2 y^2}{b^2}\frac{dy}{dt}$$

교사 아주 잘했다! 그러면 숫자적인 계산은 얼마인가?

학생 $a=4,\ b=3,\ \dfrac{dV}{dt}=r=2,\ y=1$을 대입하면, 다음의 식을 얻게 됩니다.

$$2=\frac{\pi\times 16\times 1}{9}\frac{dy}{dt}$$

면접 중에 간혹 학생들은 쓸모없는 대답을 하는 경우가 있다. 이때, 검사자는 역상황을 제시하여 일관성 없는 거짓정보를 가려낼 수 있다. 워드워스(1978)은 한 학생이 일관된 논리적 수준에 도달해 있다면

- 정확한 판단을 할 수 있고,
- 이러한 판단에 논리적 정당성을 제공할 수 있고,
- 역상황을 제시했을 때 정확히 역상황을 바르게 이해할 수 있고,
- 이에 관련된 모든 과제를 성공적으로 해결할 수 있다.

고 보았다.

(3) 수업원리(c)

수학화에 대한 프로이덴탈(Freudenthal, 1982)은 수학적 활동의 본질을 수학화로 보았으며, 이것은 인간생활의 환경 또는 의미있는 상황을 수학자가 수학내용으로 조직하는 과정으로 여겼다. 즉, 그는 적절한 수학적 방법을 이용하여 수학적 개념, 수학적 생각 및 수학적 구조를 현실세계의 사건 또는 현상으로부터 얻은 경험을 조직하거나 체계화하는 과정을 수학화로 이해했다. 그는 이러한 수학화를 가능하게 할 수 있는 사고로 반성적 사고를 말했다. 학습자는 의미를 이해하기 위해 질문을 하거나 타인의 말을 자신의 사고 속에 투사할 때 반성적 사고가 일어난다고 한다. 때문에 자신의 개념형성의 과정 또는 문제해결의 과정에서 미흡한 부분 또는 집중했던 부분에 의문을 제시함으로써 자신의 사고와 행동을 의식하는 태도가 중요하다고 본다. 이러한 수학화를 강조하는 교실수업으로 그는 다음과 같은 단계를 중시한다.

첫째 단계: 현실세계의 상황을 느끼는 탐구활동을 교실에 도입한다. 교실에서 도입하려하는 수학내용이 포함된 상황을 읽고 수학적인 아이

디어를 찾는 과정이다.

둘째 단계: 교사와 학생들의 상호작용을 통해 개념을 형성하고, 형식적으로 정리하는 과정이다.

셋째 단계: 개념을 응용하는 과정이다. 이 단계를 거치면서 학생들은 수학과 생활을 더 밀접하게 관련시킨다.

이들 과정을 잘 따르는 데는 학생들의 자발적 활동을 자극하고 반성하는 유의미한 질문이 교사에 의해 나와야 한다.

비디오 정월옴(2002)과 징경호(2003)의 마이크로 수업은 보고 다음을 조사하여라.

(1) 일차방정식의 풀이에 관한 수업을 프로이덴탈의 관점으로 분석하여라.

(2) 확률의 수업을 프로이덴탈의 관점으로 분석하여라.

(3) 중고등학교에서 $(-2)+(+3)$, 롤의 정리, 역함수 등에 그의 아이디어를 적용하여라.

한편, 자유놀이를 통한 학습으로 딘즈(Dienes, 1960)의 이론은 탐구활동을 중심으로 수업활동이 전개되는 또 다른 예이다. 그의 수업과정은 6단계로 구성되어 있으며, 연속적인 구조화를 중요시한다. 1단계에서 3단계까지는 자유놀이, 게임, 공통성 탐구로써 자유롭게 실험활동 또는 관찰을 하면서, 어떤 규칙성 또는 일정한 패턴을 인지하며 마지막으로는 특정개념의 수학적 구조를 파악하는 단계이다. 4단계에서 6단계까지는 표현, 기호화, 형식화로써 앞에서 탐구한 수학적 구조를 기호로 나타내고 이들의 성질 등을 파악하는 높은 사고수준의 단계이다.

비디오 한미정(2003)의 마이크로 수업을 보고 물음에 답하여라.

(1) 포물선에 대한 실험(놀이)에서 탐구를 위한 질문, 상호작용의 활동을 지적하여라.

(2) 이 실험에서 의식화 활동, 공통성 탐구를 분석하여라.

기하교육에서도 반 힐레(Van hiele, 1986)의 학습수준론은 학교수학에 특별한 의미를 준다. 그는 기하학습에 다섯 개의 수준이 있으며, 각 수준에는 독특한 사고구조와 언어구조가 있다는 것이다(수학교육론, 경문사, 2004년에 수정된 반 힐레 수준 참고).

각 수준을 촉진시킬 수 있는 수업모형(또는 단계)으로 다섯 단계 과정을 중시한다. 즉, 한 수준에서 다음 수준으로의 진행은 생물학적인 성숙 또는 발전에 의존하지 않으며 수업활동에 의하여 더 크게 의존된다는 것이다.

첫째 단계: 안내단계로 동기유발, 관찰, 선행지식의 파악과 같은 활동이 탐구적으로 이루어진다.

둘째 단계: 학생은 교사가 제공하는 자료를 통해 학습주제를 탐구한다. 이때, 자료는 실제 현실에서 존재했던 것을 사용하며, 관찰 및 탐구활동을 통해 미리 계획된 탐구과정을 교사가 제시한다.

다면체에서 $v-e+f$의 값을 조사해보자. 이를 위해 다음 표를 완성하여라.

다면체	꼭지점 개수(v)	모서리 개수(e)	면의 개수(f)	$v-e+f$
정사면체				
삼각기둥				
정육면체				
칠 면 체				

(a) (교사의 안내탐구) 윗 표에서 $v-e+f$의 규칙을 말하여라.

(b) 다음의 정육면체의 맨 윗면을 잘라내고 나머지 면을 늘여서 평면위에 펼쳐놓으면 꼭지점과 변으로 이루어진 평면도형이 된다. 이때, v, e, f의 값은 어떻게 변하였는가?

(c) 위의 평면도형에서 $v-e+f$의 값을 (a)에서 구한 값과 일치하는가?

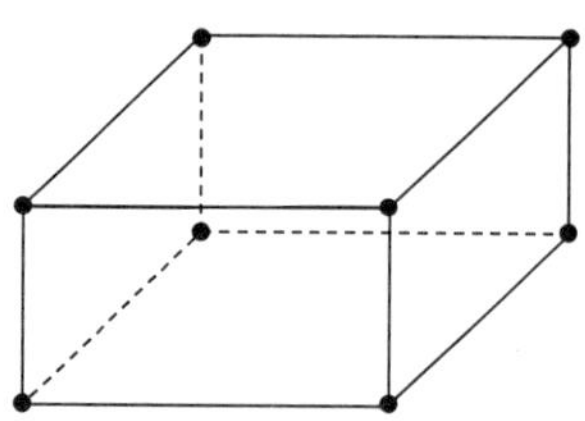

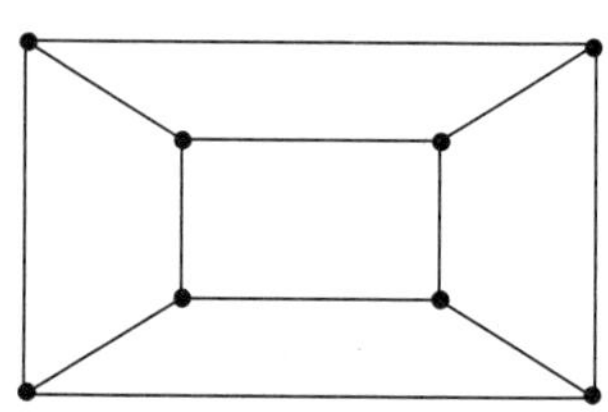

셋째 단계: 개념화의 정착단계이다. 적절한 표현과 기호를 이용하여 앞에서 탐구한 결과를 명시한다. 위의 소재에서 다음을 명료하게 표현한다. 구와 연결 상태가 같은 다면체에서 꼭지점의 개수를 v, 모서리의 개수를 e, 면의 개수를 f라 하면

$$v-e+f=2$$

넷째 단계: 자유탐구단계이다. 위에서 $v-e+f=2$를 포함하는 보다 복잡한 문제 해결적 성격을 띤 과제를 해결한다. 이 정리의 증명도 시도해볼 수 있으며, 구조가 복잡한 문제해결도 시도할 수 있다. 정다면체를 평면그래프로 표현한 그래프 $G=(V, E)$에서 $v=n(V)$, $e=n(E)$, $r=$면의 수, $m=$면을 둘러쌓는 변의 수, $n=$각 점에서 만나는 면의 수라면 오일러 공식을 이용하여 m, n의 값에 따라 몇 가지 경우가 발생하는가를 조사하여라.

m	n	e

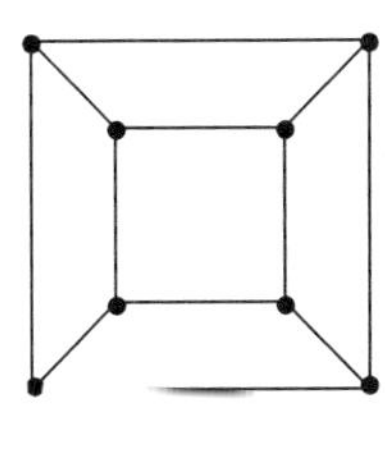
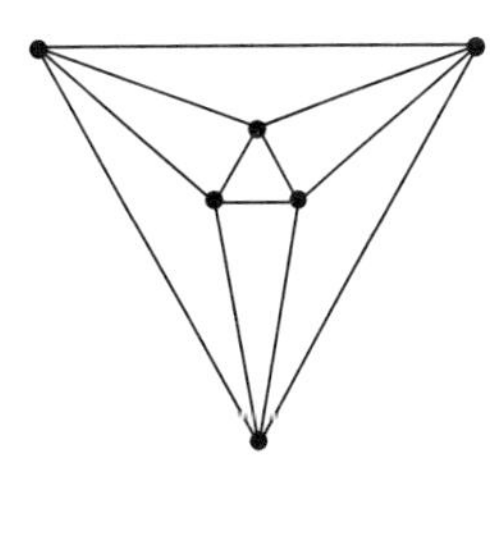
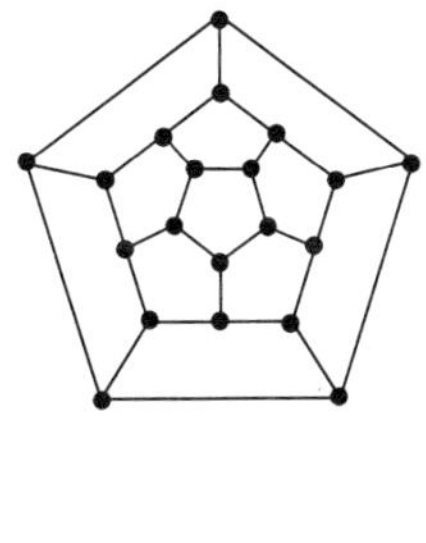
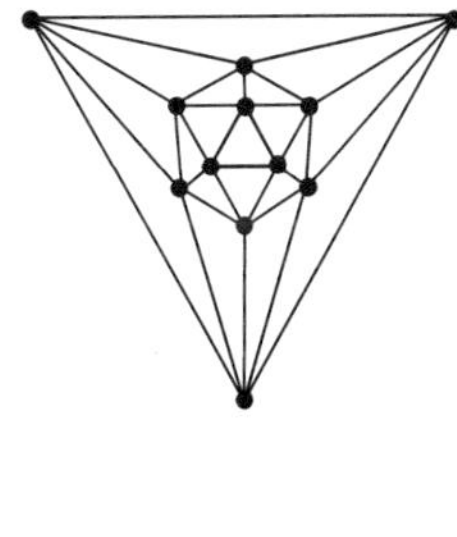

다섯째 단계: 다면체에서 오일러 정리를 포함한 관계망(network)을 구성하는 단계이다. 일종의 학생 스스로 오일러 정리에 관련을 맺는 여러 정리를 종합하는 활동이다.

다음 그림은 어떤 그래프를 나타낸다. 평면그래프가 아님을 설명하여라.

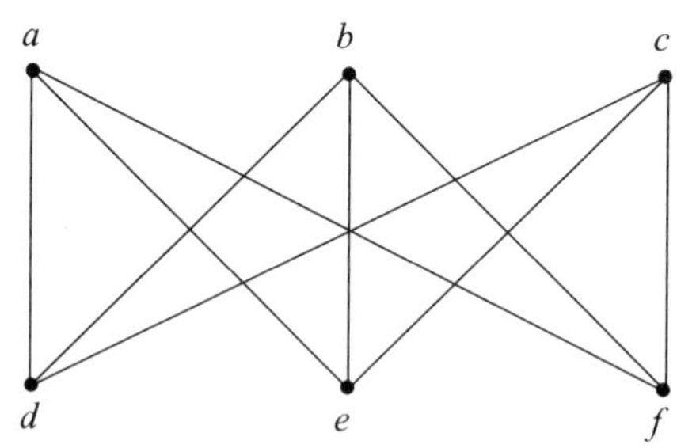

(4) 수업원리(d)

탐구(inquiry)와 발견(discovery)은 현대 사회에 대처하기 위하여 학교교육을 지식의 단순절차보다 창조적 기능에 중점을 둔 정신활동으로 미지세계의 탐구, 새로운 분야의 개척, 변화하는 사회에의 적응, 변혁을 도출하는 통찰 등의 요청에 부응하는 교수방법이다. 따라서 탐구학습은 학생이 지식의 획득과정에서 주체적으로 참가하여 자연 또는 사회를 조사하는 데 필요한 탐구능력을 갖추게 하고 발견하고 탐구하는 적극적 태도를 기르는 활동으로 본다. 변영계(2001)는 탐구과정을 다음과 같이 말했다.

• 학생들이 가지는 모든 지식을 문제해결에 총동원한다.

- 이들 중 문제해결에 관련되는 방법을 고른다.
- 선택된 방법을 적절히 조직하여 자신의 해결방안을 고안한다.
- 이 방법으로 실제 문제해결을 한다.
- 적절치 않으면 다시 맨처음으로 돌아간다.

탐구, 발견의 이론은 듀이(Dewey), 부르너(Bruner), 마샬스(Massialas) 등이 이미 제시했고, 교실에서 자주 인용한다.

듀이는 그 절차를 암시, 지성화, 가설, 추리, 검증으로 생각했고, 부르너는 발견이란 용어를 사용했고, 학생들이 지식의 구조를 이해하면 학습자 스스로 사고를 진행할 수 있다고 보았으며, 발견을 연속적인 가설검증으로 생각하였다. 물론 교사의 자료 제시는 매우 중요한 것으로 본다. 한편, 서먼(Suchman, 1964)은 이들과 같이 탐구훈련은 학생에게 당혹한 사건을 제시함으로써 시작한다고 한다. 한 개인은 어떤 문제 상황에 직면하면 이들 문제를 풀기 위하여 자연적으로 동기유발이 된다고 보았다. 이를 좀더 세분화해서 말하면 다음과 같이 요약할 수 있다.

- 학생들은 당혹한 상황에 탐구심이 발생한다.
- 그들은 자신의 사고전략을 의식하고 분석방법을 배운다.
- 그들은 새로운 전략을 배울 공간을 가진다.
- 협동적인 탐구는 학생들의 사고력을 심화시키고, 지식이란 잠정적이고 생산적인 본성을 갖고 있다는 것과 이에 따른 적절한 대안적 설명이 가능하다는 것을 학습하는 데 도움을 준다.

다음 두 과제에 대해 첫 번째는 부르너의 발견방법을 적용하고, 두 번째 소재에 대해서는 듀이, 식민 등이 제시한 방법을 생각하여라.

1) 첫 번째 과제

두 집합 $X=\{1, 2, 3\}$, $Y=\{4, 5, 6, 7\}$이 있다.

(a) X에서 Y로의 함수의 개수를 구하여라.

(b) X에서 Y로의 일대일 함수의 개수를 구하여라.

다음과 같이 생각해보자.

(a) 집합 Y의 원 4, 5, 6, 7에서 세 개를 뽑아 아래 □ 안에 늘어 놓은 경우의 수를 구하는 것이다.

$$1 \to \square, \quad 2 \to \square, \quad 3 \to \square$$

이때 뽑은 세 개의 수가 모두 다를 때는 말할 것도 없거니와 어느 두 수가 같거나, 세 수가 모두 같아도 좋다.

이것은 4, 5, 6, 7의 네 개에서 세 개를 뽑아 일렬로 늘어 놓는 중복순열의 수와 같으므로 구하는 함수의 총수는

$${}_4\Pi_3 = 4^3 = 64(\text{개}) \leftarrow \text{답}$$

(b) 집합 Y의 원 4, 5, 6, 7에서 서로 다른 세 개를 뽑아 위의 □ 안에 늘어놓는 경우의 수와 같으므로 구하는 일대일 함수의 총수는

$${}_4\Pi_3 = 4 \times 3 \times 2 = 24(\text{개}) \leftarrow \text{답}$$

일반적으로 다음과 같이 정리할 수 있다.

$$X = a_1, a_2, a_3, \ldots, a_r, \quad Y = b_1, b_2, b_3, \ldots, b_n$$

일 때,

발견 1: X에서 Y로의 함수의 총수는

발견 2: X에서 Y로의 일대일 함수의 총수는

2) 두 번째 과제

정다면체를 평면그래프 $G=(V, E)$로 표현할 수 있다. 이때 v는 꼭지점의 총수, e는 변의 총수, r은 면의 총수, m은 면을 둘러쌓은 변의 총수, n은 각 꼭지점에서 만나는 면의 총수라 하자.

- $2e = mr,\ 2e = nv$ 인가?
- m, n 에 따라 몇 가지 경우가 발생하는가?

한편, 킬패크트릭(Kilpatrick)은 듀이의 방법을 이용하여 프로젝트법을 창안하여 그 과정을 문제제기-계획하기-실행하기-평가하기와 같은 절차를 생각했다.

정미랑(2003)의 피타고라스 정리에 대한 마이크로 수업에서 정리의 탐구 활동을 분석하여라.

(5) 교재개발(e)

현재 브랜드 \ 차기 브랜드	나이키	리복	휠라
나이키	40%	40%	20%
리 복	20%	50%	30%
휠 라	10%	20%	70%

위의 행렬을 해석해보면, 현재 나이키를 신은 사람이 운동화를 바꿀 때는 나이키를 다시 사겠다는 사람이 40%, 리복을 사겠다는 사람이 40%, 휠라를 사겠다는 사람이 20%이다. 2행과 3행도 똑같이 해석이 되며, 1열은 나이키를 사겠다는 사람으로 해석할 수 있다.

- 소비자들이 가장 선호하는 제품은?
- 지금 바이어들이 나이키를 1700켤레, 리복을 500켤레, 휠라를 400켤레를 샀다면, 다음 해(모든 사람이 일년 신발을 신고 바꾼다고 가정)에는 이 인원은 어떻게 변하는가?
- 위의 문제를 행렬로 변경하여 구하여라.

지금까지는 1×3행렬과 3×3행렬의 곱을 생각했다. 이들을 종합해보면 다음과 같이 계산이 뒤따른다.

$$
\begin{array}{c}
\qquad\qquad\qquad\quad N \qquad\;\; R \qquad\;\; F \\
(700\ \ 500\ \ 400)\begin{pmatrix} 40\% & 40\% & 20\% \\ 20\% & 50\% & 30\% \\ 10\% & 20\% & 70\% \end{pmatrix} = \overset{N\ R\ F}{(\qquad\qquad)}
\end{array}
$$

이와 같은 연습이 몇 개 이어지고 난 다음에는 실생활 소재를 자연스럽게 도입하여 학생들에게 2×3행렬에 3×3행렬을 곱하는 연습으로 들어간다. 이를테면,

옷 한벌 가격(단위: 천원)

	소	중	대
유니폼 플로스사	28	36	41
스포츠 전문사	34	35	36

팀별소요분량

	호랑이팀	갈매기팀	곰팀
소	6	6	9
중	11	4	6
대	3	10	5

이를 이용하여 팀별로 확보해야 할 예산을 두 행렬의 곱으로 나타낸다(어떻게?).

양현애(2004)와 심은경(20030의 마이크로 수업을 보고 물음에 답하여라.

(1) 포물선에 관한 실험, 조사활동에서 탐구에 알맞은 질문, 토론을 첨가하여라.

(2) 위의 탐구활동이 유의미설명식으로 바꾸었을 때, 이들의 장·단점을 논하여라.

(3) 통계·확률에 대해서도 탐구활동이 교육과정에 적절한지 분석하여라.

(4) 실험에서 표본수 n을 증가시키면서 파워포인트로 보여준 자료를 비판하여라.

2 수학의 수업이론(2)

2.1 상황 인지(구성)

(1) 수업원리

상황학습은 지식과 기능, 경험간의 연결을 촉진하는 연결고리로서 맥락의 중요성을 강조한다. 로고프(Rogoff, 1984)는 맥락을 "행동의 목적과 행동이 내재된 사회적 환경과 물리적 개념구조"로 보았다. 실제로 학교에서는 지극히 정교하게 가공된 학습 환경(교과서, 알고리즘, 계산기, 가공된 문제)에 학생들을 참여시키지만 실생활을 경험하는 일반인들은 그러한 상징적 지식을 중요하게 생각하지 않는다. 이를테면 A씨는 베이커리를 운영하는데

> 월요일 복잡한 출근시간 8:00~9:30 사이에 이 지역사람들은 빵을 사서 직장에 가져가는 경향이 있다. 내일은 우리집에서 만드는 두 종류의 식빵을 얼마나 만들어야만 최고의 이익을 얻을 수 있을까?

와 같은 고민을 매주 일요일마다 한다. 이러한 과제해결은 학교교과서에 나와 있지 않다. 즉, 형식적인 학습 환경이 조성된 학교교실에서는 수학능력시험에서 나올법한 문제를 푸는 일이 거의 대부분의 일과인 반면에, 일상적인 사회생활(직장

생활 등)에서는 구체적인 도구를 광범위하게 사용하고, 자기가 배운 지식을 구체적 상황 속에 연결한다. 즉, 그들의 일상적인 활동을 통해서 직관적인 사고와 문제해결, 의미교섭을 통한 전략을 개발한다. 다시 말하면 학교에서 배운 정교하게 다듬어진 문제, 공식, 기초조작은 실제 생활을 살아가는 데 도움이 되지 않는다.

이러한 상황학습은 구성주의 교육철학에 바탕을 둔 교수학습이론이다. 구성주의는 지식을 개인이 정신과 독립적으로 존재하는 객체로 보지 않으며, 다만 지식을 세계에 대한 우리의 경험을 해석하는 것으로 본다. 즉, 객관적인 실체는 존재하지 않으며 학습은 학생이 지식의 내적인 표상을 구축하는 과정으로 경험에 의해 독특하게 개발되는 개인적인 해석으로 본다. 따라서 교실에서 일어나는 수업은 학생의 경험에 근거한 의미가 개발되는 능동적 과정을 강조하며, 의미는 학생자신의 고유한 경험으로부터 세계를 해석하는 방법에 의하여 형성된다.

다시 말하면 학습은 경험에 근거하므로 학생개인이 어떤 아이디어를 사용하기 위해서는 그 아이디어가 포함된 경험이 제공되어야 한다는 것이며, 학교에서 배운 지식이 교실 밖으로 전이되기 위해서는 실세계의 상황을 반영하는 경험이 있어야 한다는 것이다.

어떤 수학내용을 교실에 안내해야 할까? 이런 이론가들은 수업내용의 선택에 다음을 중시해야 한다고 한다.

(a) 실제적인 과제이어야 한다.
- 자료의 실제성이 있는 과제
- 사실적이고, 복잡하며, 특정한 지식과 기능을 탐지하고 적용하는 문제

(b) 학생들이 해결할 문제를 만들고, 그 이야기 상황 내에 관련된 과정 및 데이터가 포함된 과제, 즉 내포된 자료가 있어야 한다.

(c) 다양한 관점에서 문제를 탐구하고, 개인이 다양한 관점에서 문제를 분석하는 방법을 발휘할 수 있는 문제 또는 과제(협동학습)이어야 한다.

다음에서 (a), (b), (c)를 실험해보자.

토요일 오후 평소 자전거에 관심이 많던 민수는 할인행사 중인 자전거 가게에 가보았다. 마음에 드는 자전거를 알아보니 세일하여 120,000원이었다. 집에 돌아와 아버지께 자기가 본 자전거를 사고 싶다고 하였을 때, 아버지

는 "일주일에 두 시간씩 일을 도와주면 주당 5,000원을 주겠다. 이 제안이 마음에 드니?"라고 말씀하셨다. 민수의 통장에는 현재 20,000원이 저축되어 있다. 언제 민수는 자전거를 살 수 있는가?

학생들은 3~5명씩 협력학습을 하며, 데이터 수집으로 들어간다. 대부분의 팀에서는 다음과 같은 표를 작성하기로 했다.

주별	저축된 액수	총금액
1	20,000	20,000+1×5,000
2	20,000	20,000+2×5,000
3	20,000	20,000+3×5,000
⋮	⋮	⋮
□	20,000	20,000+□×5,000

각 팀에서는 서로 토론을 통해 언제 120,000원이 모일 수 있을까? 하는 의미교섭으로 들어갔다. 이어서 다음과 같은 결론을 얻었다.

$$20,000+\square\times 5,000=120,000$$

여기서, □는 후에 교사에 의하여 x로 놓아지고, x의 뜻은 몇주 후에 자전거를 사는 기간을 말한다. x의 의미와 방정식은 구성이 되었다.

또, 상황(구성)학습에서는 학생들이 그들의 지식과 자원을 최대로 활용할 수 있게 도와주어야 한다. 학생들은 자신들의 의사결정과 문제해결 전략을 체험할 기회를 가져야 하며(Tobin, 1992), 교사의 안내는 간접적이어야 한다.

그러면 '어떻게 수업을 설계해야 할까?'는 어려운 문제임이 틀림없다. 수업설계에서 가장 두드러진 면은 학생 개인 스스로가 수업설계자이며, 수업과정 속에서 수업설계는 계속 일어나며, 객관주의에 바탕을 둔 수업의 세분화, 순서화, 연계화를 떠나서 전체적인 학습목표만 설정한다. 즉, 지식은 학생들의 적극적이고 자율적인 활동이 깃든 상호작용에 의하여 창조되며, 복잡한 상태 그대로의 과제를 갖고 학생들이 자신의 현지식과 경험수준과 관심에 따라 문제를 선택하고 설정하는 과정을 가진다.

비디오 차경호(2003)의 확률에 대한 고찰, 실험 마이크로 수업을 상황인지에 알맞은 구성주의 수업으로 바꾸어라.

(1) 실생활의 상황실험

(2) 개념, 기능, 공식(정리)의 역할 설정

(3) 피드백의 상황설정(단순상황, 본상황)

따라서 교실의 환경도 객관주의적 관점의 환경과는 상당히 다르다. 즉, 과제를 혼자 해결하기보다는 협동적으로 공통해결과정을 거치게 된다. 이렇게 함으로써 개인의 고정된 시각, 관점을 다른 사람의 것에 노출시켜 지식의 범주를 넓히고, 더욱 깊은 사고와 학습을 할 수 있는 자극이 된다.

다음은 여러 사람들이 상황인지(구성)에서 말한대로 수업계획을 짠 일부이다.

1 단계: 교사는 학생들에게 운동장에서 그림과 같이 깃발을 세우고, 밑에서 10m 되는 지점에 자유롭게 서 있으라고 말한다.

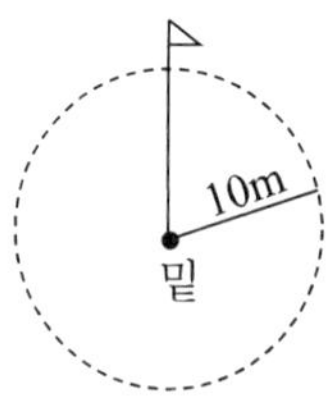

운동장 활동

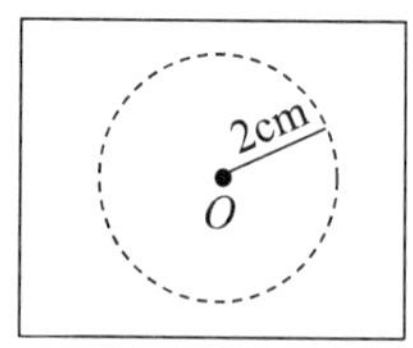

교실 활동

이때, 학생들은 처음에는 자기의 위치를 잘 모르지만 깃발 밑에서 10m 되는 곳에 서 있다.

2단계: 교실에서 모눈종이를 학생들에게 주고 한 정점 O에서 2cm 에 있는 점들을 찍어보라 한다. 이때, 학생들은 앞의 활동을 반영하면서 이 과제를 해결하여, 친구들과 서로 의견을 교환하면서 이 문제를 해결한다.

3단계: 교사의 질문 아래 학생들은 한 정점에서 같은 거리에 있는 모든 점들의 집합이라는 의미의 교섭을 이끌어낸다.

한편, 자기주도적 학습도 현행 교육과정에서 크게 강조되는 개념으로 위의 상황인지와 같은 맥락을 가진다. 노울(Knoweles, 1975)은 자기주도적 학습을 "개인이 솔선수범하여 자신의 학습욕구를 진단하고, 학습목표를 정하고, 학습에 필요한 인적·물적자원을 탐색하고, 적절한 학습전략을 선택시행하고 학습결과를 평가하는 과정"으로 규정한다. 다음에서 자기주도적 학습을 계획해 보자.

(2) 교재개발

1. 다음은 다섯 개의 기록지점에서 자동차의 달린 시간과 거리를 기록한 표이다. 그런데 각 구간에서는 속력이 상수임을 가정한다.

(a) 자료를 그래프에 옮기고 선분으로 각 점을 연결하여라.

기록점	시간	거리(km)
C	0.0	0
D	0.1	5
E	0.2	10
F	0.3	15
G	0.4	20
H	0.5	25

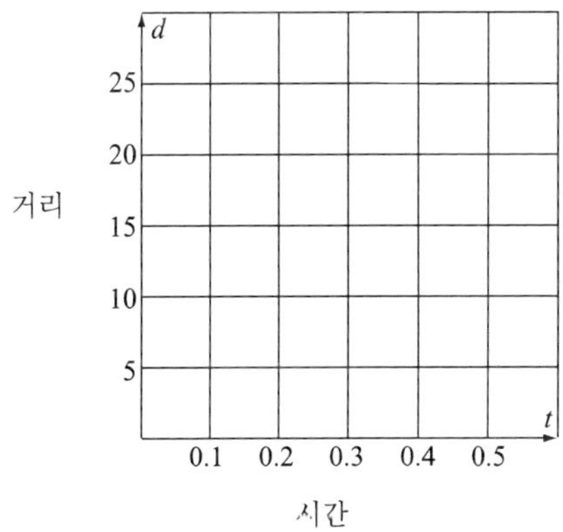

(b) 기록지점 D, G를 통과하는 순간 차의 속력은?

좌표평면에서 두 지점 $A(x_1, g_1)$, $B(x_2, y_2)$가 있을 때, 두 점을 지나는 직선의 기울기는

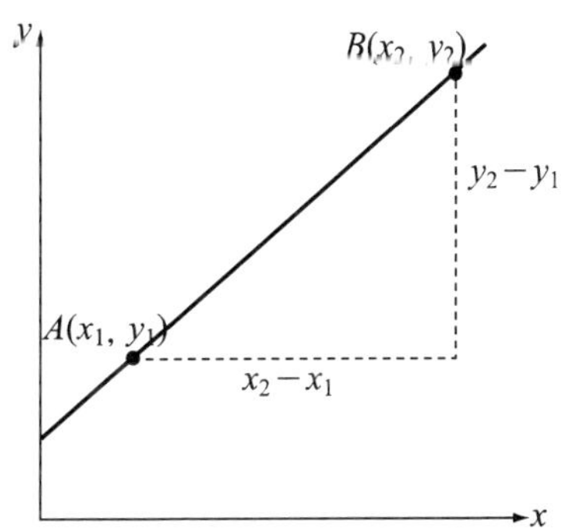

$$\frac{y_2 - y_1}{x_2 - x_1}$$

이다. 기울기가 클수록 직선은 어떻게 그려지는가 여러 경우를 생각하면서 다음에 답하여 보아라.

2. 앞의 시간과 거리의 그래프에서 점 E와 F를 연결하는 직선의 기울기를 구하여라. 또, 점 D와 G를 연결하는 직선의 기울기는?

3. 위의 두 경우에 산출한 기울기를 비교하여라. 두 값은? 또, 직선의 기울기를 계산하고, 그 의미를 말하여라.

4. 다음 각 경우의 기울기를 가지고 속력을 구하여라.

(1)

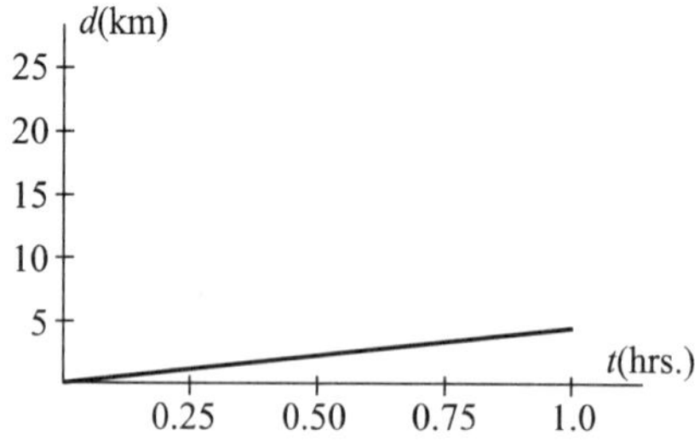

속력=________

(2)

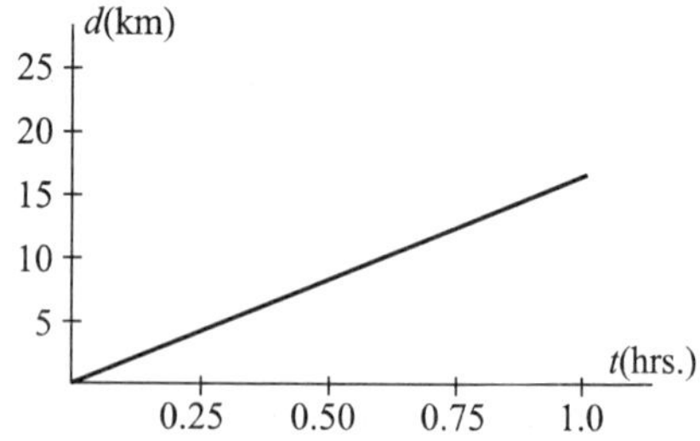

속력=________

(3)

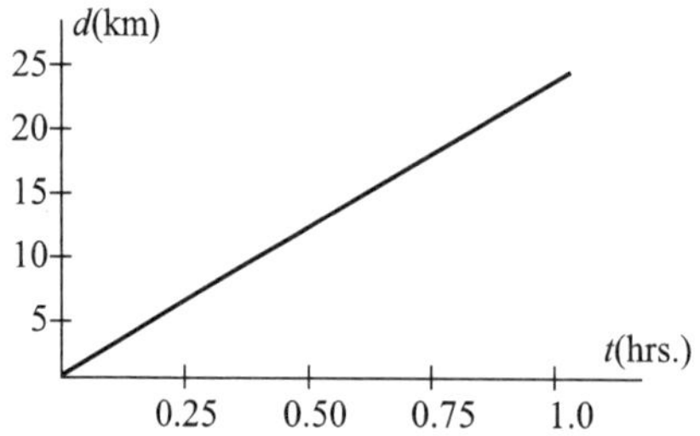

속력=________

(4)

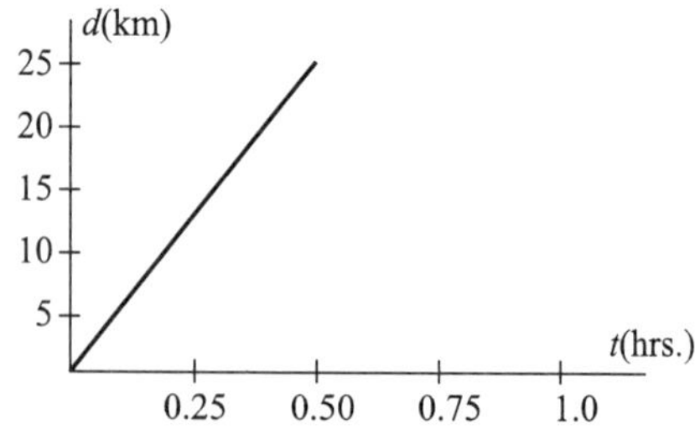

속력=________

5. 다음 그래프 (a)을 보고 답하여라.

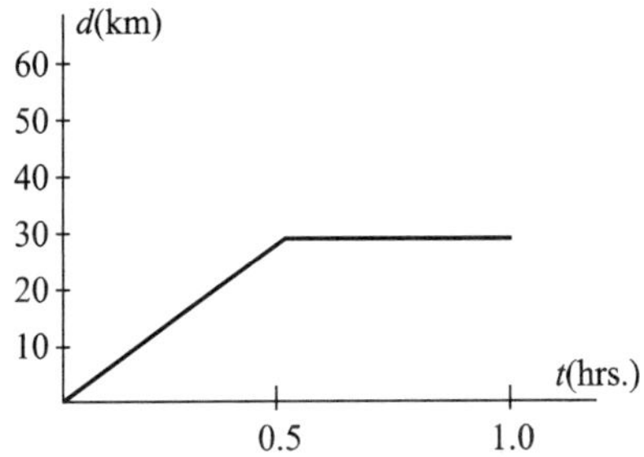

(a)

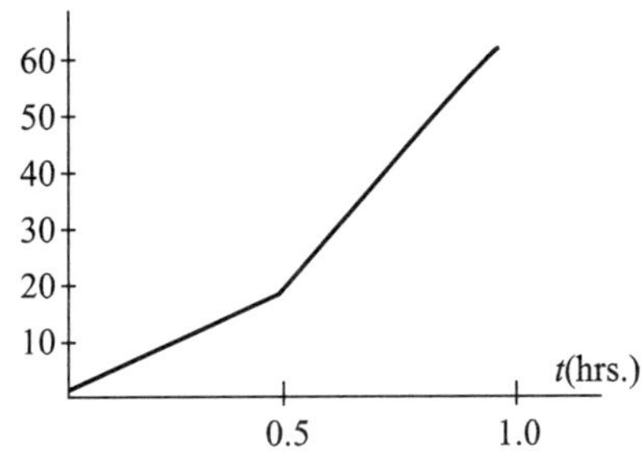

(b)

- 처음 0.5시간 동안 차는 얼마나 빨리 달렸는가?
- 두 번째 0.5시간 동안 차는 얼마나 빨리 달렸는가?
- 1시간 동안 차의 평균속력은 얼마인가?

6. 그림 (b)를 보고 물음에 답하여라.
- 처음 0.5시간 동안 자동차는 얼마나 빨리 달렸는가?
- 두 번째 0.5시간에는 자동차는 얼마나 빨리 달렸는가?
- 1시간 동인 평균속력은?

7. 다음 그림에서 어떤 차가 더욱 빠른가?

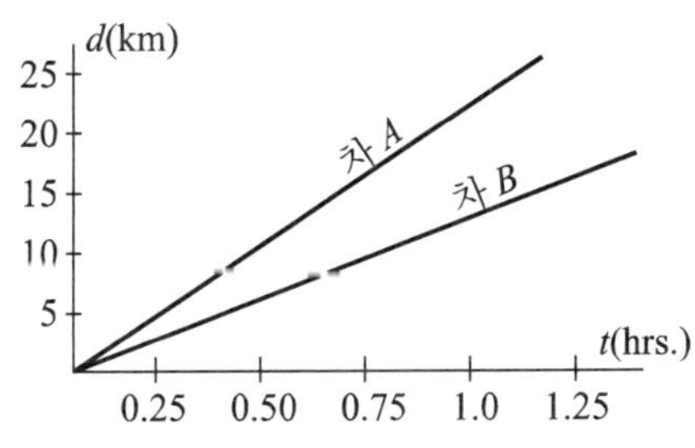

8. 다음 그림에서 정보를 얻어 물음에 답하여라.
- 차 A와 B의 속력을 알 수 있는가?
- 두 직선의 평행은 이 상황에서 무엇을 의미하는가?

• 두 직선이 d축과 만나는 점은 어떤 의미인가?

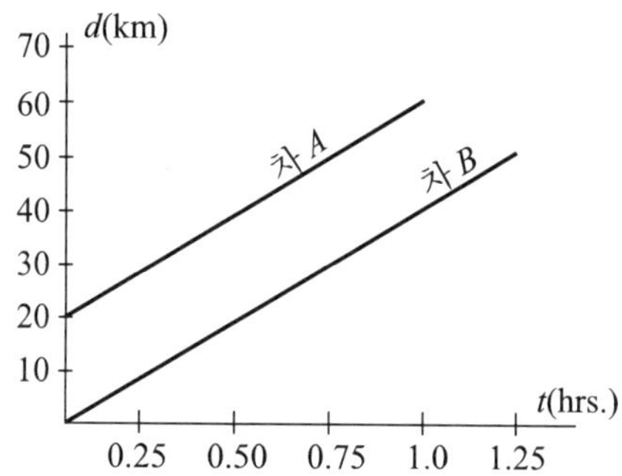

9. 다음을 생각하여라.
   • 어떤 차가 빠른가?
   • 어떤 점에서 두 직선이 만나는가? 또, 만나는 점의 의미는?

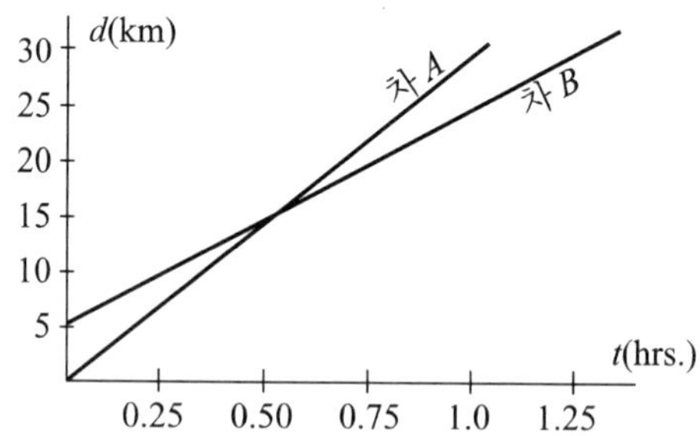

10. 발전적인 활동: 모둠별 활동소재를 창안한다.

함혜영(2003)의 프로젝트에 대한 마이크로 수업을 보고 상황인지에 관한 구성주의 수업을 분석하여라.

(1) 위 프로젝트 수업은 문제해결에 관한 것이다. 폴리아의 수업과 어떤 점이 다른가?

(2) 개념수업으로 부등식의 영역에 대한 상황인지 수업을 구상하여라.

2.2 협력, 토론(의사소통)

(1) 수업원리

스타빈(1987)에 의하면 협동학습은 학습능력이 서로 다른 학생들이 동일한 학습목표를 위하여 소집단 내에서 함께 활동하는 수업방법이다. 이렇게 하면 팀 구성원들 내에 동기유발이 강화되어 학습부진을 개선하는 장점이 있다. 수학교육에서 수학의 기본지식만 학교에서 제공한다는 관점은 앞으로는 적절치 않으며, 학생들이 미래사회에 적응할 수 있는 높은 수준의 사고, 의사소통, 살아가는 기술 등을 갖추어야 한다는 필요성이 나왔다. 근래에 학교교육에 협력학습의 중요성을 강조하는 많은 지적이 있었다. 그 이유로는 높은 기술과 정보를 중심으로 짜인 미래사회에 적응하기 위해서는 다양한 사람과 상호협력하는 교육이 필요하며, 경험을 통한 지식의 구성을 강조하는 구성주의 학습에 영향을 받고 있다든지, 열린교육의 개념으로 협력학습이 필요하다. 참고로 우리나라에서 실시하는 열린교육은

목표제시 → 과제제시 → 소집단별 과제세분화 → 소집단활동 → 소집단 발표

와 같은 순으로 진행한다. 이 과정에서 학생간의 상호 보완적인 의사소통과 의사결정을 실행하는 데 협력학습은 크게 기여한다고 본다. 이 학습 기본원리는 다음과 같다.

- 개인의 의무감을 인식하고 소집단 구성원의 이익이 상호 긍정적인 상관관계가 있어야 한다.
- 협동기술이 그 효과를 크게 한다.
- 소집단 구성원이 도움을 주고받고, 학습과제해결에 적합한 충분한 설명을 받고 이해하고, 이러한 과정을 문제해결에 즉시 응용해야 한다.

협력학습을 위한 팀구성은 네 명이 적절하며, 팀구성 방법은 다양하고, 친숙한 학생끼리, 또는 흥미가 비슷한 학생끼리, 또는 난수표를 이용한 방법 등 여러 가지가 있다.

그러나 교사가 임의로 팀을 만들 때는 주기적인 재편성이 필요하다. 왜냐하면 학습능력이 낮은 학생끼리 한 팀이 되어 성취능력이 크게 떨어질 수 있기 때문이다.

협력학습은 앞에서 말한 소집단을 구성하는 것으로부터 시작하여 협력기술을 훈련한 다음에 교사의 수업목표를 지시하는 순서로 간다. 이때, 교사는 수업에 관련된 개념과 절차를 설명하고 본 과제를 해결하는 데 필요한 예를 제시한다. 예를 들면 다음 학습과제에 대한 협력학습을 계획하여라.

다음 사 차선 양방향의 도로에서 양쪽 두 차선에 주차장을 설치하려 한다. 주어진 정보를 분석하여 과제를 해결하여라.

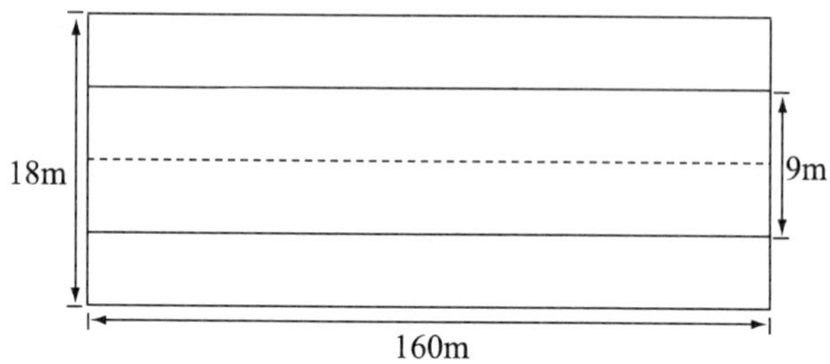

주차공간의 길이는 4.8m 폭은 3m이어야 한다.

※ 주차공간을 만들고도 양방향 통행이 가능하도록 하며 한 차선의 폭은 최소한 4.5m 이상이어야 한다.

- 주차공간에 차의 배열 형태는 어떤 경우가 있는지 말하여라.
- 각 경우 주차차량의 수를 구할 수 있겠는가? 몇 가지 경우인지 말하여라.
- 가장 많은 차를 주차할 수 있는 경우가 있는가? 이유를 말하고 최대 주차차량의 수를 구하여라.

다음은 학생들의 활동으로 들어가서 과제분담, 팀경쟁학습, 팀보조개별학습, 집단조사, 함께학습 등 다양한 협력학습모형을 활용한다. 이때 필요하면 평가활동으로 들어간다. 좌석배치도 여러 유형이 개발되었으며 이 중에서 두 개만 소개하면 다음과 같다.

또, 협력수업이 시작하면서 교사나 학생 모두 어떤 방향으로 수업을 진행해야 할지, 또 수업이 성공할 것인지 등과 같은 고민이 쌓일 수 있다. 이때, 교사의 시범은 중요하기 때문에 팀의 일원이 되어 팀 내 역할을 수행한다는지, 필요

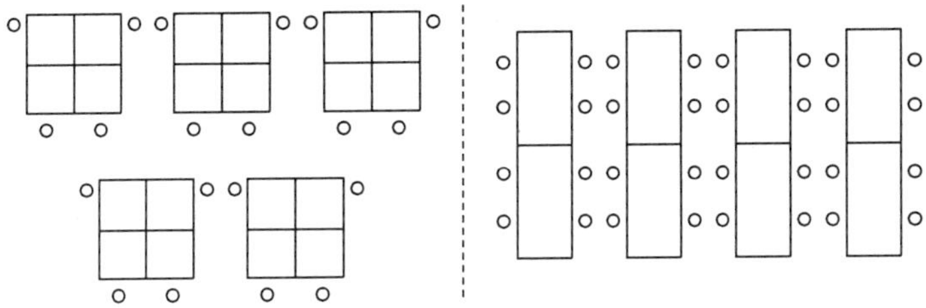

한 행동이 자발적으로 일어나기를 기다렸다가 학생들에게 전체 학생이 볼 수 있도록 그 행동을 다시 요구할 수도 있다. 교사는 학생들의 작업 중에도 학생들 간의 상호작용을 촉진하는 구체적인 전략을 가지고 있어야 한다.

협력학습은 여러 유형으로 교실에서 운영될 수 있으며, 널리 알려진 것으로 지그소우, 과제분담, 팀경쟁, 팀보조개별, 집단소사 등을 들 수 있다. 간단히 말하면 지그소우는 모든 학생이 전체 학습자료와 과제 전체를 읽되 특별히 관심 있는 주제를 선택하여 그것을 전문가 집단에 가서 철저히 공부한 후에 자기 소속집단(팀)으로 와서 가르치는 제도이다.

교사의 역할은 세분화된 과제를 준비하는 일이다. 과제분담은 수학과에 알맞은 협력학습으로 실험결과가 나왔다. 교사는 강의 또는 토론으로 새단원을 소개하고, 각 팀은 연습지를 두 사람씩 같이 풀기로 하고, 서로 질문 토론하면서 그 단원을 공부한다.

연습문제에 대한 해답은 주어지므로 학생들은 자신의 개념을 이해하는 기회도 많다. 구성원 모두가 학습내용을 완전히 이해할 때까지 팀훈련이 계속되고 팀훈련이 끝나면 개별적으로 시험도 본다. 이 유형의 특징은 집단구성원의 역할이 분담되지 않은 공동학습조직을 가지며 동시에 개인의 성취도 맛볼 수 있는 구조이다. 다음 최적화 문제를 과제분담 협력학습으로 차시안을 짜보아라.

연립부등식

$$y \leqq 2x, 2x+y \leqq 10,\ 4x+3y-10 \geqq 0$$

의 영역을 D라 할때,

(a) D를 그림으로 나타내어라.

(b) $x+y=4$를 만족하는 D의 점 (x, y)의 집합을 그림으로 나타내어라.

(c) D 위에서 $x+y$의 최대값, 최소값을 구하여라.

팀보조개별은 4~6명의 이질구성원으로 집단을 형성하며 프로그램화된 학습자료를 이용하여 개별적인 진단검사를 받은 후 각자의 수준에 알맞게 단원을 개별적으로 학습한다. 집단조사는 샤론(1990)이 개발한 제도로 4~6개 정도의 소집단으로 나누고 전체에서 학습해야 할 과제를 집단수에 맞추어 작은 단원으로 세분한다.

각 집단별 조사학습이 일어난 후 전체에서 보고한다. 이외에도 다함께 학습이라는 협력학습은 존슨(1974)에 의하여 개발되었으며, 집단별로 과제를 부여받고, 평가도 집단별로 받고, 성적도 집단으로 계산한다. 집단행위로는 의견·정보교환, 학습과제에 대한 질의응답, 다른 구성원들의 이해확인 및 격려 등을 들 수 있다.

협력학습 및 상황학습, 탐구학습은 학생들의 토론, 질문, 상호협력이 강조되는 학습임을 앞에서 이야기했다. 토론은 어떤 과제를 풀어나가기 위하여 교사와 학생 또는 학생과 학생끼리 일정한 규칙과 단계에 의하여 대화를 나누는 형식을 말한다. 이 방법은 높은 인지능력을 키우는 데 적합할 뿐 아니라, 특정 문제상황에 따른 해결책을 탐색하거나 태도변화를 꾀하는 데 유리한 것이다. 따라서, 교실에는 항상 동기유발과 문제를 비판적으로 보는 창의력과 협력기술을 개발하는 분위기가 유지한다(Davier, 1981). 토의가 잘 진행되기 위해서는 교사와 학생은 알맞은 역할을 분담해야 한다.

교사는 토의 중에 학생들이 어려움에 도달했을 때 전문적 지식과 정보를 제공해야 하며, 토의여건(주제결정, 좌석배치, 시간설정)을 점검해야 하고, 토의상황을 통제하고, 토의 끝부분에서는 참가자들의 의견을 통합해 결론을 내리도록 해야 한다.

한편, 학생들도 토의에 적극 참여하고, 의견교환을 자주하도록 하며, 발언자의 내용을 재기술하여 정확한 의사소통을 해야 한다.

(2) 교재개발

다음은 소집단협력학습에서 두 사람의 토론내용이다. 두 사람의 역할은 적합하다고 보는지 논하여 보라.

문제 1

640km/h의 속도로 북쪽으로 날아가는 비행기가 정오에 어느 도시의 상공을 지나가고, 600km/h의 속도로 동쪽으로 날아가는 다른 비행기가 15분 후에 이 마을의 상공을 지나갔다. 두 비행기가 같은 고도에서 비행한다면 오후 1시 15분에 두 비행기가 멀어지는 속도는?

1) 상위 수준–상위 수준의 대화 내용

1 문제에 대한 이해 (문제를 읽는다)

A: 우선 북쪽으로 향하는 비행기를 A라 하고, 동쪽으로 향하는 비행기를 B라 하자.

B: 어떻게 하지?

A: 그러면 x축, y축으로, …

B: A가 북쪽으로 12시, B는 12시 15분에 마을을 지나갔으니까.…

A: 마을을 지나는 A, B의 시간이 15분 차이가 나는데.

B: A는 12시, B는 12시 15분에 마을 상공을 지나갔다고 볼 수 있으니까 마을을 원점으로 보면(한참 생각 후), A가 15분 간 후에 B는 원점을 지나 동쪽으로 가는 거지?

A: 맞아. 그러면 A는 미리 얼마만큼 갔는지 계산해 보자.(계산 후)

B: 15분이니까… (계산 후) 160km다.

A: 그러면 A가 160km 북쪽으로 갔을 때 B는 원점에서 동쪽으로 가는 거니까?

B: 그러니까. 처음 위치를 A는 북쪽으로 160km 지점에, B는 원점으로 놓으면 되는 거지?

2 문제 해결의 계획 단계

A: 맞는 거 같은데.

B: 좌표 상에 그려보자(x, y좌표를 그린다).

A: 그러면 B가 x축으로 1시간 간 거리를 x, A가 y축으로 간 거리를 $160+y$라 한다면…

B: 여기서 두 비행기의 멀어지는 속도를 알려면 두 지점 사이의 거리를 알아야 하는 것 아냐?

A: 피타고라스 정리를 이용해봐? 직각삼각형이니까.

B: 두 비행기 사이의 거리를 p 라 놓자.

A: 그러면 x 와 y, p 사이에 어떤 관계?

B: 그래 써 보자.

A: $x^2+(y+160)^2=p^2$ 이 되네, 직각삼각형이니까 맞지?

3 계획의 실행 단계

B: 이 식을 ①로 놓자.

A: 우선 1시간 동안에 움직인 거리니까 x 는 600, y 는 640이지만 15분이 있으니까 거리는 $160+640=800$ 이 되는 거지?

B: 맞아 그러면 p 는 (계산한 후) 1000이 되네.

A: 그런데 멀어지는 속도의 변화율은 거리를 시간에 관하여 미분하던가?

B: 응, 미분하자.

A: 그런데 식 ①을 어떻게 미분하지?

B: 글쎄? (한참 생각 후) 수업 시간에 이와 비슷한 문제 미분한 기억 안나니?

A: 음함수 미분법인가?

B: 맞다. 미분해보자(미분한다).

A: $2x\dfrac{dx}{dt}+2(y+160)\dfrac{dy}{dt}=2p\dfrac{dp}{dt}$ 가 되니까.

B: 2로 나누면…

A: $x\dfrac{dx}{dt}+(y+160)\dfrac{dy}{dt}=p\dfrac{dp}{dt}$ 가 되지?

B: 맞아. 그럼 1시간 후니까 계산해보자. (계산한다: A는 $y=640$, B는 1시간 움직였으니까 $x=600$, $p=1000\cdots$)

A: $\dfrac{dx}{dt}=600$, $\dfrac{dy}{dt}=640$ 이잖아?

B: 대입하면 $600\times600+(640+160)\times640=1000\times\dfrac{dp}{dt}$ 지?

A: 그러면 다 됐네 뭐. 양변을 1000으로 나누면 $\dfrac{dp}{dt}=360+512=872$ 이다.

4 문제 해결의 반성 단계

B: (계산이 맞는지 다시 한번 확인한다.) 맞는 것 같은데…

A: 처음에 12시 15분에서 1시 15분이니까 1시간 후에 멀어진 속도는 872km/h. 다 됐다.

2)상위 수준-중간수준의 대화내용

1 문제에 대한 이해 단계(문제를 읽는다)

A: 북쪽으로 가는 비행기를 A, 동쪽으로 가는 비행기 B라고 해보자.

B: 그래.

A: 그러면 A는 12시에 마을을 시나고, B는 12시 15분에 지나가는 거니까 1시 15분에 두 비행기 사이의 거리는 구해지겠네?

B: 멀어지는 속도를 구하라고 했으니까 미분을 해야 되는 것 아니니?

A: 내 생각엔 그것은 나중 일이고 우선 B가 마을을 지나는 순간부터 t시간 후의 A, B의 위치를 구해 보는 게 순서일 것 같은데?

한동석(2003)의 프로젝트(주차공간)의 마이크로 수업을 보고 물음에 답하여라.

(1) 의사소통이 원활하게 수행되었는지 비판하여라.

(2) 상황인지 관점의 큰 상황이 잘 선택되었는지 논하여라.

(3) 소집단 활동은 잘 계획되었는지 비판하여라.

(4) 이러한 수업의 장·단점을 논하여라.

2.3 구성주의와 ICT활용 이론

함영기(2002)는 ICT활용교육을 "수학교과의 교수·학습목표를 가장 효과적으로 달성하기 위하여 정보통신 기술을 교과과정에 통합시켜, 교육적 매체로써 ICT를 활용하는 교육이다."로 정의하면서, 바람직한 ICT활용교육으로 몇 가지를 권장했다. 특히, 의사소통과 폭넓은 정보교환을 중시한다.

사실 ICT를 활용한 교수·학습은 구성주의자들이 권장하는 교수활동과 수업모델을 선호하는데, 이들은 교사가 크게 두 가지를 교실에서 확보하도록 권장한다. 하나는 교사는 교실에서 수업하는 차시분에 가장 관련 있고 인증된 과제를 설계하라는 것이다. 즉, 차시분에 관련 있으면서 동기유발적인 과제가 준비되어야 하며, 학생이 가진 개념모델을 수정하는 능력을 줄 수 있는 것을 제공해야 한다는 것이다.

다른 하나는 교사는 역시 학생들의 계획적인 활동을 이끌어 주어야 한다는 것이다.

교육현장에서 자극-반응의 관계로 교실환경을 설명하려는 교육자들은 학생들이 개념, 원리 또는 규칙, 정보를 획득해서 지식베이스(knowledge base)를 만들도록 한다(Fosnot, 1996). 그 후에 다른 문제 또는 사건에 이들 지식베이스를 활동하도록 한다. 그러나 구성주의자들은 선호하는 교실환경 또는 교육환경은 문제 상황 또는 잘 정의되지 않는 문제(질문), 프로젝트로 수업이 시작되기 원하며, 학생들은 이들 과제를 해결하는 과정에서 개념, 원리, 규칙 등을 배우도록 한다. 즉, 학생들이 트럭에 대해 흥미와 관심을 주면 트럭을 생산하고 이용하는 관련산업현상을 교실에 가져와 수학을 접목시키고, 학생들이 장난감 인형에 흥미와 관심을 보이면 인형을 만드는 공장에서 공장 경영자가 꼭 풀고자 하는 인증된 문제 상황 또는 덜 정의된 문제를 교실에 도입해야 한다(Schank, 1992). 여기서 인증된 문제 상황은 흔히 실생활에 관련 소재와 서로 통할 수 있는 아이디어이다. 이러한 소재는 직장생활, 실생활, 실험상황 등에서 자연스럽게 얻어지는데, 위의 두 가지 소재 외에도 종합병원에서 환자의 증상에 관한 자료를 모으고, 진단하는 상황 또는 지진이 일어난 현장에서 여러 자료를 수집하여 문제를 만드는 엔지니어들의 과제 등 우리 주위에는 '인증된'에 해당하는 소재들이 산재해 있다.

이와 같은 과제로부터 우리는 개념과 계산을 결합해서 수학지도를 하며, 결코 개념과 계산을 과제와 동떨어지게 가르치지 않는다. 교사는 매분마다 믿을만한 상황에서 개념과 계산을 얻어내고, 이들을 익숙하게 정리하여 곧바로 다시 상황에 결합시킨다. 연구자들이 가장 많이 연구한 것은 잘 정의된 믿을만한 실생활의 상황을 과감히 교실에 도입하여 이를 복합적인 과제로 정의하고, 이와 같이 완성된 과제를 해결하게 한다.

그런데 구성주의 교실환경에서는 믿을만한 과제를 준비하는 것으로 충분하지 않다. 학생들이 정말로 과제를 해결할 의사가 있다면 과제해결의 주인정신을 가지고 있어야 한다(Boyle, 1996).

대부분의 학생들은 교사가 전통적으로 수업하는 방식에 잘 훈련되어 있다. 즉, 무엇을 해야 하고 개방형 과제에 노출되더라도 전통적 수업방식에 직면하게 된다. 몇 편의 연구에서 이러한 수업현상이 잘 기술되어 있다(Laffy & Tupper, 1998). 라피(Laffy)는 “대부분의 교실에서는 학생들이 교사에 의해 가공되지 않는 프로젝트를 가지지 못한다.”라고 말했다. 그의 웹베이스 프로젝트에서는 학생들은 개방형 과제를 받고 과제목표를 스스로 설정하고, 세부과제를 팀원들에게 분배하고, 각자가 해야 할 책임을 정하였다. 비슷한 실험에서도 이러한 계획적인 활동을 강조했다(Wong, 2000; Collins, 1999).

또한 목표설정의 활동과 더불어 교사주도활동에서는 성취기준 및 성취수준을 설정하는 학생들의 목소리가 반영되어야 한다. 이러한 활동은 잘 반영한 프로그램이 PBL(문제베이스 학습)인데, 이는 구성주의자의 주장을 최대 반영시킨 프로그램이다. 이 프로그램은 종전의 프로그램, 즉 개념과 기능을 문제상황 또는 문제와 엄격히 구분하려는 과정과는 다른 동료들과 공동작업은 물론 동료와 의미교섭, 개별적 탐구 및 질문을 통하여 프로그램을 진행한다.

기존의 다른 프로그램과 PBL의 구분은 PBL은 출발점의 학습으로 문제 또는 문제 상황을 택하는 반면, 다른 전통적 프로그램은 문제를 테스트용 또는 개념과 기능을 학습한 후 이를 연습용으로 사용한다는 점이다(Duffield, 1997).

이때, 전통적 프로그램에서 학생들은 새로 배우는 개념 또는 원리, 법칙을 적용하는 문제를 다시 푸는 틀을 유지하고, 동시에 비판적 사고, 분석적 사고 등을 얻는 과정의 교육에도 힘쓴다. 그러나 PBL 프로그램에서는 학생들은 그들이 사회에 나가서 부딪치는 실생활 상황, 즉 의사와 약사, 공장장, 엔지니어, 행정가 및 교육자가 실제로 겪는 상황을 가져와 이를 상황 속에 있는 지식구조를 탐구하는 기회를 가진다. 실제수업에서 전통적 프로그램은 수학내용을 위계적으로 계열화 하거나 부분을 모여 놓거나 또는 나누는 등의 교수계획을 짠다. 물론, 이들 계획이 실제 생활의 상황에 알맞은지는 관심 밖이다. PBL 프로그램에서는 다음 아이디어가 매우 중요하다(Duffield, 1997).

(a) 학습자의 선행지식 활용

(b) 과제의 설정, 활동의 조직과 계획 활동의 평가 등에 능동적 참여
(c) 여러 과목의 연결(통합) 및 의사소통의 강조
(d) 자기평가, 동료평가 등이 포함된 학습과정을 중시

위의 학습과정에서는 실생활의 이슈를 진실 되게 해결하려는 각자 역할과 태도가 들어있어야 한다. 바로우(Barrows, 2000)는 PBL 모델을 제시하면서 이 프로그램 속에는 다음 활동이 주가 된다고 했다.

- 학생들은 모둠 별로 나누어지며,
- 실생활 문제 또는 상황이 제공되며,
- 문제를 공동토론하며, 가설이 설정되고,
- 문제 속에 있는 핵심이슈를 논의하고,
- 개별 또는 모둠은 정보 또는 자료를 공동으로 모으고 평가한다.

이러한 활동은 학생들이 문제(또는 과제)가 풀려질 수 있는 틀이 형성될 때까지 반복될 뿐 아니라, 확실하게 풀려진 결과가 점검이 된다.

위에서 알아본 바와 같이 PBL 프로그램과 같은 구성주의 수업프로그램은 실세계 문제 상황 속에서 훈련이 된 살아 있는 개념과 기능의 획득에 장점을 가지며, 오랜 시간의 전이능력을 향상시킨다. 문제해결의 여러 발견전략과 메타인지와 같은 기술, 추론기술 등의 발전에 크게 기여한다(Grabinger, 1997; Schmidt, 2000)

인터넷 '기하나라', '수학사랑'의 사이트에 들어가 작도, 일차함수 등을 검토하여라. 교과서와 무엇이 다른가?

컴퓨터의 웹(web)을 활용한 지도는 구성주의 관점의 지도의 좋은 예이다. 다음은 구성주의에서 자주 강조하는 학습사이클이다(Land, 1995). 랜드(Land)는 이 반영적 사이클에서 학습의 진행 과정을 설명하고 있는데, 먼저 학생들은 그들의 아이디어(개념, 법칙 등) 또는 지적모델을 포함한 다음에 이것에 대한 다른 사람의 의견 또는 이것에 대한 피드백(또는 모니터링)에 반영시킨다.

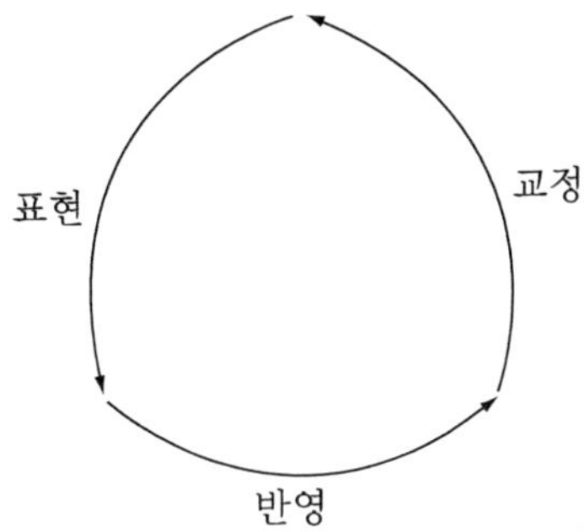

이후 학생들은 본래 아이디어를 수정하는 과정으로 들어간다. 이 과정에서 반영은 학습자로 하여금 그 개념을 바로 잡게 하거나 적당하지 않은 이해를 바로잡는 기회를 제공한다(Barab, 2000). 또, 상황인지에서 강조한 것처럼 반영은 '연습의 장' 또는 교실(사회에 나가기전 작은 모델)에서 만들만한 활동을 위한 기회(공장의 상황, 부두의 상황 등)를 제공하는 학습 환경에 자리를 잡을 수 있다(Barab, 2000).

PBL 프로그램은 반영적 활동을 가장 중시하는 프로그램인데, 바라브(2000)는 '반영적 연습(neflexive field)'이라는 용어를 썼다. 이 점에 대해 무넨(Moonen, 2000)은 이 용어를 장면(situation)이라고 해석했으며, 장면은 추측과 결과가 반복되는 과정을 담아 있어야 한다고 보았다. 반영을 위한 자료는 수업설계자에 의하여 고안되지만, 연습은 학생들 스스로 행하는 활동이다. 그런데 연습은 강의식 수업에 알맞은 용어가 아니고 학생들이 능동적으로 과제(불확실한 문제 또는 퍼즐과 같은 문제)를 해결하려하는 구성주의적 연습을 의미한다. 이에 대해 윌리스(Willis, 2000)는 "반영적 연습의 모델에서 실제적이고 전문적인 연습의 장(직장생활, 성인생활의 장 등)에서 만나는 문제(또는 문제 상황)은 잘 정의된 문제가 아니라는 점에 가정하고 있다. 따라서 완전한 해가 나올 수 없다는 점이다." 이 점을 고려한 수업이 교실에서 이루어지려면 교사는 학생들에게 도구(tool)와 연습의 장에 알맞은 활동을 마련해 주어야 한다. 그런데 이 활동은 학생들의 지식, 생각, 추측과 수업모델의 결과 사이에 반영적 생각을 포함해야 한다(예, 나의 가정이 잘못된 것이므로 수정한다 등등).

한편, 수능시험준비를 하는 교실에서는 잘 정의된 문제를 다루기 때문에 모든 해를 준비한다. 때문에 학습자는 반영해야 할 무엇이 없을 뿐 아니라, 개념을 위한 자신의 지적모델을 만들 소재가 없고 실생활 적용을 위한 눈을 기르지도 못한다.

비디오 앞의 함혜영(2003), 한동석(2003)의 프로젝트 수업을 보고 물음에 답하여라.

(1) PBL의 반영적 활동(반영적 연습)을 두 수업에서 찾아보아라.

(2) 본문의 윌리스(2000)의 인용한 말을 이들 수업에서 해석하여라.

(3) PBL(듀필드, 1997)의 권장사항을 반영하는 마이크로 수업을 계획하여라.

웹이용 웹을 이용한 수학과 수업을 계획하여라. 또, 웹을 이용한 박성범(2003)의 수업과 박주옥(2004)의 웹 실험을 ICT활용교육의 입장에서 비판하여라.

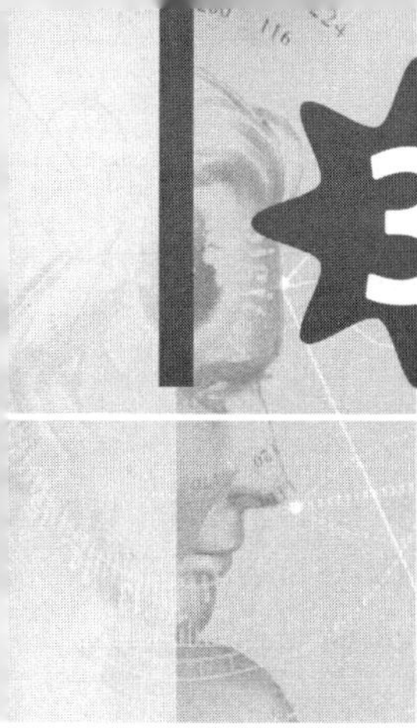

3 수학의 수업기술

3.1 수학 흥미·태도유발

수업의 도입에서 주로 일어나는 활동으로 본 수업에 무엇인가를 충족시키거나 달성하고자 하는 목표지향적 욕심 또는 행동이 일어나는 것을 말한다. 이를테면 학습과정에서 얻는 성취감 또는 만족감을 얻는 학생들의 활동이 이에 속하며 다음과 같은 특징(Harter, 1981)이 있다.

(a) 흥미와 호기심
(b) 독립적인 문제해결의 욕심
(c) 과제가 무엇인지 의욕적인 탐색
(d) 성공에 대한 확신감

이러한 다양한 특성을 가지게 하기 위해서는 여러 요인이 있다(cole, 1987). 즉, 성공적인 분위기를 만들어 준다든지, 교사의 수업기술이 뛰어나고 열성적이다든지, 학생과 좋은 인간관계를 유지한다든지, 잘 조화된 의사소통을 유지하는 것 등이 있다. 다음과 같은 소재는 위에서 말한 동기유발의 특징 중 어느 것에 해당되는가?

[소재 1] 교사는 수도권의 전철, 지하철의 약도를 준비하여 팀별로 다음과 같은 여러 조사활동을 하게 한다.

(a) 자기가 출발하여 가려하는 목적지는 어딘가?

(b) 출발지에서 목적지까지 가는 여러 경로를 말하여라.

(c) 위에서 한 결과를 지도위에 점과 선으로 나타내어라.

(d) 이때, 가장 빠른 방법, 가장 경제적인 방법을 말하여라.

[소재 2] 꿀벌은 굉장한 건축가이다. 꿀벌의 집을 들여다보면 정육각형 모양의 작은방들로 빼곡히 메워져 있는데 그 빼어난 솜씨에 감탄한다. 그런데 왜 정육각형모양으로 집을 지을까?

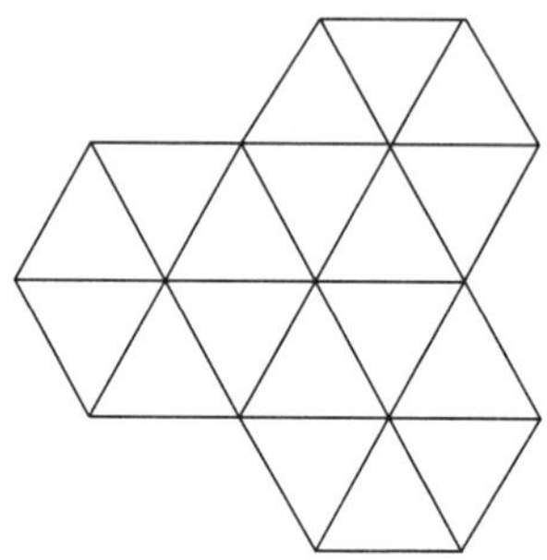

실제로 교실에서 교사는 어떤 방법으로 학생들의 동기유발을 유지할 수 있을까? 하는 문제가 여러 사람에 의하여 실험이 되었다. 수학에서 연구된 방법으로 수학사활용, 문제 상황제시, 이유말하기 등이 주 대상이었다. 그러나 일반화 가능성이 큰 동기유발의 원리를 크라크(Clark, 1977)가 말한 적 있다.

첫째는 학생들이 흥미를 갖거나 다양한 맛을 볼 수 있는 활동, 재료, 내용을 준비한다. 즉, 수학시간에 자기생활주위, 지역사회에 일어나는 필요한 소재를 준비하는 것 등이다. 둘째는 학습이 활동적으로 일어나게 하며, 좋은 수업방법이 동기유발에 직접적으로 관련된다. 구체적인 방법으로 실과제학습, 시뮬레이션과 역할놀이, 게임 및 기자재도입 등을 이용할 수 있다.

다음 소재는 학생들에게 동기유발의 어떠한 측면을 강조하는가?(유희식, 1998)

[소재 1] 그림표현

주제: 방정식과 부등식의 해를 그림으로 나타내기

(a) 각각의 방정식 또는 부등식을 푼다.

(b) x 의 값 또는 x 의 범위에 맞는 정수를 골라 색칠한다.

(c) 모두 완성하면 맛있는 (아이스크림)이 완성된다.

정수해 / 방정식, 부등식	−7	−6	−5	−4	−3	−2	−1	0	1	2	3	4	5	6	7
$-1 \leqq X+1 \leqq 3$ 또는 $X=7$						■	■	■	■	■	■				■
$-7 \leqq 2X-1 \leqq 5$ 또는 $X \geqq 6$					■	■	■	■	■	■	■			■	■
$-6 \leqq -X \leqq 4$ (단 $X \neq -2$)				■	■		■	■	■	■	■	■	■	■	
$\frac{1}{2}X=-2$또는$0 \leqq 3X \leqq 15$(단,$X \neq 2$)				■				■	■	■	■	■	■		
$-5 \leqq X \leqq -4$ 또는 $\frac{4}{3} < \frac{X}{3}+1 < 3$			■	■					■	■	■	■	■	■	
$x=-5$ 또는 $0 \leqq \frac{x}{5} \leqq 1$(단 $x \neq 3$)			■					■	■	■	■	■	■		
$2x+1=2x+1$	■	■	■	■	■	■	■	■	■	■	■	■	■	■	■
$x>-10$	■	■	■	■	■	■	■	■	■	■	■	■	■	■	■
$3x<25$	■	■	■	■	■	■	■	■	■	■	■	■	■	■	■
$-2 \leqq \frac{x}{2}+1 \leqq 4$		■	■	■	■	■	■	■	■	■	■	■	■	■	
$-8 \leqq 2x < 10$				■	■	■	■	■	■	■	■	■			
$-1 < x+1 \leqq 1$							■	■							
$-2 \leqq 2x < 2$							■	■							
$-14 \leqq 3x-2 \leqq 7$				■	■	■	■	■	■	■	■				
$-10 < 2(x+1) \leqq 10$			■	■	■	■	■	■	■	■	■	■			

학생평가

부등식이 혼합된 문제였다. 상당히 재미있게 풀었다. 다만 아쉬운 점은 칸의 수가 너무 적고 식이 많아 무엇을 해야할지 처음에 시작하기 힘들었다는 것이다. 색칠하는 칸의 크기가 조금 더 많아서 또, 식의 개수가 적어서 여러 재미있는 그림을 구체적으로 표현했으면 하는 생각이 든다.

[소재 2] 코흐곡선 만들기

주제: 일차함수를 이용하여 코흐곡선 만들기

※ 코흐곡선을 만들어 보자!

임의의 선분을 3등분하여 그 한 선분의 길이를 한 변으로 하는 정삼각형의 두 변을 세우고, 각 선분마다 처음과 마찬가지 방법으로 정삼각형을 만들어 가면 눈송이 같은 곡선이 만들어지는 데 이를 코흐곡선이라 한다.

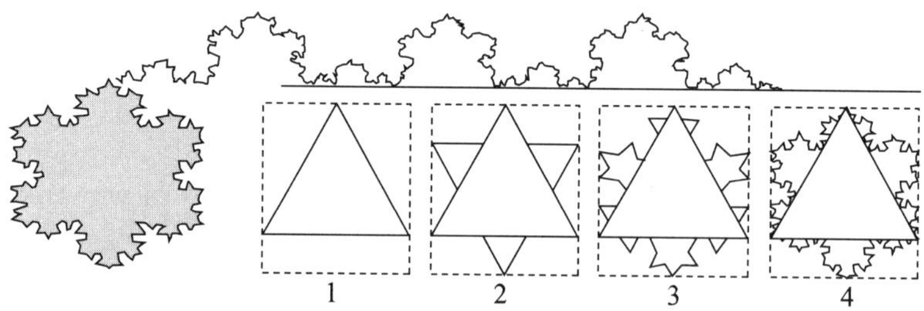

1. <눈송이 곡선 그리기> 다음에 주어진 함수의 그래프를 그려 어떤 모양의 그림이 나타나는지 알아보자.

(a) $-2 \leqq x \leqq 0$: $y=\dfrac{3}{2}x+2$

(b) $-2 \leqq x \leqq 0$: $y=-\dfrac{3}{2}x-2$

(c) $0 \leqq x \leqq 2$: $y=\dfrac{3}{2}x-2$

(d) $0 \leqq x \leqq 2$: $y=-\dfrac{3}{2}x+2$

(e) $-2 \leqq x \leqq 2$: $y=-1$

(f) $-2 \leqq x \leqq 2$: $y=1$

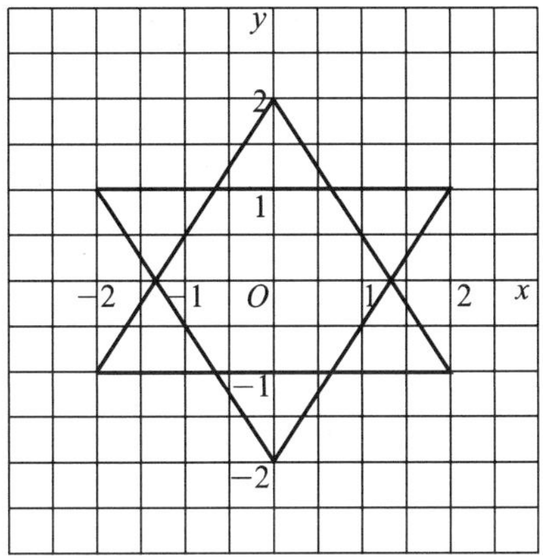

학생평가

코흐곡선이란 것은 처음 들어보았는데 참 신기한 것 같다. 구간을 일정하게 정하고 일차함수의 기울기와 y절편의 부호를 바꾸어 귀여운 별 모양을 만드는 것 또한 신기했다.

3.2 설명, 상호작용

교사활동 중 설명은 전통적 수업에서 가장 중요한 역할을 하다는 것은 모두 알고 있는 사실이다.

설명은 지식의 이해를 높이기 위하여 언어, 도식, 상징을 이용하여 해설하는 수단이다. 대표적으로 부르너의 EIS 과정을 보면 설명이 얼마나 중요한 역할을 하는가를 느낄 수 있다.

다음 두 종류의 설명을 비교하여라.

[소재 1] 경우를 열거하기

세 개의 숫자 1, 2, 3 중에서 두 개의 숫자를 택하여 두 자리의 자연수를 만들면 다음과 같다.

12, 13, 21, 23, 31, 32 … ①

여기서 12, 21은 모두 숫자 1, 2로 만든 수이지만 배열의 순서에 따라 서로 다른 경우이다.

이와 같이, 몇 개의 숫자나 물건 등을 순서를 생각하여 배열한 것을 순열이라고 한다.

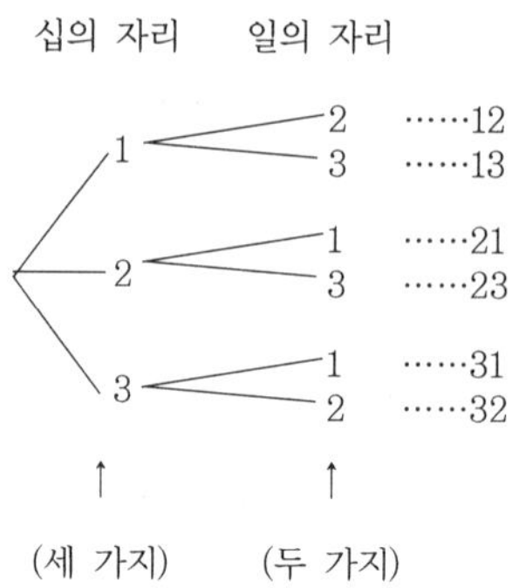

또, 위의 ①은 그림에서와 같이, 우선 십의 자리에 올 수 있는 1, 2, 3의 세 가지의 경우 각각에 대하여, 일의 자리에 올 수 있는 수로, 십의 자리에 이미 정해진 수를 제외한 나머지의 두 수 중에서 하나를 택하여 모두 열거한 것이다.

[소재 2] 일반적인 규칙설정

이제, 순열의 수 ${}_nP_r$를 구하는 방법을 생각하여 보자. n개의 원소에서 r개를 택하여 일렬로 배열할 때, 첫째 자리에 놓일 수 있는 원소는 n가지이며, 그 각각에 대하여 둘째 자리에 놓일 수 있는 원소는 첫째 자리에 놓인 것을 제외한 $n-1$가지이다. 이와 같이 계속하면 r째 자리에 놓일 수 있는 원소는 $n-r+1$가지이다. 곧,

자리의 순서	첫째	둘째	셋째	……	r째
원소의 개수	n	$n-1$	$n-2$	……	$n-r+1$

따라서 곱의 법칙에 의하여 n개의 원소에서 r개를 택하는 순열의 수는 다음과 같다.

$$ {}_nP_r = \underbrace{n(n-1)(n-2)\cdots(n-r+1)}_{r\text{개}} \qquad (\text{단, } 0 < r \leqq n) $$

위의 두 소재에서 본 바와 같이 설명은 설명하자고 하는 대상인 학생들의 수준을 파악하여 이해하기 쉽게 풀이하며, 이를 바탕으로 서로 관련있는 목적물들간의 관련성을 정한다. 또 한발 더 나아가 미래를 예측하고, 통제하는 일까지 겸한다.

설명의 종류에 대하여 하이먼(Hyman, 1974)은 경험적 설명, 비경험적 설명, 확률적 설명, 계열적 설명 등을 이야기한 반면, 래그(Wragg, 1984)는 해석적 설명, 접근적 설명, 이유 설명 등으로 분류한다. 여기서 접근적 설명은 "~이 어떻게 이루어졌는가?"와 같은 질문으로부터 시작한다.

모든 교사가 학생들이 매력을 느낄 수 있는 설명기술을 가지려 한다. 이 점에 대하여 콜(Cole, 1987)은 몇 가지 교사가 갖추어야 할 요건을 말했다.

- 학생을 능력이나 경험(인지구조)에 부합되는 의미충실한 설명
- 명확하고 다양한 설명
- 재미, 설명내용의 단순화, 구체적 예를 중심으로 한 설명
- 논리적인 연결, 전체를 보는 눈을 길러주는 설명

다음과 같은 교과서의 전개는 교사설명을 전제로 하고 기술된 내용이다. 위의 설명을 잘할 수 있는 요건 중 어느 것에 해당이 되는가?

[소재 1] 나무토막의 개수는 4개 묶음이 1개, 2개 묶음이 1개, 낱개가 1개이므로 $1\times 2^2+1\times 1+1\times 1=7$(개)이다. 이때 자연수 7을 1, 1, 1로 차례로 써서 $111_{(2)}$로 나타내면 $111_{(2)}$는 각 자리의 값이 $2^2, 2, 1$인 수가 된다. 따라서 $111_{(2)}$은 자리가 하나씩 늘어감에 따라 자리의 값이 2개씩 커지는 수가 된다. 이런 방법을 이진법이라 한다.

[소재 2] 함수 그래프

온도가 0℃인 물을 데울 때, 열을 가한 시간과 물의 온도를 측정하

여 다음과 같은 표를 얻었다.

시 간 (분)	0	1	2	3	4	5
온 도 (℃)	0	10	20	30	40	50

이때 열을 가하기 시작해서 x분 후의 물의 온도를 y℃라 하면 x에 y가 대응하는 이 대응은 함수이다. 이 함수의 식을 구해 보자.
함수 $y=10x$에서 정의역과 공역을 각각

$$X=\{0,\ 1,\ 2,\ 3,\ 4,\ 5\},$$
$$Y=\{0,\ 10,\ 20,\ 30,\ 40,\ 50\}$$

이라 하면

$$0 \to 0,\ 1 \to 10,\ 2 \to 20,\ 3 \to 30,\ 4 \to 40,\ 5 \to 50$$

이므로 X의 각 원소를 x좌표, 그에 대응하는 Y의 각 원소를 y좌표로 하는 순서쌍 $(x,\ y)$는

$$(0,\ 0),\ (1,\ 10),\ (2,\ 20),\ (3,\ 30),\ (4,\ 40),\ (5,\ 50)$$

이다. 이들은 좌표평면 위에 나타내면 다음 그림과 같다.

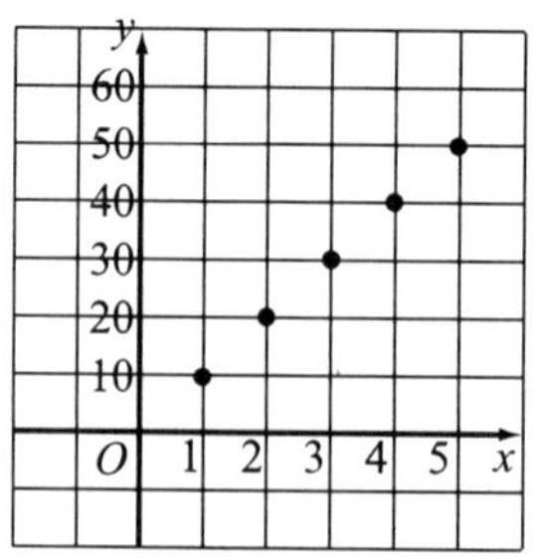

위의 두 소재에서는 비교적 바람직한 설명기술을 포함한 학습장면을 볼 수 있었다. 그러나 고등학교로 갈수록 교과서 표현의 제한 때문에 교사의 좋은 설명이 첨부하여야 할 내용이 많다.

사건 A가 일어났을 때, 사건 B의 조건부 확률은

$$P(B|A) = \frac{P(A \cap B)}{P(A)}, \quad P(A) > 0$$

와 같이 계산된다.

위의 설명요인 중에서 어떤 것으로 이 내용을 설명해야 하는가?

3.3 토론, 질문

토론학습에서는 대화, 토론과 같은 용어를 자주 쓰는데, 대화는 의사전달에 초점을 맞추는 대신 토론은 그 진행과정에 초점을 맞춘다. 토론에서는 질문이 핵심이 되는데 질문은 의문사항을 던지는 것을 말한다. 이 질문을 통해 비로소 학생과 학생, 학생과 교사간의 상호작용이 일어난다. 특히, 탐구, 발견학습에서는 질문의 효과는 크다는 것이 실험결과 알려졌다. 질문을 이용한 토론학습은 몇 가지 장점을 가진다.

- 학생들이 자신의 생각을 표현하는 기회를 가진다.
- 다른 사람의 의견을 이해하고, 비판적으로 받아들이는 태도를 가진다.
- 자발적인 학습활동을 촉진시킨다.
- 소집단 사고의 경험을 시킨다.

다음은 교과서의 내용일부이다. 이 소재를 이용하여 학생과 학생, 학생과 교사들간의 질문을 통한 토론학습이 되도록 교재를 재구성하여라.

독립시행의 정리

1회 시행에서 사건 A가 일어날 확률이 P인 독립시행에서 이 시행을 n회 반복할 때 사건 A가 꼭 r회 일어날 확률 P_r은

$$P_r = {}_nC_r\, p^r q^{n-r}$$

단, $q = 1 - p$, $r = 0, 1, 2, \cdots, n$

질문의 종류는 다양하다. 관점에 따라 질문을 분류하면 다음과 같다.

(1) 질문의 열린 정도

수학적인 정보의 해석, 연결, 설명, 결론을 이끌어내는 정신적 활동을 자극하는 질문으로 다음과 같은 질문을 구상할 수 있다.

- x에 관한 일차방정식 $5(x-2a) = 3(x-a)$의 해가 $x = 7$일 때 a의 값을 구하여라.
- 다음 일차방정식을 풀어라.

$$-16 + x = 20,\ 3(x+3) - 1 = x$$

- 주자의 최고속도는 25m/초이고, 투수와 포수가 공을 던지는 속도는 120m/초이다. 지금 주자가 3루로 도루를 시행하려 하고 3루에서 90m 떨어진 포수는 주자가 3루에서 30m 떨어져 있을 때 3루 내야수에게 공을 던졌다. 공이 던져진 순간 주자가 공 사이의 거리 변화율은?

이러한 질문은 다음과 같은 교육 목적이 있다. 즉, 이전에 모은 자료를 이용하여 무엇을 설명시키고자 할 때, 증거자료로 예측하고 준거를 활용하여 비판하고자 할 때, 사물의 변별과 재구성과 예증하고자 할 때, 그리고 정확한 답을 얻으려 할 때 이 질문을 사용한다.

또 다른 형태의 질문으로 한 개의 정답을 요구하기보다 학생들의 다양한 사고를 반영하는 대답을 허용하는 질문이다. 다음과 같은 질문을 말한다.

- 정사각형 $ABCD$에서 선분 $\overline{DC}$와 $\overline{BC}$의 중점이 M, N일 때, $\sin\theta$를 구하려 한다. 세 가지 이상의 해법을 제시하여라.

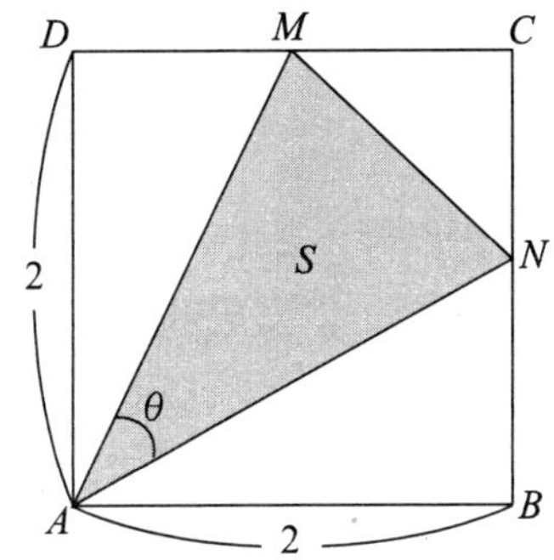

- ○씨는 시내에서 작은 빵집을 운영한다. 일요일 저녁에 그는 '월요일에 빵집에서 만드는 두 종류의 빵을 몇 개 만들어야 할 것인가?'를 고민한다. 각각의 빵은 한 개당 판매가격이 정해져 있다. 어떻게 해야 이익을 최대로 할 수 있는가?
- 어느 날 아침 일정한 비율로 눈이 많이 내리기 시작했다. 아침 8시부터 제설정비가 작동되어 9시에 2km을 작업했고, 10시까지 3km을 작업했다. 제설장비가 1시간당 일정한 부피의 눈을 제거한다고 가정한다면 눈이 내리기 시작한 시각을 결정하여라.

이러한 질문은 특정 답변을 얻기보다는 학생이 사고(추리, 상상, 연역, 귀납 등)의 여러 과정을 구상하여 답변하도록 요구한다.

또, 학생들에게 가치문제, 평가관점, 계획, 판단 등을 물어보는 질문이 있다. 이를테면, "50만 원을 가지고 국내외에서 가장 효율적인 여행을 하려 한다. 계획을 세워라."와 같은 질문이다.

다음은 학생들에게 물어본 평가적 질문이다. 이 계산이 옳은가?

- 한 학생이 $\dfrac{0.843}{2}$를 로그를 이용하여 계산했다.

$$\begin{aligned}&\log 0.843 - \log 2\\ &= -1.9258 - 0.3010\\ &= -1.9258\\ &\rightarrow \;\; 0.3010\\ \hline &\;\; -2.2268 \qquad \therefore \text{ 근사값 } 0.0167\end{aligned}$$

• 다음 학생들의 풀이를 비판하여라.

(a) $\sqrt[3]{-8^2} = \sqrt[3]{-8}\ \sqrt[3]{-8} = (-2)\cdot(-2) = 4$

(b) 교사가 창에게 "$f(x) = \dfrac{x-1}{x+1}$, $g(x) = \dfrac{1+x}{1-x}$는 서로 역이다."를 증명 하라고 했다. 다음은 창의 풀이이다.

$$f(g(x)) = \left(\frac{1+x}{1-x}\right) = \frac{\dfrac{1+x}{1-x}-1}{\dfrac{1+x}{1-x}+1} = \frac{2x}{2} = x$$

(2) 내용적 질문

굿(Good, 1977) 등은 질문의 유형을 단순하게 분류한 적이 있다. 즉, 수학내용을 회상한다든지 또 높은 사고수준을 물어본다든지에 관련된 질문이다. 먼저, 회상적 질문으로 배운 수학내용을 기억에서 꺼내는 질문이다.

• 이차방정식의 근의 공식을 말하여라.
• 피타고라스 정리를 보기로 나타내어라.

또, 과정질문은 학습자가 문제해결 또는 추상화, 일반화를 시도한 다음에 결론에 도달한 절차, 수단, 단계 등을 설명하게 하는 질문으로

• 피타고라스 정리를 증명해 보아라.
• 다음 문제의 풀이과정을 쓰고, 그 과정을 설명하여라.
• 시간, 새제조법에서도 변함이 없다고 한다. 신뢰도 95%인 신뢰구간의 길이가 25시간 이하가 되도록 하려면, 표본의 크기를 얼마 이상으로 해야 하는가?

와 같이 높은 인지적 수준을 묻는 질문이다. 또, 일부학자들은 분석적 질문, 경험적 질문, 가치판단적 질문을 제시한 바도 있다. 좋은 질문으로 명료한 발문, 다양한 사고를 이끄는 발문, 개념 발달을 지향하는 발문, 정답을 제시하지 않는 발문 등을 의미하기도 한다. 또, 좋은 질문내용과 그 방법으로 콜(Cole, 1987)은 몇 가지를 제시했다.

- 낮은 수준의 질문과 높은 수준의 질문은 적절하게 이용한다.
- 빠르고 정확하게 답변할 수 있는 질문을 이용한다.
- 학생들이 익숙한 말과 어법을 이용한다.
- 학생들의 경험과 일치하는 질문을 한다.
- 쉬운 것부터 어려운 질문으로, 또 논리적 계열을 만들어 질문한다.
- 모든 학생에게 고르게 질문하여, 질문을 반복하거나 학생의 답변을 반복하지 않는다.

학생들의 사고를 불러일으키는 질문기술은 수학시간에 모든 교사가 원하는 것인데, 이를 위해 교실에서 소크라테스의 질문방법이 크게 활용되었다. 그는 학습자가 더 이상 탐구할 수 없는 상태에 이르기까지 끊임없이 질문을 하는 방식이다. 이 목적은 대상자로 하여금 스스로 참을 깨닫거나 인지하게끔 하는 것이다.

질문에서 그의 특징은 어떤 답변을 이끌어내도록 노력한다든지, 논리적으로 계속 질문한다든지, 학습자가 자신의 사고를 발전시켜 나가도록 도운다든지, 다양한 사고촉진법을 쓴다는 것이다.

다음은 30명의 학생이 있는 교실에서 조합에 관한 규칙을 질문을 통해 학생들의 머릿속에 있는 지식, 전략, 사고를 이끌어내어 최종 목표에 도달하게 한 실험이다. 바람직한지 비판하여라.

[소재] 비둘기 집 원리 찾기

공원에서 놀고 있던 아홉 마리의 비둘기가 갑작스런 소리에 놀라 여덟 개의 비둘기 집으로 모두 들어가 버렸다. 각 비둘기는 서로 다른 집에 들어갈 수 있을까?

1) 활동

① 비둘기 한 마리마다 ○표를 표기하여 두 개의 비둘기집 A, B에 세 마리의 비둘기가 들어갈 수 있는 경우를 나타내어 보자.

A	B

A	B

A	B

A	B

② 위 ①의 각 경우에 두 마리 이상의 비둘기가 들어간 비둘기집은 반드시 있는가?

③ 아홉 마리의 비둘기가 여덟 개의 비둘기 집으로 들어갈 때, 두 마리 이상의 비둘기가 들어간 비둘기집은 반드시 있는가?

2) 토론

아홉 마리의 비둘기가 서로 다른 비둘기집으로 들어갔다면 적어도 몇 개의 비둘기집이 있어야 하는지를 말해보자.
아홉 마리의 비둘기가 여덟 개의 비둘기집으로 들어갔다면 두 마리 이상의 비둘기가 들어간 비둘기집이 적어도 하나 있다.
일반적으로 다음과 같은 사실이 성립한다.

---

n개의 비둘기집에 $(n+1)$마리 이상의 비둘기가 들어갔다면, 두 마리 이상의 비둘기가 들어간 비둘기집이 적어도 하나 있다.

---

3) 한번 더 생각하기

① 13명의 학생 중에는 같은 달에 생일이 있는 학생이 적어도 두 명이 있다. 이것을 비둘기집 원리를 써서 설명한다면 비둘기집을 무엇으로 두고 비둘기를 무엇으로 두어야 하는가?

비둘기	비둘기집

② 집합 $\{1, 2, 3, 4, 5, 6, 7, 8, 9\}$에서 여섯 개의 숫자를 뽑으려고 한다. 집합 $\{1, 9\}$, $\{2, 8\}$, $\{3, 7\}$, $\{4, 6\}$, $\{5\}$를 비둘기집으로 보고 뽑힌 숫자를 비둘기로 하여 합이 10이 되는 정수쌍이 적어도 하나 있음을 보여라.

학생의 답변에 대한 교사의 태도 역시 중요하다. 실험에서 관찰된 것을 나열해 보면, 질문의 태도가 늘 신중하고 친절해야 한다든지, 학생의 질문을 지속적인 질문과 토론의 촉진제로 활용하며, 학생의 답변에 관대한 수용태도를 보여야 하며, 언어적 표현이 부족한 학생에게 용기를 주는 태도를 보이며 답이 부족해도 더 적합한 답을 하도록 격려해야 한다. 마지막으로 그들 답변이 불완전하면 교사는 정답에 도움이 되는 추가적인 암시나 단서를 제공하여 보충설명을 하면 좋다.

다음은 서지랑 교수와 캐나다 고등학생의 대화내용이다. 이 질문형식과 과정을 비판하여라.

랑교수: 구의 표면적을 어떻게 구할까? 내가 먼저 구의 부피 구하는 공식을 알려줄까?

$$V=\frac{4}{3}\pi r^3$$

반지름이 r 일 때 구의 표면적은 얼마일까?

학　생: 어! 공식을 잊어버렸는데요.

랑교수: 걱정마! 공식은

$$A=4\pi r^2$$

이야. 큰소리로 다같이 넓이공식을 반복한다. 넓이는 $4\pi r^2$ 이며, 넓이는 $4\pi r^2$ 이며, 이제 다시는 잊어버리지 않겠지?

학　생: 아닌데요...

랑교수: 좋아요. 앞의 칠판으로 가봐요. 그리고 공식을 증명해 보겠어요? (학생은 칠판에 가서 반지름 r, 반지름 $r+h$ 인 두 개의 구를 그린다)

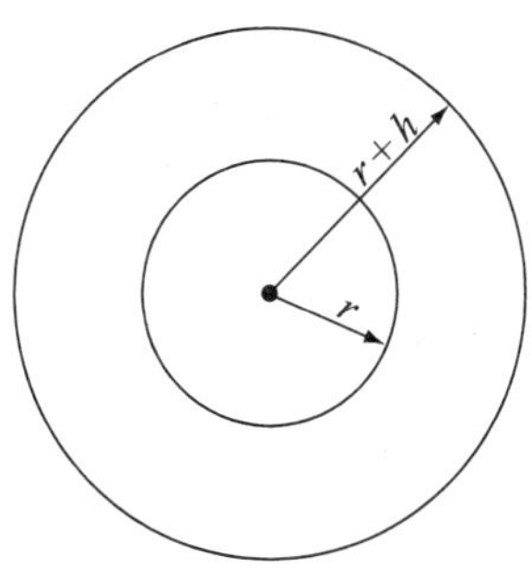

랑교수: 잘했어요. 두 개의 구를 그렸네요. 하나는 반지름 r, 다른 하나는 여기에 h만큼 늘린 $r+h$, 그 다음에는?

학 생: 그 다음에 부등식을 말하고 싶어요. (그는 칠판에 쓴다)

$$(\text{작은 구의 넓이})\, h \leqq \text{밴드}(E)\text{의 부피} \leqq (\text{큰 구의 넓이})\, h$$

랑교수: 예. 두 개 구 사이에 있는 밴드를 생각했는데, 밴드의 부피는 무엇에 대응하지? 우리는 3차원 공간에서 생각하고 있지?

학 생: 제가 써보겠습니다.

$$\begin{aligned}\text{밴드의 부피} &= \text{큰 구의 부피} - \text{작은 구의 부피} \\ &= \frac{4}{3}\pi(r+h)^3 - \frac{4}{3}\pi r^2\end{aligned}$$

랑교수: 보고 있지? $(r+h)^2$와 r^2 대신에 $(r+h)^3$과 r^3을 사용했네. $(r+h)^3$를 전개하는 방법을 알고 있나?

학 생: 교실에서 안했는데요.

랑교수: 몰라도 좋아요. 내가 써주지.

$$(r+h)^3 = r^3 + 3r^2h + 3rh^2 + h^3$$

대입하면, 무엇을 발견했지?

학 생: (칠판에 무언가를 쓴다)

$$\begin{aligned}&\frac{4}{3}\pi(r^3 + 3r^2h + 3rh^2 + h^3) - \frac{4}{3}\pi r^3 \\ &= \frac{4}{3}\pi r^3 + \frac{4}{3}\pi\, 3r^2h + \frac{4}{3}\pi\, 3rh^2 + \frac{4}{3}\pi h^3 - \frac{4}{3}\pi r^3\end{aligned}$$

랑교수: 좋아. 다음에 어떤 일이 일어날지?

학 생: 단순히 간략하게 정리해요.

랑교수: 해보아라.

학 생: 간략하게 하면

$$4\pi r^2 h + 4\pi r h^2 + \frac{4}{3}\pi h^3.$$

랑교수: 다음은?

학 생: h로 각 항을 나눠요. (쓴다)

$$\text{작은 구의 넓이} \leqq 4\pi r^2 + 4\pi r h + \frac{4}{3}\pi h^2 \leqq \text{큰 구의 넓이}$$

랑교수: 그 다음은 어떻게 진행하지?

학 생: 큰 구는 작은 구에 접근하여 큰 구의 총 넓이도 작은 구의 총넓이에 접근한다.

랑교수: 중앙에 있는 표현은 양쪽에 의하여 스퀴즈 하고, 중앙에 있는 표현은 어떻게 하지? 이를테면, h가 점점 작아질 때 $4\pi r h$는 무엇에 가까워지는가?

학 생: 0이요.

랑교수: 좋이요. 중앙의 표현은 결국 어디로 가는지?

학 생: $4\pi r^2$

랑교수: 그러면 A가 반지름 r인 구의 넓이라면

$$A \leqq 4\pi r^2 \leqq A$$

이고, 또 하나의 등식 $A = 4\pi r^2$을 얻는다.

학 생: 그것이 바로 우리가 원하는 것이지요.

3.4 협력

협력기술은 협력학습에 관한 앞의 수업원리에서 나온 용어이다. 협력학습을 효율적으로 이끌어가기 위해서는 어떤 기술이 학생, 교사에게 필요하다. 협력기술은 학생과 학생, 학생과 교사들간에 있을 사회적 및 의사소통 기술같은 것이다. 협력기술에 대해서는 카간(Kagan, 1992)이 듣는 기술, 번갈아하기, 도와주기, 친구의 칭찬, 기다리기 등을 말한 적 있다.

(1) 듣는 기술

이 기술에는 재진술하기, 다단계면담, 돌아가며 말하기 등이 있다. 재진술하기는 처음 아이디어를 제시한 학습자가 자신의 아이디어를 어떻게 이해하는지를 제공하고 의사소통의 기술을 제공하는 방법으로, 소집단의 어느 한 사람이 어떤 아이디어를 창안하여 진술하면 다른 학생은 그 아이디어에 말을 바꾸어 재진술하는 방법이다. 이렇게 하면 상대방의 말을 안듣는 버릇을 고칠 수 있다.

다단계 면담은 네 명이 두 쌍으로 나누어 말하는 자와 듣는 자를 역할을 서로 교대한다. 또, 돌아가며 말하기는 한사람씩 돌아가며 말해보는 방법이며, 여러 사람 앞에 자신의 견해를 발표하고, 듣는 습관을 기른다.

(2) 번갈아하기

교사는 종이펜을 주고 돌아가면서 한 사람씩 소감, 생각을 쓰게 한다. 이때, 소재는 '우리 생활에서 수학이 있는 내용쓰기'와 같은 것이 될 수 있다. 또, 어떤 주제에 대해 한 사람씩 돌아가면서 말해보는 방법 등이 있다.

(3) 도와주기

팀요원 네 명을 두 명씩으로 나누어 한 사람이 풀면 다른 사람이 푼 결과를 점검해주고 칭찬해주는 방법이며, 답에 대한 의견이 일치하지 않을 때는 팀장 또는 교사와 상의한다. 또, 팀요원 네 명에게 번호를 부여하고 교사가 질문한 다음에 공동으로 생각하게 한다. 다음에 교사는 무작위로 번호를 지명하여 답하게 한다.

다음 소재에 대해 듣는 기술의 훈련을 계획하여라.

- 처음 창안자 – 다음은 함수의 뜻을 말한다(고1).
  함수 $f: X \to Y$에서 X의 원소 x에 대응하는 Y의 원소 y라 할때, y가 x에 관한 식으로 나타내어지면 이것을 기호로

$$\text{함수 } y = f(x)$$

  라 한다.

(4) 말을 바꾸어 재진술하기

여기서는 구체적 보기를 통해 재진술해도 좋다.

- 두 사람씩 짝을 지어 역함수

$$f^{-1}: Y \to X, \ x = f^{-1}(y)$$

  의 아이디어가 있는 우리 생활 주변의 사건 또는 현상을 말하고, 듣는 사람은 자기의 견해를 말해보게 한다. 또, 역할을 바꾼다.
- 수학 일기쓰기를 통해 번갈아 말하기를 계획하여라.
- 다음 소재에 대한 도와주기를 시도하여라.
  (a) 함수 $y = 2x - 4$의 역함수를 구한다.
  (b) $125^{x-1} = 25$의 x값을 구한다.

협력학습에서는 학생들의 성취도 개념을 다르게 보는 견해도 많다. 전통적 수업에서는 90점 이상을 받은 학생은 항상 최우수를 주고 인정을 한다. 반면, 50점 이하는 항상 최하위로 인정을 받는다. 그래서 협력학습에서 향상된 점수제를 사용하여 이 달의 점수가 지난 달보다 향상되었으면, 0~3점 사이의 점수를 준다(Slavin). 이러한 제도는 열등한 학생에게 좋은 점수를 얻는 기회를 줌으로써 동기유발의 효과가 있으며, 이 원리는 우등생에게도 통한다. 즉, 우등생에

게도 자기자신과의 경쟁을 통해서 향상하게끔 유도하기 때문이다.

본래 팀형성은 팀구성원간의 친숙함 정도, 팀정체성 확립, 상호지원 경험, 다양성에 대한 가치 인정을 통해 이루어진다. 그런데 이러한 팀활동을 원활하게 하는 데는 앞에서 언급한 기술도 필요하지만, 팀요원들의 사회적 기술습득도 중요하다.

이러한 사회적 기술로 김광휘(2001)는 "…다른 학생을 격려하기, 다른 학생 칭찬하기, 다른 요원의 업적이나 산출물을 인정하기, 동등한 학습참여 기회만들기, 다른 학생을 돕거나 도움요청하기, 학습과제에 대한 집중 및 아이디어 기록하기, 집단과정에 대한 반성과 다른 학생 방해하지 않기, 학습과제를 배분하기 등이 있다."라고 말했다. 이러한 사회적 기술은 협력학습에 매우 필요한 것이므로 학생들에게 각 의미를 자세하게 설명해야 한다. 문제는 각 팀이 원활하게 사회적 기술을 활용하고 있느냐? 하는 의문이다. 이를 위하여 어느 팀의 모범사례를 시범한다든지, 각 팀의 좋은 점을 교사가 전체 학생에게 칭찬하는 경우가 있다.

다음은 어느 교사가 할인마트에서 얻은 아이디어이다. 이 과제를 협력학습으로 구성하여라. 어떤 협력기술이 교사나 학생에게 필요한지 논하여라.

할인마트의 사장은 어떤 배열을 이용하여 16개의 깡통(음료수)을 한 상자를 생산한다. 상자의 표면적을 최소로 하려면 어느 배열이 적당한가?

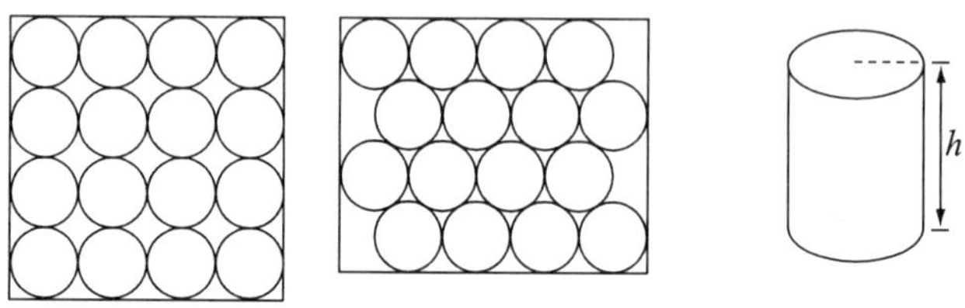

3.5 정보교환

협력학습에서 교사가 해야 할 중요한 임무 중 하나는 학생들의 학습내용을 피드백하거나 반성시켜 주는 일이다. 시험성적을 알려주거나 과제결과에 평가를 하며, 설명내용의 이해는 확인하고 그에 대한 평가를 내린다. 또 학생의 결과가 잘못되었는지 또는 부적절한지 고치는 활동을 포함한다.

피드백에는 여러 기능이 있다. 학생의 해결결과가 적절할 때 칭찬해주는 것도 여기에 해당하고, 그 반대인 경우도 있다. 또, 학습과정에서 특정 문제점을 수정하고 부가적인 설명을 하는 경우도 있다. 보충수업도 여기에 해당한다.

다음 문제를 고등학생에게 풀어보게 하고 위의 피드백을 실천하여라.

소개: ○○사는 제품 A, B를 생산하며 이 제품의 제조과정에 필요한 정보는 다음 표와 같다.

기타 / 제조과정	작업소요시간 제품 A	제품 B	월간 조업 가능시간
A'	2	3	1500
B'	3	2	1500
C'	1	1	600

제품 A의 단위당 이익은 10원, 제품 B는 단위당 12원이며 최대 이익은?

힌트: 제품 A, B의 생산량을 x_1, x_2라 하면

목적함수 $Z = 10x_1 + 12x_2$

조건 $2x_1 + 3x_2 \leqq 1500$

$3x_1 + 2x_2 \leqq 1500$

$x_1 + x_2 \leqq 600$

$(x_1,\ x_2 \geqq 0)$

학생들이 한 결과를 옆에서 교정해주는 일은 교사의 기술이다. 학생들의 인지능력은 각기 다르기 때문에 학생수준에 알맞은 정확한 진단을 해야 한다. 교정의 원리를 몇 가지로 나열해보자.

첫째는 내적 피드백을 강화한다. 즉, 어떤 과제를 수행하는 동안 학생 스스로 얻은 성취수준의 질에 관한 정보를 말한다. 예를 들면, 수학문제를 풀다가

스스로 해법을 이해하거나 발견하는 경우가 이에 해당한다. 이 경우의 최적의 학습이 일어났다고 보며 이후 그 문제에 관한 이해가 오랫동안 지속된다.

둘째는 학생에게 거의 답을 알려주는 피드백은 의미가 없다. 더욱이 정답을 미리 알려주는 방식은 아무 도움을 주지 못한다.

다음과 같은 수송문제에서 총수송비용을 조사하여라. 내적 피드백이 들어오도록 어떤 포괄적인 힌트를 주겠는가?

공급지 \ 수요지	B_1	B_2	B_3	공급량
A_1	10	12	16	80
A_2	9	7	12	80
A_3	8	16	18	40
수요량	50	100	50	200

셋째는 학생 개개인의 학습전략을 발달시키는 피드백을 제공해야 한다. 또, 학생 개개인에 알맞은 피드백을 계획하는 것도 바람직하다.

넷째는 다양한 학습과제에 관하여 얼마나 많이, 그리고 어떤 유형의 피드백과 교정이 제공되는지 기록한다.

위의 교정활동을 할 때 교사는 여러 교수활동을 할 수 있다. 언어, 판서, 실증, 체험 등 다양한 방법이 동원이 될 수 있으나, 칠판에 판서활동은 학교에서 비교적 쉽게 접근할 수 있는 보편적 방법이다. 학교에서는 실험, 실습, 현장견학 등을 제외하고는 주로 칠판에서 판서 활동으로 교수학습을 주관한다.

이러한 판서는 학생의 이해를 돕기 위한 도식, 모형, 정리요약 등을 쉽게 표현할 수 있다. 또, 학생들을 집중하게 하며, 태도, OHP 등을 이용하여 여러 상황요인에 따라 학습형식 학습량을 다양하게 활용한다.

그러면 효율적인 판서방법은 무엇인가? 우선 판서계획을 세우는 것이 좋다. 즉, 칠판을 이용할 때는 좌측에서 우측으로 진행하며, 문자의 크기와 글씨체에 유의하여 크기는 학생의 지적발달수준, 조명 등에 관련시키고 글씨체는 정자를 원칙으로 한다. 둘째는 판서와 설명은 동시에 하는 것이 바람직하며, 중요한 사항은 색연필을 사용한다. 셋째는 긴 설명을 괘도 자료를 활용하며, 보조칠판이 있을 때는 그것을 먼저 활용하고, 판서능률을 올리기 위하여 소도구 등을 사전에 준비한다.

넷째는 학생들의 노트필기를 위하여 단원명, 번호부여 방식, 요약 정리에 유의한다. 또, 판서순서는 교재의 학습순서와 같게 하며, 항상 조직적으로 한다.

다음 소재를 교실에서 수행할 때, 칠판수업, 실습, 실험실습, 현장견학 등 어느 방법으로 하는 것이 바람직할까?

[소재] 다음 할당분배표를 이용하여 네 명의 작업자에게 네 개 과업 중에 한 개씩 배정하는데 최소비용을 얻을 수 있는 배정방안을 생각하여라.

작업자 \ 과업	1	2	3	4
A	5	8	8	6
B	4	6	5	8
C	6	10	7	4
D	9	9	7	3

4 수학의 수업모형 실제(1) (구조주의 설계)

4.1 설명식 수업모형

(1) 수업모형의 개관

수업모형은 수업의 단계를 수업내용의 특성에 따라 해결해나가는 연구된 틀이며 기대된 수업효과를 얻을 수 있는 수업의 과정이다. 이 모형은 선행조직자를 활용하여 주요개념과 원리를 단계적으로 설명하고, 통합하여 수업이 끝날 때는 학생으로 하여금 학습한 내용을 전체적으로 보는 눈을 가지게 한다. 또한, 정보를 제시하고 교정하고, 명료화시킬 필요가 있을 때 이 모델은 유용하다. 설명식 수업모형은 오수벨과 가네가 수업모형의 기본틀을 만들었다고 본다. 특히, 오수벨의 선행조직자는 중요한 요소로 수학내용의 계열화, 내용의 구조화, 한 영역의 중심내용을 체계적으로 가르치는데 유용하다.

또, 선행조직자를 사용하면 배우려하는 본 수학내용의 이해를 높이게 된다. 이를테면, 역함수의 개념은 단일개념이기 때문에 선행조직자가 비교적 단순한 소재일 수 있다. 선행조직자를 연구한 교육학자는 국어시간에 공부한 역의 뜻을 제시하는 것이 역함수의 선행조직자라 했다. 즉, 먼저

위 – 아래, 동쪽 – 서쪽, 이익 – 손해, …

등과 같은 용어를 제시한 다음에 수학으로 들어와 덧셈 $2+5=7$의 역관계인 뺄셈 $7-5=2$, $7-2=5$를 익히는 것이라고 지적했다. 물론, 이들 두 개념은 위에서 설명한 선행조직자에 적절할 수 있다. 수학교실에서 흔히 사용하는 다음 보기를 들어보자.

A에서 B로 간다를 $A \to B$, 다시 B에서 A로 돌아간다는 $B \to A$와 같이 쓴다. 다음에서 화살표 방향을 바꾸어 본다.

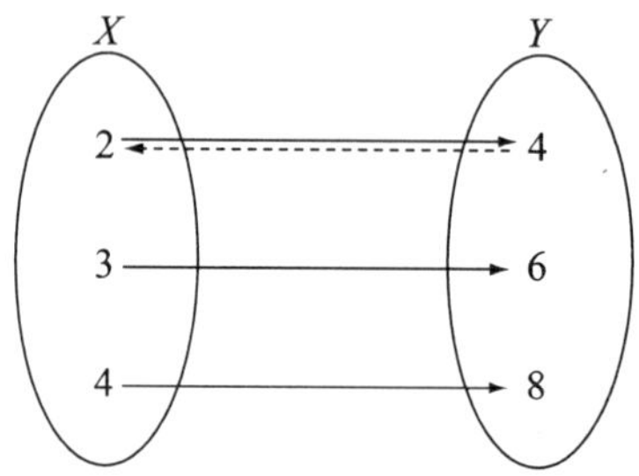

$X \to Y$일 때는 어떤 규칙이 있는가?

$Y \to X$일 때는 어떤 규칙이 있는가?

그러나 원리 또는 법칙(정리)의 수업에서는 선행조직자는 한층 복잡하다. 왜냐하면, 이들 내용이 단계적으로 설명되고 통합됨으로써 수업이 끝날즈음에는 전체 내용을 마음속에 도식으로 나타내야 하기 때문이다. 이를테면, 통계시간에 이항분포를 이해하여 이를 그래프로 나타냄으로써 최종달성 목표를

> 그래프에서 알 수 있듯이 이항분포의 그래프는 P를 일정하게 하고 n을 크게 하면, 점차로 선대칭인 곡선으로 된다.

와 같이 정했다면, 이들은 주요개념과 원리가 단계적으로 설명되고 통합되어 내용의 구조화가 이루어지는 복잡한 내용의 체계가 된다. 이들을 1차시(또는 2차시)로 계획했다면 알맞은 선행조직자는 다음과 같다(다른 소재도 생각할 수 있음).

한 개의 주사위를 3회 던질 때, 1의 눈이 나오는 횟수를 x라 하면 x가 가지는 값은 0, 1, 2, 3이다.

이때, 1의 눈이 나올 확률은 $\frac{1}{6}$, 나오지 않을 확률은 $\frac{5}{6}$이다. x의 확률분포는

$$P(X=0) = {}_3C_0\left(\frac{1}{6}\right)^0\left(\frac{5}{6}\right)^3,\quad P(X=1) = {}_3C_1\,\frac{1}{6}\left(\frac{5}{6}\right)^2$$

$$P(X=2) = {}_3C_2\left(\frac{1}{6}\right)^2\frac{5}{6},\quad P(X=3) = {}_3C_3\left(\frac{1}{6}\right)^3\left(\frac{5}{6}\right)^0$$

(이 경우 더 쉽게 표로 확인할 수 있다. 이와 같이 식으로 나타내는 것을 좀 어려운 과정이다).

이때, 네 개를 그래프로 나타내면 더욱 좋은 선행조직자가 될 수 있다.

또, 김종석(1989)은 아이디어나 정보를 제시하고, 교정하고, 명료화시킬 필요가 있을 때 선행조직자의 유용성을 말했다. 즉, 그는 모의재판에 관한 학습에서 모의 재판시에 있을 수 있는 여러 활동들, 즉 모의재판의 규칙, 역할, 절차, 목표 등을 사전에 알려줌으로써 모의재판에 관한 개념적 개관을 가능하게 할 수 있다고 했다. 마찬가지로 수학시간에도 수업의 도입에서 선행조직자를 본론의 수학내용의 성격에 알맞게 선택한다. 즉, 선수학습상기, 차시의 간단한 요약 등 본론을 이끌 수 있는 선행조직자를 생각하는 경향이 있다.

(2) 수업모형실제

가. 유의미 설명모형

선행조직자를 활용하여 도입을 하며, 본시에서는 학습자료의 논리적 순서를 제시하며 이로부터 앞에서 배운 내용과 본시의 내용이 통합조정이 된다. 또한 교사는 지금까지 배운 사실, 개념들간의 유사점과 차이점을 찾고 개념간의 불일치점을 파악하여 이들 사이의 의미 있는 연결을 설명한다. 특히 수업초기에 선행조직자는 학습자가 그 전에 배운 학습내용을 기억하고 회상하는 데 도움을 준다.

• 수업절차(도형의 대칭이동, 고1)

도입단계: 선행조직자 예시

수업목표를 명확히 하는데, 이를 위해서는 학습자능력, 출발점행동 등을 검사하여 점검하고, 선수학습이 부족한 학습자에게 그가 지니고 있던 사전지식과 경험을 현재 수업내용과 연결지어야 한다. 아래 좌표 평면에 한 꼭지점을 원점으로 하는 단위 정사각형이 있다. 꼭지점이 다음 이동에 의하여 어디로 가는지 좌표를 말하여 보자.

$$x \to y+3$$

$$y \to x-3$$

$$M:\ \begin{pmatrix} x \\ y \end{pmatrix} \to \begin{pmatrix} y+3 \\ x-3 \end{pmatrix}$$

와 같은 변환 M을 생각하려면 다음과 같이 단위정사각형의 사상을 생각하면 쉽게 변환 M을 그림으로 확인할 수 있다.

$$M:\ \begin{pmatrix} 1 \\ 0 \end{pmatrix} \to \begin{pmatrix} 0+3 \\ 1-3 \end{pmatrix} = \begin{pmatrix} 3 \\ -2 \end{pmatrix}$$

$$M:\ \begin{pmatrix} 1 \\ 1 \end{pmatrix} \to \begin{pmatrix} 1+3 \\ 1-3 \end{pmatrix} = \begin{pmatrix} 4 \\ -2 \end{pmatrix}$$

$$M:\ \begin{pmatrix} 0 \\ 1 \end{pmatrix} \to \begin{pmatrix} 1+3 \\ 0-3 \end{pmatrix} = \begin{pmatrix} 4 \\ -3 \end{pmatrix}$$

$$M:\ \begin{pmatrix} 0 \\ 0 \end{pmatrix} \to \begin{pmatrix} 0+3 \\ 0-3 \end{pmatrix} = \begin{pmatrix} 3 \\ -3 \end{pmatrix}$$

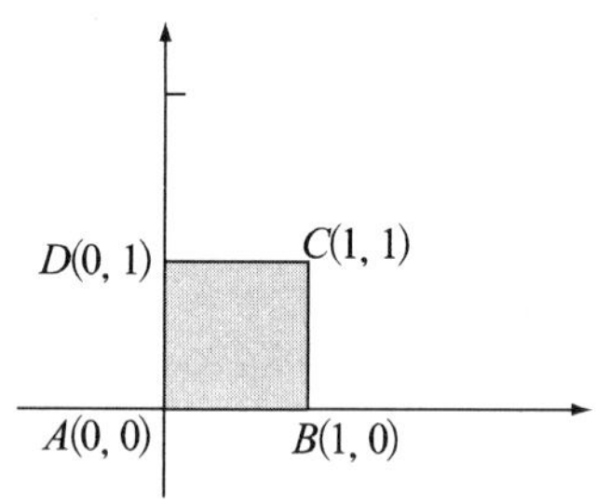

주어진 단위 정사각형에 변환 M에 의하여 어떤 상으로 사상되었는지 그려보면 다음과 같이 직선 $y=x-3$에 대하여 원상과 상은 대칭관계임을 알 수 있다.

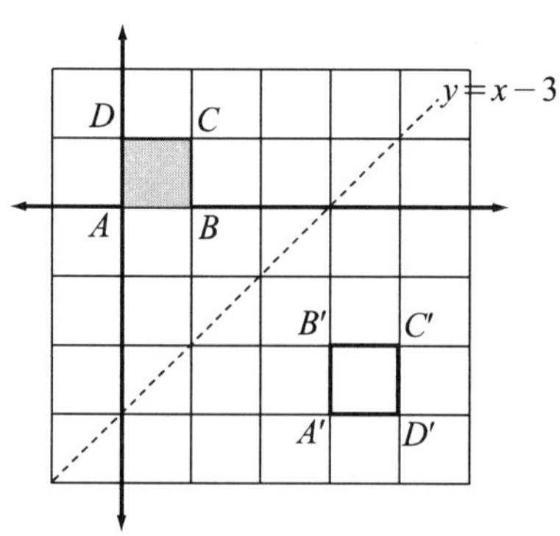

문제 1

본문의 그림에서 주어진 세 점 $P\left(\frac{1}{4},\ 0\right)$, $Q\left(\frac{1}{2},\ 0\right)$, $R\left(\frac{2}{3},\ 0\right)$은 변환

$$H:\ \begin{pmatrix} x \\ y \end{pmatrix} \rightarrow \begin{pmatrix} y+3 \\ x-3 \end{pmatrix}$$

에 의하여 어떻게 사상되는가? 또 $\overline{AB}$의 상은 선분인가?

위 자료 대신 교사는 다음과 같이 좌표를 도입하지 않고 대칭이론에 관한 조작적 연습을 할 수 있다. 이때, 학생들의 적절한 활동도 계획해야 하는데, 어떤 자료가 알맞은지는 학생들의 사전지식숙지, 사전경험의 확인 및 그들의 인지구조를 미리 알아야 한다.

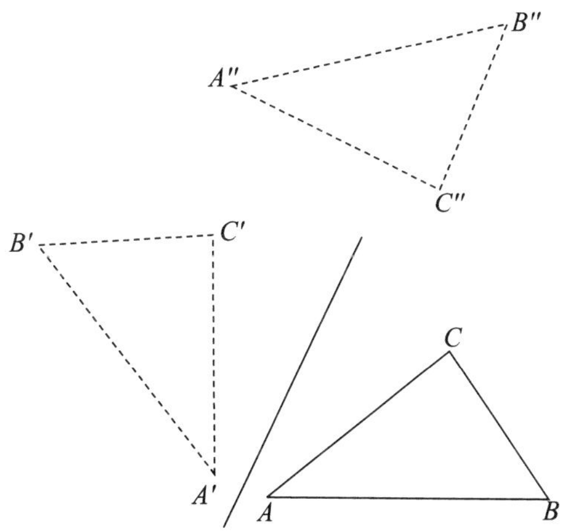

그림 1

$\triangle A'B'C'$와 $\triangle A''B''C''$는 $\triangle ABC$의 대칭에 의한 두 개의 상이다. $A'A''$, $B'B''$, $C'C''$가 만나는 교점 O에서 원을 그려라. 어떤 일이 일어나는가?

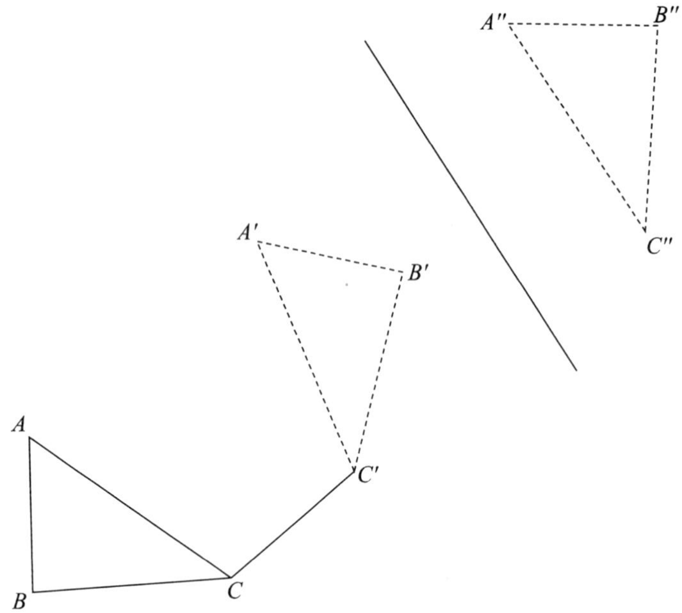

그림 2

또, 그림 2에서 대칭으로 상 $\triangle A'B'C'$와 $\triangle A''B''C''$을 논하여라. 평행이동은 어느 삼각형과 관련이 있는가?

전개단계(1): 학습자료 및 내용제시

학습내용을 조직하고 체계화를 해서 내용의 계열을 결정한다. 이때, 가네의 과제분석을 통한 위계설정 방법을 이용할 수 있고, 그리노(1978)의 개념망도 이용할 수 있다.

또, 내용의 계열이 구성이 되며, 이에 따른 자료의 논리적 조직도 생각한다. 그런데, 오수벨은 자료의 논리적 조직을 점진분화의 원리로 설명하지만, 자료의 귀납적인 속성을 중요시하는 수학의 학습에서는 그의 생각이 맞지 않을 때가 있다(수업원리의 개념망 참고).

- x축, y축, 원점에 대한 대칭이동(핵심과제)

  T_1: $(x, y) \to (x, -y)$ x축에 대한 대칭이동

  T_2: $(x, y) \to (-x, y)$ y축에 대한 대칭이동

  T_3: $(x, y) \to (-x, -y)$ 원점에 대한 대칭이동

- 도형 G의 방정식을 $f(x, y)=0$라 할 때, G를 x축에 대하여 대칭이동한 도형 G'의 방정식을 구하기의 과정을 제시한다.

전개단계(2): 앞의 전개단계(1)과 크게 구분할 필요가 없으며, 그것의 연속으로 보아야 한다. 지금까지 해온 학습과제를 종합하여, 새로 배운 지식 또는 학습자료가 전에 배운 학습내용과 통합되고 조정되는지 확인한다. 내용의 진술형태도 좋지만 문제형태도 바람직하다.

- 도형을 대칭이동시킬 때 이동된 도형의 방정식 표상

① $f(x, -y)=0$ x축 대칭이동

② $f(-x, y)=0$ y축 대칭이동

③ $f(-x, -y)=0$ 원점 대칭이동

(전에 배운 소재를 이용한 ①, ②, ③의 보기 또는 간단한 연습과정을 제시한다)

정리단계: 인지구조의 명료화 및 발전

중요한 부분을 강조하고 요약하며, 학습자료를 비판적으로 보아도 좋다.

- 학교에서는 정리단계를 확인학습을 통해 교사가 이끌어간다. 그런데, 오수벨의 학습자료의 비판도 수용해 볼 수 있는 활동이다.

다음 두 가지 연습을 통해, 전개단계에서 배운 내용을 복습해보자. 이때 두 번째 연습도 비판적으로 볼 때는 중요한 접근방식이다.

[요약 1] 좌표평면에 다음 삼각형이 주어졌을 때 아래에 주어진 변환에 의하여 어떤 도형으로 가는지 그려라. 또, 각 변환을 기하학적으로 말하여라.

(a) $\begin{pmatrix} x \\ y \end{pmatrix} \to \begin{pmatrix} x \\ -y \end{pmatrix}$ (b) $\begin{pmatrix} x \\ y \end{pmatrix} \to \begin{pmatrix} -y \\ x \end{pmatrix}$

(c) $\begin{pmatrix} x \\ y \end{pmatrix} \to \begin{pmatrix} -1/2 & x \\ -1/2 & y \end{pmatrix}$ (d) $\begin{pmatrix} x \\ y \end{pmatrix} \to \begin{pmatrix} x-5 \\ y-4 \end{pmatrix}$

(e) $\begin{pmatrix} x \\ y \end{pmatrix} \to \begin{pmatrix} x-2y \\ y+3 \end{pmatrix}$

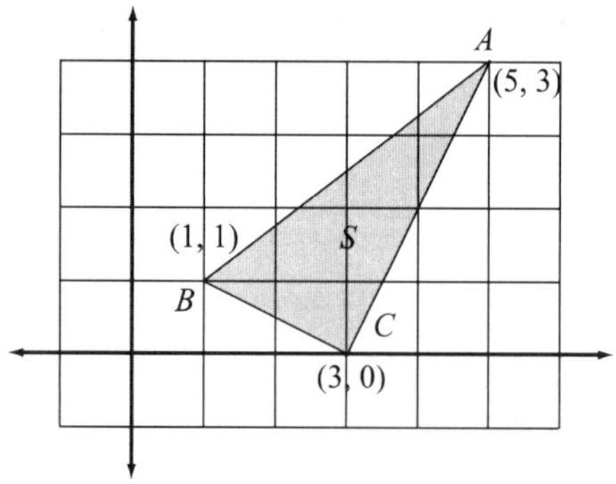

[요약 2] 다음 그림은 주어진 도형을 사상한 결과를 나타낸 그림이다.

(a) 기하적으로 이 변환을 진술하여라.

(b) $\begin{pmatrix} x \\ y \end{pmatrix}$의 사상으로 변환을 써라.

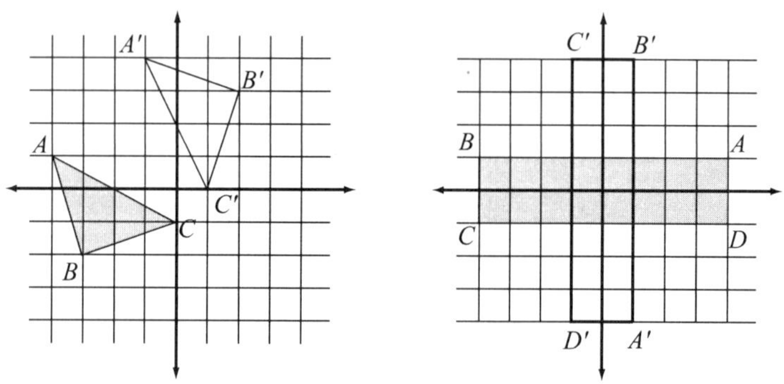

(1) 중학교에서 박연하(2002)가 연구수업한 비디오 자료를 보고 위의 수업절차를 확인하여라. 특히, 유의미 학습자료는 적절한지 비판하여라.

(2) 이상석(2003)의 마이크로 수업에 관한 비디오 자료를 보고 위의 수업절차를 다시 계획하여라.

토론 다음은 중학교 7-가에 있는 함수그래프의 교과서 내용이다. 이 내용을 앞의 수업모델에 맞추어 보아라. 특히, 선행조직자를 여러 각도로 생각해 보아야 한다. 실제로 수학과에서는 선행조직자에 대한 오수벨의 정의 '학습과제를 제시하기 전 도입자료로써 학습과제 그 자체보다 더 포괄적이고 추상적인 개념 또는 아이디어를 말한다. 따라서 가장 효과적인 선행조직자는 적절한 설명과 유추 그리고 학생의 선수학습의 복습이다'를 여러 각도로 분석하여 이것을 다음과 같이 분류했다.

> 선수관련내용, 내용장면, 수학사 내용, 이유 및 배경 말하기,
> 간단한 요약하기.

[자료제시]

다음은 정의역 X가

$$X = \{0, 1, 2, 3, 4, 5\}$$

인 함수 $y = 2x$에서 x의 각 값에 대응하는 y의 값을 표로 나타낸 것이다. 빈칸에 알맞은 수를 구하여 보자.

x	0	1	2	3	4	5
y	0	2				

위의 표에서 x의 값을 x좌표, y의 값을 y좌표로 하는 순서쌍

$$(0, 0), (1, 2), (2, 4), (3, 6), (4, 8), (5, 10)$$

을 얻을 수 있고, 이것을 좌표평면에 나타내면 다음 그림과 같이 여섯 개의 점으로 나타난다.

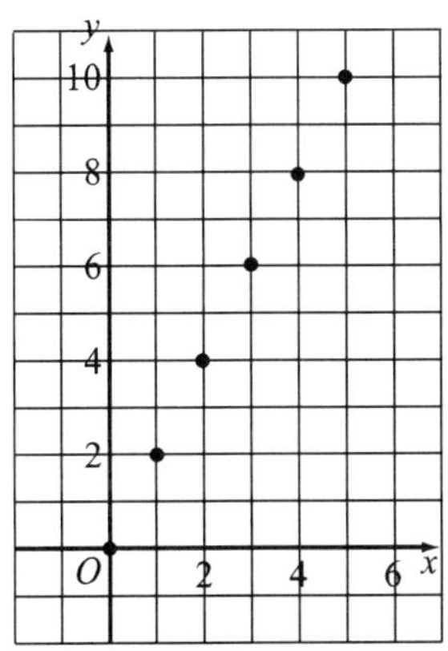

이것이 정의역

$$X=\{0, 1, 2, 3, 4, 5\}$$

에서의 함수 $y=2x$ 의 그래프이다.

나. 대조기법모형

대조기법에서는 부르너가 제시한 방법으로 유의미설명수업에서 자주 사용하는 한 방법이다. 실제로 학교현장에서 루니온(Runion, 1972)이 실험한 수업절차를 교과서 내용에 관련시켜 보자. 이 모형의 특징은 부르너의 대조기법을 강조한 개념획득 과정을 중요시 했다는 점이다. 중등학교에서 많은 수학교사가 이 모형을 활용한다. 이를 이해하려면, 설명수업에서 강조하는 두 가지 교수기술을 알아야 한다. 즉, 비유방법과 실증법이다.

이 모형의 절차를 요약하면 도입, 일반화, 진술, 응용(보기), 반례제시, 증명 단계로 수업을 진행할 수 있다는 것이다. 응용이 일반화 진술의 다음에 온 것이 특색이나, 일반화를 활용할 수 있는 보기수준을 말한다. 대부분의 수학교사는 어려운 응용을 증명 다음으로 놓는다. 각 단계를 설명하기 위해서 고등학교에서 배우는 함수의 한 점에서 연속과 같은 일반화를 생각해보자.

• 수업절차(한 점에서 연속, 고2)

도입은 목표를 진술하면서 이 정리가 왜 필요한지, 수학사적으로 어떤 위치에 있는지 등등 동기유발에 알맞은 내용을 제시하는 단계이다. 오수벨의 선행조직자를 수학과에서 해석한 바와 같이 여러 방식으로 제시할 수 있다.

우리 교과서는 주로 동기유발로 다음 소재를 제시하는 경향이 있다.

물 음

다음의 두 함수 (a), (b)의 그래프를 그리고, $\lim_{x\to 1} f(x)=f(1)$인 함수를 말하여라.

(a) $f(x)=\begin{cases} \dfrac{x^2-1}{x-1} & (x\neq 1) \\ 2 & (x=1)\end{cases}$ (b) $f(x)=\begin{cases} \dfrac{x^2-1}{x-1} & (x\neq 1) \\ 1 & (x=1)\end{cases}$

또, 동기유발을 실생활 장면을 통해 얻으려면 다음과 같은 소재를 이용하는 교사도 있다.

그림과 같이 벽을 한 변으로 하는 닭장을 지으려 한다. 철망의 총길이는 24m이고, x 의 길이의 범위는 $0 < x < 12$이다.

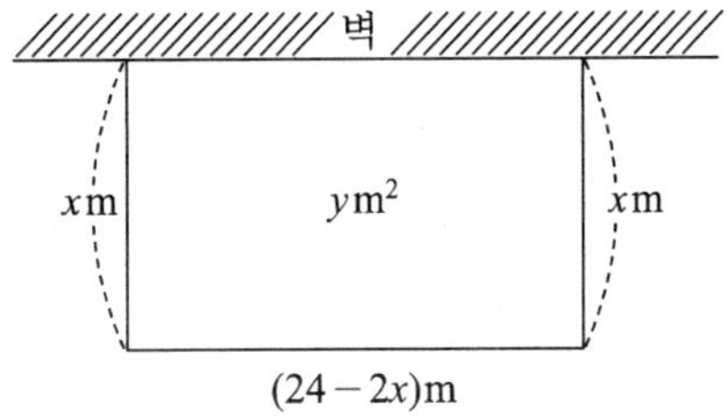

y를 구하는 식을 구하여라. 이때, $y=f(x)$에서 $\lim_{x \to 1} f(x) = f(1)$인가?

한편, 구체적 소재를 이용한 동기유발보다 수학사를 이용한다면 다음과 같은 소재를 이용하는 교사도 있다.

예를 들어 위의 과제는 수학사에서 함수와 연속함수가 어떻게 발전되었는지와 관련이 있다.

그리스에서는 속도 개념조차 없었으나 갈릴레오 등에 의한 운동학의 연구에서 두 변량 사이의 관계를 추구한 것이 함수개념을 낳은 계기였다. 데카르트에 와서는 평면곡선 위의 한 점의 x 좌표, y 좌표를 변수로 보고 곡선은 한 변수가 다른 변수에 종속됨을 보여주었다. 이때에는 운동을 표현한 식과 곡선이 연구대상이 되었다. 함수라는 용어는 라이프니츠(1692)에서 사용되었고 두 변수 사이 관계로서의 한 변수의 합, 곱 등의 대수적 연산이나 sin, cos, log 등과 같은 규칙에 의하여 결정되는 것으로 했다. 오일러(1734)에 와서는 변수와 상수로써 조립된 해석적인 식으로, 즉 그래프가 매끄러운 한 연속곡선으로 나타내는 것에 함수라는 용어를 썼다. 19세기로 들어오면서 비판의 정신이 왕성해져서 코시(1789~1857)는 여러 개의 변수 사이에 어떤 관계가 있어 그 중 한 개의 값에 따라 다른 것의 값이 정해질 때, 뒤의 것은 앞의 것의 함수라 했다. 이때에는 기하학적인 방법으로 정의되어 있든 아니든 간에 모든 연속함수는 해석적 표현이 가능하고 불연속 함수는 그렇지 못하다는 믿음이 있었는데, 디리클레(1805~1859)는 해석적 표현

$$f(x) = \lim_{n \to \infty} [\lim_{n \to \infty} (\cos (m! \pi x)^{2\pi}]$$

을 가지는 불연속함수를 만들었고, 이 함수는 x가 무리수일 때는 0이고 x가 유리수일 때는 1이었다. 디리클레의 논문(1837)에서는 "…만약 x가 a에서 b까지 연속적으로 변할 때 각 x에 대응하는 유일한 값 y가 서서히 변한다면 y는 이 구간에서 x의 연속함수라 불린다.…"와 같이 함수를 대응으로 본 점이 오늘날과 유사한 접근이었다. 그 뒤 코시, 리만 등에 의하여 복소수 함수론이 발전됨에 따라 오일러의 것보다 일반적이면서 해석학에 유용한 함수의 정의가 요망되었다.

20세기로 들어오면서 디리클레의 정의가 강화되어 함수는 정의역, 공변역의 구조와 관련이 있음을 밝혀냈는데 이는 거리공간론이나 위상수학의 발전에 의한 것이었다. 디리클레 정의를 최초로 일반화한 움직임이 있었는데 프레셰(1878~1973)의 학위논문에서

> 함수 U는 임의의 성질을 가지는 집합 E에서 정의되는데 E에 속하는 각 원소 A에 대하여 수치로 결정되는 $U(A)$를 대응시킨 것이다.

라고 언급했다. 여기서 집합 E는 실수의 집합이거나 곡선, 점들의 집합일 수도 있다. 이러한 생각은 집합론에 입각한 함수의 일반화된 정의의 암시는 물론이고 순수한 집합에 극한개념을 가지는 구조를 주어 현대적 의미의 거리공간에 가까운 것을 만들었다고 볼 수 있다. 전통적으로 사상, 변환과 같은 말은 벡터, 도형, 식 사이의 대응관계를 나타내는 데 쓰이던 말이었는데 오늘날 함수(function)와 같은 뜻으로 쓰이게 된 것은 부르바키 이후의 일이었다.

일반화 진술은 그림을 그려가면서 정리를 칠판에 쓰는데 책에 있는 내용을 그대로 쓰는 사람도 있고 자신의 관점에서 해석해서 쓰는 경우도 있다.

일반적으로, 함수 $y=f(x)$가

(a) $x=a$에서 정의되어 있고

(b) 극한값 $\lim_{x\to a} f(x)$가 존재하며

(c) $\lim_{x\to a} f(x)=f(a)$

일 때, 이 함수는 $x=a$에서 연속이라고 한다. 또, 정의역에 속하는 모든 x의 값에서 연속인 함수 $y=f(x)$를 연속함수라고 한다.

응용(보기) 단계에서는 다음 그림과 같은 함수 $f(x)=x+1$을 가지고 정리

의 뜻을 설명한다. 또는 응용이 되는 간단한 문제를 가지고 정리를 설명한다.

함수

$$f(x) = x + 1 \qquad \cdots ②$$

에서는

$$\lim_{x \to 1} f(x) = 2, \quad f(1) = 2$$

이므로,

$$\lim_{x \to 1} f(x) = f(1)$$

이다.

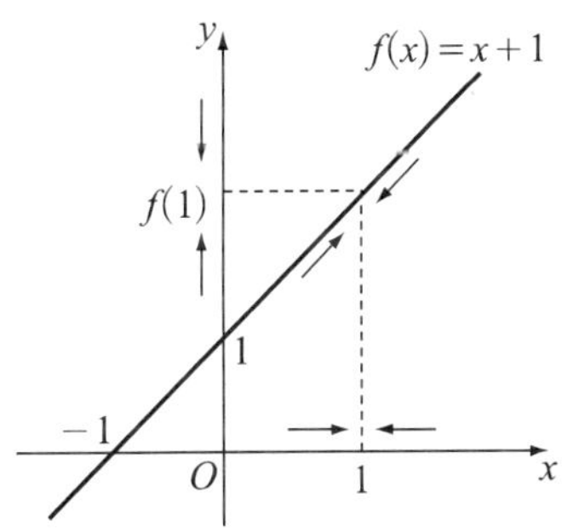

또, ②를 그래프로 나타내면 그림과 같고, 이 그래프는 $x = 1$에서 연결되어 있음을 알 수 있다.

반례제시 단계에서는 반례가 되는 경우인데, 여기서는 함수 f가 연속이 되지 않는 경우를 제시한다. 물론 논리에서 알맞은 지식이 이용되는 것은 당연하다. 많은 학습이론가들은 반례는 개념 형성에 매우 도움이 된다고 말하고 있으며, 다만 너무 많이 제시하면 개념 형성에 부정적이라는 연구결과를 제시하고 있다.

함수

$$f(x)=\begin{cases}\dfrac{x^2-1}{x-1} & (x\neq 1)\\ 1 & (x=1)\end{cases} \qquad \cdots \text{①}$$

에서

$$\lim_{x\to 1} f(x)=2,\quad f(1)=1$$

이므로,

$$\lim_{x\to 1} f(x)\neq f(1)$$

이다.

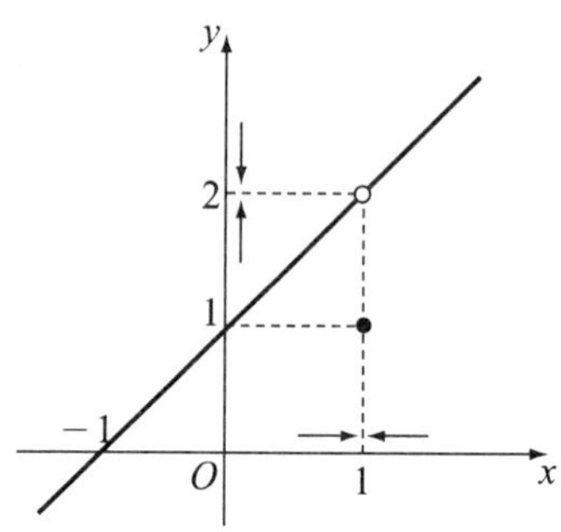

또, ①을 그래프로 나타내면 위의 그림과 같고, 이 그래프는 $x=1$인 점에서 연결되어 있지 않음을 알 수 있다.

함수 $y=f(x)$가 $x=a$에서 연속이 아닐 때, 이 함수는 $x=a$에서 불연속이라고 한다.

따라서 위의 세 조건 중에서 어느 하나를 만족하지 않아도 이 함수는 $x=a$에서 불연속이다.

이를테면, 앞의 ①과 같이 정의된 함수 $f(x)$는

(a) $f(1) = 1$

(b) $\lim_{x \to 1} f(x) = \lim_{x \to 1} (x+1) = 2$

(c) $\lim_{x \to 1} f(x) \neq f(1)$

이므로, 이 함수는 $x = 1$에서 불연속이다.

개념활용은 학생들이 이해한 개념 또는 정리를 활용하여 복합적이고 발전적인 문제를 해결하는 단계이다.

단순활용: ① 함수 $f(x) = \lim_{n \to \infty} \dfrac{x^{2n}}{1+x^{2n}}$의 연속성을 조사하여라.

② 주차장에서는 처음 한 시간에는 3천원을 받고, 이후는 추가되는 한 시간마다 2천원을 받는다. 그런데, 하루 최대 주차비는 1만원이다. 주차하는 시간에 대한 주차비용을 함수로 나타내어라. 또, 이 함수의 연속과 불연속을 이야기하여라. 불연속점의 의미를 해석하여라.

발전활용: 한 점 x_0에서 함수 $y = f(x)$가 연속이라고 해서, 그 점에서 미분가능일 필요는 없다. 이를테면, $y = f(x) = |x|$, 모든 $x \in R$에서 f는 x_0에서 연속이지만 $f'(0)$는 존재하지 않다. 그러면, 그 역은 어떻게 될까? 즉, 다음은 참일까?

f가 한 점 x_0에서 미분가능하면, f는 x_0에서 연속이다.

유정(2003)의 마이크로 수업을 보고 설명식 수업을 위의 절차대로 완성하여라. 특히, 이 수업에서 사용한 유의미 학습(수업)자료는 적절한가?

다. 귀납적 수업모형

타바(Taba)는 사고기능은 이 기능에 적합한 교수전략을 사용하여 가르쳐 줄 때 의미가 있다고 가정한다. 그래서 그는 귀납적 수업에서는 세 가지 사고과제를 제시했다. 즉, 개념형성, 자료해석, 원칙적용 단계로 나누며, 각 단계는 단계의 수업에 알맞은 수업전략이 있다. 학생들이 한 단계에서 다음 단계로 옮겨 가도록 지도하기 위해서는 적절한 질문을 사용하는 전략이 필요하다. 교사에게는 학생들이 새로운 경험을 할 준비가 되어 있는지, 그리고 이 경험에 학생들이 잘 적응할 지적활동이 무엇인지를 확인해야 한다.

개념형성은 구체적 사물이나 항목들을 커다란 개념적 체계 속에 모으는 한 수단이다(Marsha, 1986).

이 모델은 학생들이 정보를 수집하고 검토하여 개념들 속으로 조직하고, 이러한 개념들을 조작하는 방법을 유도한다.

이 모델을 실험한 조이스(Joyce, 1981)는 경직된 학생보다 다양한 사고를 이용할 수 있는 학생이 귀납적 수업모델에 적응이 더 빠르다는 사실을 알았다. 이 모델의 첫 번 단계는 개념형성으로 이 과정에서 교사가 던질 수 있는 질문은 다음과 같다(Taba, 1967).

외현적 활동	내현적 정신작용	유도하는 질문
① 열거 및 목록화 하기	구별(각각 다른 항목 찾기)	무엇이 보이는가? 무슨 소리가 들리는가? 무엇을 발견했는가?
② 집단화하기	공통 특성찾기, 추상화하기	한데 묶을 수 있는 것이 무엇인가? 어떤 기준에서 그러한가?
③ 명명 및 범주화하기	상위품목과 하위품목간의 위계를 결정하기	이 집단을 무엇이라고 부를까? 무엇이 어디에 속하나?

타바는 두 번째 자료해석으로 해석하기, 추론하기, 일반화 하기와 같은 정신활동을 든다(Taba, 1967).

외현적 활동	내현적 정신작용	유도하는 질문
① 중요한 관계 찾기	구별해 내기	무엇이 눈에 띄는가? 무엇이 보이는가? 무엇을 발견했는가?
② 찾아낸 관계를 탐색하기	서로간의 범주를 관련짓기 원인과 결과의 관계를 결정하기	어째서 이렇게 되었을까?
③ 추론하기	주어진 것을 뛰어 넘어보기 시사점 찾아보기 미지의 사실을 기존의 사실로부터 추정하기	그것이 무슨 뜻인가? 너의 마음속에 지금 어떤 그림이 떠오르는가? 너는 어떤 결론을 내리겠는가?

그의 세 번째 단계는 원리의 적용으로 활동은 다음과 같다(Taba, 1967).

외현적 활동	내현적 정신작용	유도하는 질문
① 결과를 예측하기, 친숙하지 않은 현상을 설명하기, 가설 세우기	문제 또는 상황의 성격을 분석하기 관련된 지식 상기하기	만약 …하다면, 어떤 일이 발생할 것인가?
② 예측이나 가설을 설명하고 지지하기	예측이나 가설에 연결되는 인과관계 결정하기	어째서 너는 그런 일이 일어나리라고 생각하나?
③ 예측 입증하기	논리적 원칙이나 사실적 지식을 동원하여 필요하고 충분한 조건을 결정하기	무엇 때문에 그것이 일반적으로 사실일 가능성이 있다고 믿는가?

• 수업절차

타바의 귀납적 모델은 사회과의 운영에 알맞지만, 수학과에서는 발견적 수업모델로 자주 활용한다. 이어 수학과 교과서에 널리 응용이 되고 있다. 그런데 개념형성은 단순개념에 대해 타바의 모델을 이용한다. 이를테면 집합을 그의 아이디어대로 하면 다음과 같다.

색깔과 모양이 각기 다른 나무도형을 모으고 열거함 (예, 삼각형, 사각형 등)	⇒	조건을 정하여 나무도형을 분류한다. $P(x)$에 의한 모임	⇒	명명하기 또는 범주화하기 $S=\{x \mid P(x)\}$
단계1: 열거하고 모으기		단계2: 분류하기		

그러나 함수와 같은 복합적인 개념인 경우에는 다음 모델을 여러 사람들이 실험을 했다.

[개념형성모형]

단계 1: 나열하기(꼭 필요한 단계는 아님)

개념(함수)에 알맞은 구체적 조작, 경험, 대상 등을 나열한다. 그런데 나열할 때 개념의 예와 반례되는 자료를 비교해서 놓는다.

두 양의 변화에 관련된 사건, 경험, 조작활동을 소개

• 자동차 시간과 주행거리

• 용기에 물을 넣는 경험
• 넓이
• 시내소포 우편요금

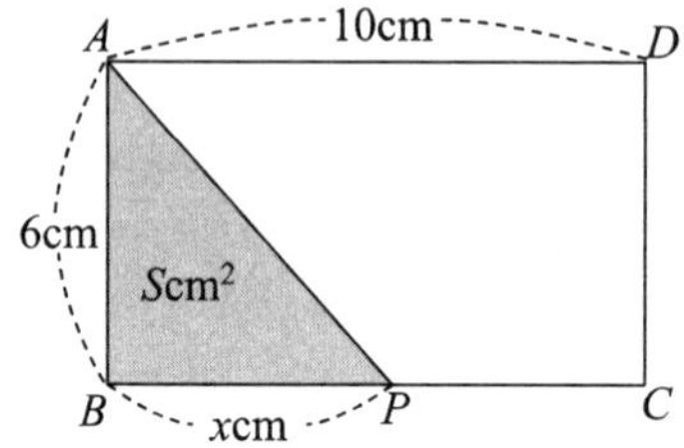

단계 2: 비공식적인 정의(informal definition)를 한다.

수학적 개념을 그림이나 단계 1에서 한 예를 통해 정확하지는 않지만 잠정적인 정의를 한다. 이를테면, 위의 함수에 대하여 다음과 같은 활동을 한다.

두 변수(양) x, y 사이에 x의 값에 y의 값이 하나씩 맺어주는 대응인지를 토론을 통하여 확인한다. 여러 사례를 보이는 것이 바람직하다.

x	y
1	2
2	4
3	6
4	8
5	10
6	12
7	14
⋮	⋮

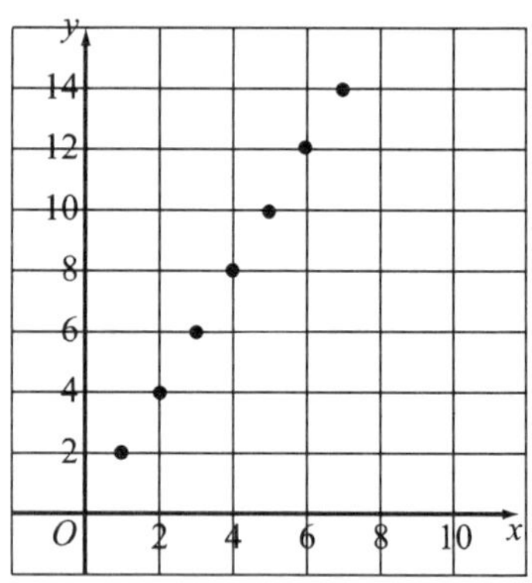

단계 3: 공식적인 엄격한 정의를 한다.

앞에서 직관적으로 개념을 정의했지만 이것만으로는 불충분하다. 명확한 기호나 언어를 도입하여 개념을 설명해 주어야 한다.

변화하는 두 양 x, y에 대하여 변수 x의 값이 하나 정해지면 그에 따라 변수 y의 값이 하나씩 정해지는 관계가 있을 때, 이 관계를 y는 x의 함수라고 하며, 이것을 기호로

$$y = f(x)$$

와 같이 나타낸다.

단계 4: 정의된 개념의 활용단계다.

앞에서 정의한 개념은 이를 활용한 문제상황을 줌으로써 이해를 깊게 할 수 있다.

비례적인 상황, 반비례적인 상황, 단계 1에서든 사례의 심화 등.

그림은 책의 무게 x kg에 대해 요금 y원을 나타낸 것이다. x의 식의 변화에 따라 y의 값이 변하는가? x의 값에 따라 y값이 어떻게 결정되는가? 함수인가?

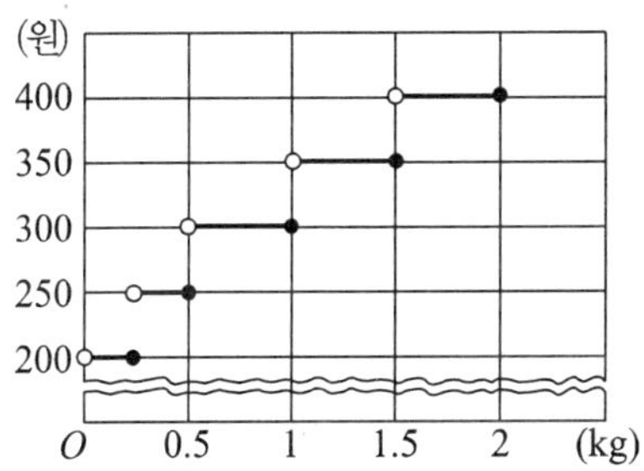

단계 5: 확증(증명)

증명, 발전적인 보기와 같은 수준의 경험이 이어지며, 교사의 설명에 의하여 확증작업이 이루어진다. 고등학교에서 조합의 경우를 들자.

서로 다른 n종류의 물건 중에서 중복을 허용하여 r개를 뽑는 경우의 수는

$${}_{n+r-1}C_r$$

증명 1: 서로 다른 n종류의 물건 중에서 중복을 허용하여 r개를 뽑는 경우의 수는 같은 종류의 공 r개를 서로 다른 n 상자에 집어넣는 방법의 수와 같다.

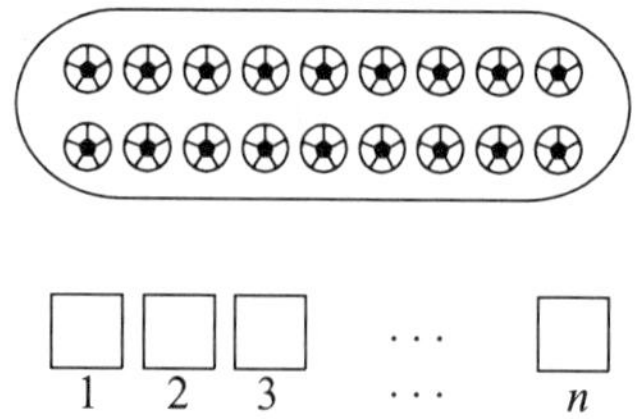

즉, 이 경우의 수는 $(n+r-1)$에서 $(n-1)$개를 뽑는 조합의 수이다.

$$_{n+r-1}C_{n-1} = {}_{n+r-1}C_r$$

확인 1: 세 개의 숫자 1, 2, 3 중에서 중복을 허용하여 두 개의 숫자를 택하는 중복조합의 수 $_3H_2$의 값을 구하는 방법을 통해 중복조합을 이해하자.
두 개의 숫자를 택하여 만든 중복조합들을 첫 번째 성분이 두 번째 성분보다 크지 않게 정리하여 순서쌍으로 나타낸 집합을 A라고 하면

$$A=\{(1, 1), (1, 2), (1, 3), (2, 2), (2, 3), (3, 3)\}$$

여기서, A의 각 원소의 두 번째 성분에만 1을 더하여 만든 순서쌍들의 집합을 B라고 하면

$$B=\{(1, 2), (1, 3), (1, 4), (2, 3), (2, 4), (3, 4)\}$$

이때, 두 집합 A, B의 원소들 사이에는 일대일 대응 관계가 있으므로 $n(A)=n(B)$이고, B의 원소의 개수는 네 개의 숫자 1, 2, 3, 4에서 중복을 허용하지 않고 두 개의 숫자를 택하는 조합의 수 $_4C_2$와 같다.
따라서 세 개의 숫자에서 두 개의 숫자를 택하는 중복조합의 수 $_3H_2$는

$$_3H_2 = {}_{3+2-1}C_2 = {}_4C_2$$

임을 알 수 있다.

비디오 장경호(2003)의 마이크로 수업을 보고 위의 수업절차를 확인하여라. 또, 단계에 알맞지 않은 부분이 있으면 수정하여라.

[관계설정모형]

타바의 자료해석, 원리적용은 수학과에서 자주 사용하는 귀납적 모형으로 통한다. 원래 귀납적 모형은 발견학습에서 자주 쓰이는 것인데, 여기서는 교사 유의미 설명수업으로 바꾼 것이다. 귀납적 모형에서 전차시를 교사설명으로만 처리하는 것은 바람직하지 않기 때문에 중요한 부분에서는 간단한 질문을 통한 토론을 전제로 한다.

단계 1: 자료제시, 문제설정(유의미 설명)

여러 자료를 제시하여 자료의 다양성을 유지한다. 가능하면 학생들의 인지구조에 알맞은 자료를 제시하는 것이 바람직하다. 다음은 중복조합의 법칙을 이끌어내기 위한 비교적 학생들에게 친근하게 느껴지는 소재를 선택한 것이다.

후보 4명에게 유권자 18명이 무기명으로 투표할 때, 네 후보가 얻을 수 있는 서로 다른 투표의 수의 결과는 모두 몇 가지인가? 단, 무효나 기권은 없다.

<또 ‘세 종류의 햄버거 빅맥, 치즈버거, 불고기버거를 6명의 고등학생이 주문하려 한다. 모두 몇 가지 방법이 있는가?’가 학생들에게 더 친근한 소재일 수도 있다.>

단계 2: 관계탐색, 추론(유의미 설명)

마지막으로 하는 일반화를 위해 위의 소재를 이용하여 단계적 탐색과정을 거친다. 다음과 같은 질문에 대한 답을 요구하고 ‘무엇이 되겠는가?’, ‘어째서 이렇게 되었는가?’와 같은 질문을 교사가 던져도 되고, 또 설명으로 이끌어간다.

후보 4명에게 유권자 18명이 무기명으로 투표를 할 때, 네 후보가 얻을 수 있는 서로 다른 투표의 수의 결과는 모두 몇 가지인가?(단, 무효나 기권은 없다.)

1) 활동

① 다음 표는 네 후보 A, B, C, D가 얻을 수 있는 투표수를 몇

개 나타낸 것이다. 빈 곳에 알맞은 수를 써 넣는다.

A	B	C	D
10	3	3	2
5	7	4	

② 두 후보 A, B, C, D가 얻은 투표수를 각각 a, b, c, d라고 할 때, a, b, c, d 사이의 관계식을 구한다.

③ 네 후보 A, B, C, D가 얻은 투표수가 10, 3, 3, 2이라면 다음 그림과 같이 이 결과를 나타낼 수 있다.

●●●●●●●●●● ↑ ●●● ↑ ●●● ↑ ●●

네 후보 A, B, C, D가 얻은 투표수가 각각 8, 4, 0, 6일 때, 위 그림과 같이 이 결과를 나타낸다.

④ 가능한 투표의 결과는 위 ③에서 보듯이 18개의 ●와 3개의 ↑를 늘어놓는 방법의 수와 같다. 이를 이용하여 투표 결과의 모든 경우의 수를 구한다.

2) 토론

위 탐구의 문제는 같은 종류의 공 18개를 서로 다른 네 상자에 집어넣는 방법의 수를 구하는 문제와 서로 어떤 관련이 있는지를 말한다.

단계 3: 결과예측, 또는 가설설정(유의미 설명)

위의 구체적 상황제시를 추론하면서 결국 이러한 추론으로 얻으려 하는 것을 예측하는 단계로 본다. 예측은 여러 관점으로 할 수 있으나 추론의 연장선에서 예측이 이루어져야 하며 그 예측 또는 가설을 설명하여야 한다.

1) 토론

다른 상황 '앞의 햄버거 상황'을 다시 위와 같은 추론과정을 거치게 한다. '무엇을 예측할 수 있는가?'라는 질문을 던져도 좋고 바로 교사의 설명으로 이어져도 좋다.

18개의 •과 (4－1)개의 ↑을 늘어놓는 방법의 수와 같고 이것은 (4＋18－1)개의 자릿수에서 ↑를 놓을 (4－1)개의 자리를 뽑는 수와 같으므로 ${}_{4+18-1}C_{4-1}$과 같다.

<교사는 이러한 예측에 대해 설명이 있어야 한다.>

단계 4: 일반화

앞의 단계 5(확증, 증명)에서 제시한 정리내용이다.

심은경(2003), 양현애(2003)의 마이크로 수업을 보고 위의 수업절차를 분석하여라. 또, 부족한 부분이 있으면 다시 채워 넣어라.

라. 프로그램 수업모형

교실에서 수업을 진행할 때는 학생들의 각 개인의 지적수준과 학습속도를 중시하여, 교사가 개별화된 학습자료와 개별자료를 하는 것이 바람직한 방법이라고 교수학습이론에서는 말한다. 그러나 다인수학습에서는 교사의 역할이 제약을 받을 수밖에 없기 때문에, 충실하게 이러한 이론을 따를 수 없다. 이 문제점을 극복하기 위하여 한국교육개발원이 제시한 수업모형은 그 의미가 크다. 이 모형은 수업과정을 다섯 단계로 나누어 계획단계, 교정단계, 지도단계, 발전단계, 평가단계를 거치게 한다.

• 수업절차

계획단계는 교사가 미리 준비해야 할 사항을 계획하는 단계로서 학습과제분석이 주가되며 수업에서 학생활동과 교사활동, 평가활동은 계획한다. 다음 소재에 대하여 생각한다.

합의 법칙과 곱의 법칙

학습과제 분석		수업계획		실천 계획
각종 목표의 확인 종속적 목표의 확인 내용적 구조의 확인	→	학생 활동 교사 활동 학습 계열 매체 평가 잠재적 교육과정	→	목표 교실 인력 교재 · 교구 지도-발달단계에서의 유의점

교정단계는 진단실시를 통해 학생의 결손을 알아보고, 결손이 없는 학생은 심화학습을 하며, 결손이 있는 학생에게는 교정프로그램을 제시한다. 이 단계는 아직 본문에 들어가지 않은 예비단계임을 유의해야 한다.

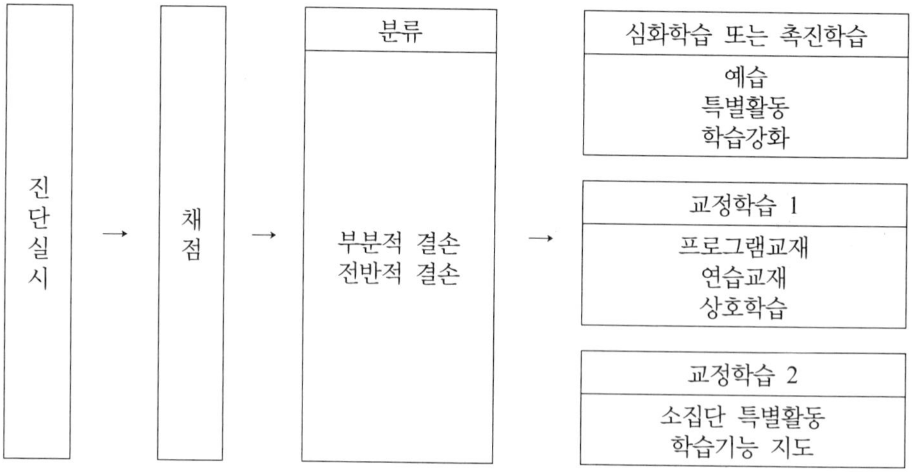

• 진단실시

문제 1

50원, 100원, 500원짜리 동전만을 사용할 수 있는 자동판매기가 있다. 700원짜리 캔 음료 한 개를 사고자 할 때, 사용자가 거스름돈을 받지 않고 700원을 지불하는 방법은 모두 몇 가지인가?

1) 활동

동전을 모두 합하여 700원을 넣는 경우를 고려해보자.

① 500원짜리 동전을 사용하여 700원을 넣을 수 있는 경우를 모두 나열하여라.

② 500원짜리 동전을 사용하지 않고 700원을 넣을 수 있는 경우를 모두 나열하여라.

③ 700원을 지불하는 방법은 모두 몇 가지인가?

문제 2

다음 그림의 정육면체에서 임의의 세 꼭지점을 택하여 삼각형을 만들 때, 다음 물음에 답하여라.

(a) 정삼각형 AFH와 합동이며 한 변이 FH인 정삼각형을 모두 찾아라.

(b) 정삼각형 AFH와 합동이며 한 변이 AF인 정삼각형을 모두 찾아라.

(c) 정삼각형 AFH와 합동이며 한 변이 AH인 정삼각형을 모두 찾아라.

(d) 정삼각형 AFH와 합동인 정삼각형의 개수를 말하여라.

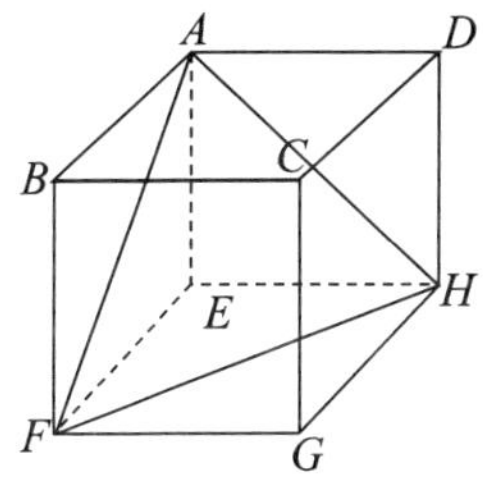

• 진단문제에서 결손이 생기면 표에 있는 바와 같이 교정 프로그램을 개발한다. 가장 쉬운 교정 프로그램은 답을 교사가 차근차근 구하는 과정을 설명하는 것이고, 좀 수준 높은 프로그램은 상호학습, 소집단 협력학습을 팀별로 운영하게 한다. 소집단 협력, 상호학습, 자발적 프로그램은 다음과 같은 절차를 자세하게 운영해도 좋다. 탐구가 아님을 유의한다.

문제의 교정프로그램

풀이활동: 700원을 지불하는 방법이므로 500원짜리는 많아야 한 개이고, 500원짜리 한 개를 지불한다면 100원짜리는 많아야 두 개이다. 이와 같은 방법으로 활동의 문제를 각자 풀어보도록 유도한다.

토론: (a)

실험	동전의 수		
	500원짜리	100원짜리	50원짜리
1	1	2	0
2	1	1	2
3	1	0	4

(b) 동전의 경우처럼 생각해서 풀 수 있다. 이 탐구 활동을 수식으로 표현할 수 있는 것에 주목하자.

문제 2의 교정프로그램–각자 해 본다.

- 진단문제에 결손인 전혀 발견되지 않은 경우는 다음과 같은 좀 어려운 문제를 풀게 한다.

두 개의 주사위를 던졌을 때, 나타난 두 눈의 수의 합이 홀수가 되는 경우의 수는 얼마인가?

(a) 다음 표는 두 개의 주사위를 동시에 던지는 실험을 5회 반복하여 나온 결과를 정리한 것이다. 빈 곳을 알맞게 채워라.

실험	주사위를 던져 나온 눈		두 주사위의 눈의 수의 합	눈의 수의 합의 홀짝 여부
	주사위 A	주사위 B		
1	⚁	⚂	5	홀
2	⚃	⚁		
3	⚅	⚅		
4	⚂	⚄		
5	⚀	⚁		

(b) 두 개의 주사위를 던질 때 나올 수 있는 눈의 모든 경우의 수를 구하여라.

(c) 다음의 표는 두 개의 주사위 A, B를 동시에 던졌을 때 나올 수 있는 주사위의 눈의 수의 합을 모두 나타낸 것이다. 위 (a)의 실험 결과를 ○로 표시하여라.

B＼A	⚀	⚁	⚂	⚃	⚄	⚅
⚀	2	3	4	5	6	7
⚁	3	4	⑤	6	7	8
⚂	4	5	6	7	8	9
⚃	5	6	7	8	9	10
⚄	6	7	8	9	10	11
⚅	7	8	9	10	11	12

(d) 위 (c)의 표를 이용하여 두 눈의 수의 합이 홀수가 되는 경우의 수를 구하여라.

이 경우에 교사는 꼭 답을 준비해야 한다. 이를테면 (d)번의 홀짝 여부는 다음 표와 같이 나타낼 수 있다.

A, B 두 개의 주사위를 던졌을 때 눈의 일치 여부와 합의 홀, 짝 여부를 표로 나타내면 아래의 표와 같다.

A＼B	1			2			3			4			5			6		
1	○	2	짝	×	3	홀	×	4	짝	×	5	홀	×	6	짝	×	7	홀
2	×	3	홀	○	4	짝	×	5	홀	×	6	짝	×	7	홀	×	8	짝
3	×	4	짝	×	5	홀	○	6	짝	×	7	홀	×	8	짝	×	9	홀
4	×	5	홀	×	6	짝	×	7	홀	○	8	짝	×	9	홀	×	10	짝
5	×	6	짝	×	7	홀	×	8	짝	×	9	홀	○	10	짝	×	11	홀
6	×	7	홀	×	8	짝	×	9	홀	×	10	짝	×	11	홀	○	12	짝

1) 해설

두 개의 주사위 A, B를 던져서 주사위 A의 눈의 수가 2이고 주사위 B의 눈의 수가 3인 경우에 이것을 순서쌍 (2, 3)으로 나타내기로 하자.

그러면 두 개의 주사위를 던질 때 일어날 수 있는 눈의 수의 순서쌍 전체의 집합은 다음과 같이 나타낼 수 있다.

$$\left\{ \begin{array}{cccccc} (1,1), & (1,2), & (1,3), & (1,4), & (1,5), & (1,6) \\ (2,1), & (2,2), & (2,3), & (2,4), & (2,5), & (2,6) \\ \vdots & \vdots & \vdots & \vdots & \vdots & \vdots \\ (6,1), & (6,2), & (6,3), & (6,4), & (6,5), & (6,6) \end{array} \right\}$$

이로부터 모든 경우의 수는 36임을 알 수 있다.

어떤 실험이나 관찰에서 주어진 조건을 만족하는 경우의 집합을 사건이라고 한다.

예를 들어 두 개의 주사위를 던져 나온 눈의 수의 합이 4가 되는 사건은

$$\{(3,\ 1),\ (2,\ 2),\ (1,\ 3)\}$$

이고, 두 눈의 수가 같은 사건은

$$\{(1,\ 1),\ (2,\ 2),\ (3,\ 3),\ (4,\ 4),\ (5,\ 5),\ (6,\ 6)\}$$

이다.

지도단계는 도입에서 동기유발, 선수학습의 복습 등은 유의미 설명학습으로 다음과 같은 문제를 제시할 수 있다.

(a) 두 눈의 수의 합이 짝수인 사건의 경우의 수를 구한다.

(b) 두 눈의 수의 합이 3의 배수가 되는 사건의 경우의 수를 구한다.

(c) 다음 표는 두 개의 주사위 A, B를 동시에 던졌을 때 나올 수 있는 주사위의 눈의 차를 나타낸 것이다. 빈 칸을 알맞게 써 넣고, 두 눈의 수의 차가 1이 되는 사건의 경우의 수를 구한다.

A＼B	⚀	⚁	⚂	⚃	⚄	⚅
⚀	0					5
⚁			1			
⚂						3
⚃		2				
⚄		3		1		
⚅			3			0

이 도입 상황에서는 단순히 과거배운 개념을 복습하는 차원을 넘어야 한다. 즉, 위의 상황에서 주사위 A가 홀수이고 주사위 B가 짝수인 경우 수는 $3\times3=9$, 주사위 A의 눈의 수가 1 또는 4, 주사위 B의 눈의 수가 2 또는 3인 경우는 $2\times2=4$, 주사위 A의 눈의 수가 3 또는 6, 주사위 B의 눈의 수가 3 또는 6인 경우는 $4+4+4=12$와 같은 용어 사용이 있는 곱의 법칙, 합의 법칙을 간접적으로 배운다.

전개는 표에 있는 바와 같이 여러 방법으로 진행할 수 있으나, 여기에서는 교사주도 수업, 강의, 토론, 프로그램 학습정도만 취급할 수 있다. 모두 유의미 설명수업이 주가 된다.

다음 그림과 같은 등산로가 있다.

매표소에서 산 정상으로 가는 등산로는 모두 몇 가지인지 알아본다.

1) **활동**

(a) 매표소에서 제1폭포를 거치지 않고 산 정상으로 가는 등산로는 몇 가지인지 알아본다.

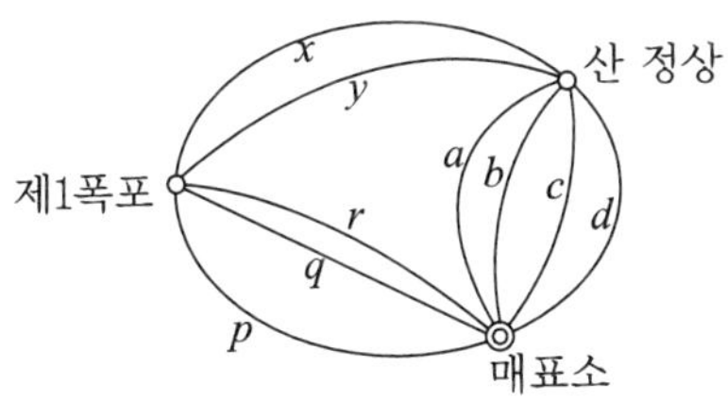

(b) 매표소에서 제1폭포를 거쳐 산 정상으로 가는 등산로는 몇 가지인지 알아본다.

(c) 매표소에서 신 정상으로 가는 등산로를 모두 써 보고 그 경우의 수를 구한다.

2) **토론**

매표소에서 제1폭포로 가는 등산로가 k개, 제1폭포에서 산 정상으로 가는 등산로가 l개, 매표소에서 바로 산 정상으로 가는 등산로가 m개 있다면, 매표소에서 산 정상으로 가는 등산로는 어떻게 구하는지 말한다.

위의 과정에서 나오는 매표소에서 제1폭포로 가는 사건의 경우의 수는 3이고, 제1폭포에서 산 정상으로 가는 사건의 경우의 수는 2이다. 따라서 그림에서 알 수 있듯이 매표소에서 제1폭포를 거쳐 산 정상으로 가는 경우의 수는 3×2이다.

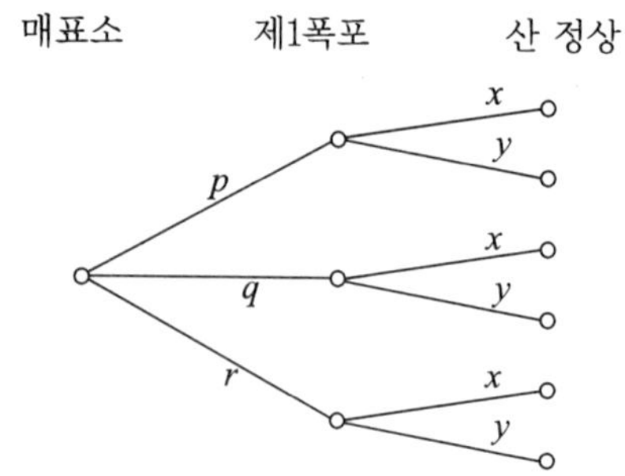

일반적으로 두 사건 A, B에 대하여 다음과 같은 곱의 법칙이 성립한다.

한 사건 A가 m가지의 경우로 일어나고 그 각각에 대하여 또 다른 사건 B가 n가지의 경우로 일어날 때, A가 일어나고 또 B가 일어날 경우의 수는 $m \times n$이다.

항상 전개는 적절한 보기, 연습을 통해 개념획득과정을 강화해야 한다. 이 경우 연습의 난이도를 고려하여야 한다.

정착은 본문의 각 개념, 정리, 원리 등의 수업을 원활하게 하는 연습으로, 연습의 난이도가 좀 높다. 연습은 통합, 적용하는 수준이면 바람직하다.

(a) 컴퓨터에서는 모든 정보를 유한개의 0과 1로 이루어진 이진법으로 나타낸 수로 저장한다. 여덟 자리의 이진법으로 나타낸 수로 저장할 수 있는 서로 다른 정보의 수는 모두 몇 개인가?

(b) 두 개의 주사위를 던질 때 나온 두 눈의 수의 곱이 짝수가 되는 경우의 수를 구하여라.

(c) 다음 그림처럼 주어진 미로가 있다. 한 번 간 자리는 다시 지나가지 않으면서 미로를 통과하는 방법은 몇 가지인가?

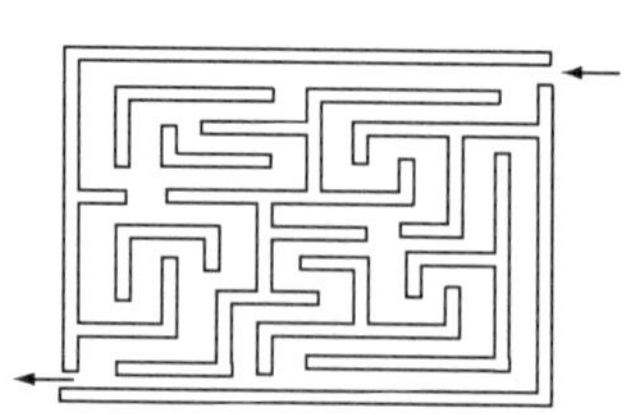

발전단계는 형성평가 결과를 토의하고, 그 결과에 따라 학생들의 완전학습집단, 부분적 미완성집단, 전반적 미완성집단으로 나누어 심화프로그램, 보충학습

을 제공한다.

1) **형성평가**

서로 다른 두 개의 주사위를 던져 나올 수 있는 눈의 쌍은 모두 36가지이다.

① 주사위 A의 눈의 수가 1 또는 4이고 주사위 B의 눈의 수가 2 또는 5 인 경우의 수는?

② 주사위 A의 눈의 수가 2 또는 5이고, 주사위 B의 눈의 수가 1 또는 4 인 경우의 수는?

이 문제풀이 결과를 상호검토 시켜, 학생들의 오류에 대한 서로 의견을 교환시키고 교사는 오류에 대한 자세한 검토가 이루어진다.

2) **프로그램 제공**

한 문제도 틀리지 않은 집단에 대해서는 난이도가 높은 문제를 제시하며, 부분 또는 전체가 틀린 학생은 상호프로그램 학습을 제공한다.

비디오

(1) 미국 SMSG 중학교 개별화 학습 자료를 읽어라. 이 자료에서 진단, 발전, 본시의 단계별 개념 전개를 어떻게 했는지 조사하여라.

(2) 박성범(2003)의 컴퓨터를 이용한 마이크로 수업을 보여라. 웹(Web)을 이용한 프로그램 학습의 장점을 논하여라.

4.2 수학화, 탐구수업모형

(1) 수업모형의 개관

앞의 귀납적 수업모형은 원래 탐구, 발견 수업모형에 가깝다. 다만, 수업절차를 유의미 설명학습으로 처리했기 때문에 설명식 수업의 모형이 되었을 뿐이다. 수학과에서는 탐구수업을 몇 가지 관점으로 분류한다. 우선 귀납적 수업모형 이외에도 듀이 등이 제시한 수업모형을 들 수 있으며, 이를 발견적 수업모형이라 부르며, 이들이 제시한 수업절차는 문제정의, 자료제시, 가설, 검증, 발전이다. 또 부르너는 발견과정을 문제인식 - 가설설정 - 가설검증 - 결론짓기로 보았으며 마샬도 사회탐구에서 교과서로부터 안내활동 - 가설설정 - 탐색활동 - 증거제시 - 일반화 도출과 같은 절차를 제시한 적이 있다. 따라서 이들을 비교해보면 듀이 등이 제시한 발견학습절차를 선호해도 무리는 없다. 또, 과학시간에도 발견 또는 탐구, 실험과 같은 수업모형을 선호한다. 이때, 이론가들이 제시하는 절차는 보통 다음과 같은 단계를 가진다(노은호, 2000).

- 탐색 및 문제 파악
  ① 본시 학습 문제 설정
  ② 선행 경험의 문제 파악
  ③ 학습 문제 분석 초점화 · 공동화
- 예상계획
  ① 실험 결과 예상
  ② 실험 방법 모색
  ③ 자료 선정 및 확인
  ④ 자료 조작 방법 알기
  ⑤ 관찰의 관점 및 기록 방법 구상
  ⑥ 실험상 유의점 확인
- 실행(실험)
  ① 실험 준비도 보강
    - 준비도 보강 자료 제시
    - 자유로이 실험하기
    - 실험 결과 토의 발표
  ② 교사 인도에 따른 실험
    - 계획에 의한 실험하기
    - 실험 조건 통제
    - 실험 과정과 결과 관찰 기록하기
    - 기록의 그래프화
    - 실험 결과의 분석 종합

‣ 예상과 실험 결과 비교 검토

• 정리 적용

① 실험 과정과 결과 발표

② 토의에 의한 비교

③ 실험 결과 정리

④ 학습 결과 반성

⑤ 실험 자료 정리정돈

한편, 프로이덴탈(Freudenthal, 1983)의 수학화는 일종의 탐구과정에 의하여 이끌어진다. 다만, 그는 탐색 및 문제파악에서 실생활 장면 또는 자연세계를 중요시 하며, 딘즈와 반힐도 탐구과정을 매우 중시하는 수업모형을 제시한 바 있다. 이들 이론가들의 특징은 주로 탐구가 시작하면서 경험하는 학생들의 수업활동을 매우 중시하였다.

(2) 수업모형의 실제

가. 귀납적 수업모형(탐구)

앞의 유의미 설명에서 언급했던 귀납적 수업모형은 탐구과정으로 이끌어갈 때 본래 의도가 살아날 수 있다. 이를 위해 앞에서 설명한 과제로 반복 제시하면서 수업절차의 양식만 바꾸어 보자.

• 수업절차

단계 1: 문제설정, 탐색자료제시

후보 4명에게 유권자 18명이 무기명으로 투표할 때, 네 후보가 얻을 수 있는 서로 다른 투표의 수의 결과는 모두 몇 가지인가?

단계 2: 귀납적 관계탐색, 추론

① 다음 표는 네 후보 A, B, C, D가 얻을 수 있는 투표수를 몇 개 나타낸 것이다. 빈 곳에 알맞은 수를 써 넣어라.

A	B	C	D
10	3	3	2
5	7	4	

② 네 후보 A, B, C, D가 얻은 투표수를 각각 a, b, c, d라고 할 때, a, b, c, d 사이의 관계식을 구하여라.

③ 네 후보 A, B, C, D가 얻은 투표수가 10, 3, 3, 2이라면 다음 그림과 같이 이 결과를 나타낼 수 있다.

•••••••••• ↑ ••• ↑ ••• ↑ ••

네 후보 A, B, C, D가 얻은 투표수가 각각 8, 4, 0, 6일 때, 위 그림과 같이 이 결과를 나타내어라.

④ 있을 수 있는 투표의 결과는 위 ③에서 보듯이 18개의 •와 3개의 ↑를 늘어놓는 방법의 수와 같다. 이를 이용하여 투표 결과의 모든 경우의 수를 구하여라.

단계 3: 가설설정

위 탐구의 문제는 같은 종류의 공 18개를 서로 다른 네 상자에 집어넣는 방법의 수를 구하는 문제와 서로 어떤 관련이 있는지를 말하여라.

이러한 토론에 이어 위의 탐색과정을 가설로 발전시킨다.

18개의 •과 $(4-1)$개의 ↑을 늘어놓은 방법의 수와 같고 이것은 $(4+18-1)$개의 자릿수에서 ↑을 놓은 $(4-1)$개의 자리를 뽑는 수와 같으므로 ${}_{4+18-1}C_{4-1}$과 같다.

단계 4: 일반화

앞에서 18개의 •와 $(4-1)$개의 ↑를 늘어놓은 방법의 수와 같고 이것은 $(4+18-1)$개의 자릿수에서 ↑을 놓은 $(4-1)$개의 자리를 뽑는 수와 같으므로 ${}_{4+18-1}C_{4-1}$과 같다.

일반적으로 서로 다른 n종류의 물건 중에서 중복을 허용하여 r개를 뽑는 경우의 수는 얼마인가?(가장 어려운 탐구과정) 교사는 학생들의 탐구를 종합하여 같은 종류의 공 r개를 서로 다른 n상자에 집어넣는 방법의 수와 같으므로

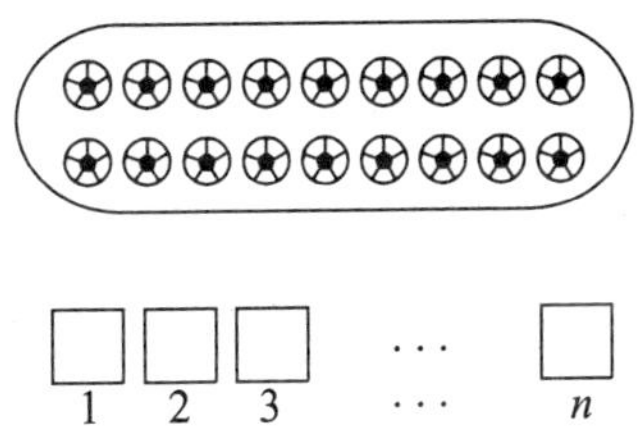

경우의 수는 $(n+r-1)$에서 $(n-1)$개를 뽑는 조합의 수이며,

$$ {}_{n+r-1}C_{n-1} = {}_{n+r-1}C_{r} $$

임을 강조한다.

즉, 서로 다른 n종류의 물건 중에서 중복을 허용하여 r개를 뽑는 경우의 수는 ${}_{n+r-1}C_{r}$임을 말한다.

단계 5: 증명 또는 활용

앞의 설명수업을 참고한다.

① 서로 다른 세 개의 상자에 다음과 같이 구슬을 넣으려고 한다. 다음을 구하여라.

- 같은 종류의 검정 구슬 다섯 개를 넣는 방법의 수
- 같은 종류의 검정 구슬 다섯 개를 빈 상자가 없도록 넣는 방법의 수
- 다음은 같은 종류의 검정 구슬 다섯 개, 같은 종류의 흰 구슬 두 개를 넣는 방법을 나타낸 예이다. 이와 같은 모든 경우의 수를 구하여라.

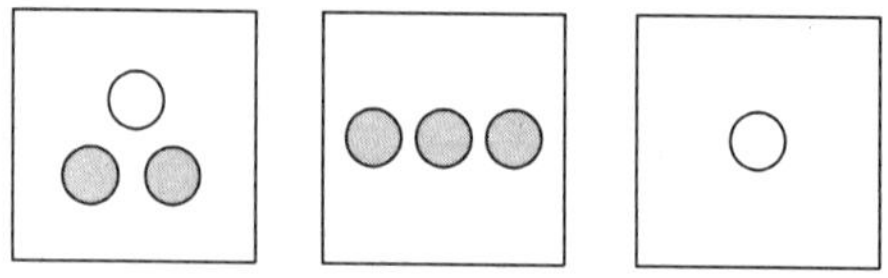

② 방정식 $x+y+z=8$을 만족하는 음이 아닌 정수의 순서쌍 (x, y, z)는 몇 개인가? 또, 양의 정수의 순서쌍은 몇 개인가?

강태성(2003)의 마이크로 수업을 보고 위의 수업절차를 확인하여라. 이 수업에서 탐색자료제시, 귀납적 관계설정, 일반화 등이 어떻게 설계되었는지 다른 사람과 이야기하라.

토론 다음 정리를 탐구적으로 이끌어라. n개 중에서 같은 것이 $p, q, r, \cdots, s$개 있을 때, 이 n개를 일렬로 배열하는 순열의 수는

$$\frac{ni}{p!\,q!\cdots\ s!}\ (\text{단, } p+q+\cdots+s \leqq n)$$

이다.

나. 발견적 수업모형

이 모형은 앞의 귀납적 탐구모형과 거의 일치하는 것으로 저자에 따라서는 두 개 모형을 하나로 정리하는 경우가 많다.

• 수업절차

단계 1: 문제파악, 탐색

그래프에서 한붓그리기가 가능한 것은 어떤 규칙성이 있을까?

단계 2: 자료제시, 관찰탐색

자료 1) 다음 그림은 위상의 역사에서 자주 보았던 프레겔강을 가로지르는 일곱 개의 다리를 나타낸 것이다. 오일러는 이를 그래프로 나타내어 다리를 딱 한 번씩만 지날 수 있는가?를 생각했다.

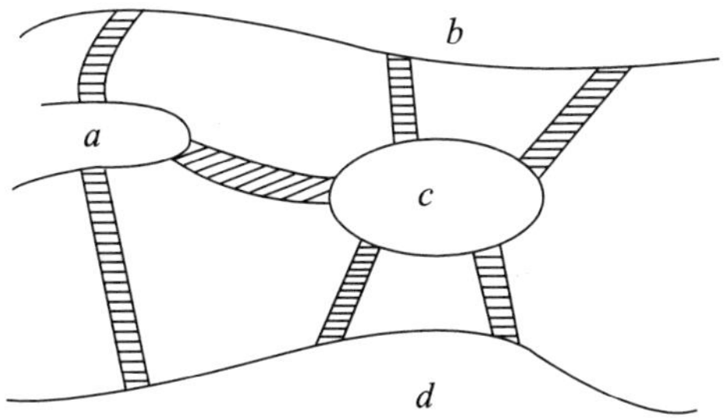

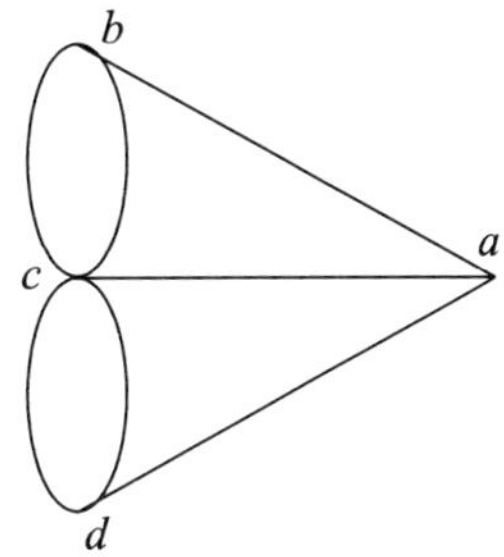

또, 다음 그림은 경찰관 A씨가 ○○도시의 순찰업무를 맡고 있는 지도이다. 한 점에서 출발하여 각 도로를 한 번씩 돌고 출발점으로 와서 일과를 끝마치려 한다. 가능할까?

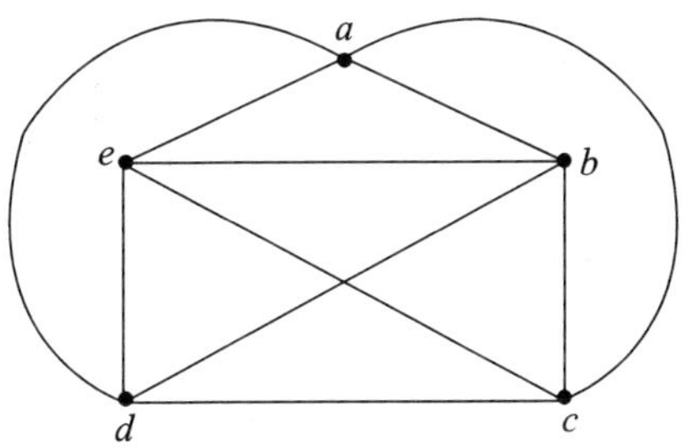

자료 2) 다음 그래프에서 홀수점의 개수와 짝수점의 개수를 구하라. 또, 홀수점이 없을 때, 홀수점이 두 개 있을 때, 홀수점이 세 개 이상 있을 때 한붓그리기가 가능한지 조사하여라.

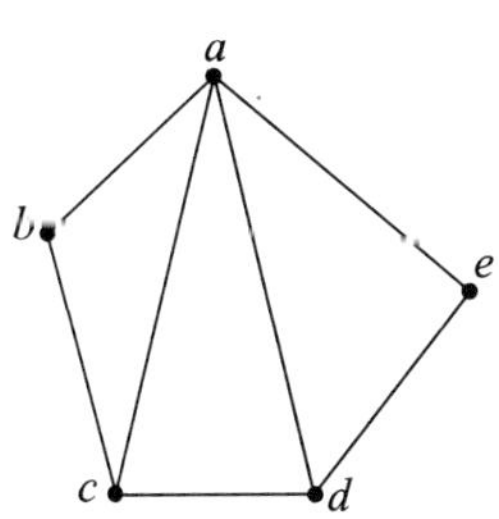

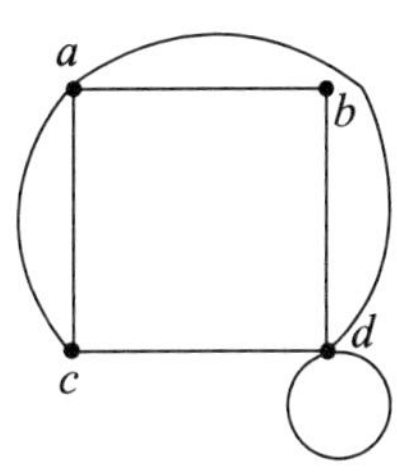

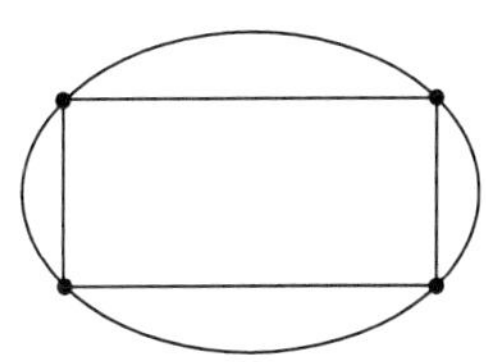

단계 3: 규칙성 발견 및 개념정리

한붓그리기가 가능한 도형

① 홀수점이 없는 도형은 어떤 꼭지점에서 출발해도 그 출발점에서

끝나는 한붓그리기가 가능하다.

② 홀수점이 두 개 있는 도형은 한 홀수점에서 출발하여 다른 홀수점에서 끝나는 한붓그리기가 가능하다.

(주의) 홀수점이 두 개보다 많이 있는 도형은 한붓그리기가 불가능하다.

단계 4: 적용 · 응용

증명하고 참인 정리를 활용한다.

① 다음에서 각 꼭지점의 차수를 조사하여 주어진 그래프가 오일러 회로를 가지는지 살펴보아라. 오일러 회로가 없는 경우에는 변을 첨가하여 오일러 회로가 존재하도록 만들어라.

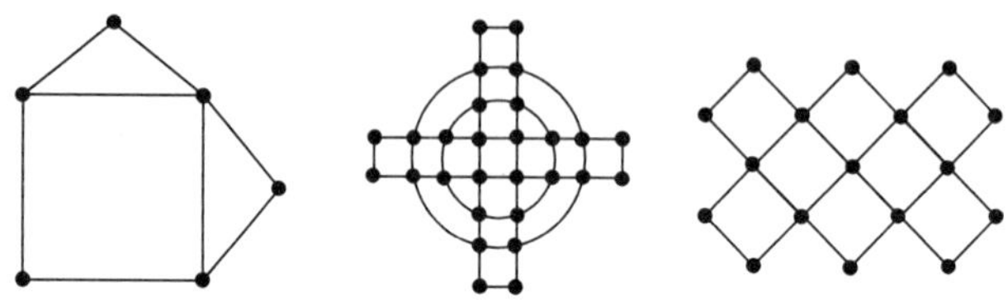

(a) (b) (c)

② 쓰레기 수거 차량이 담당 지역의 길을 다니면서 쓰레기를 수거하려고 한다. 담당 구역의 지도가 그림과 같을 때, 한 번 지나갔던 길을 다시 지나가지 않고 모든 길을 다 다니며 쓰레기 수거를 할 수 있겠는가?

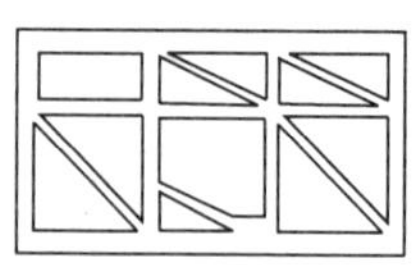

비디오 양현애(2003)와 심은경(2003)의 마이크로 수업을 보고 위의 수업절차를 확인하여라. 또 각 단계에서 필요한 질문을 더 추가하여 두 사람의 비디오를 재수정하여라.

토론 다음 정다면체의 그림이다. 정다면체는 다섯 종류임을 발견적 수업모형을 이용한 수업을 계획하여라.

1) 문제설정

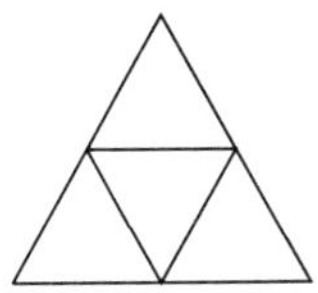
정사면체

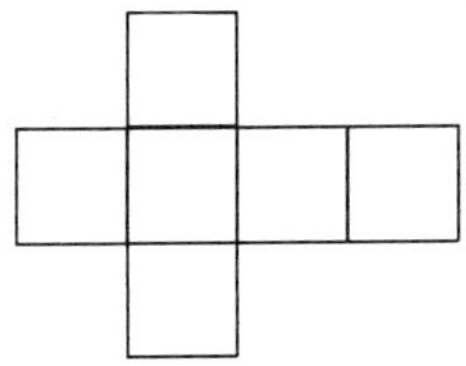
정육면체

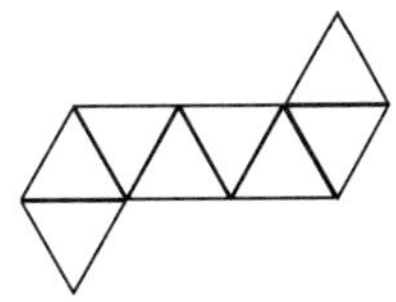
정팔면체

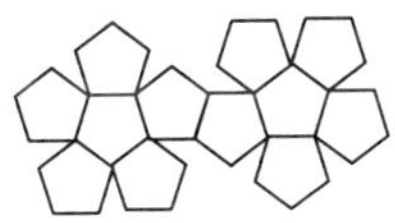
정십이면체

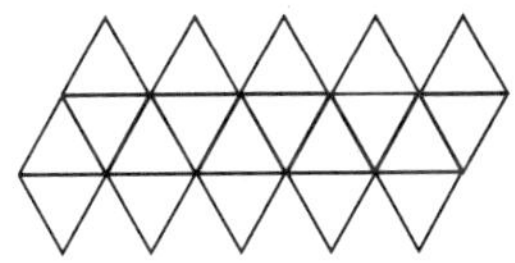
정이십면체

입체도형 중에는 평면도형에서 정다각형에 해당하는 다음 그림과 같은 전개도를 가지는 다면체가 있다.

2) 관찰 · 탐색

정다면체에 대하여 아래 표를 완성하여라.

정다면체	정사면체	정육면체	정팔면체	정십이면체	정이십면체
면의 모양	정삼각형	정사각형			
한 꼭지점에 모인 면의 개수		3			
꼭지점의 개수	4				
모서리의 개수		12			

또, 다면체의 한 꼭지점에 모인 면의 개수는 3보다 작을 수 없다. 그 이유를 알아보아라.

4) 개념정리

정다면체는 정사면체, 정육면체, 정팔면체, 정십이면체, 정이십면체뿐이다.

5) 이용소재

다음과 같은 활동은 발견의 어느 단계에 알맞은 것인지 조사한다.
다면체의 한 꼭지점에 모인 면의 개수는 3보다 작지 않다.
그러므로 이를테면 한 꼭지점에 정삼각형을

세 개 모으면 … 정사면체
네 개 모으면 … 정팔면체
다섯 개 모으면 … 정이십면체

를 만들 수 있다.

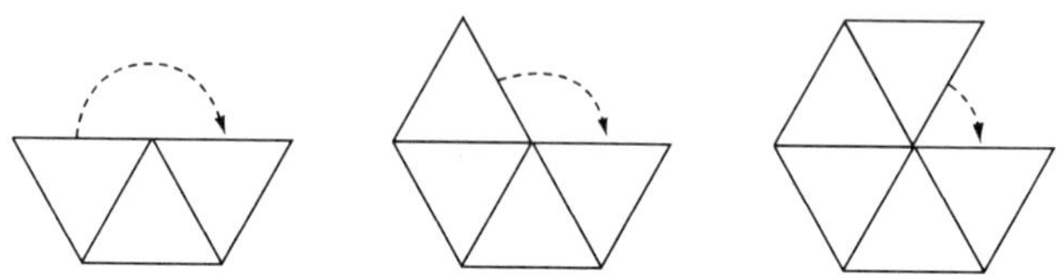

따라서 면이 정삼각형인 정다면체는 앞에서 말한 세 가지뿐이다.
면이 정사각형인 정다면체와 정오각형인 정다면체는 다음 그림에서 알 수 있듯이 각각 한 가지뿐이다.

정사각형이 세 개 모인 것 … 정육면체
정오각형이 세 개 모인 것 … 정십이면체

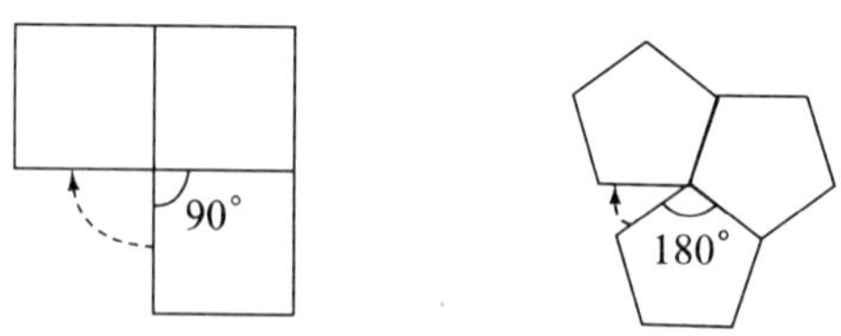

면이 정육각형인 것은, 한 꼭지점에 세 개만 모여도 그 각의 크기의 합이 360°가 되므로 정다면체가 될 수 없다.

다. 수학화 수업모형

탐구수업의 일종으로 수학화의 과정을 수업모형으로 만든 것이다. 프로이덴탈은 이 과정에서 실생활 또는 자연세계의 소재이용을 권한다. 그러나 꼭 이들 자료만 최선은 아니다.

• 수업절차

단계 1: 수학화 소재제시

그림과 같이 동서로 고속도로가 통과한다. ○○씨는 +5km 속도로 지점 ○을 통과하여 동쪽으로 걸어간다. 그는 1시간 후, 2시간 후, 3시간 후에는 얼마나 갈까? 또, 1시간 전(−1시간 후), 2시간 전(−2시간 후), 3시간 후(−3시간 후)에 그는 어디에 있을까?

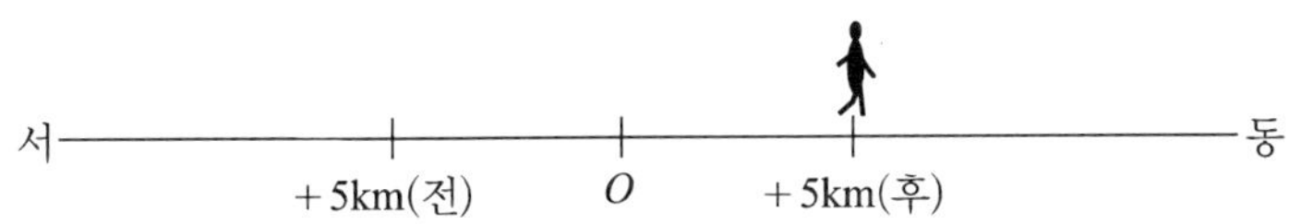

단계 2: 수학화 1(그림, 조작)

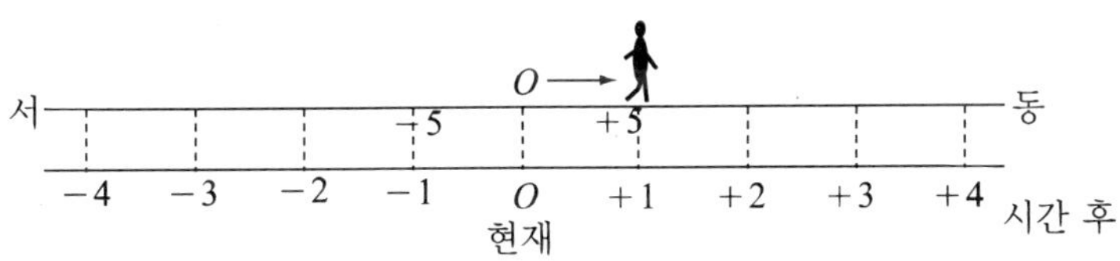

시 간	○○씨의 위치
↓	↓
2시간 후	10km 동쪽
1시간 후	5km 동쪽
현 재	0지점
1시간 전	5km 서쪽
2시간 전	10km 서쪽

단계 3: 수학화 3(상징)

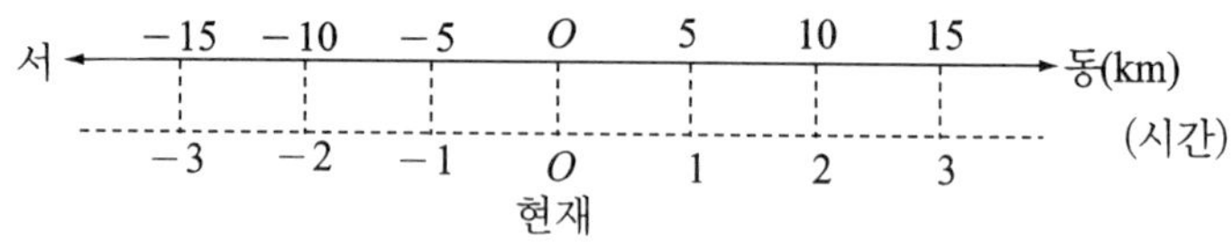

$$
\begin{array}{l}
\text{속력}\times\text{시간} = \text{거리} \\
\qquad\downarrow \\
5\times 2 = 10 \\
5\times 1 = 5 \\
5\times 0 = 0 \\
5\times(-1) = -5 \\
5\times(-2) = -10
\end{array}
$$

위에서 (양수)×(양수)=(양수), (양수)×(음수)=(음수)임을 알 수 있다.

단계 4: 활용

규칙을 활용하는 실생활문제는 많이 있다. 그러나 다음 과정은 실생활 문제에 못지않게 수학화하는 사고과정을 연습하는 과제이다. ○○씨가 시속 −5km 속도로 지점 ○을 통과한다고 하자. 이 상황을 이용하여 (음수)×(양수)=(음수), (음수)×(음수)=(양수) 규칙을 만들어라.

정윤체(2004)와 최소연(2004)의 마이크로 수업을 보고 위의 수업절차를 확인하여라. 또, 비디오의 각 절차에서 부족한 부분(예, 질문, 소재 등)이 있으면 보충하여라.

토론 1) 다음 소재 "함수 $f: X \to Y$에서 X의 원소 x에 대응하는 Y의 원소를 y라 할 때, y가 x에 관한 식으로 나타내며, 이를 기호로

$$y = f(x)$$

와 같이 쓴다. 이때, 간단히 $y = f(x)$라 쓰기도 한다."를 이용하여

수학화를 수업으로 연결하여라.

가로의 길이가 5cm인 직사각형이 있다. 다음은 이 직사각형의 세로의 길이가 각각 1cm, 2cm, 3cm, 4cm일 때 이에 대응하는 넓이를 표로 나타낸 것이다. 빈 칸에 알맞은 수를 구하여라.

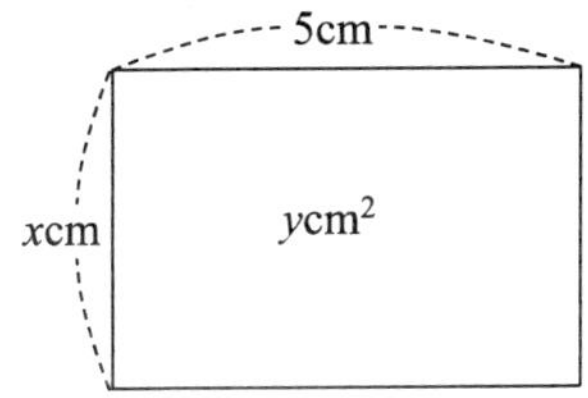

세로의 길이(cm)	1	2	3	4
넓 이(cm^2)	5			

토론 2) 다음은 고등학교 1학년에 나오는 함수의 정의이다. 이를 교실에서 수학화 수업으로 이끌어 가려 한다. 각 단계를 설계하여라.

함수 $f: X \to Y$가 일대일 대응이면,

① f의 역함수 f^{-1}가 존재

② $f^{-1} \circ f = i_X$, $f \circ f^{-1} = i_Y$

단, i_X, i_Y는 각각 X, Y에서의 항등함수이다.

함수 $y = f(x)$를 나타낼 때 정의역의 변수를 x, 그 치역의 변수를 y로 나타내는 것이 보통이다.

따라서 역함수 $x = f^{-1}(y)$도 $y = f^{-1}(x)$로 나타낸다.

라. 놀이수업모형

딘즈의 놀이수업을 그의 네 가지 교수원리 구성의 다양성, 수학적 다양성, 지각적 다양성, 역동성(자유놀이)를 참고한다. 그는 수업과정을 단계별로 자유놀이, 게임, 공통성의 탐구, 표현, 기호화를 나타냈다.

단계 1: 자유놀이 - 구조화되어 있지 않은 조작, 실험 등 많은 구체적인 자료를 자유롭게 대하는 단계이다.

단계 2: 게임 - 놀이 가운데 규칙성을 직관적으로 찾는 단계이다.

당구장에서 판 위에 있는 공을 5에 보내려 한다. $\overline{AB}$를 한 번 치고 5에 보내어라. 직관적으로 어떤 규칙이 있는지 알아보아라.

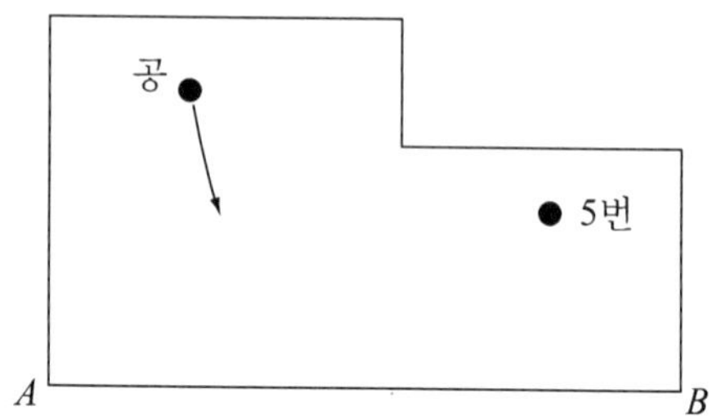

단계 3: 공통성 탐구 - 게임단계에서 느껴지는 규칙성을 더 명확히 하는 과정이다.

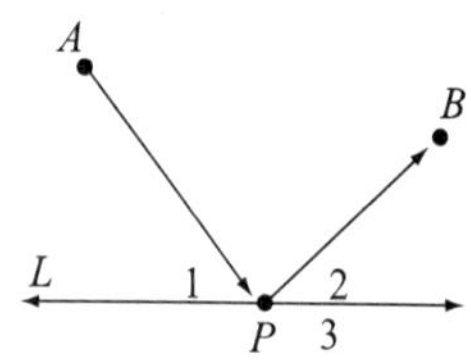

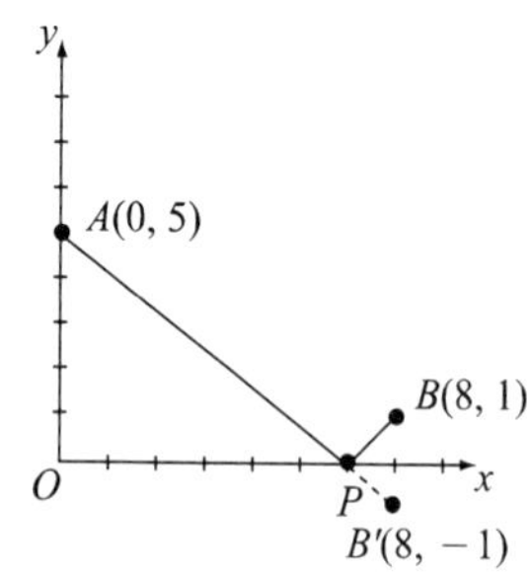

그림에서 점 $A(0, 5)$에서 x축을 거쳐 점 B로 가는 길 중에서 가장 짧은 거리를 가지고 있는 경로는 x축을 축으로 하는 반사를 통하여 얻을 수 있다.

점 B를 x축으로 반사하면 점 B는 점 $B'(8, -1)$로 사상이 된다.

단계 4: 표현 - 발견된 공통성을 적절한 방법으로 나타낸다. 이때 표현방법은 그림, 언어, 예 등으로 나타낸다.

다음 그림은 당구장에서는 공이 벽을 한 번 치고 H를 맞추는 것을 설명한다. 여기서

$$H_1 = R_1(H) \text{ 또는 } H_2 = R_2(H)$$

같은 상황에서 두 번 벽을 치고 H에 도달하려면 그림과 같이 두 번의 반사를 하면 된다.

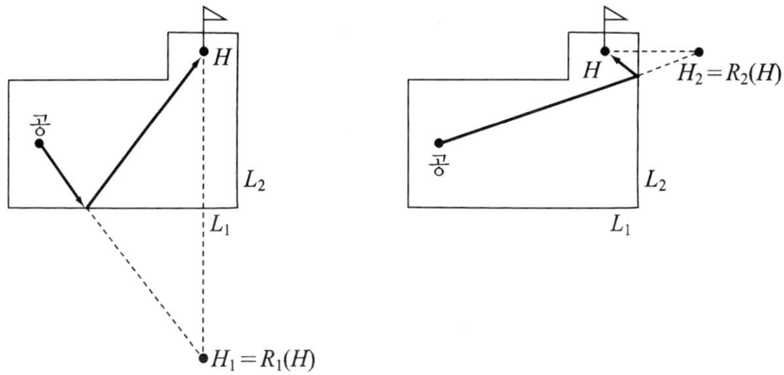

단계 5: 기호화 - 의사소통을 위해 공통적으로 사용하는 기초를 도입하다. 위에서는 이미 기호화까지 진행했다.

단계 6: 형식화 - 구조의 성질을 조사하여 체계화한다.

다음 그림은 C점에서 공을 던져 한 번, 두 번, 또는 세 번 벽을 치고 점 B에 도달하는 그림을 나타낸 것이다. 점 X, Y, Z의 좌표를 말하여라.

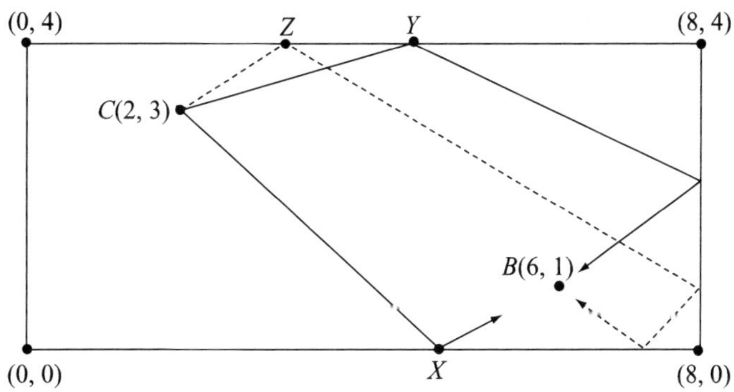

비디오 한미정(2003)의 포물선에 관한 마이크로 수업을 보고 위의 수업절차를 확인하여라. 이 비디오에서는 질문이 적기 때문에 탐구·토론이 약하게 반영되었다. 질문을 보충하여라.

토론 1) 다음은 교과서에서 자주 볼 수 있는 소재이다. 기하판 활동을 통하여 다음과 같은 놀이수업을 하려한다. 수업을 계획하여라.

• 기하판 조작: 그림은 기하판에서 12m인 끈을 이용하여 직사각형의 넓이를 최대가 되게 하려 한다. 어떻게 해야 하는가?

기하판 조작

• 계산기 활용: 계산기를 활용하여 직사각형의 넓이가 최대가 되는 경우를 조사한다.

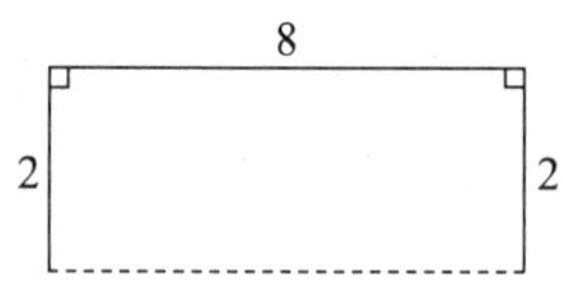

• 식 세우기 활동: $S=x(12-2x)=-2x^2+12x$

x의 범위, S의 범위

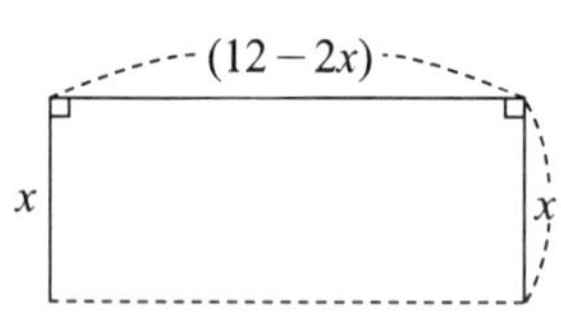

• 규칙성 발견: 활동을 정리하여 정리 또는 공식으로 쓴다.

• 응용: 점이 Q를 출발하여 점 O를 거쳐 A를 향해간다. $\triangle POQ$의 넓이가 최대가 될 때 OP의 길이는? 단, $OA=10, OB=20$

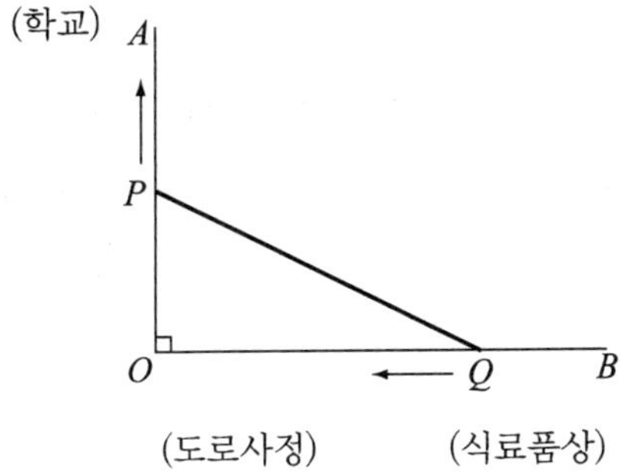

토론 2) 다음과 같은 놀이규칙을 정하여 카오스 게임을 해보자.

게임 1	정삼각형 TLR에서 다음의 규칙으로 새로운 점을 얻어보자. 단계 1: 정삼각형 TLR에서 임의의 점을 시작점으로 한다. 단계 2: ① 주사위를 던져서 1 또는 2가 나오면, T와 시작점의 중점으로 이동한다. ② 주사위를 던져서 3 또는 4가 나오면, L과 시작점의 중점으로 이동한다. ③ 주사위를 던져서 5 또는 6이 나오면, R과 시작점의 중점으로 이동한다. 단계 3: 위 단계 2에서 이동한 중점을 새로운 시작점으로 하여 단계 2를 두 번 반복한다.

3) 과정 3의 단계 3을 마친 후 이동한 점을 찍기로 할 때, 이 과정을 20번 반복하여 보자. 이때, 정삼각형의 어떤 영역에 점이 찍히는지를 말하여라.

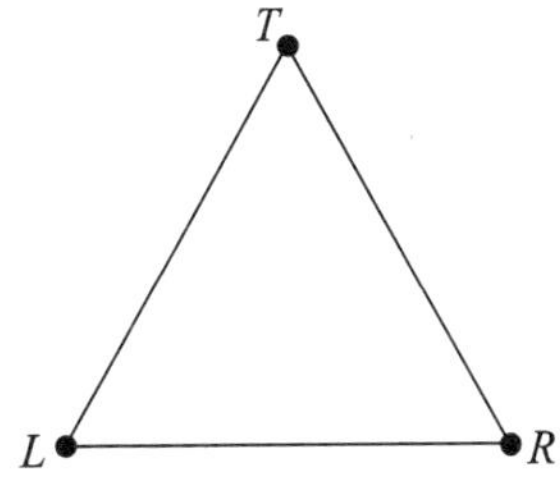

게임 2

① 1의 눈이 나올 때: 꼭지점 T와의 중점으로 이동한다.

② 2 또는 3의 눈이 나올 때: 꼭지점 L과의 중점으로 이동한다.

③ 4, 5 또는 6의 눈이 나올 때: 꼭지점 R과의 중점으로 이동한다.

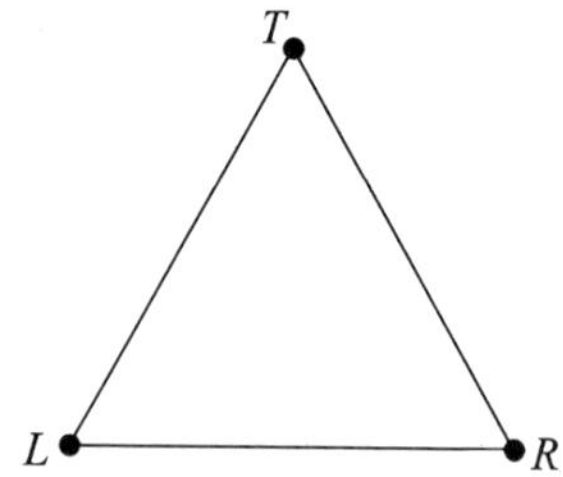

단계 2를 수정한 카오스 게임을 하여 다음 물음에 답하여라.

(a) 과정 1의 단계 2 후에 찍힌 점이 색칠된 영역에 도달할 확률을 구하여라.

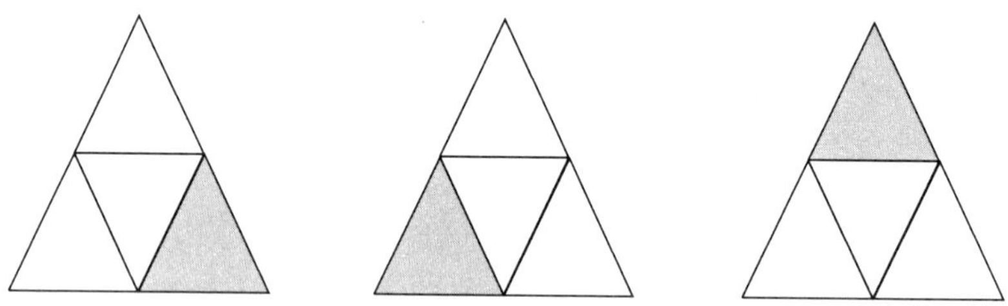

답: ______ 답: ______ 답: ______

(b) 과정 2의 단계 3 후에 찍힌 점이 색칠된 영역에 도달할 확률을 구하여라.

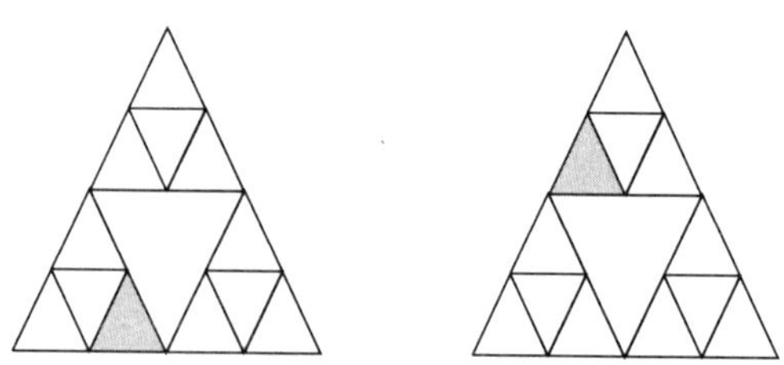

답: ______ 답: ______

(c) 과정 3의 단계 3 후에 찍힌 점이 색칠될 영역에 도달할 확률을 구하여라.

답:

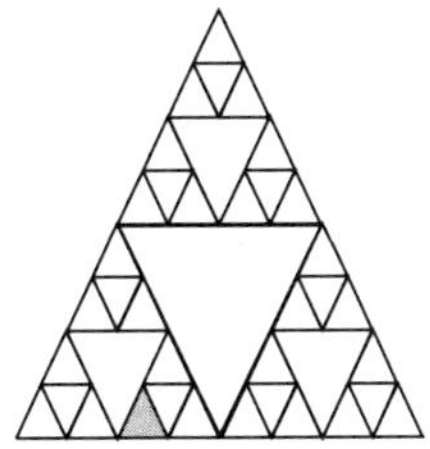

답:

마. 기하수준 수업모형(탐구)

반 힐레가 제언한 기하적 수준은 수준 0에서 수준 4까지 학생들의 인지발달에 알맞게 구성하였다. 중고등학교의 학생수준은 수준 2(비형식적 연역), 수준 3(형식적 영역)에 속한다.

그의 수업모델은 기하적 사고발달의 수업모형으로 이름을 붙일 수 있으며, 각 수준에 알맞은 수업모형을 제시한다. 그런데 수준 4에서 도달하기 위해서는 기하적인 여러 능력이 갖추어져 있어야 한다. 즉, 증명문제에서 정리의 가정, 결론을 구분하는 능력, 공리와 정리의 뜻을 이해하는 능력, 충분조건과 필요조건을 이해하는 능력, 정리의 증명을 수행하는 능력, 한 증명을 종합적 기법, 변환적 기법, 해석기하학적 기법, 벡타적 기법으로 활용할 수 있는 능력을 갖추어야 한다.

수준 3에 도달하기 위해서는 도형의 포함관계를 이해하는 능력, 정의를 사용하는 능력, 증명을 비형식적으로 보일 수 있는 능력, 이를테면, 다음 그림에서 삼각형의 한 외각은 인접하지 않는 두 내각의 합과 같음을 설명하기 위하여 그림을 보여주어야 한다.

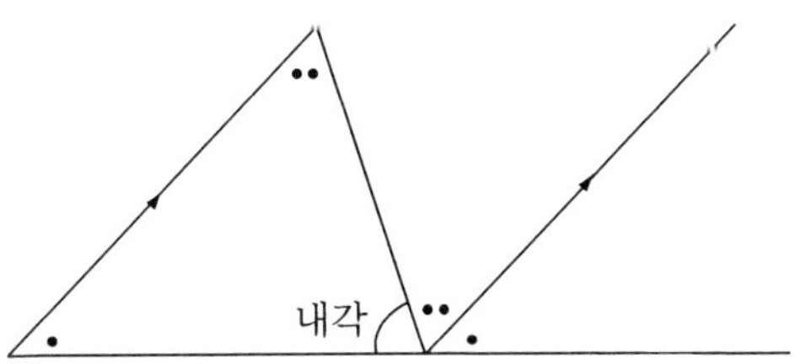

또, 연역적 추론의 도입으로 추론단계 중 일부를 채울 수 있는 능력, 정리의 역을 진술할 수 있고, 그의 참과 거짓을 말할 수 있어야 한다. 그의 수준을

도달하기 위한 수업모형은 앞에서 제시한 바 있고, 이번에는 논증기하를 보기로 들어보자.

• 수업절차

단계 1: 질의/탐구 - 학습 주제를 탐구한다. 아직 명료화된 구조탐구까지지는 가지 않는다.
이등변삼각형을 두꺼운 종이에 오려 종이접기를 해보아라. 두 밑각은 같은가?

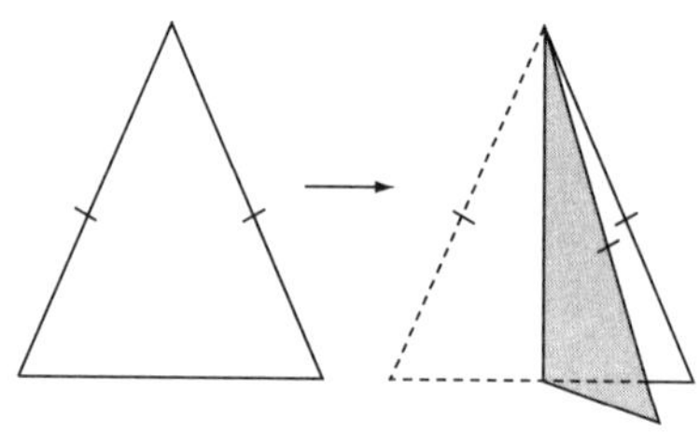

단계 2: 명료화 - 탐구활동을 언어를 사용하여 표현한다. 이등변삼각형 ABC에서 $\angle B = \angle C$

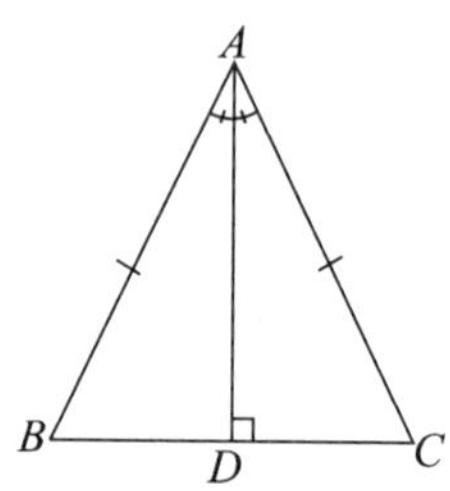

단계 3: 자유탐구 - 이등변삼각형을 포함하는 보다 복잡한 과제의 문제해결에 도전한다. 학습자는 여러 해결과제를 탐구하며, 이러한 과정에서 자신만이 독특한 경험을 갖는다.
위의 과제에 대한 증명을 함으로써 과제를 명료하게 할 뿐 아니라, 그 과제의 구조탐구가 이루어진다.
(가정) $AB = AC$
(결론) $\angle B = \angle C$

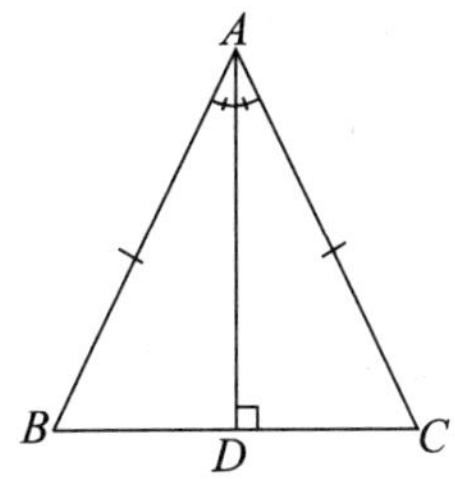

(증명) 각 A의 이등분선이 변 BC와 만나는 점을 D라 하면,
$\triangle ABD$와 $\triangle ACD$에서

$$AB = AC \qquad \cdots ①$$

AD와 위의 각 A의 이등분선을 생각하면

$$\angle BAD = \angle CAD \qquad \cdots ②$$
$$AD = AD \qquad \cdots ③$$

①, ②, ③에 의하여

$$\triangle ABD \equiv \triangle ACD$$
$$\angle B = \angle C$$

또는 복잡한 구조를 가진다. 문제해결를 들어갈 수 있다.

단계 4: 통합 - 위 정리를 포함한 발전적인 증명과제나 다른 과목과 통합이 된 소재를 이용한다.

1) 토론

다음 소재를 이용하여 '사변형의 대변의 길이가 각각 같으면 대변은 서로 평행하다.'를 수업안으로 발전시켜라.

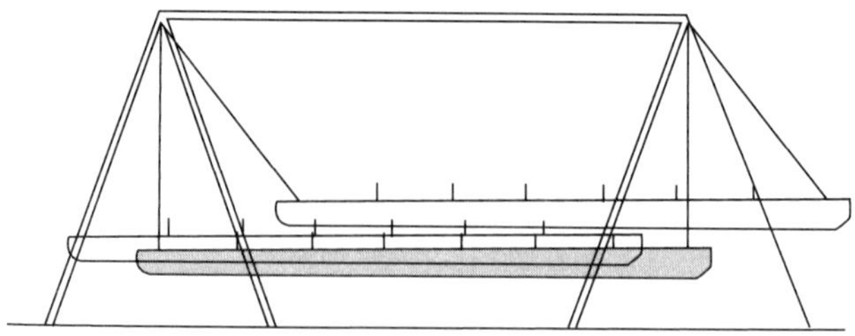

정미랑(2003) 외 2인의 기하수업을 보고 위의 절차를 확인하여라. 특히, 피타고라스의 자유탐구에서 부족한 부분을 보충하여라.

5 수학의 수업모형 실제(2)

5.1 상황인지 수업모형

(1) 수업모형 개관

구성주의의 수업설계는 사물 또는 사건의 의미를 다양한 관점에서 해석해야 하며, 교사에 의한 지식전달이 이루어지기보다는 학생 스스로 능동적으로 일어나도록 해야 한다. 또, 학습 환경 또는 과제는 실제생활과 유사해야 하며 평가도 학생들의 과제수행과정에서 연속적으로 이루어져야 한다. 교실에서는 학생의 역할이 매우 중요해서 상호작용 속에 과제활동이 자율적으로 이루어져야 하고, 학생들의 경험수준과 관심에 따라 현실 속에 있는 복잡한 상황을 그대로 가져와야 한다.

따라서 구성주의에 알맞은 수업은 협력수업이다. 이유는 실생활의 문제해결은 주로 혼자하기보다, 여럿이 토론해가면서 시행하고, 둘째는 동료학생들과 상호작용을 통해 서로 문제해결에 대한 시각과 관점을 분배할 수 있어 구성원들이 상호 인정하는 지식을 구성할 수 있기 때문이다. 또, 우리나라에서 실험을 한 열린 교육을 변영계(2000)는 "학습자간의 상호보완적인 의사소통과 의사결정의 기회를 강조하는 교육"으로 정의했다. 이러한 열린교육은 다분히 구성주의 관점을 크게 흡수하고 있음을 볼 수 있다.

(2) 수업모형설계

가. 구성주의 수업모형

전통적인 교실에서 흔히 보는 형식적인 학습 환경은 비상황화되고 상징적인 지식을 강조한다. 하지만 일상적인 상황에서는 사람들은 구체적인 참조물과 도구들을 광범위하게 사용하며, 사고와 지식을 구체적인 상황에 연결시킨다. 한 예로 학교의 수학시간에는 연필과 종이 이외에 학생들이 계산기 등과 같은 여러 도구를 허용하지 않는다. 하지만 일상생활에서는 수학적 문제를 해결하기 위해서 일상적으로 계산기, 자, 컴퓨터 등을 자유롭게 사용한다. 사람들은 매일의 경험과 관찰을 통해서 실질적인 지식과 기술을 계속해서 습득한다. 이렇게 할 때 그들의 지식과 기술은 필요한 실제적 사건 또는 상황에 적절하게 활용된다는 것을 알기 때문이다.

구성주의는 학습이 교사에 의해 이미 존재하는 지식을 전달하는 과정으로 보지 않고, 학습자가 지식의 내적표상을 구축하는 과정으로 본다. 즉, 학습자 경험에 의해 독특하게 개발하는 능동적 과정으로 본다. 따라서 피아제의 조작적 구성주의는 이들을 설명하는 훌륭한 수단이 된다. 학습은 경험에 근거하므로 개인이 그 아이디어를 이해하고, 사용할 수 있게 하기 위해서는 그 아이디어가 숨어있는 경험이 필수적으로 제공되어야 한다. 이를 지원하는 용어로 조작적 구성주의에서 말하는 반영적 추상화를 들 수 있다.

때문에 구성주의자들은 구성적 과정이 학교나 교실의 훈련을 넘어 발생하고 전이되기 위해서는 학습이 실세계의 상황(또는 맥락)을 반영하는 활동을 내포해야 한다고 본다. 이들 입장에서 보면 상황(또는 맥락)은 학습과 관련된 지식기반에 통합되는 것이기 때문에 실제적인 상황에서 이루어지는 학습은 사람들이 일상생활에서 경험하는 것과 같은 실제적인 학습을 제공해 준다. 이와 같은 수업은 수업설계에 중요한 점을 제공한다.

첫째는 정착점이 실제적 과제와 목적을 강조한다. 여기서 실제적 과제는 환경에서의 사물과 자료의 실제성과 문제 상황의 실제성에 있다. 둘째는 학생들이 해결할 문제를 설정(pose)하고, 그 이야기 상황내에서 관련된 정보를 찾도록 요구하여, 학생 스스로 중요한 자료와 중요하지 않는 자료를 구별하고 다양한 해결책을 점검 · 수정한다. 마지막으로 다양한 관점에서 복잡한 문제들을 탐구할 수 있어야 한다. 이때, 상황(또는 맥락) 정착점은 "학습자와 교사가 지속적인 탐구를 할 수 있게 하고, 그들이 다양한 문제와 다양한 영역의 전문가들이 직면하는 기회, 그런 전문가들이 도구로 사용하는 지식을 이해할 수 있게 하는" 환경을 만든다(CTG, 1990).

강태성(2003)이 구성주의 관점으로 삼각함수(사인과 코사인)의 그래프 그리기를 수업한 비디오테잎을 보면 다음과 같은 단계로 정리되었다(여러 관점이 있음).

• 수업절차

단계 1: 구성을 위한 상황 또는 소재제시(인증된 과제)

물레방아 또는 놀이공원의 원형틀 놀이시설을 도입하여 자신이 탄 의자가 땅에서 같은 높이의 위치에 반복해서 오는 사실을 경험한다.

단계 2: 개별활동, 소집단 활동

소집단 별로 놀이터의 원형틀을 왼쪽의 단위원으로 모델화하고 자기가 앉아 있는 의자높이와 그에 따른 θ의 값을 계산하여 오른쪽 좌표의 θ축에 종이로 오려 붙이는 게임을 한다.

촘촘하게 오려붙인 종이의 끝을 연결하는 활동은 칠판에서 교사가 각 소집단 별로 진행할 수 있다.

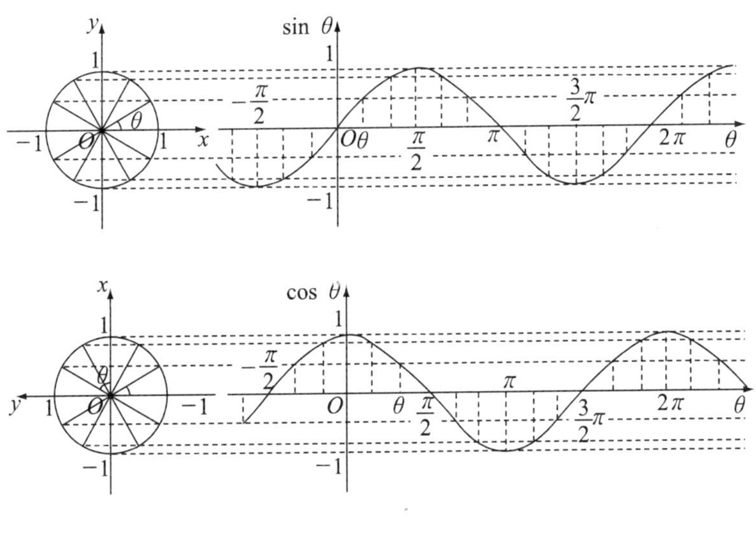

단계 3: 전체토의, 결과비교(교사의 토론수업)

위에서 여러 학생이 종이를 오려붙이는 활동 끝에 교사는 토의를 통해 사인 곡선을 시범적으로 그려본다. 또, 각 소집단의 결과를 보여주면서 작업을 성공적으로 했는지 비교해 줄 수도 있다. 이때, 반영적 사고가 일어나도록 파워포인트로 앞의 모둠활동을 정리한다.

단계 4: 자료정리(상징적 정의)

단계 3까지 한 결과를 교과서와 비교하면서 삼각함수 그래프를 명료화한다.

단계 5: 과제해결 - 사인함수의 그래프에 관련된 문제해결 활동을 할 수 있다. 이를테면, 자전거 뒷바퀴가 도로를 굴러가는 문제나 조류간만의 차를 활용문제로 만들 수 있다.

비디오 1. 심은경(2003), 강태성(2003), 한미정(2003), 양현애(2003)의 한차시분의 수업을 담은 비디오를 보고 개념의 구성과정을 분석하여라.

비디오 2. 최수정(2003)의 구성주의 수업을 보고 1)의 수업과 비교하여라.

토론 다음 내용을 구성주의 수업을 위한 차시안으로 보여라.

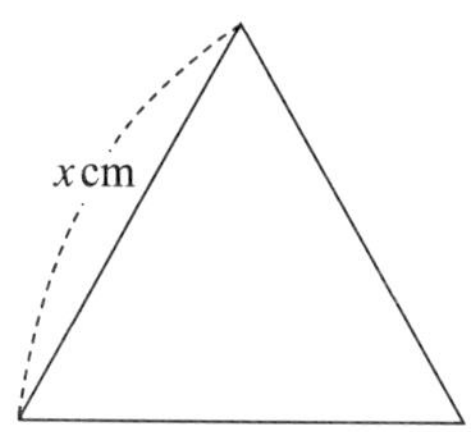

정삼각형의 한 변의 길이를 $x$cm, 둘레의 길이를 $y$cm라 하면, x에 y가 대응하는 이 대응은 함수이다. 이때 x는 한 변의 길이이므로 $x > 0$이다. 즉, 이 함수의 정의역은 $\{x \mid x > 0\}$이다.

또 이 함수를 간단히 나타내면 $y = 3x$이다. 즉, $f(x) = 3x$이다.

나. 상황인지 수업모형

상황학습을 잘 구현하기 위해서 교수설계자는 다음 네 가지 과제를 고려하여 적절한 교수설계를 수행해야 한다고 한다(Young외, 1992).

첫 번째 과제는 각 학생들의 학습하기 원하는 지식을 얻을 수 있는 상황이나 상황환경을 선택하는 것으로, 학습자에게 복잡하고 실제적인 문제를 포함한 다양한 상황을 제공하여 학습자들이 적절한 개념을 발견할 수 있는 기회를 제공해야 한다는 것이다.

두 번째 과제는 초보 학습자에게 발판(scaffolding)을 제공해야 한다는 것이다. 학습에서는 구체적 단서를 제공해 줄 수 있는 지식이나 기술을 포함하는 문제해결을 위한 전략구조라 할 수 있으며, 이것은 학습자가 전문가처럼 복잡한 실제 상황에서 학습할 수 있도록 도와준다.

세 번째 고려해야 할 과제는 개별 학습자들 또는 그룹 학습자들이 서로 지속적, 협동적으로 상호작용하여 특별한 상황과 일반적 상황에서 활용할 수 있는 학습 자신의 기술을 개발시킬 수 있는 교수 자원을 제공해야 한다는 것이다.

상황학습에서는 학습자들은 변화를 발견하고, 환경을 분석하고, 행동을 함으로써 그들 스스로 가르치며, 불변적 개념을 발견해 낸다. 교사는 개별 학습자들의 차이(신념, 목표, 가치 차이 등)를 고려하며, 각 학습자의 지각-행동 상호작용을 끊임없이 살펴보고, 그 상황 속에서 작용하는 학습자들의 협동활동이 조화롭게 되도록 도와준다.

마지막으로 네 번째 과제는 상황학습에 적절한 평가의 역할과 특성을 정의해야 한다는 것이다.

상황학습에서는 평가문항을 인지적 과제들로 대치해야 하며, 평가는 학습, 지각, 문제해결 과정에 초점을 맞춰야 한다. 다시 말하면 문제를 해결해 나가는 과정이 올바른가에 초점을 맞추어져야 하며 평가는 교수설계에 통합되고, 계속적인 것으로 학습 환경의 한 부분이 되어야 한다.

몇 사람의 연구에 의하면 상황인지 관점의 코스웨어 설계를 다음과 같이 제시했다. 이러한 논의는 수업모델을 설정하는 데 어떤 기준이 될 수 있다.

수업목표 제시 - 상위(하위) 문제 설정 - 인증된 과제 - 발판 설정 - 자료 정리 - 평가 전략 수립

이를 각 항목에 대해서는 다음과 같은 해석을 하고 있다.

• 상위 문제 설정

진술된 학습목표를 달성하기 위한 가장 통합적이고 총체적인 문제가 해당 영역의 전문가와 학습내용 분석을 통해 선정되어야 하며 문제가 실제적이고 복합적이어야 한다.

• 하위 문제들의 결정

상위 문제를 해결하기 위해 필요한 일련의 하위 문제들을 전문가들의 문제 해결 과정에 대한 분석의 결과에서 나온 자료를 활용하여 선정한다.

• 인증된 과제의 선정

인증된 과제는 실제로 일어날 수 있는 과제이므로 매우 복잡하고 정의를 명백하게 내릴 수 없고, 문제 파악과 해결책을 강구하는 데에 학습자들은 매우 많은 시간과 노력을 투자해야 하며, 학습자의 문제해결책이 다양하게 나올 수 있는 융통성 있는 과제이다. 현실감을 증가시키기 위하여 멀티미디어를 활용하는 것도 바람직하다.

• 발판 선정

학습자가 문제를 해결해 나가기 위해 정보를 능동적으로 찾아 문제를 스스로 해결하는 과정이 강조되므로 학습자가 적정선에서 활용할 수 있는 정보의 양을 조절해주는 것이 발판의 기능이라 할 수 있다.

• 학습자에 필요한 자료정리

학습에 필요한 자료는 학습자의 자율적인 탐구를 위해 전문가가 활용하는 모든 정보를 제공해야 하며, 자료 제시의 원리는 학습자의 인지구조에 맞게 찾을 수 있다.

• 교사가 진행상 필요로 하는 자료 정리

교사는 학습자의 학습 상황을 파악하고 학습자의 개인차와 학습결과물에 대한 지속적인 평가를 위한 전략을 수립한다.

• 학습평가 전략 수립

학습에 대한 평가는 능동적이고 지속적이며 연속적인 학습자 평가가 이루어져야 한다.

• 수업절차

단계 1: 상 · 하 문제 상황 설정

(1) 상위 문제 상황 설정

두 사람이 공통으로 운영하는 ○○제과점은 주위 직장인들이 즐겨 이용하는 장소이다. 일요일에는 월요일에 사용할 두 종류의 과자(아이스, 바나나)를 몇 상자 만들 것인가를 항상 고민한다(한 상자에는 12개 과자가 들어 있음).

그런데 한 상자의 바나나 과자를 만드는 데는 1kg의 밀가루(아이스는 필요 없음)가, 필요하고, 한 상자의 아이스 과자를 만드는 데는 0.7kg의 밀가루와 0.4kg의 아이스가 들어간다. 또, 준비하는 시간은 바나나 한 상자에 0.1시간, 아이스 한 상자에 0.15시간이 소요된다. 이들 자료 이외에 다음과 같은 조건이 있다.

- 제과점에는 일요일에 항상 110kg의 밀가루와 32kg의 아이스가 있고,
- 과자를 굽는 오븐의 공간은 140상자를 허용하고,
- 준비시간은 총 15시간이 허용된다.

그리고 이 제과점에서 생산하는 두 종류의 과자는 모두 팔린다. 이때, 바나나 과자 한 상자를 생산하는 데는 4.50천원의 비용이 들어가고, 판매는 6천원에 한다. 또, 아이스 한 상자에 드는 생산비는 5천원이고 판매는 7천원에 한다. 지금 두 사람은 다음 질문에 항상 답해야 한다. 두 사람이 최대의 이익을 가지려면 각 종류의 과자를 몇 상자 만들어야 하는가?

(2) 문제상황의 단순설정

위의 큰 질문을 공략하기 위해 상황을 좀더 단순하게 하여 보자. 그러면 문제를 쉽게 풀 수 있는 전략을 얻을 수 있다.

문제상황에서 과자를 준비할 수 있는 총시간을 15시간으로 하고, 재료 밀가루와 아이스의 양은 무한히 많다고 하고 오븐의 공간도 무한하다고 가정한다. 그리고 다른 조건은 다음과 같다.

- 한 상자의 바나나 과자를 만드는 시간은 0.1시간이고 아이스는 0.15시간
- 한 상자의 바나나 과자를 6천원에 살 수 있고 비용은 4.50천원,
- 한 상자의 아이스 과자는 7천원에 팔리고 비용은 5천원이 든다.

전과 같이 만들어진 과자는 모두 팔린다 하고, 다음 생각을 옆의 친구와 같이 의논해본다.

- 위의 조건에 맞게 15시간 이내에서 바나나와 아이스 5개 조합을 만들고, 각 경우 이익을 산출하여라.
- 가능하면 위의 조건에서 바나나와 아이스의 조합에서 두 사람에게 최대의 이익을 안겨주는 경우를 조사하여라.

단계 2: 개념의 발판설정

한 개 또는 두 개 이상의 변수를 가진 부등식 풀이를 연습한다.

연습 1 ① $2x+5<8$

② $3x-2 \geqq x+1$

③ $3x+7 \leqq 5x-9$

④ $4-2x>7+x$

연습 2 ① $9x-4y-2 \geqq 3x+10y+6$ (간단히 하기)

② $3x \geqq 7y+4$ (몇 개의 x, y 값 구하기)

③ $x+2y>3x+y+2$ (간단히 하기)

$\frac{x}{2}-y \leqq 3x+1$

$0.2y+1.4x<10$

단계 3: 개념과 법칙준비 1

앞의 큰 질문(문제상황 설정)을 간단히 여러 개의 부등식으로 나타낼 수 있다.

$P=$ 바나나 과자의 총 상자 수

$I=$ 아이스 과자의 총 상자 수

$P+0.7I \leqq 110$ (밀가루 양)

$0.4I \leqq 32$ (아이스 양)

$P+I \leqq 140$ (오븐공간 양)

$0.1P+0.15I \leqq 15$ (준비시간)

다음과 같은 연습을 해본다(필요한 계산기도 좋음).

위의 조건에 알맞은 순서쌍(P, I)를 몇 개 골라라.

▌하위 수준 문제 설정

앞의 큰 질문에서 실생활의 문제상황이 쉽게 부등식(변수 두 개)으로 표현되는 것을 관찰하였다. 즉, 110kg의 밀가루라는 제한이 있다면

$$P + 0.7I \leqq 110$$

$P=$ 바나나의 상자 수

$I=$ 아이스의 상자 수

등과 비슷한 문제 설정을 연습한다. 이 문제설정은 큰 질문에서 일부 가져올 수도 있고 교과서적인 실생활 문제상황에서 가져올 수 있으며, 목적은 변수 두 개인 부등식의 개념연습을 위한 소재로 활용이 된다.

(a) 이 씨는 말을 야생상태로 방목하기 위하여 직사각형 모양의 울타리를 만들려고 한다. 넓이를 1500m^2 이내로 한다면 직사각형의 가로와 세로의 길이에 대한 적절한 부등식은?

(b) 다음 표는 어떤 공장에서 제품 A, B를 한 개씩 만드는데 필요한 석유와 전력 그리고 제품 한 개당 이익을 나타낸 것이다. 석유는 최대 30Kℓ, 전력은 최고 24KWh만큼 이용하여 최대의 이익을 얻으려고 한다.

	석유(Kℓ)	전력(KWh)	이익(만 원)
A	8	4	5
B	3	6	2

- 석유 이용량이 최고 30Kℓ에 대한 A, B의 부등식은?
- 전략 최대 이용량이 24KWh라면, A, B의 부등식은?

단계 3: 개념과 법칙준비 2

부등식의 영역에 대한 연습을 한다.

(a) 다음 음영이 들어간 부분을 부등식으로 나타내어라.

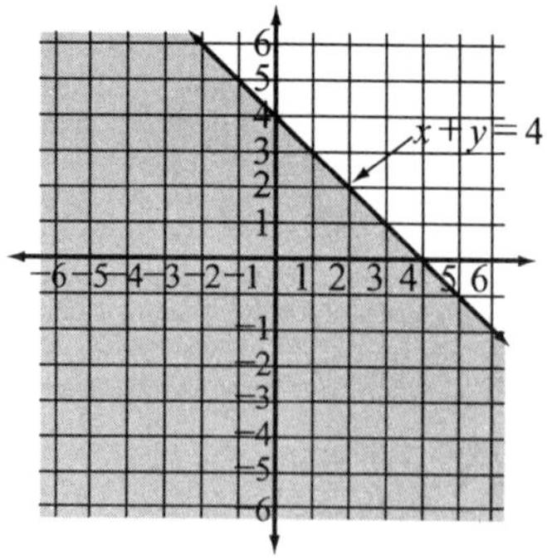

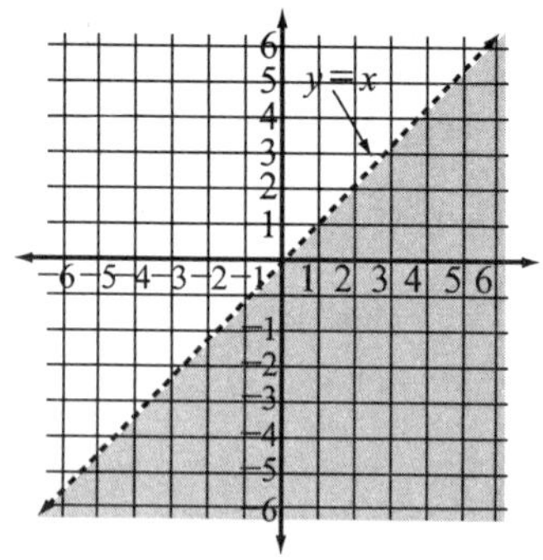

(b) 다음을 읽고 문제에 답하여라.

문제 1

두 점 (2, 4), (2, 1) 중 부등식 $y > x+1$을 만족시키는 것은 어느 점인가?

부등식 $y > x+1$ … ①에 대하여

$$(2,\ 4):\ 4 > 2+1,\ \ (2,\ 1):\ 1 \ngtr 2+1$$

이므로 점 (2, 4)는 부등식 ①을 만족시키고 점 (2, 1)은 ①을 만족시키지 못한다.

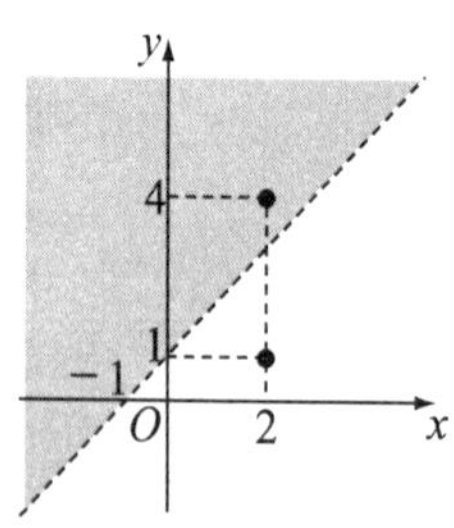

그림에서 부등식 ①을 만족시키는 점 (x, y)는 직선 $y = x+1$의 위쪽에 있다.

여기서, ①을 만족시키는 점 (x, y) 전체의 집합은 직선 $y = x+1$의 윗부분임을 알 수 있다.

같은 방법으로 부등식 $y < x+1$을 만족시키는 점 (x, y) 전체의 집합은 직선 $y = x+1$ 아랫부분이다.

이와 같은 방법을 이용하여 $2x - 3y + 6 > 0$의 영역을 그림으로 나타내어라.

하위수준의 문제설정

실생활 상황을 도입하여 부등식의 영역에 관한 연습을 한다. 즉, 앞의 공장에서 제품 A, B를 생산하여 이익을 최대로 얻는 상황에서 다음을 알아본다.

- 만들어진 부등식을 그래프로 나타내어 가능한 영역을 표시하라.
- 각 부등식을 모두 만족하는 영역 D를 나타내어라.
- 이익을 k만 원이라면, 이를 식으로 나타내어라.

다음 표는 갑, 을 두 종류의 약품 각각 10g에 대한 가격과 A, B 두 성분의 함량을 나타낸 것이다. A, B 성분이 각각 최저 1g, 1.5g 필요할 때, 그 비용을 최소로 하려 한다.

	A성분	B성분	가격
갑	2g	1g	20
을	1g	3g	30

- 조건을 부등식으로 나타내어라.
- 부등식의 영역을 나타내어라. 또, 각 부등식을 모두 만족하는 영역을 나타내어라.
- 비용을 k원이라면 이를 식으로 나타내어라.

단계 4: 개념 법칙준비 3

그림의 영역을 부등식으로 나타내고 영역에서 식의 가장 큰 값과 가장 작은 값을 구한다.

영역의 점 A, O, B에서 $x+y$의 값을 구하고 그 중 가장 큰 값과 가장 작은 값을 말하여라.

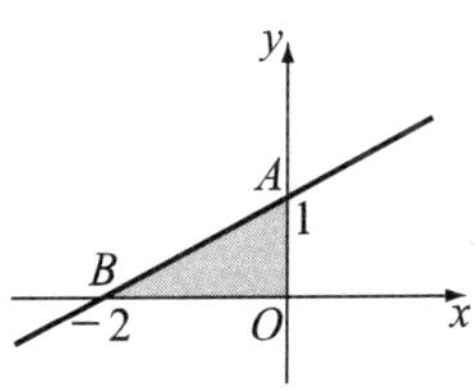

위에서

$$x+y=k \qquad \cdots ①$$

로 놓으면 직선 ①은 기울기가 -1이고 y절편이 k인 직선이다.

여기서, 직선 ①이 점 A를 지날 때, k의 값은 1로 가장 크고 점 B를 지날 때, k의 값은 -2로 가장 작다.

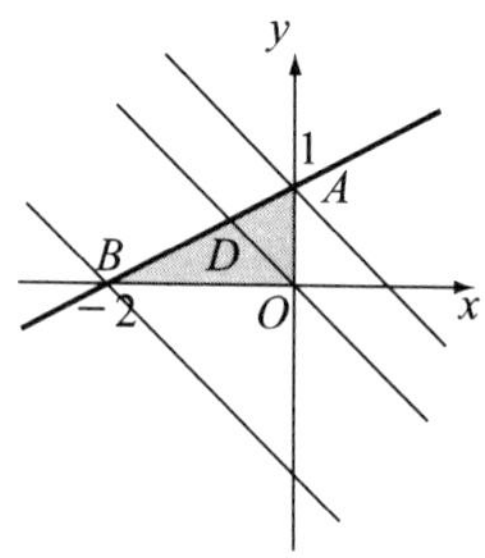

이제 연립부등식의 영역에서 x, y에 대한 일차식의 최대값 또는 최소값을 구하여라.

위에서 그림의 영역을 부등식으로 나타내면 다음과 같다.

$$x \leqq 0, \quad y \geqq 0, \quad x-2y+2 \geqq 0$$

이 세 부등식을 동시에 만족시키는 영역을 D라 하면 직선 ①이 영역 D와 공유점을 가질 때의 k의 값이 $x+y$의 값이다.

따라서, $x+y$의 최대값은 1이고 최소값은 -2이다.

문제 1

연립부등식 $x \leqq 2$, $y \leqq 2$, $x+y \geqq 2$를 만족시키는 영역에서 $2x+y$의 최대값과 최소값을 구하여라.

하위수준의 문제설정

다음 표는 어떤 공장에서 제품 A, B를 한 개씩 만드는데 필요와 석유와 전력 그리고 제품 한 개당 이익을 나타낸 것이다. 석유는 최고 30Kℓ, 전력은 최고 24KWh만큼 이용하여 최대의 이익을 얻으려 한다.

	석유(Kℓ)	전력(KWh)	이익(만 원)
A	8	4	5
B	3	6	2

- 조건에 맞는 부등식을 만들어라. 또 모든 부등식을 만족하는 공통영역을 나타내어라.
- 이익을 k원이라면 알맞은 식은?
- k가 최대일 때 A는 몇 개, B는 몇 개인가?

(a) 두 종류의 식품 A, B의 1g당 열량과 단백질은 다음 표와 같다. A가 xg, B가 yg일 때 60cal 이상의 열량과 6g 이상의 단백질을 얻으려한다. 이때 $x+y$를 최소로 하려 한다.

	열량(cal)	단백질
A	3	0.2
B	2	0.3

- 조건에 맞는 부등식을 만들어 공통영역을 나타내어라.
- $x+y$가 최소일 때 그 값을 구하여라.

단계 5: 원 문제해결(제과점 문제)

처음에 주어진 큰 실문(제과·전이 최대이익)을 해결하고 검토한다. 이때, 모든 풀이는 피드백을 통해 확인한다.

단계 6: 다른 문제의 설정

처음 문제와 유사한 실생활 문제를 소집단 별로 만들어 의미교섭으로 들어간다. 이때, 교사의 역할이 매우 중요하다.

소집단 발표 1: 학교식당을 방문하여 영양성분에 관한 원문제와 비슷한 소재를 수립했다.

김○○는 우리학교 영양 담당 선생님이다. 그는 야채 한 근과 고기한 근에 포함된 비타민 A, B, C의 함유량과 필수 소비량 및 가격을 조사하였다.

비타민	비타민 함유량(mg)		필수소비량(mg)
	야채	고기	
A	2	1	20
B	2	3	30
C	4	2	50
가격	1000	1300	

• 김○○는 급식비를 최소로 하려 한다. 야채와 고기 각각 몇 근을 준비해야 할까?

소집단 발표 2: 돼지를 사육하는 K씨 집을 방문하여 K씨의 고민을 듣고 녹음을 했다.

K씨는 두 가지 사료 Y와 Z를 혼합하였다. 각 사료에는 A, B, C, D의 네 가지 영양분이 함유되어 있다. 사료 Y에는 영양분 A가 0.1, B가 0.1, C가0.1, 사료 Z에는 영양분 B가 0.1, C가 0.2, D가 0.1이 포함되어 있다. 돼지를 살찌우려면 매일 각각의 성분에 대해 최소한 영양분 A는 0.4, B는 1.4, C는 2.0, D는 0.3 이상이 포함되어야 한다.

단위당 비용은 사료 Y가 7원이고, 사료 Z가 5원이다. 비용을 최소로 하기 위한 사료 Y와 Z의 양과 그때의 비용은?

사료	영양분				단위당 비용(원)
	A	B	C	D	
Y	0.1	0.1	0.1	0.0	7
Z	0.0	0.1	0.2	0.1	5
최소필요량	0.4	1.4	2.0	0.3	…

함희준(2003)의 마이크로 수업을 보고 위의 수업절차대로 수행하여라. 이러한 수업은 7차교육과정의 목표, 지도방법, 심화과정의 수행에 도움이 되는가?

다. 프로젝트 수업모형

이 수업은 학생들의 독립적인 사고자로써, 창조적인 학생으로써 그 역할을 강조한다. 학생들이 자신을 둘러싸고 있는 세계를 이해할 뿐 아니라, 동료들과 의사소통할 환경을 조성해간다. 이 프로젝트 수업에는 협동을 위한 협동프로젝트, 협동지소우 I 와 협동지소우 II 가 있다.

프로젝트가 진행하기 전에 사전환경을 조성하기 위한 방법으로 의사소통기술 즉, 경청하기, 지원적 질문하기, 유용한 비판 등을 훈련받는다. 이러한 분위기조성은 프로젝트 수업을 성공적으로 이끌기 위한 기초이다.

함혜영(2003)은 고등학교 1학년 수업으로 프로젝트를 실험한 바 있다. 이러한 수업은 심화과정을 실제적으로 운영할 때 자주 사용하는 수업기술이다.

• 수업절차

단계 1: 소집단 주제 정하기

○○모둠은 4명으로 구성되었는데 구성원간의 활발한 토론에 의하여 다음 두 주제를 의사결정에 내놓기로 하였다(NCTM, 1992).

어떤 제조회사에서는 회사에서 생산해내는 원통형의 제품을 일정한 창고에 두 달간 보관하려 한다. 회사에서는 모두 175개의 원통모양의 컨테이너를 보관할 창고를 알아본 결과 다음 자료를 얻을 수 있었다. 단, 통 위에 몇 개 올려도 된다.

- 창고크기(바닥): 11m × 11m
- 창고크기(바닥): 11m × 22m
- 창고크기(바닥): 11m × 33m
- 창고높이: 각각 10m

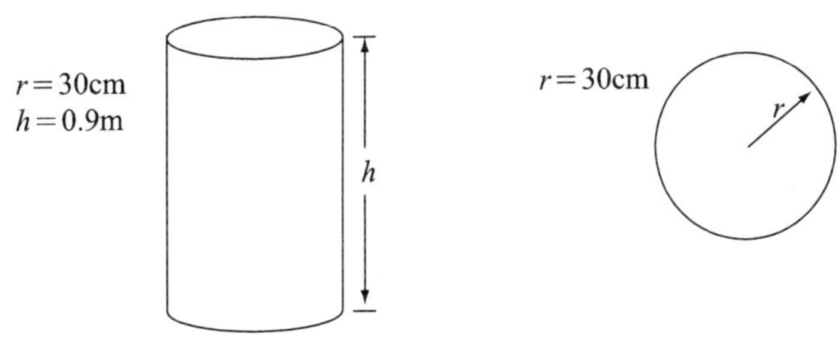

또 다른 요원은 이보다 덜 복잡한 다음 소재를 제시했다(유희식, 2003).

바둑알을 쳐서 밀어내는 '알까기'를 소재로 하여 두 점의 좌표를 알 때, 일차함수의 식을 구하여 보자.

방법 1: 임의의 바둑알 두 개를 선택한 후 기울기를 구한다.

방법 2: 임의의 바둑알 두 개를 선택한 후 바둑알 두 개를 지나는 점을 이용하여 일차함수의 식을 구한다.

주의사항 1: 바둑알이 서로 정면으로 부딪힌다는 가정으로 시작한다.

주의사항 2: 바둑알의 위치는 항상 좌표점에 위치한다고 생각한다.

① 검은 알과 흰 알이 다섯 개씩 주어졌을 때, 4번의 검은 알은 화살표 방향으로 바둑알이 튕겨 나가 9번의 바둑알을 밀어내게 되는데, 이때, 4번의 바둑알이 그리는 직선의 기울기를 구하여라(단, 한 칸의 크기는 1이다).

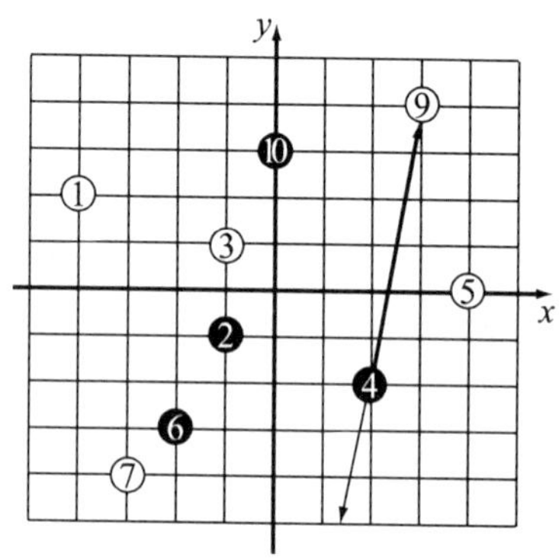

② 위의 알까기에서 10번의 바둑알을 3번의 바둑알에 정면으로 부딪혀 튕겨 나가게 한다면 10번의 바둑알이 움직이게 되는 직선의 방정식을 구하여 보자.

③ 위와 같은 방법의 알까기에서 $x=-1$과 같은 직선의 방정식을 그리게 되는 바둑알의 번호를 적어 보자.

④ 임의의 바둑알을 그려서 두 바둑알이 정면으로 부딪혀 튕겨 나가는 경우 직선의 방정식을 구하여 보자.

이 팀에서는 팀을 대표하는 소재로 그 유용성과 역할분담의 용이성을 따져 첫 번째 창고보관 소재를 선정하였다.

단계 2: 소토픽 선정 및 준비

한 팀이 네 명으로 구성되었다면 각 개인별로 수행할 수 있는 소재를 정해야 한다. 이를 위해서 이 팀에서는 다음과 같은 두 개의 소재를 설정하였다.

소재 1: 원통을 창고 밑바닥에 직사각형 모양으로 배열한다.

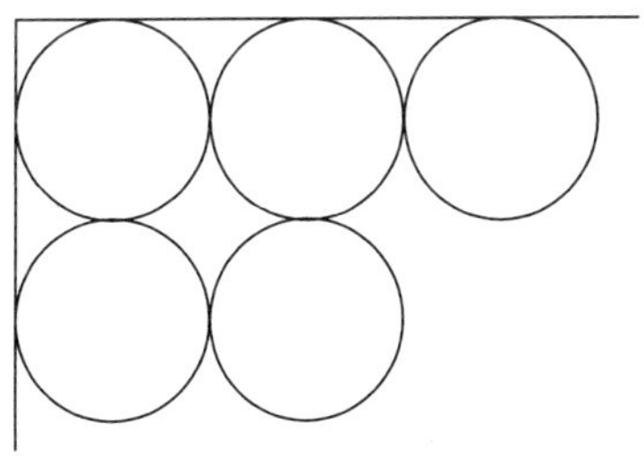

이때 이 모형으로 채워야 할 정보는 표와 같이 만들어진다.

단위	한 달 비용	한 행의 수	행의 수	층수	총계	두 달 비용
11×11						
11×22						
11×33						

소재 2: 다른 배열도 지그재그 유형의 쌓기를 들 수 있다.

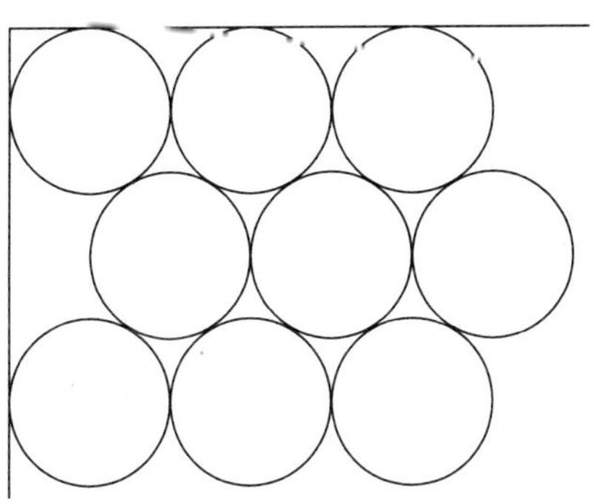

이때 이 모형으로 채워야 할 정보는 표와 같이 만들어진다.

단위	한 달 비용	한 행의 수	행의 수	총수	총계	두 달 비용
11×11						
11×22						
11×33						

단계 3: 소재 발표하기

○○팀에서 소재를 발표할 때는 구성원들간에 기록, 비판, 계산, 현실성 등을 분담하여 확인한다.

• 앞의 각 칸에 자료 완성

• 앞의 각 칸에 자료 완성

단계 4: 팀발표 준비 및 발표

팀의 최적의 답을 준비해 발표한다.

단계 5: 반성 및 평가

답을 팀별로 점검, 질문하는 과정을 거칠 수 있고, 다음과 같이 발전과제를 생각하여 진일보한 풀이과정을 계획할 수 있다.

• 창고의 높이가 단층)일 때는 어느 단위를 빌리는 것이 유리한가?

비디오 한동석(2003)의 마이크로 수업을 보고 상황인지에서 말하는 문제해결 수업모형과 일치하는지 알아보아라. 그의 수업에서 잘한 점과 부족한 점을 비판하여라.

토론 다음 자료를 보고 협력수업을 생각하여라(NCTM, 1992).

다음과 같은 사차선 도로 양쪽차선에 각각 주차장을 설치하려 한다.

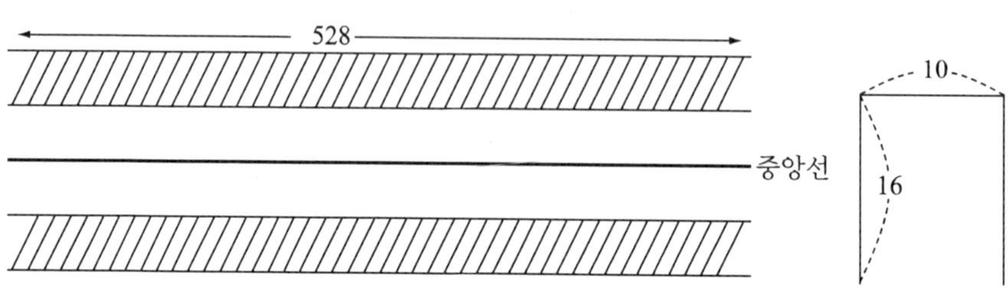

도로폭은 60m이고 한차선의 폭은 15m이다. 그런데 한 개 주차장은 가로 10m, 세로 16m으로 하려 한다. 도로의 길이가 528m일 때 모두 몇 개의 주차장이 양쪽에 들어설 수 있는가? 단, 다음 몇 개의 힌트를 보아라.

힌트 1: 각도 주차인 경우

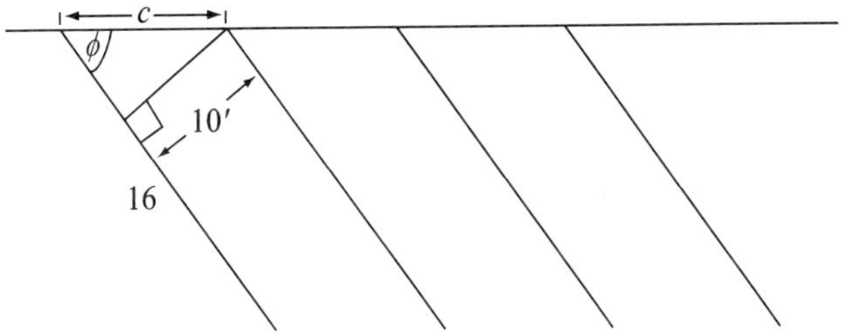

ϕ	c	차의 수
10		
15		
20		
25		
30		
45		
60		
75		
90		

힌트 2: 각도 주차 데이터

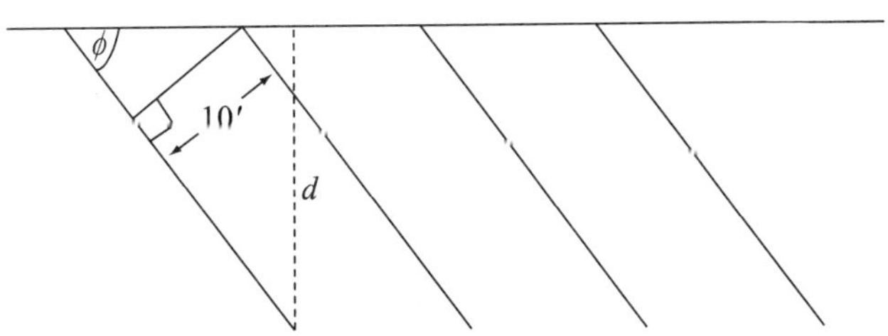

ϕ	x	d
10		
15		
20		
25		
30		
45		
60		
75		
90		

라. 계산기·컴퓨터 수업모형

계산기는 수학교육에서 학생들의 계산능력의 신장에 방해가 된다는 우려가 있으나, 실제로 이를 뒷받침해줄 만한 연구결과는 없다. 오히려 계산능력의 향상과 개념이해, 문제해결에 계산기는 큰 역할을 한다는 연구가 많다. 계산기는 실생활의 상황, 쇼핑, 작업, 여행, 공장업무 등등 그 유용도가 높고 간편한 장점이 있으며, 마이크로 컴퓨터도 교실에서 수학의 교수학습에 도입되는 도구이다. 이를테면, 그래프 그리기, 자료의 조직(통계, 미적분 등), 수치해석적 접근, 자료의 구조화 등 개념의 이해나 문제해결을 효과적으로 수행할 수 있는 영역이 많다. 다음은 계산기를 이용하여 교실에서 할 수 있는 실생활 문제해결을 제시한 것이다.

• 개념 수업절차

단계 1: 생성 · 자료수집

구분구적법

곡선으로 둘러싸인 도형 A의 넓이를 구하기 위하여, 다음 그림과 같은 크기가 같은 정사각형들로 A를 나누어 보자.

A의 내부에 포함되는 정사각형들의 넓이의 합을 m, A와 공통부분을 가지는 정사각형들의 넓이의 합을 M이라고 하면

$$m \leq (A \text{의 넓이}) \leq M$$

이 된다.

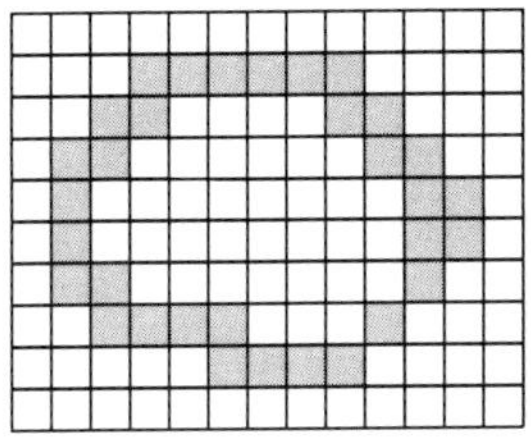

여기서 정사각형의 크기를 더 작게 하면 할수록, m과 M은 A의 넓이에 더 가까워지는가?

단계 2: 계산기 조작, 문제단순화 (1)

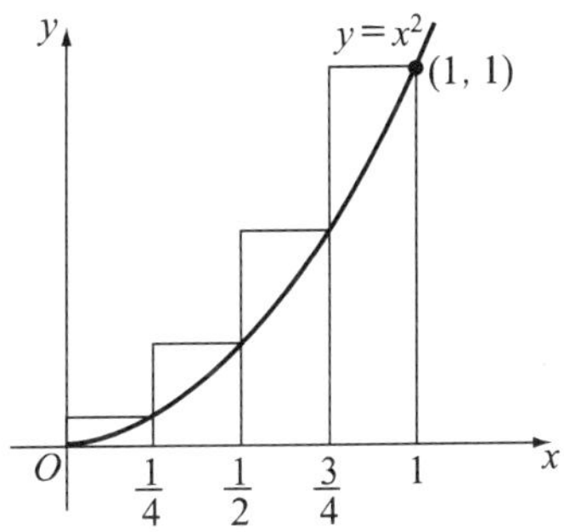

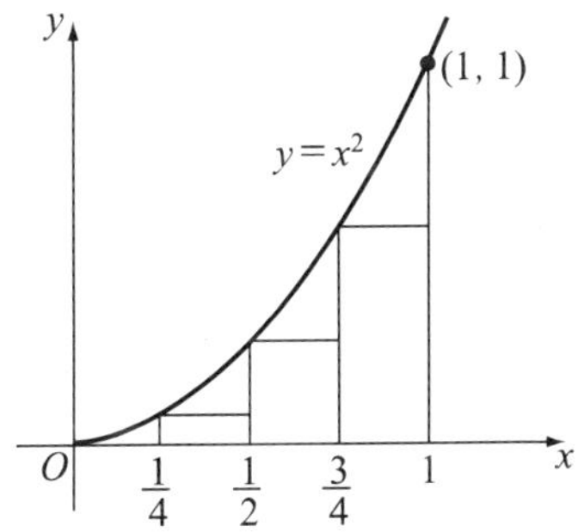

곡선 $y=x^2$ 아래와 x축에서 사이의 넓이 A을 계산

첫 번째 그림.

$$R_4=\frac{1}{4}\times\left(\frac{1}{4}\right)^2+\frac{1}{4}\times\left(\frac{1}{2}\right)^2+\frac{1}{4}\times\left(\frac{3}{4}\right)^2+\frac{1}{4}\times 1^2$$

$$=\frac{15}{32}=0.46875$$

두 번째 그림.

$$L_4=\frac{1}{4}\times O^2+\frac{1}{4}\times\left(\frac{1}{4}\right)^2+\frac{1}{4}\times\left(\frac{1}{2}\right)^2+\frac{1}{4}\left(\frac{3}{4}\right)^2$$

$$=\frac{7}{32}=0.21875$$

$$0.21875 < A < 0.46875$$

(계속) 계산기 조작, 문제단순화 (2)

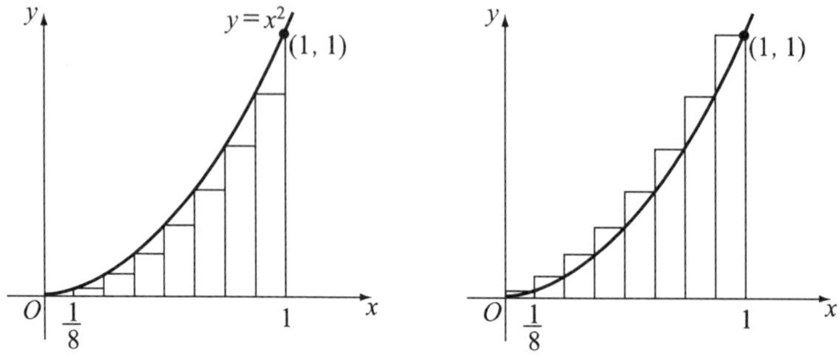

$$0.2734375 < A < 0.3984375$$

(계속) 계산기 조작, 문제단순화 (3)

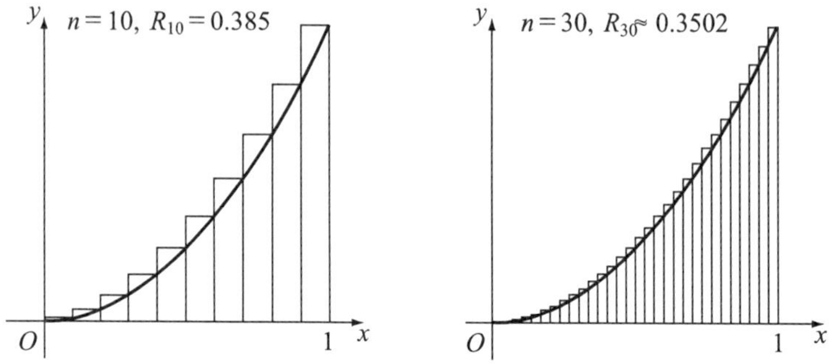

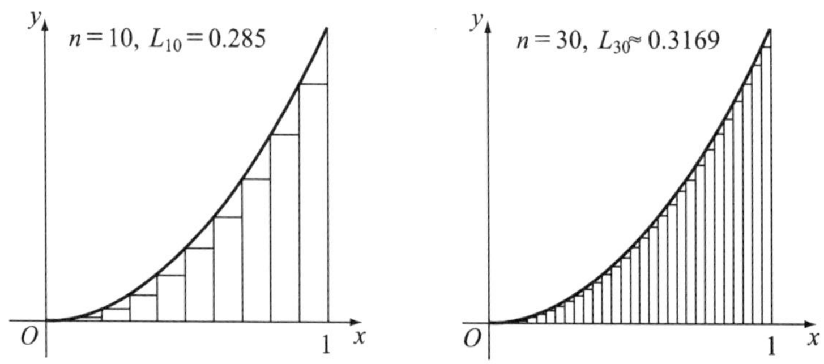

$0.285 < A < 0.385$ $\qquad$ $0.3169 < A < 0.3502$

단계 3: 일반화

포물선 $y=x^2$과 x축 및 직선 $x=1$로 둘러싸인 도형의 넓이 S를 구하여라.

구간 $[0, 1]$을 n등분하면, 각 분점(양 끝점까지 포함)의 x좌표는 차례로

$$0,\ \frac{1}{n},\ \frac{2}{n},\ \cdots,\ \frac{n-1}{n},\ \frac{n}{n}=1$$

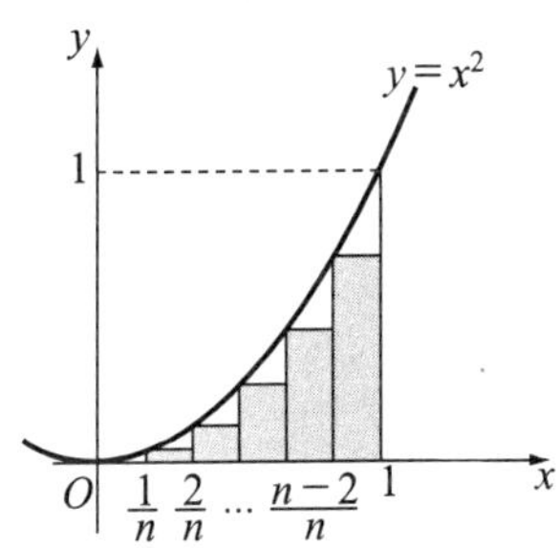

이 된다. 이때, 위의 그림에서 검게 칠한 부분의 넓이 S_n은

밑변의 길이가 $\frac{1}{n}$,

높이가 각각 $0^2,\ \left(\frac{1}{n}\right)^2,\ \left(\frac{2}{n}\right)^2,\ \cdots,\ \left(\frac{n-1}{n}\right)^2$

인 직사각형의 넓이의 합이므로,

$$\begin{aligned} S_n &= \frac{1}{n}\left(\frac{0}{n}\right)^2+\frac{1}{n}\left(\frac{1}{n}\right)^2+\frac{1}{n}\left(\frac{2}{n}\right)^2+\cdots+\frac{1}{n}\left(\frac{n-1}{n}\right)^2 \\ &= \frac{1}{n^3}\{0^2+1^2+2^2+\cdots+(\mathrm{n}-1)^2\} \\ &= \frac{1}{6n^3}(n-1)\,n(2n-1) \\ &= \frac{1}{6}\left(1-\frac{1}{n}\right)\left(2-\frac{1}{n}\right) \end{aligned}$$

여기서 $n \to \infty$ 이면, S_n 은 구하는 도형의 넓이 S에 한없이 가까워진다. 곧,

$$S = \lim_{n\to\infty} S_n = \frac{1}{3}$$

단계 4: 정의, 기호 표현

정적분의 정의

함수 $f(x)$가 구간 $[a, b]$에서 연속일 때, 구간 $[a, b]$를 n등분한 각 분점(양끝점 포함)을 차례로,

$$a = x_0,\ x_1,\ x_2,\ \cdots,\ x_n = b,\ \text{또}\ \Delta x = \frac{b-a}{n}$$

라고 하면,

$$\int_a^b f(x)dx = \lim_{n\to\infty} \sum_{k=1}^{n} f(x_{k-1})\Delta x$$

단계 5: 활용

① 앞의 풀이에서 직사각형을 그림과 같이 만들어서 검게 칠한 부분의 넓이를 S_n'이라고 하자. 이때,

$$S_n \leqq S \leqq S_n',\quad \lim_{n\to\infty} S_n' = S$$

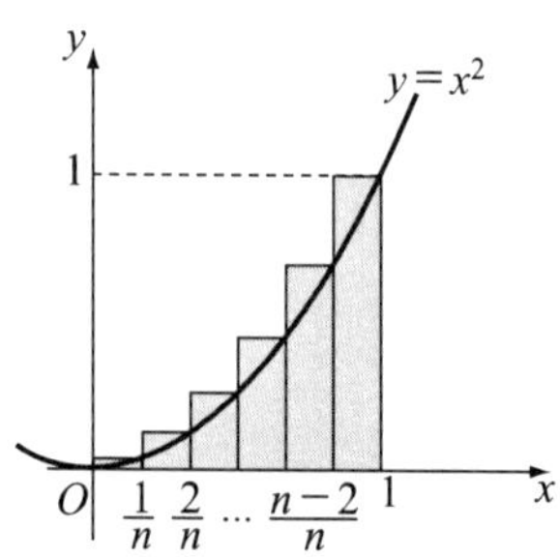

가 성립함을 보여라.

② 직선 $y=2x$ 와 x 축 및 직선 $x=1$ 로 둘러싸인 도형의 넓이를 앞의 방법으로 각각 구하고, 그림에서의 $\triangle OAB$ 의 넓이와 비교하여 보여라.

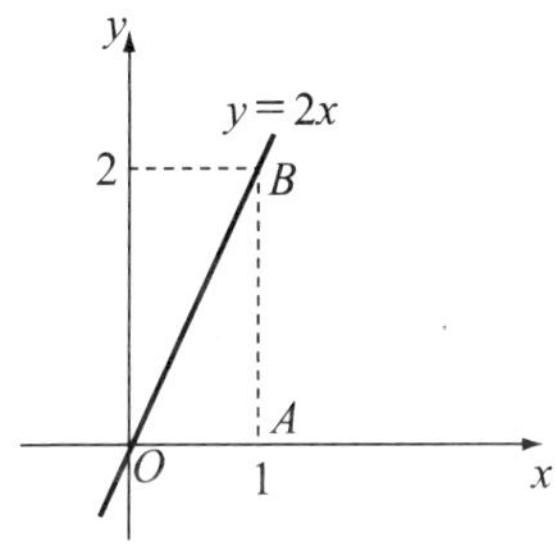

• 문제해결 수업절차

단계 1: 상황 · 자료수집(문제해결)

○○학교에서는 A지구 일자형 도로변에 살고 있는 아홉 명의 학생들을 위해 학교버스 정류장을 설치하려 한다. 아홉 채의 집은 서로 거리를 두고 위치해 있기 때문에 어디에 정거장을 설치해야 정거장에서 각 학생집 사이의 거리합이 최소가 되는 지점일까? 그 지점을 정하여라.

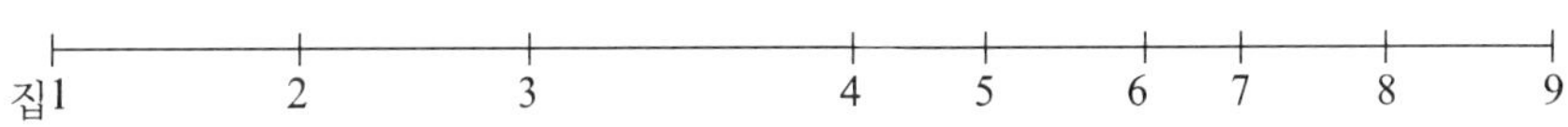

단계 2: 계산기 조작, 문제단순화

각 위치가 정거상인 경우	
위치 4지구	거리총합
A	
B	
M	(중간지점)
C	
D	

각 위치가 정거장인 경우	
위치	거리총합
A	
B	
M	(중간지점)
C	
D	
E	

이것을 구하기 위한 방법은 크게 두 가지가 있다. 우선 첫 번째 방법은 잘려진 정사각형의 길이에 따라 만들어진 상자의 부피를 보여주는 표를 만들어 구하는 것이고, 또 다른 방법은 잘려진 정사각형의 크기와 만들어진 상자의 부피 사이의 관계에 관한 그래프를 그려서 구하는 것이다.

• 표를 그려서 구하기

활동 1: 우선 부피 y에 관한 정사각형의 한변의 길이 x의 관계를 정의해야 한다. 즉, $y=(60-2x)(40-2x)x$로 정의하자.

그 다음은 표를 그리기 위해 관계식을 입력해야 한다. 입력방법은 아래와 같다.

$$[Y=][(][60][(-1)][2][X/\theta/T/n][)][(][40][(-1)][2][X/\theta/T/n][)][X/\theta/T/n]$$

활동 2: x와 y에 관한 표를 알아보자.

[TABLE] 키를 누르면 다음과 같은 표가 화면에 보일 것이다.

또 [▲][▼] 키를 사용하여 위 아래로 움직이면 화면에 보이는 것 외에 모든 x값에 따른 부피 y값을 알 수 있다.

탐구문제 1

위 활동 2의 표를 보고 부피가 최대일 때, 정사각형의 길이 x를 구해보자

탐구문제 2

위 탐구문제 1에서 보인 자연수 x값 외에 $x=7.5$, $x=7.6, x=7.7$일 때 부피를 알아보자.

• 그래프를 이용하여 구하기

우선 그래프를 이용하여 문제를 해결하기 위해서는 다음이 우선 정의되어야 한다.

① x와 y의 값에 관해서 관계를 정의하여라.

② 그래프를 보고자 하는 좌표의 부분을 정의하여라.

활동 1: 위의 문제를 해결하기 위한 x와 y에 관한 관계식은

$$y=(60-2x)(40-2x)x$$

이다.
우선 이 식을 그래프로 그리기 위해서는 함수를 입력해야 한다. 그 입력방법은 다음과 같은 순서로 키를 작동하여 입력한다.

‣ 입력방법

[(][60][(−)][2][X/θ/T/n][)][(][40] [(−)]
[2][X/θ/T/n] [)] [X/θ/T/n]

Window (Rect)
Xmin = 0
Xmax = 0
Xscl = 0
Ymin = 0
Ymax = 0
Yscl = 0

활동 2: 그 다음은 그래프의 필요한 부분을 보기 위한 좌표의 부분을 정의해야 한다. 아래와 같이 6개의 값을 입력하는 화면을 볼 수 있다. 이것은 $x-y$축의 값의 범위를 나타내는 것이고, Xscl과 Yscl은 눈금의 크기를 나타내는 것인데 이것은 그래프 모양에 영향을 주지 않는다. 즉 화면에 나타나는 그래프의 범위를 지정하는 것은 다음과 같다.

X	Y1		
3	5508		
4	6656		
5	7500		
6	8064		
7	8372		
	8448		

우리 이제 보이는 화면의 값을 정의해야 한다. 우선 방정식

$$y = (60 - 2x)(40 - 2x)x$$

고려하여 정의하되 본래 문제에서 원하는 답을 구하기 위해 x값을 정의하자. 주어진 판자에서 잘라낼 수 있는 정사각형의 길이는 0에서 20 사이이다.

탐구문제 1

왜 x값이 0에서 20 사이의 값을 갖는지 알아보자.

앞에서 함수 Y1을 입력한 후 표를 [TABLE] 키를 사용하여 보았다.

탐구문제 1에서 x값의 범위가 왜 0에서 20인지 알아보았다. x값에 따른 값에 대한 범위를 정해야 하는데 이것은 조금더 어렵다. 함수 Y1에 주어진 식은 상자의 높이 x에 따른 부피인데 부피는 음수 값을 갖을 수 없으므로 y의 최소값 Ymin이 0이란 사실을 알지만 Ymax이 얼마인지는 알 수 없다. 하지만 표를 통해서 Ymax가 얼마인지 알 수 있다.

키를 이동하여 보면 부피가 8500 미만인 것을 알 수 있다. 그래서 y의 최대값을 위한 값을 약 9000이라 정하고 부피가 크므로, Yscl도 커야 한다. Yscl를 약 500 정도로 정하여라. 그래서 y축의 한 칸은 500, 1000, …, 9000이 된다.

활동 3: 위 2번의 분석에 따라 [WINDOW] 키를 누른후 화면에 보이는 여섯 개의 변수의 값을 정의하면 다음과 같다.

Window (Rect)
Xmin = 0
Xmax = 20
Xscl = 1
Ymin = 0
Ymax = 9000
Yscl = 500

활동 4: [GRAPH] 키를 누르면 그래프가 나타나는데 아래와 같다.

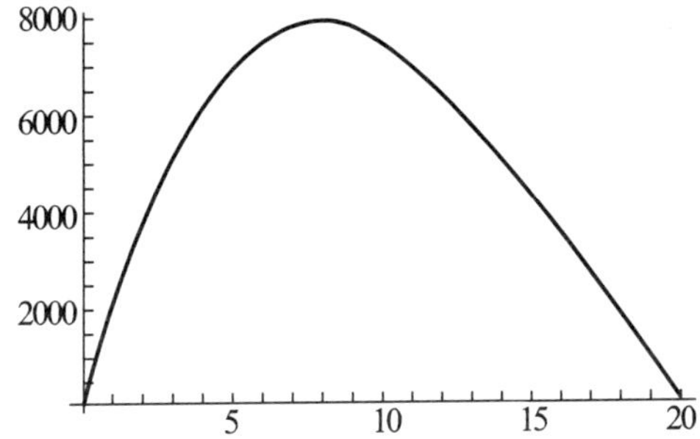

탐구문제 2

활동 2에서 살펴본 부피에 관한 표나 그 외에 관찰하는 방법에 근거해서 그래프가 위와 같이 보이는 이유를 설명하여라.

활동 5: [TRACE] 키를 이용하여 그래프 위의 점의 좌표를 읽어보자.
그래프 위의 십자모양의 좌표값은 화면 아래에 나타나는 것을 볼 수 있다. 이제 [TRACE] 키를 누르면 화면에 십자표(+)가 나타내는 그래프 위의 점이 $x=10$, $y=8000$을 나타내는 것을 알 수 있다.

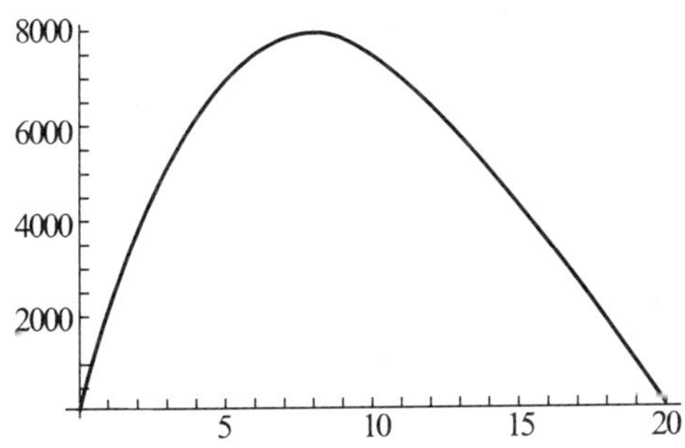

탐구문제 3

그래프에 관한 점의 좌표는 활동 2에서의 표의 값과 일치하는가? 이 두 개의 값이 부피 문제에 관해서 무엇을 의미하는지 생각해보자.

그리고 [TRACE] 키를 사용하면 그래프 위의 $x=10$, $y=8000$ 외에도 다른 점에서의 좌표값도 알 수 있다.

활동 6: [▲] [▼] [◀] [▶] 키를 사용하여 십자표(+)를 움직일 수 있다. 그리고 십자표는 그래프를 따라 움직인다. 즉, 화살표 키를 누르면 화면에 보이는 좌표의 값도 변한다는 것을 알 수 있다. x 좌표는 Xmin과 Xmax의 값에 결정된다. y 좌표는 식 $y=(60-2x)(40-2x)x$을 계산하여 값을 알 수 있다. 그리고 활동 2에서 살펴본 표에서와는 달리 항상 x 값이 정수가 아니라는 사실을 알 수 있을 것이다. 이것은 때때로 우리가 모든 주위의 현실문제를 그래프로 문제를 푼다는 것은 어렵다는 것을 알 수 있다.

활동 7: 화살표([▲] [▼] [◀] [▶]) 키를 이용하여 부피가 최대일 때의 x 좌표와 y 좌표를 구해보자.

탐구문제 4

이 그래프에서 부피가 최대일 때의 x 와 y 값이 얼마인지 알아보자.

이 점의 좌표에서 보여주게 되는 모든 소수점 아래의 수는 별 의미가 없을지도 모른다. 사실, 이 점은 우리가 찾는 점이 아닐 수도 있다. 단지 그것은 그래프의 이 최대값에 가장 가까운 바로 점일 것이다. 그리고 그래프를 조사해보면 우리가 탐구문제 4에서 얻은 최대값 y 를 포함하는 x 값의 범위가 있다는 것을 알 수 있다.

활동 8: 위에서 보이는 그래프에서 최대값이 존재하는 x 범위를 알아보기 위해 화살표([▲], [◀]) 키를 사용하여라.

탐구문제 5

활동 8과 같이 화살표 키를 사용하여 나타나는 오른쪽 점의 x 좌표와, 왼쪽으로 이동했을 때 x 좌표를 각각 구하여 보자.

오른쪽의 점 x 좌표: __________

왼쪽 점의 x 좌표: __________

그리고 우리가 찾는 답은 위 탐구문제 5에서 찾은 두 개의 점 사이에 존재한다. 그래프를 사용하지 않을 경우엔 표를 통해 우린 그 답을 찾을 수 있고, 그 답을 적어두자.

우리가 이 문제를 풀기 위해 활동 2에서 사용했던 표는 함수 그래프로 최대의 부피를 구하려고 한 것보다는 어림수의 값을 구하는 것은 쉽다. 하지만 표를 통해서 정확한 최대의 부피를 구하기란 어렵다.

그러나 그래프에서 [ZOOM] 키를 사용하면 빠르게 최대의 부피를 구할 수 있다.

활동 9: [ZOOM] 키를 누르고 화면의 메뉴를 먼저 살펴보자. [ZOOM] 키를 누르면 화면에 아래와 가은 메뉴를 알 수 있다.
여기서 우리가 사용하게 된 기능은 ZOOM IN과 MOOM OUT인데, AZOOM에서 [▲], [▼] 키를 사용하여 3번의 In과, 4번의 Out을 사용할 수 있다. 이 키를 사용하면 화면에 보이는 범위가 바뀐다.

A	
FACTOR	Auto
POWER	Box
EXP	In
TRIG	Out
HYP	Default
STO	Square
RCL	

Zoom In은 쌍안경을 통해서 보는 것처럼 그래프의 어떤 한 부분을 더 가까이 확대해서 보는 것과 같나.
Zoom Out은 Zoom In과는 달리 세부적이진 못하지만 그래프의 어느 한 부분을 그 화면에서 보이는 것보다 더 많은 것을 보이게 한다. 나무 한그루보다 숲 전체를 보는 것과 같다고 생각하면 된다.

활동 9에서의 그래프에서 구한 X값보다 Zoon In 기능을 사용하면 더 정확한 값이나 값의 범위를 알 수 있다.

1) 방법

단계 1: 확대 또는 축소하여 보고자 하는 부분에 십자표(+)를 움직여 놓는다.

단계 2: [ZOOM] 키를 누른다.

단계 3: [▲], [▼] 키를 움직여 [3In] 또는 [4Out]를 선택한 후 [ENTER] 키를 누른다(또는 [3], [4] 키를 누른다).

2) 방법

단계 1: 확대 또는 축소하여 보고자 하는 부분에 네모칸을 만든다고 생각하자.

단계 2: [ZOOM] 키를 누른다.

단계 3: [2Box] 키를 선택한 후 [ENTER] 키를 누른다(또는 [2] 키를 누른다).

단계 4: 원하는 네모칸 맨 오른쪽 위에 십자표(+)를 이동시킨 후 [ENTER] 키를 누른다.

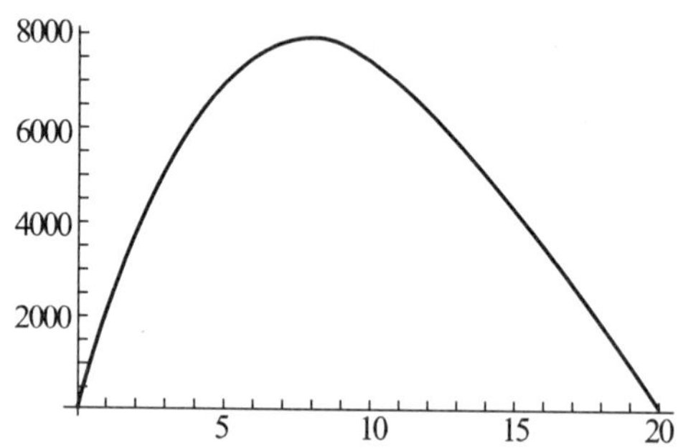

단계 5: 원하는 네모칸을 만들기 위해 [▲] [▼] [◀] [▶] 키를 사용하자. 그럼 위의 그림과 같이 원하는 상자가 보일 것이다.

단계 6: [ENTER] 키를 누르면 아래와 같이 원하는 부분의 그래프를 더 자세하게 볼 수 있다.

활동 11: 활동 9에서 얻은 그래프에서 최대값이라고 생각되는 부분의 값을 알아보기 위해 [TRACE] 키 또는 [▲] [▼] [◀] [▶] 키를 사용하자.

탐구문제 6

위의 활동 10에서 구한 최대값일 때의 x 값과 y 값을 알아보자.

$x =$ __________, $y =$ __________

만약 위 탐구문제에서 구한 x구간의 모든 x값에 대하여 최대인 y값이 같다면, 우리가 구하고자 하는 x값은 x구간의 전체의 수가 되어야 한다.

만약 부피가 최대라고 생각되는 구간을 한 번 더 [ZOOM In]을 한다면 부피 y를 최대로 하는 좀더 정확한 x값을 구할 수 있을 것이다.

활동 12: [ZOOM] 키를 누르고 [2Box]를 누르자. 그리고 부피 y를 최대로 갖는 x구간이라고 생각되는 곳에 위 방법 2에서 했던 것과 같이 상자를 만들다. 원하는 상자를 만들었으면 [ENTER] 키를 누르자.

다음과 같이 새로운 그래프가 보일 것이다.

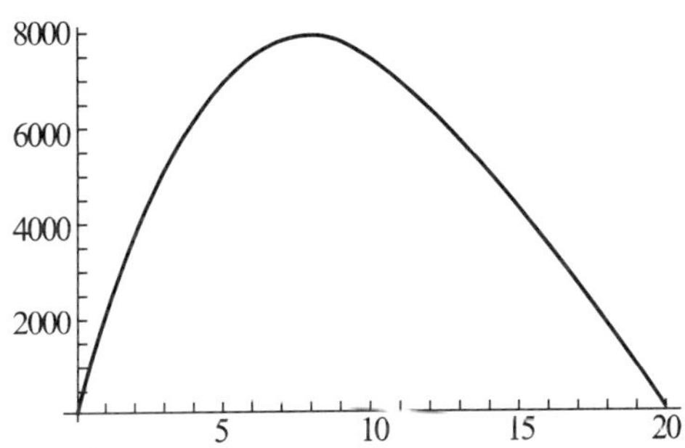

부피 y를 최대로 하는 새로운 x구간을 알아보기 위해 [TRACE] 키를 누르자.

탐구문제 7

부피 y를 최대로 하는 새로운 x구간을 알아보자. 그 구간에서 가장 정확한 x값을 구할 수 있는지 생각해보자. 단, 여기서 주의해야 할 점은 우리가 구하고자 하는 x값은 위에서 구한 x구간의 모든 수가 될 수 있다는 것이다.

탐구문제 8

위의 구한 그래프 위의 점에 관해서만 생각한다. 그럼 부피가 최대인 상자를 만들기 위해 나무판에서 잘라내는 정사각형의 크기를 얼마로 해야 할지 알아보자. 또 그때 만들어진 상자에 대해 아래 질문에 답해보자.

① 잘라낸 정사각형의 크기

② 상자의 높이

② 상자의 가로 길이

④ 상자의 세로 길이

⑤ 상자의 부피

탐구문제 9

우린 지금까지 부피가 최대인 상자를 만들기 위해 두 가지 방법을 사용해 보았다. 하나는 표를 사용한 것이고 또 하나는 그래프를 사용해서 풀어 보았다. 두 가지 방법의 장점과 단점을 조사해보자.

바. ICT 수업모형

강원도 중등수학교육연구회에서는 ICT활용을 수학의 수업활동에 연결하는 운동을 한다. 이들 프로그램은 중등학교의 수업에서 요구되는 마이드맵, 플래쉬, GSP 등 ICT활용교육에 대한 구체적 대안을 제시했다(강원도 중등수학연구회, 2003).

이 모임에서 최동철(2003)은 교수활동을 도입, 학생 및 토론, 정리 및 평가로 순서적으로 나열했고, PPT자료, 개인별 GSP자료, 탐구지 등을 이용하여 차시활동을 전개했다. 이를테면, 탐구활동으로 다음을 제시했다.

- 용어설명 - 내접, 외접, 외접원
- 탐구활동 1

  삼각형의 세 변의 수직이등분선을 한 점에서 만난다.

  방법 1 - 종이접기

  방법 2 - GSP 프로그램
- 탐구활동 2

  삼각형의 세 변의 수직이등분선의 교점에서 삼각형의 각 꼭지점까지 거리는 같다.

  방법 1 - GSP 프로그램
- 토론, 정리와 평가

  탐구활동결과 발표, 삼각형의 외심정리, 수준별 학습

6 수학의 수업설계

6.1 이론가의 설계모형

(1) 이론적 모형

한국교육개발원(1975)에서 연구한 수업모형은 설명식 수업 또는 다른 수업 유형에 알맞으면서 국내에서 오랫동안 실험을 통해 검증을 했다는 장점이 있다. 앞에서 말한대로 수업단계는 다섯 단계로 계획 - 진단 - 지도 - 발전 - 평가와 같이 진행한다.

진단 단계에서는 선행학습의 무결손, 부분결손, 완전결손을 분류하고 이에 알맞은 심화학습 또는 교정학습을 한다. 지도단계에 이어 발전단계에서도 차시 수업에 대한 형성평가를 하여, 연속하여 심화학습 또는 보충학습을 한다.

개발원의 모형에서 지도단계는 차시안에서 가장 중요한 부분을 차지하는데, 이 모형에서는 도입, 전개, 정리로 대개 한차시를 진행한다. 그러나 켐프(Kemp, 1985)는 이를 세분하여 다음과 같이 제시했다.

(a) 교과내용과 학습과제의 분석
(b) 교수 - 학습활동의 설계
(c) 수업보조자료의 선정
(d) 수업지원체제의 세분화

한편, 딕과 카레이(Dick & Carey, 1996)는 지도단계를 교수전략개발 - 교수프로그램 개발 및 선정으로 표현한다. 그러나 어느 모형을 택하여도 교실에서 한 시간에 교사와 학생들이 행하는 수업활동은 비슷하다.

실제로 수업의 시작은 학습과제분석에서 출발한다. 이것은 한 단원의 최종목표를 달성하기 위해 학생들이 획득해야 할 수학적 지식, 태도, 기능, 인지전략 등을 밝히는 작업을 의미한다. 이것의 필요성은 다음과 같다.

(a) 달성하려는 목표를 위한 구체적인 내용을 개열화하기 때문에 학생들 입장에서 보면 획득할 내용이 명백해진다.
(b) 학습내용의 위계를 정하여 실제학습내용의 조직이 용이해진다.
(c) 수업중에 일어나는 형성평가 또는 총괄평가의 문항작성에 도움이 된다.

학습과제를 분석하는 방법은 과제가 어느 영역에 관한 것이냐에 따라 달라진다. 이를테면 인지영역에 속하는 학습과제의 분석은 과제의 위계를 정하여 시행하는 것이 바람직할 것이고, 위계가 불분명한 정의적 영역에 해당하는 과제분석은 학습단계별 분석이 적합할 것이다.

다음은 어느 교실의 수업상황을 나타내는 교재이다. 학습과제의 분석이 어떻게 이루어졌는지 알아보아라. 또, 학생활동과 교사의 활동을 구분하여 설명하여라(SMP의 삼각함수).

카우보이는 그림과 같이 울타리에 앉아 로프에 손수건을 달고 반지름 1인 원을 그린다. 이 손수건의 위치는 2가 회전시점에 따라서 수시로 위치를 변화한다.

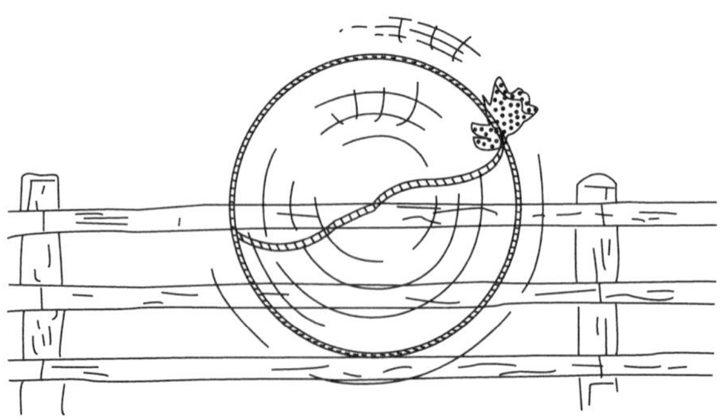

이것을 수학적 모델로 바꾸면 다음과 같다.

조사활동

① $(\cos\theta, \sin\theta)$는 동점(손수건)의 좌표? $h = \sin\theta$?

② $\theta > 360°$ 또는 $\theta < 0°$일 때 정의는 가능?

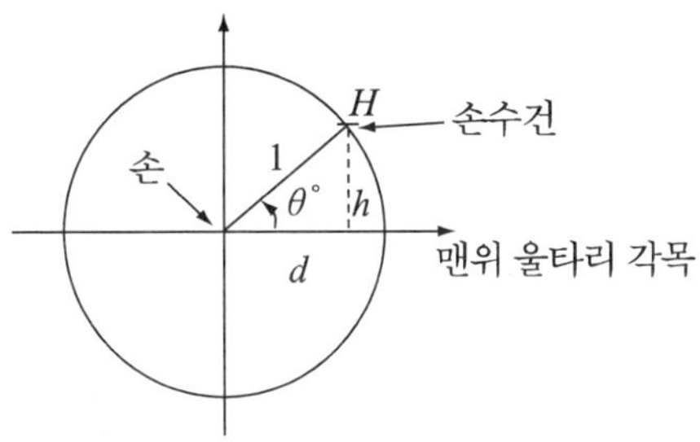

$\sin\theta$와 $\cos\theta$에 관한 그래프 그리기를 실험으로 유도한다.

활동지 1, 2 : 생략

사인과 코사인 함수의 그래프는 주기적이며 다음과 같은 그래프 모형을 가진다.

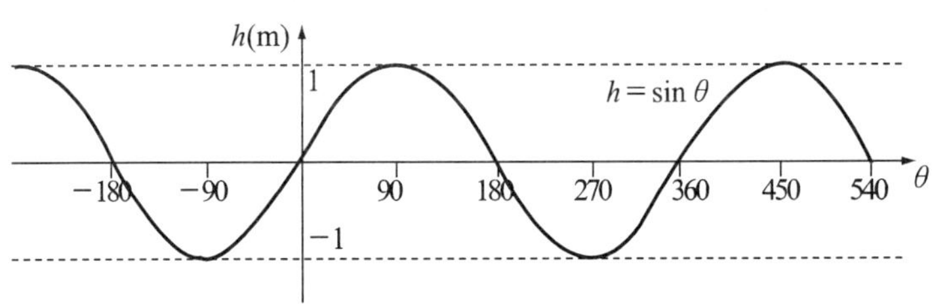

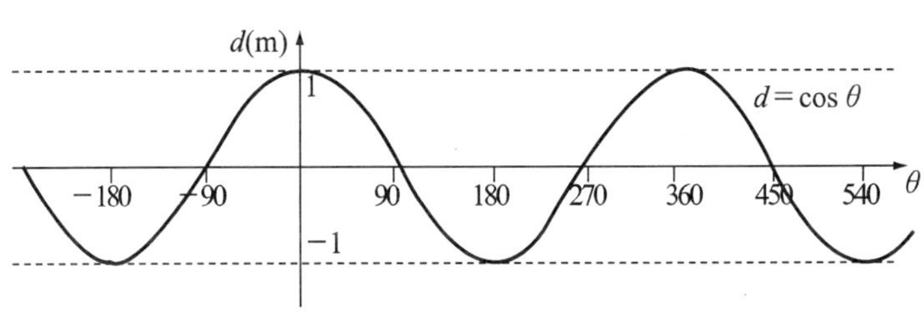

이상석(2003), 양현애(2004), 한미정(2003), 한동석(2003)의 비디오를 보고 과제분석의 차이점을 기술하라.

연 습

1. 계산기를 이용하여 $\sin 50°$, $\cos 50°$의 값을 구하여라.
2. 사인그래프를 보고 $\sin 50°$의 같은 값을 가지는 각 다섯 개를 써라.
3. $\cos 50°$에 대한 위의 1번, 2번 연습을 하여라.

(2) 학습형태별 설계과정

교실에서 일어나는 수업상황을 분석해보면 다음과 같은 정보기억을 필요로 하는 수업상황이 자주 일어난다.

(a) $\dfrac{dy}{dx}$를 구하여라.

① $y=\dfrac{1}{2}\sin x$ ② $y=5\cos x$

③ $y=0.1\sin x+0.5$ ④ $y=\sin 4x$

⑤ $y=\cos 2\pi x$ ⑥ $y=\sin 0.2x$

⑦ $y=3\cos 2x$ ⑧ $y=6\sin \dfrac{1}{2}\pi x$

⑨ $y=4+3\sin \dfrac{1}{3}x$

(b) ① $y=\cos 2x$ 일 때 $\dfrac{dy}{dx}$? ② $\displaystyle\int \sin 2x\,dx$

③ $\displaystyle\int \cos 3x\,dx$

교실에서 요구하는 정보의 양은 아주 많은데, 이 모든 것을 학습자의 노력에만 의존할 수 없어 교사는 학생을 도와주어야 한다. 이 분야의 교수설계는 통상적으로 제시, 연습, 모니터링의 기본적인 틀을 유지한다. 그러나 심화적인 틀에서는 기억의 대상이 너무 많고 어려울 때 학습자들에게 기억의 어려움과 흥미상실이라는 사건이 동시에 일어난다. 이때는 특별한 방식의 수업이 일어나야 하는데 임철일(2000)은 분할과 기억술(mnemonics)의 사용을 제시했다. 분할은 학습자가 한 묶음을 외우게 되면 다음 단계의 묶음을 외우게 되는 방식이며, 기억술은 학습자가 기억대상을 외우는 것을 도와주는 방식이다. 그는 한 예로 다음을 수업지도안으로 제시했다.

다섯 가지 기술	식품군
1군 - 단백질	일단
2군 - 칼슘	이 칼
3군 - 무기질, 비타민	삼무비
4군 - 탄수화물	사탄
5군 - 지방	오지

일단 / 이 칼을 / 삼촌이 / 무기로 / 비치한 후 / 사탄이 / 오지 / 않는다

개념의 적용을 위한 수업설계는 보통 개념의 적용은 일반성의 획득을 촉진하는 수업과 일반성의 적용을 촉진하는 수업으로 이분화된다. 이때, 전자는 귀납적인 과정을 중요시하고 후자는 연역적 과정을 선호한다. 다음은 귀납적인 과정을 강조하는 일반성의 획득에 대한 예이다.

빌수선이 F지섬으로 샀고, B시점으로 진행하녀, 감시선은 B지점에서 내기하고 있다.

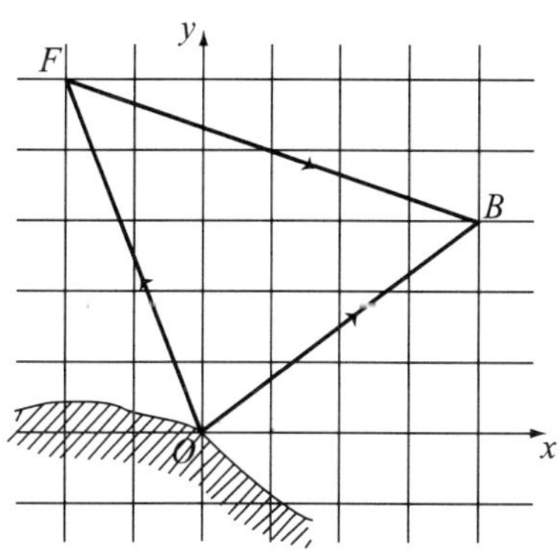

위의 귀납적인 상황에서 밀수선이 B에 도달했을 때, 그때의 위치벡터는

$$\begin{bmatrix} -2 \\ 5 \end{bmatrix} + \begin{bmatrix} 6 \\ -2 \end{bmatrix} = \begin{bmatrix} 4 \\ 3 \end{bmatrix}$$

이다.

이와 같은 개념의 적용(일반성의 적용)은 기본학습방식과 심화학습방식으로 나누어 수업설계를 논할 수 있다.

먼저 기본적인 틀은 교실에서 기본학습으로 생각하는 수준으로 임철일(2000)은 일반성 제시 - 결정적 특성을 보여주는 예 - 결정적인 특성을 보여주는 다양성 연습 - 정보제공과 동기유발의 피드백으로 절차를 제시했다. 여기서, 결정적 특성을 보여주는 예는 최소결정적 요소군(Markle, 1970)으로 그는 "어떤 개념의 전체 다양한 실예 중에서 주요 유형을 포함하는 것"이라고 말했다. 즉, 다양한 실 예의 폭을 보여주는 주요 방식을 확인해야 한다는 것이다.

또, 심화적인 틀에 대해서도 임철일(2000)은 일반성 - 실예 - 연습 - 피드백의 순서를 제시했다. 이 과정은 복합적인 일반성을 다루는데 이 틀을 이용하거나 사고 전략의 다양성을 강조할 때도 사용할 수 있다. 심화적인 틀은 앞의 기본과는 약간 다르게 운영되며 표상의 다양성, 힌트의 활용, 폴리야의 발견전략, 반례 등이 활용된다.

특히, 피드백에서는 폴리야의 문제해결의 네 단계 중의 반성단계에 해당하는 사고활동을 학습자에게 권장할 수 있다. 다음은 앞의 위치벡터에 대한 기본적인 틀을 활용하는 예이다.

일반성 제시

두 위치 P, Q 사이의 이동은 원점으로부터 이동의 변화로 정의할 수 있다.

$$\overrightarrow{OP} + \overrightarrow{PQ} = \overrightarrow{OQ}$$

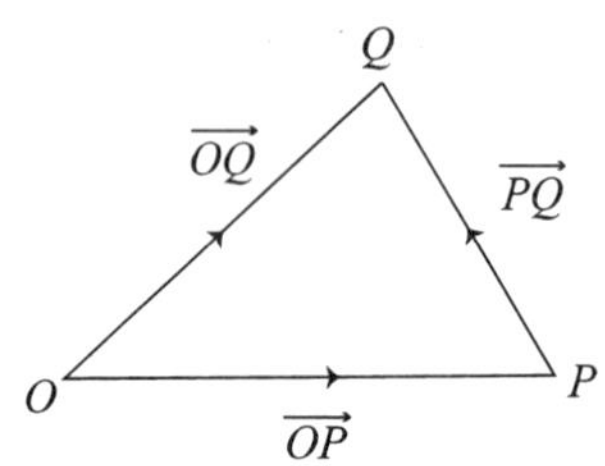

예 비행기가 위치벡터 $\begin{pmatrix} 3 \\ +6 \end{pmatrix}$을 가진 점에서 위치벡터 $\begin{pmatrix} 7 \\ -3 \end{pmatrix}$을 가진 점으로 이동한다. 이동을 구하여라.

$$\begin{pmatrix} 3 \\ 6 \end{pmatrix} + \text{이동} = \begin{pmatrix} 7 \\ -3 \end{pmatrix}$$

그러므로 이동은 $\begin{pmatrix} 4 \\ -9 \end{pmatrix}$로 나타낸다.

다양성

단순한 연습은 다음과 같다.

	(a)	(b)	(c)	(d)
위치벡터	$\begin{pmatrix} 200 \\ 90 \end{pmatrix}$	$\begin{pmatrix} 7 \\ -7 \end{pmatrix}$	$\begin{pmatrix} -32 \\ 16 \end{pmatrix}$	
새로운 위치벡터			$\begin{pmatrix} -15 \\ -4 \end{pmatrix}$	$\begin{pmatrix} -10 \\ -8 \end{pmatrix}$
이동벡터	$\begin{pmatrix} 126 \\ -9 \end{pmatrix}$	$\begin{pmatrix} 66 \\ -74 \end{pmatrix}$		

그러나 위의 수업설계는 개략적인 절차이기 때문에 앞 단원에서 연구한 여러 종류의 수업모형에 따라 더욱 세분화될 수 있다. 이동식 수업에서보면 대부분의 수학교사는 심화반에는 심화적인 틀을 이용하여 개념적용수업을 하고 학습속도가 느린 반에는 기본적인 틀을 사용하는 경향이 있다.

앞의 개념에서 원리의 법칙(정리)을 분리해서 수업설계를 하는 경우가 있다. 이를테면, 일반성의 획득에서도 귀납적 방법은 사실 발견과정이 들어있는 탐색(exploration)을 의미한다. 물론 귀납과정을 설명으로 처리할 수도 있지만, 학습자의 적극적 참여가 예상된다면 관찰과 탐색이 주가 되는 수업이어야 한다. 이들 관계를 임철일(2000)은 다음 표로 나타내었다.

	참여가 약함	참여가 강함
일반성	설명식 제시	발견식 제시
실 예	실예의 관찰	실예의 탐색

탐색은 귀납적 과정으로 여러 요소와 단계를 통제하여 그것의 결과가 어떻게 변화하는지를 관찰하는 것이다. 이러한 활동은 발견(일반성 제시)과는 다르다.

지금까지 말한 개념과 원리 · 법칙의 적용은 이해와 밀접한 관련성이 있다. 앞의 설계모형들은 모두 이해에 근거를 두고 있다고 볼 수 있다. 이해의 속성을 살펴보면 다음과 같은 교실의 활동은 의미 있다고 보고 있다.

- 선수개념의 획득과 맥락활성화
- 새로운 지식의 연결
- 보강방법 고안
- 하위지식(분석), 경험지식(사례화), 비유지식, 인과지식(추론), 기능적 지식

문제해결을 위한 교수설계는 PBL, PSS, 폴리야모델, GBS에서 구체적으로 그 안을 제시한 바 있다. PBL은 의사들이 직면하는 매일매일 문제해결의 상황(또는 문제)은 덜 정리된 구조를 가진 상황들이기 때문에 의사들에게 추론기술과 자기주도적 기술을 가르쳐 변화하는 상황에 대처하여 의사결정기술을 향상시키고자 시도한 모형이었다. 베로우와 마이어스(1993)에 의하여 체계화된 교수설계는 포괄적으로 다음과 같다.

1단계: 실제 문제 설정(비구조화된 상황)
2단계: 발표
3단계: 문제해결 후

첫째 단계에서는 앞으로 있을 문제해결의 활동과 학습활동을 전체적으로 안내하는 중요한 역할을 하며, 문제구조파악과 해결계획을 말한다. 발표에서는 공동학습과 최종결론을 전체 학생 앞에서 발표함으로써 상대방의 대안적 아이디어와 자신의 것을 비교한다. 한편 GBS(goal based scenario)는 컨설팅 회사에서 활용되었던 컴퓨터 시스템을 매개로한 수업환경 모델이라 할 수 있다(이재경, 1996)

단계 1: 임무

학습자들이 달성하고자 하는 목적을 말한다. 이를테면 어떤 특정 트럭회사를 효율적으로 운영하는 임무 등이다.

단계 2: 설명, 통제, 발견, 설계

단계 3: 커버스토리

단계 4: 시나리오 오퍼레이션

지금까지 말한 PBL, GBS, PSS들은 구성주의적 수업환경을 설계하기 위한 시스템이라 할 수 있다. 또한 종전에 학교수학에 접목하였던 경험중심수업, 학문중심 교육과정의 약점(주입식, 단편지식교육)을 극복하고자 하는 노력이다. 이 구성주의적 수업은 이해와 기능을 매우 중시한다. 이해는 학습자 개인이 가진 지식구조 또는 경험에 새로운 지식, 정보, 자료, 경험이 연결되어 기존의 구조가 변경되는 과정을 의미한다(임철일, 2000). 또, 기능은 어떤 사람이 새로운 환경(또는 상황)에 접했을 때 이를 처리할 기능이 있다 또는 없다와 관련이 된다.

이 기능에 관한한 PBL은 환자의 진단과 처방을 할 수 있다 또는 없다라는 기능을 마련해주고, GBS는 광고주와 면담하는 문제상황을 통하여 면담기능을 획득하는 환경을 제공한다. 이를 프로그램에서는 실제적 문제상황은 매우 중시하는데 실제 일어나는 사건 또는 과제를 해결하는 경험을 제공해주는 과제를 말한다(Barrows, 1985). 따라서 학습자가 좋아하는 실제적 문제를 설정하고 교사는 조언과 질문을 통해 학습과정을 도와주는 도중에 학습자는 학습과정을 주도한다(Collins, 1990). 개별적 학습과 병행하게 협력학습을 실시하고 여러 대안적 관점을 토론한다(Duffy, 1993).

마지막으로 반영적 활동으로 들어가 보다 주도적으로 학습과정에 참여할 수 있도록 지원한다(Schon, 1987).

비디오

(1) 마이크로 수업 중 PBL의 정신에 입각하여 설계한 함혜영(2003), 한동석(2003)의 비디오 자료를 비교해보고 구성주의 관점의 수업설계를 구상하여라.

(2) 정월홈(2002)의 수업에서 일차방정식에 관한 문제해결 수업방식과 위의 두 사람의 수업방식을 비교하여라. 또, 문제해결의 수업설계를 구상하여라.

수업보도자료의 선정은 수업을 질적으로 관리하는 데 없어서는 안될 요소이다. 요즈음은 ICT 활용을 통한 수업매체를 효과적으로 관리하고 있으며, 파워포인트 자료는 수업을 영상적으로 격상시킨다.

다음은 이 자료를 T.V에 올려놓고 어떤 탐구활동을 유도하는 영상자료이다.

정사각형 모양의 종이를 아래 그림의 왼쪽과 같이 세 조각으로 잘라낸 다음, 모든 조각을 이용하여 아래 그림의 오른쪽과 같은 모양을 만들어 보자.

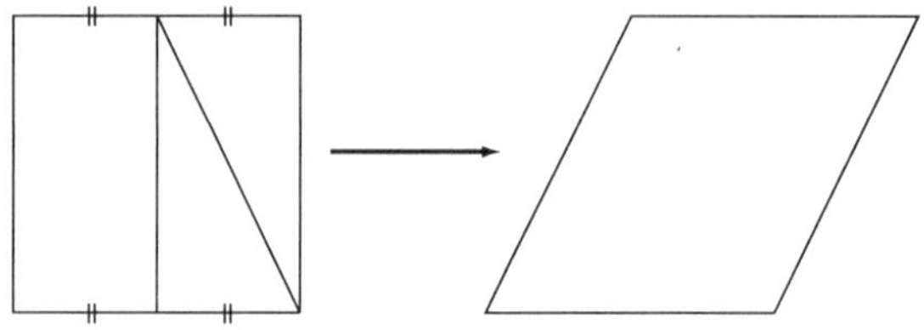

이와 같은 종이 잘라 붙이기를 잘 이용하면 도형에 관한 어떤 수학적 사실을 증명할 수도 있다.

직각삼각형의 세 각의 크기 사이의 관계를 종이 잘라 붙이기 방법으로 이용하여 알아보자.

켐프(Kemp, 1989)는 수업매체의 기능을 다음과 같이 제시했다.

(a) 동기유발과 학습활동을 흥미 있게 유도한다.
(b) 교사와 학생의 의사교환, 상호작용을 원활하게 한다.
(c) 수업시간 절약, 효율적인 수업관리, 학습태도의 향상 등에 긍정적이다.
(d) 교사의 반복적 수업활동을 가능하게 하고, 중요한 내용의 이해에 좋은 보조활동을 한다.
(e) 전체적으로 학습의 질을 한 단계 올려준다.

수업 보조자료의 특성과 장단점은 이 단원의 끝부분에서 다시 이야기된다.

6.2 단원설계

단원설계에서 취급될 수 있는 항목으로서 다음과 같은 것을 설정할 수 있다.

단원설정 배경: 여기서는 왜 이 단원이 나오게 되었는지 전시학습 내용과 후속학습 내용을 연결해 주면서 설명한다. 단원의 필요성을 강조하지 않으

면 학생들은 자기가 왜 배우는지를 알지 못하는 경우가 있다.

단원의 목표: 진술시 필요하면 예나 그림을 항상 제시할 수 있어야 한다.

시간계획 및 학습보조 자료: 한 단원은 한 시간으로 끝나지 않고 몇 시간을 필요로 하므로 총 몇 시간으로 단원을 지도할 것인가?

또 알맞은 학습보조 자료은 어떤 것을 선택할 것인가를 정해야 한다.

단원의 이론적 배경: 수학사에서 어떤 수학의 제목에 대해 이론적인 내용의 발전과정을 찾아낼 수 있거나, 대학에서 배운 수학의 활용을 여기에서 할 수 있다. 예를 들어 이차방정식 $x^2-3x+1=0$의 해를 발견하는 단원은 수학사를 보면 고대수학에서 특수한 이차방정식을 그림을 통해 작도함으로써 길이의 측정을 통해 그 해를 얻어내려는 이야기가 있었다.

$$x^2 = a \cdot b \iff$$

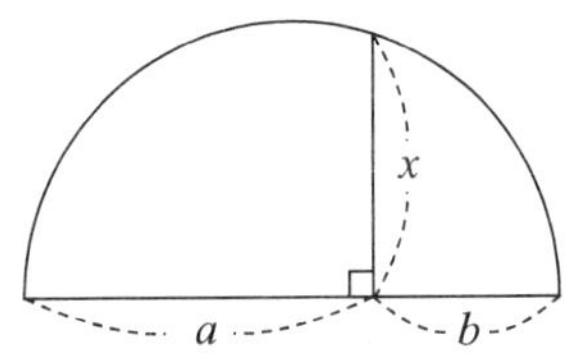

이러한 소재를 교사가 항상 준비하고 있음으로써 내용의 위계성을 파악하는데 도움을 주며, 학생들과 수업을 흥미있게 하기 위해서도 긴요하게 사용된다.

따라서 사범대학에서 미래의 교사를 지원하는 학생들에게 제시해야 할 가장 중요한 과제는 중등학교에 있는 제목들의 이론적인 배경을 항상 준비시켜 주어야 한다. 추상대수, 실해석학, 기하 등에 있는 내용 중에서 중등학교 교과서에 있는 수학내용과 어떻게 연계성을 갖느냐를 쉽게 풀어서 주어야 한다. 예를 들어 추상대수학에서 배우는 군의구조는 곧 고등학교 대수에서 쉽게 응용할 수 있는 내용이므로 고등학교 교과서를 펼치고 내용의 구성과정을 설명해야 한다는 것이다.

6.3 시간설계

차시계획이라고도 한다. 수업설계 중에서 가장 중요한 부분이다. 한 단위시간에 교사는 학생들이 흥미를 가지고 적극적으로 수업에 임해 주기를 바란다. 학생들이 재미있게 수업을 하려면 교사는 지도기술과 교과내용에 대하여 깊이 이해하고 있어야 한다. 처음 지도를 해보는 교사들은 자기만 충분히 교과내용을 이해하면 수업을 받는 학생들도 교사와 같은 수준으로 이해하리라 미리 확신을 하는 경우가 많다. 그러나 학생들은 과거에 배운 학습내용도 기억하고 있어야 하며 교과서만으로는 수학내용을 잘 이해할 수 없다. 즉, 학생들이 이해하기 편하게 그림도 많이 있고 알맞은 연습문제도 있고 어려운 문제도 갑자기 나오지 않기를 바란다.

교사는 개인차가 서로 다른 많은 학생들을 대상으로 어떻게 가르쳐야 할 것인가에 대하여 깊이 생각하게 된다. 지도순서는 어떻게 제시해야 할까? 동기유발은 어떻게 시켜야 할까? 어떤 질문을 던짐으로써 학생들의 창의적인 생각을 이끌어 낼 수 있을까? 등이다.

다음과 같이 순서를 중요시한 교수 - 학습활동을 나열하여 보자.

① 수업의 목표 진술

② 수업의 도입

③ 수업에서 진행되는 핵심 소재(key point) 제시

④ 수업의 종합

⑤ 숙제 제시

⑥ 평가

⑦ 지도에 필요한 자료진술

현직교사(2001)의 수업과 정미랑(2003)의 마이크로 수업을 보고, 위의 일곱 가지 절차를 어떻게 실현했는지 비교하여라. 또, 의사소통에서 어떤 차이가 있는가?

(1) 수업목표

목표진술에 대해서는 앞에서 언급하였다. 목표진술시에는 교사 자신에게도 필요하지만 학생들의 필요를 위해 구체적이면서 명확하게 목표를 진술해야 한다고 했다. 모호한 목표진술은 학생들이 이 시간에 무엇을 배워야 할지를 모른다. 목표진술을 함으로써 다음과 같은 효과를 얻을 수 있다.

① 수업을 시작할 때 어느 누가 봐도 수업의 내용이 무엇인지를 이해할 수 있다.

② 목표가 제시됨으로써 교사로서는 교수 - 학습의 절차와 학습보조 자료의 준비를 확실히 생각할 수도 있다.

③ 평가활동에서 구체적인 절차와 내용을 예측할 수 있다.

예를 들어 본 시간의 수업목표를 다음과 같이 기술했다고 하자.

이차방정식 $ax^2+bx+c=0$의 근을 구하기 위해서 근의 공식

$$x=\frac{-b\pm\sqrt{b^2-4ac}}{2a}$$

을 유도할 수 있다.

처음 수업에 임하는 누구라도 이 목표를 봄으로써 앞으로 한 시간 동안 진행되는 수업내용을 짐작할 수 있다.

교사는 어떤 지도절차를 제시할 것인가 구체적으로 생각하게 된다. 예를 들어 $2x^2+3x-4=0$을 완전제곱식으로 고친 다음

$$x=\frac{-3\pm\sqrt{9-4\times2\times(-4)}}{2\times2}$$

를 구해 본 다음, 일반적으로 $ax^2+bx+c=0$을 완전제곱식으로 고친 다음

$$x=\frac{-b\pm\sqrt{b^2-4ac}}{2}a$$

을 유도한다.

이러한 지도절차가 정해지고 학생의 활동계획을 생각하게 된다. 또 평가는 어떤 방법으로 할 것인가도 생각할 수 있다.

(2) 수업의 도입

도입은 수업활동에서 중요한 부분이다. 학생들은 도입부분에서 교사가 재미

있고, 쉽게 지도내용을 이끌어가면 흥미를 느끼게 되고 적극적인 자세를 가진다. 도입부분의 효과는 다음과 같다.

① 학생들의 주의를 이끈다.
② 학생들의 흥미를 이끈다.
③ 학생들에게 선수학습과 어떻게 관련 있는가를 보여준다.

이러한 효과를 주기 위하여 루니온(Runion)은 다음과 같은 활동을 제시하였다.

- **목표진술**: 시간의 수업목표를 명확하게 제시함으로써 수업을 시작한다.
- **요약하기**: 본 수업의 핵심(key point)을 쉽게 제시한다.
- **유사를 제공하기**: 본 수업내용에 관련된 수학내용 또는 실험문제를 제시한다. 예를 들어 $3x = 9 \pmod 6$를 풀기 위하여 유사장면으로 $2x + 4 = 10$을 풀게 한다.
- **역사적 배경 제공하기**: 수학사에 있는 관련된 이야기를 제시하면서 수업에 들어간다.
- **선수학습 상기**: 본 단원에 선수학습 역할을 하는 내용을 소개한다.
- **학습이유를 주기**: 학생들이 왜 본 수업을 해야 하는가 이유를 제공한다.
- **문제장면 제시**: 생활장면에서 본 수업과 밀접하게 관련된 문제장면(problem situation)을 제시한다.

도입에서 유의미 설명식 수업, 탐구수학화 수업, 구성주의(상황인지) 수업을 비교하여라. 특히, 이를 위해 앞에서 본 비디오 '포물선, 삼각함수, 확률, 피타고라스 정리, 수열(현직교사)'의 수업을 분석하여라.

1) 목표진술

목표를 진술하고 수업에 임하는 것과 목표를 진술하지 않고 수업에 임하는 것은 학생들의 성취도에서 차이가 있음을 연구 결과가 말하고 있다. 목표진술은 칠판에 명확하게 쓰는 경우도 있고, 교사가 구두로 이야기하는 경우도 있다. 단, 교사주도의 수업을 할 경우는 목표를 명확히 결과까지 제시하겠지만, 발견학습으로 할 경우는 목표를 제시할 필요는 없다. 예를 들어 다음 두 진술을 비교하여보자.

예 1 $\triangle ABC$의 두 변의 중점을 연결한 선분은 나머지 변과 평행하고, 그 길이는 나머지 변의 길이의 반과 같음을 이해한다. 이것을 기호로 나타내면

$$\overline{PQ} = \frac{1}{2}\overline{BC}$$

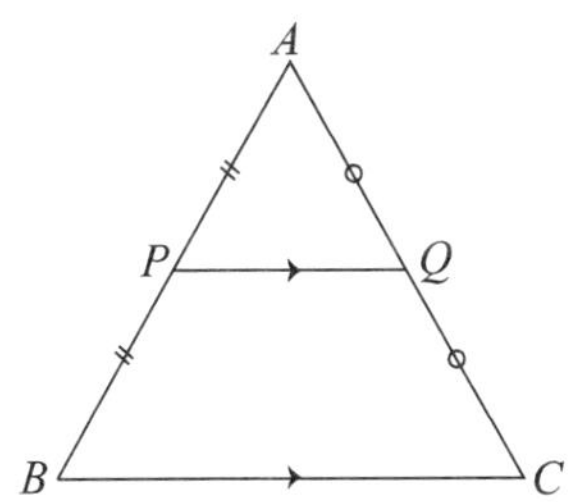

예 2 여러분은 지금부터 $\triangle ABC$의 두 변의 중점을 연결하면 이 선분과 나머지 변과는 어떤 관계인지 발견하게 된다. 이를 기호로 나타내면

$$\overline{PQ}\ \boxed{?}\ \overline{BC}$$

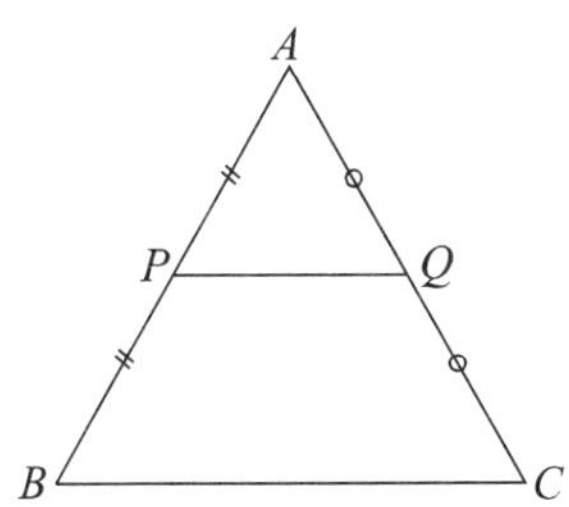

위에서 (예 2)는 목표진술이 아니고, 앞으로 수업이 끝날 즈음 새로운 정리를 발견하게 되는 상황을 설명했을 뿐이다.

2) 요약하기

본 수업에서 배우게 될 내용 중에서 핵심요소를 제시함으로써 학생들이 무엇을 이해해야 할지를 알게 하는 방법이다. 예를 들어 위의 삼각형의 중점연결

정리의 목표를 제시한 다음, 다음과 같이 요약을 줄 수 있다.

① 두 변의 중점을 연결하기
② 연장선의 뜻($\overline{DE}$ 를 연장하기)
③ $\overline{DE}//\overline{BC}$를 증명하기
④ $\overline{DE}=\frac{1}{2}\overline{BC}$를 증명하기
⑤ 삼각형의 중점연결정리를 진술하기
⑥ 증명된 삼각형의 중점연결정리를 활용하기

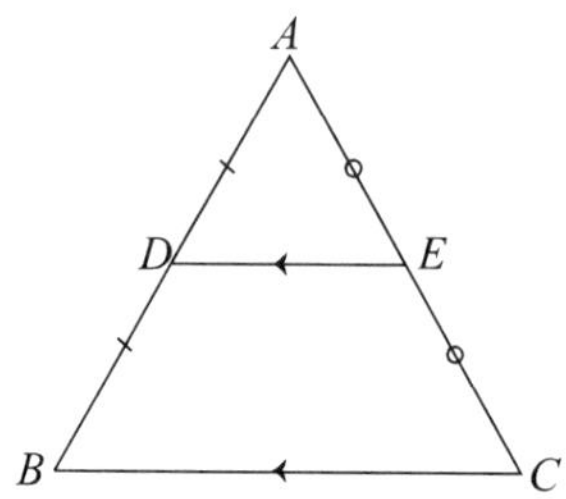

이와 같이 요약할 때 주의해야 할 점은 아직 배우지 않은 내용이기 때문에 학생들이 교사가 한 요약을 이해하지 못하는 경우가 있다. 따라서 그림을 그려 가면서 때로는 보기를 주면서 또는 용어를 사용하지 않으면서 이를 제시해야 한다.

3) 유사를 제공하기

이 방법은 교사가 직접 본 수업의 내용을 진행하기 전 본 수업에 관련된 이미 배운 내용 중에서 유사한 내용을 도입하는 것이다.

학생들은 이미 배운 내용에서 자연스럽게 본 수업을 연결할 수 있다. 예를 들어 교사가 $3\sin\theta+1=0$을 지도한다고 해 보자. 교사는 이미 학습된 내용 중에서 이와 유사한 $3x+1=0$을 제시한다. 여기서 x의 값을 어떻게 구하는지 복습해 본다. 즉, $3x+1=0$에서 이 방정식을 참이 되게 하는 x의 값은 얼마인가?

또는 이미 알고리즘이 형성되었으므로 다음과 같이 복습할 수 있다.

$$3x+1=0$$
$$3x=-1$$
$$x=-\frac{1}{3}$$

여기에서, 학생들은 x의 뜻을 이해하게 되고, x의 값을 구하는 알고리즘을 연습하게 된다. 다음, 교사는 $3\sin\theta+1=0$을 제시한다.

4) 역사적인 배경을 제공하기

인류가 수학내용을 어떻게 발전시켰느냐는 재미있는 관찰이 된다. 학생들에게는 새로운 수학을 만들어가는 과정이므로 옛날 사람이 어떻게 생각하였을까는 재미있는 관찰 대상이다. 스테이너(Steinen, 1970)은 엇각과 동위각을 배우는 중학교 1학년 유클리드 기하에서 다음과 같은 일화를 들려줌으로써 수업의 효과적인 도입을 시도했다.

대부분의 사람들은 콜럼버스가 인도로 가는 길을 찾기 위하여 출발했을 때 영영 돌아올 수 없다고 생각했다. 왜냐하면 지구는 평평하다고 믿었기 때문이었다. 그러나 콜럼버스 이전의 사람들이 모두 그렇게 믿고 있지는 않았다. 콜럼버스보다 1700년 전쯤에 살았던 그리스 수학자 에라토스테네스가 대표적인 사람이었다. 그는 지구가 둥글다고 믿었고 지구의 둘레 길이를 현재 측정치의 1% 내로 오차를 보이면서 측정했다. 그가 생각한 것을 그림으로 나타내면 다음 그림과 같다.

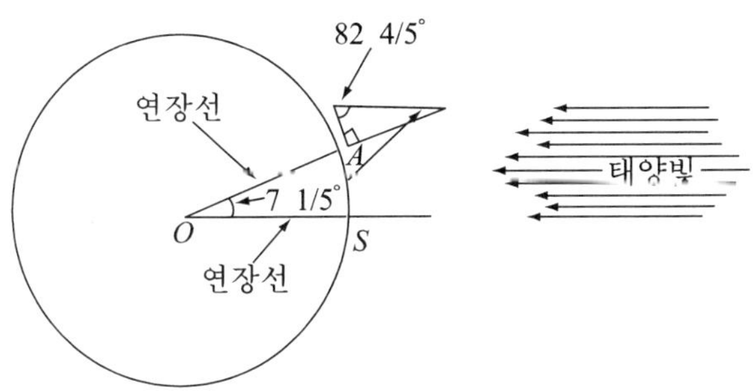

여기서, S는 이집트의 지명 '시에네'를 말하며, 지구의 중심에서 햇빛이 수직으로 내리쬐는 곳이다. A는 '알렉산드리아'를 뜻한다.

S에서 A까지는 5,000 스타디아(약 500마일)이었으므로

$$\begin{aligned}(\text{지구의 둘레}) &\sim 50\times 5000 \text{ 스타디아}\\ &\sim 250000 \text{ 스타디아}\\ &\sim 25000 \text{ 마일}\end{aligned}$$

이와 같이 교사는 수학사를 도입하여 수업내용을 흥미있게 이끌어갈 준비가 항상 되어 있어야 한다.

5) 선수학습 상기

본 수업에서 제시되는 수학내용이 이미 배운 수학내용과 연결되어 있는데도 교과서는 대부분 선수학습내용을 제시하고 있지 않다. 교사는 이러한 선수학습 내용을 자연스럽게 연결해줌으로써 학생들의 이해를 도와주는 시간을 마련해야 한다. 예를 들어 함수 $f(x)$의 도함수 $f'(x)$는

$$f'(x)=\lim_{h\to 0}\frac{f(x+h)-f(x)}{h}$$

와 같다. 기호로 $\frac{dy}{dx}$, $f'(x)$로 나타낸다.

이와 같은 도함수의 뜻을 배울 때 이 내용을 잘 이해하려면 다음과 같은 선수학습요소를 알아야 한다.

- $\lim\limits_{h\to 0}$의 뜻
- 미분계수의 뜻

함수 $f(x)=x^2$의 $x=2$에서

$$f'(2)=\lim_{h\to 0}\frac{(2+h)^2-2^2}{h}=\lim_{h\to 0}(4+h)=4.$$

6) 학습이유를 주기

본 수업에서 제시되는 수학내용이 생활에 얼마나 유용하게 활용되는지 등등을 보여 주는 것이다. 예를 들어

① 여러분은 대부분 17세가 되므로 앞으로 여러분 자신이 자전거를 살 기회가 있다. 본 수업을 배우고 나면 자전거를 유지하는 데 드는 비용을 어떻게 계산하느냐를 알게 된다.

② 여러분의 친구가 여름방학에 아저씨의 일을 도와주고 얼마를 받았다고 하자. 그 중 $\frac{1}{2}$은 책을 사는 데 썼고, 나머지 $\frac{3}{4}$은 학용품을 사는데 썼다. 맨 나중에 남은 돈을 알아보니 1,500원이 되어 저축을 했다. 이때 처음 친구가 번 돈을 얼마인지를 질문 받았을 때 여러분은 이런 종류의 문제가 나오면 어떻게 그 답을 계산하겠는가를 본 수업을 하면 쉽게 해의 길이를 알게 된다.

위의 제시한 보기 이외에도 수학내용 간에 위계성 때문에 과제 A를 배워 과제 B에 효과적으로 활용하는가를 설명할 수 있다.

7) 문제장면 또는 실생활 상황 제시

최근에 무척 강조되는 교사의 표현방법이다. 본시에 이루어질 학습내용은 직접 간접적으로 실생활에 밀접하게 관련을 맺고 있다.

예를 들어

교실의 천정과 벽이 만나는 지점 

등이다.

또, 실험과 관찰을 통해 도입하게 되는 경우도 많다. 이를테면, 모눈종이의 활동으로 다음 그림과 같은 조작활동도 좋고, 구성주의 또는 상황인지에서 말하는 ○○랜드에서 생긴 일, 서해안 조류간만의 차 등도 좋다. 이 상황 자체가 수학의 개념, 일반화, 증명 및 계산을 생성한다.

$\Longleftrightarrow$ $\triangle ABC$의 세 내각의 합은 $180°$

실생활에서 유사한 생활장면은 학생들에게 큰 동기유발을 제공한다.

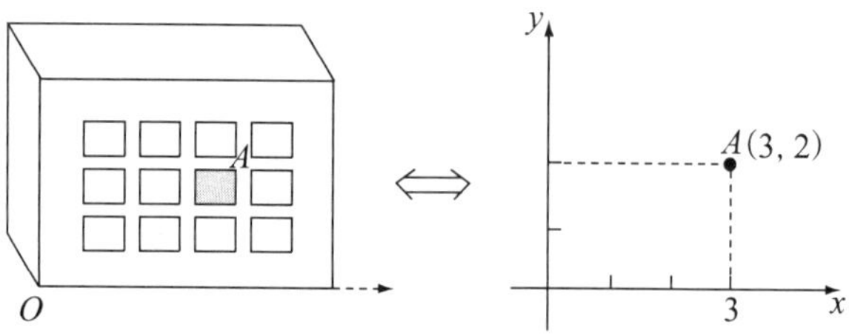

대수부분에서 문장제를 통해 문제 장면을 제공할 수 있다.

학생 A가 6,400원짜리 자전거를 사고 싶어 한다. 현재 저금통에 1,400원이 있다. 매주 500원씩 저축하면 몇 주 후에 자전거를 살 수 있는가?

$\Updownarrow$

$ax+b=c$ 형의 방정식의 뜻과 풀이

문제장면 제시를 독특하게 도입한 최소연(2004)의 '도형의 이동(고1)'의 마이크로 수업을 보고 그 장단점을 비교하여라. 만일, 문제장면 제시가 본시의 수업핵심 요소를 이끌어 줄 수 있는 아이디어가 부족한 경우의 사례를 조사하여라.

(3) 수업에서 진행되는 핵심요소

도입이 끝난 다음 본 수업에서 진행되는 핵심내용을 순서적으로 나열하여 제시하게 된다. 개인에 따라 나열하는 방법이 다양하다.

1) 학습내용의 제시

- 가르쳐야 할 내용의 위계분석에 이어 가장 기본적인 과제부터 시작하여 점차 일반적인 과제에 이르기까지 순서적으로 계열을 만든다.
- 수업형태를 생각하여 내용을 계열로 나열한다. 이를테면, 협력학습 형태에는 논리적인 수학내용의 계열보다 실생활 문제상황의 선정이 아주 중요하며(예, 프로젝트), 유의미 설명수업에는 학생들의 지적모델과 일치하는 자료제시가 중요하며, 문제해결 또는 개념 수업에도 각각에 알맞은 내용제시방법이 있다. 또, 상황인지수업, 구성주의수업 및 탐구중심 수업 등에 알맞은 내용제시 방법이 있다.
- 발문의 수준과 유형을 미리 준비한다. 앞과 마찬가지로 수업유형에 따라 질문의 수준과 형태 활동의 방법이 달라진다.

2) 학습자료제시

- 학습자료는 목표를 달성하는데 도움을 주는 매체를 주로 말한다. 이것을 말할 때는 주로 컴퓨터와 같은 보조자료를 말하는데, 다음과 같은 활동소재도 훌륭한 자료이다.

다음 조건을 만족하는 $\triangle ABC$와 $\triangle A'B'C'$을 아래 모눈종이에 그려 보아라.

① $\angle C = 90°$, $\overline{BC} = 3\,\text{cm}$, $\overline{AC} = 4\,\text{cm}$

② $\angle C' = 90°$, $\overline{B'C'} = 6\,\text{cm}$, $\overline{A'C'} = 2.5\,\text{cm}$

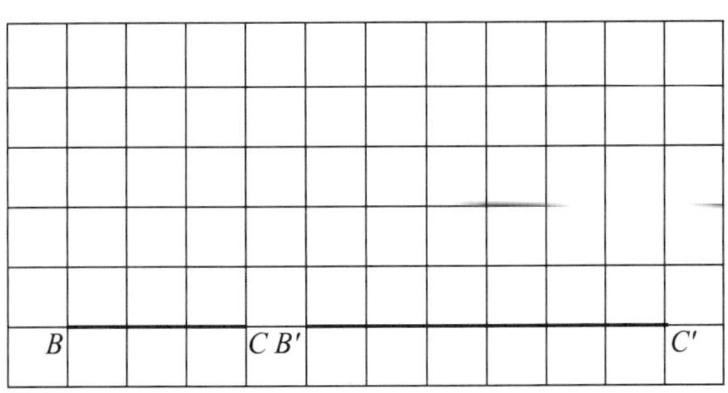

또, $\overline{AB}$와 $\overline{A'B'}$의 길이를 재어 보고 다음 □ 안에 알맞은 등호나 부등호를 써 넣어라.

$$\overline{BC}^2+\overline{AC}^2 \;\square\; \overline{AB}^2,\ \overline{B'C'}^2+\overline{A'C'}^2 \;\square\; \overline{A'B'}^2$$

- 자료는 학습내용의 계열성을 고려하여 제작하기 때문에 학습자의 수준이나 학습내용에 맞추어 단계별로 제공한다. 이를테면, 구성적 수업과 상황인지 수업에서 사용하는 자료형태와 제시방법을 설명식 수업과는 크게 다르다. 다음 소재를 파워포인트 자료로 T.V에 올려놓을 때, 설명식 수업과 구성적 수업에서 소재의 제시 수준, 목적, 형태는 크게 다룰 수 있다(각자 생각해 보아라).

곰인형에게 입힐 수 있는 모자 두 개와 조끼 세 개가 있다. 곰인형에게 모자와 조끼를 짝지어 입히려고 할 때, 다음 물음에 답하여 보자.

① 곰인형에게 모자를 씌우는 방법을 조사하여라.
② 곰인형에게 조끼를 입히는 방법을 조사하여라.
③ 곰인형에게 모자와 조끼를 짝지어 입히는 방법을 조사하여라.

- 자료를 선정하고 활용할 때는 학습자의 특성을 고려해야 한다. 이를테면, 지문해석능력이 현저하게 떨어지는 학생에는 설명과 대화 또는 도표와 모형이 훨씬 효과적인 자료제시가 된다. 지적능력이 우수한 학생에게는 추상적 기호나 언어를 강조하는 자료가 필요할 것이며, 또 다른 학생에게는 구체적이고 감각적인 자료가 필요하다. 다음 자료는 놀이를 통한 시각적 활동을 강조한다.

코흐 알고리즘

한 선분 AB에서 점 A를 시작점, 점 B는 끝점으로 하여 다음의 순서를 따라 같이 거북이를 움직이게 한다(선분 AB의 길이를 1이라고 한다).

① 거북이를 선분 $\frac{1}{3}$만큼 전진시킨다.

② 거북이를 왼쪽으로 $60°$ 회전시킨 다음 $\frac{1}{3}$만큼 전진한다.

③ 거북이를 오른쪽으로 120° 회전시킨 다음 $\frac{1}{3}$만큼 전진한다.

④ 거북이를 왼쪽으로 60° 회전시킨 다음 $\frac{1}{3}$만큼 전진한다.

선분 AB에 위의 코흐 알고리즘을 한번 적용하면 다음과 같은 네 개의 선분으로 이루어진 곡선을 얻게 된다.

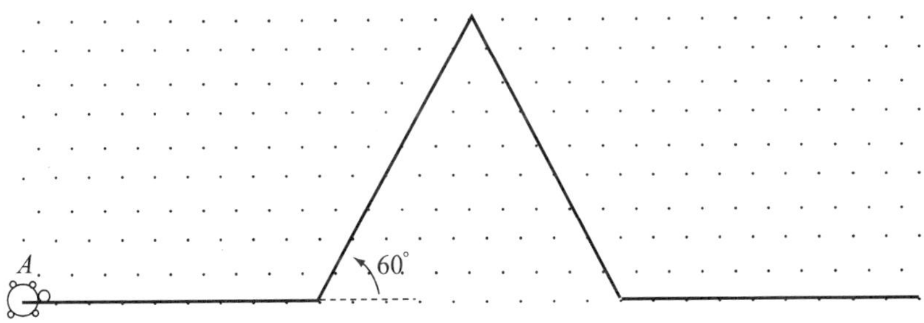

위 그림에서 선분 네 개를 얻을 수 있다. 각각의 선분을 새로운 선분 AB로 하여 코흐 알고리즘의 각 단계를 따라 그려라.

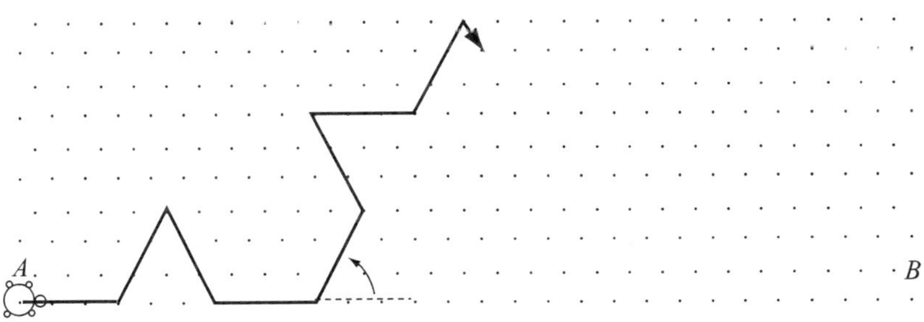

3) 학습자의 참여

이 단계에서 학습자의 적극적 활동이 중요하며, 교사가 오직 설명만으로 전 과정을 진행해서는 안 된다. 학생들의 자발적인 활동을 유도하고 그들이 탐구적 관점을 가지도록 해야 한다.

① 상호교환과 토론의 기회를 강조한다.

② 개념과 문제해결을 중심으로 한 인지적 영역만 강조하지 말고, 태도와

같은 정의적 영역도 강조해야 한다.

③ 학습자들이 실험 또는 노트필기 등에서 얻는 핵심내용을 빨리 알도록 한다.

다음 소재는 학습자의 참여를 늘릴 수 있는 소재인지 알아보아라(회전의 연습, 2003).

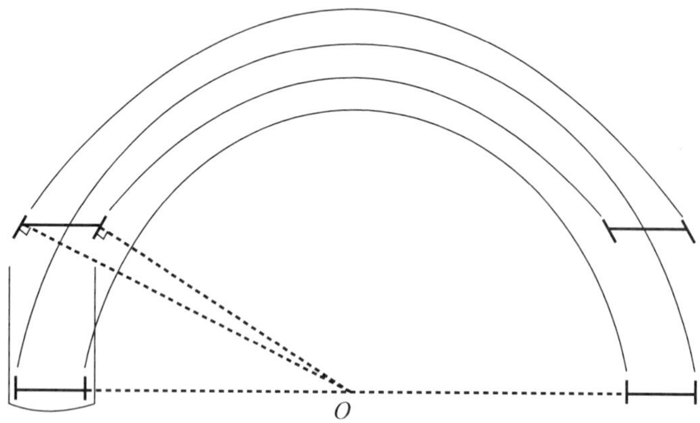

다음 실험은 컴파스를 이용하여 중심 C에서 삼각형을 꼭지점을 $360°$ 회전하는 모양을 나타낸 것이다. 세 꼭지점의 자취를 추적하여라.

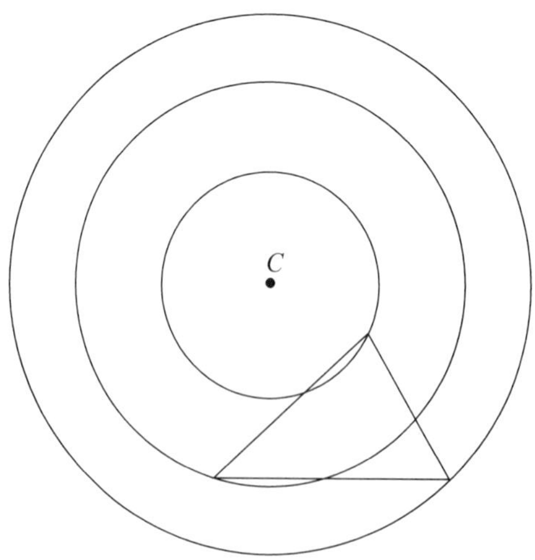

4) 수업기법의 사용

수업기법은 수업내용을 잘 계열화하고, 알맞은 학습자료를 제시하는 것보다 더 중요할 수 있으며, 수업목표와 수업상황, 수업자료의 특성, 학습자의 수준에 따라 다양해진다. 다음 자료는 평행이동을 설명하기 위한 실험자료이다. 적절한 수업방법을 생각하여라.

- (자료: 종이, 거울) 거울을 $\overline{NS}$에 수직으로 세우고 이동하여 보자. 비행의 거울은 어떻게 움직이는가?

- (자료: 종이, 거울) 삼각형의 세 꼭지점 자취를 추적하여라. 서로 어떤 관계인가?

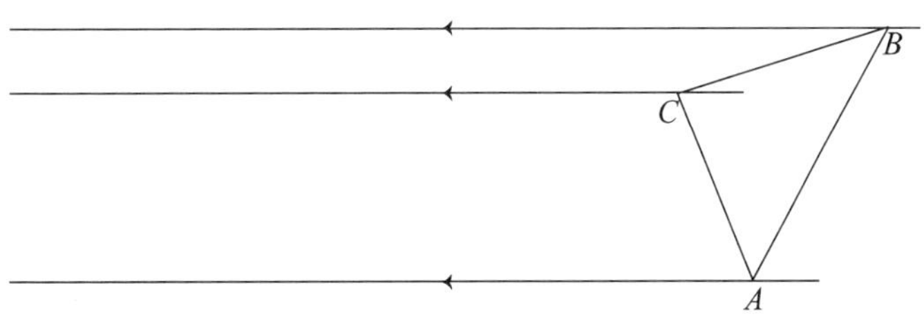

5) 시간과 자원의 관리

다음에서는 수학내용의 계열화에 대한 가네관점의 과제분석과 위계설정을 읽어보자.

가네가 제시한 과제분석(task analysis)을 통해 학습위계가 정해져서 학습내용의 계열이 정해진다.

문제해결(익숙지 않은 문제해결)	
↑	
상위규칙(정리, 공리, 공식)	문제해결을 위한 예비지식이 됨
↑	
하위규칙(정리, 공리 공식 등)	상위규칙을 위한 예비지식이 됨
↑	
개념(정의, 용어의 뜻)	하위규칙을 위한 예비지식이 됨

위의 과제분석에서 맨 위에 있는 문제해결 수준은 응용문제로서 어려운 문제를 푸는 수준이다. 이러한 문제해결을 위해 사전에 어떤 수학내용을 알아야 하는가를 분석해야 한다.

무게중심의 정리에 관한 문제해결

↑

무게중심에 대한 정리를 알맞은 보기를 들어 설명하고 증명한다.

↑

삼각형에서 무게중심을 나타낸다.	삼각형의 한 중선은 그 넓이를 이등분함을 삼각형을 제시하여 보기를 든다.
↑	↑
무게중심의 뜻을 정의한다.	중선의 뜻을 정의한다.

위의 도표를 위해 삼각형이 무게중심에 관한 정리를 택하고 보기를 들어보자. 교사가 45분 동안 '삼각형의 무게중심에 관한 정리'를 지도하기 위하여 가네가 제시한 과제분석에 의하여 문제해결, 상위규칙, 하위규칙, 개념 등을 구분하여 나타내어 보면 다음과 같다.

여기서 무게중심의 정리에 관한 문제해결은 정리의 내용만 이해하는 수준을 넘어 어려운 문제장면에 활용하는 수준을 말한다. 예를 들어

다음 그림에서 AD는 $\triangle ABC$의 한 중선이고, 점 G와 G'는 각각 $\triangle ABC$, $\triangle GBC$의 무게중심이다. $\overline{AD} = 9\text{cm}$일 때, $\overline{GG'}$의 길이를 구하여라.

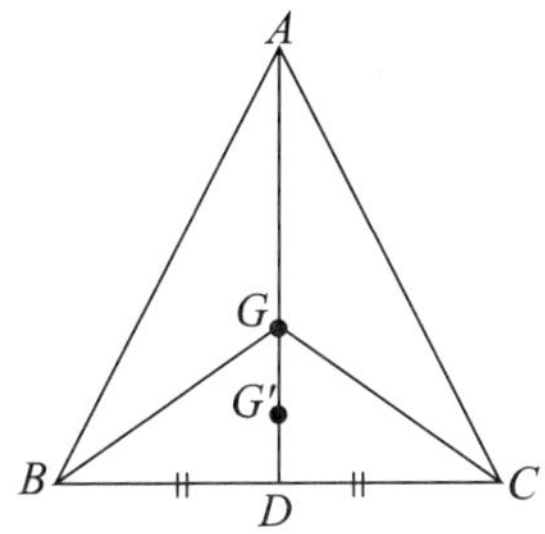

이 문제해결을 하기 위해 사전에 알아야 할 수학내용은 무게중심에 관한 정리이고 이 정리의 내용을 진술할 수 있어야 함은 물론 정리의 내용을 알맞은 보기를 들어 설명하고 증명해야 한다. 따라서 무게중심에 관한 정리를 상위규칙으로 정한다. 예를 들어

> 삼각형의 무게중심은 세 중선의 길이를 각 꼭지점으로부터 각각 2:1로 나눈다.

이 정리의 증명은 여기에서는 생략한다.

상위규칙을 이해하고 증명하기 위하여 어떤 규칙이 필요한가는 증명과정에서 분석된다. 현행 중학교 2학년 교과서에 있는 증명내용을 그대로 받아들인다면 하위규칙으로 '삼각형이 한 중선은 그 넓이를 이등분한다.'는 내용을 이해해야 한다. 즉

$$(\text{삼각형 } S_1\text{의 넓이}) = \frac{a}{2} \times h = \frac{ah}{2}$$

$$(\text{삼각형 } S_2\text{의 넓이}) = \frac{a}{2} \times h = \frac{ah}{2}$$

다음 그림에서 주어진 삼각형에서 무게중심을 나타내는 것은 정리, 공식, 공리는 아니지만 기능 중에서 매우 어려운 기능이므로 편리하게 하위규칙 수준으로 나타내었다.

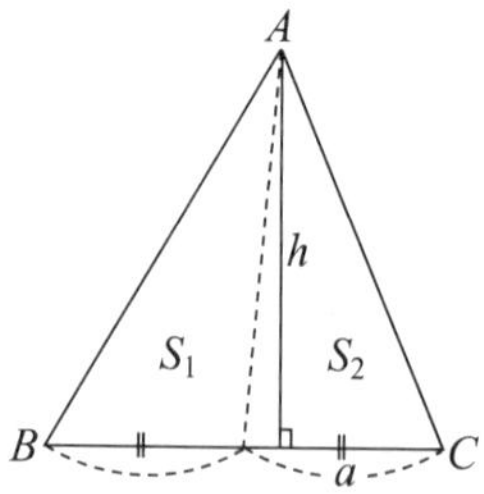

이러한 하위규칙을 이해하고 잘 그리기 위해서는 사전에 중선의 뜻이나 무게중심의 뜻이 명확하게 이해되어야 한다. 정확하게 한다면 교사는 학생들에게 무슨 내용을 먼저 가르쳐야 하는지 학습계열을 정해 갈 수 있다. 그러나 실제 수업에서는 이러한 학습요소만 나열한다 해서 학생들이 짐작하여 이해할 수 없으므로 교사는 구체적인 지도계획을 교안으로 구체화해야 한다.

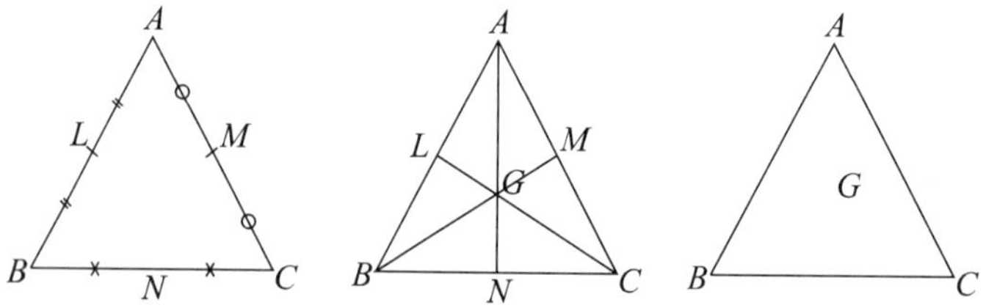

컴파스로 $\overline{AB}$. $\overline{AC}$. $\overline{BC}$의 중점 L. M. N을 표시한다.

자를 이용하여 세 중선을 연결하고 한 점 G에서 만나는지 확인한다.

연필 끝을 점 G에 대고 $\triangle ABC$가 기울어지지 않는가를 확인한다.

구체적인 계획으로 앞 장에서 수학적 정의, 정리, 문제해결, 기능수준의 내용을 어떻게 지도할 것인가를 설명하였다. 예를 들어 무게중심의 정의를 지도하기 위하여 모눈종이에 다음과 같은 활동을 한다.

(4) 수업의 종결

수업의 끝부분에 해당한다. 수업에서 가장 강조하고 싶은 내용을 요약해준다거나, 질문을 통해 학생들이 본 수업에 배운 핵심을 알고 있는가를 확인한다든지 또는 교사가 본 시간에 배운 내용과 다음 시간에 배울 내용을 연결해주든가 하는 방법이 있다.

만일 교사가 평가를 겸하고 싶다면 미리 계획한 몇 문항을 질문을 통해서 문항의 이해 정도를 점검하는 것도 바람직하나. 물론 이때의 문항은 평가해서 점수를 통지표에 반영하는 것이 아니고 학습의 연장으로 교사의 지도가 쉬웠는가를 확인한다든지 학생들이 어려워하는 점이 무엇인지를 알아보는 수준이 되어야 한다.

(5) 숙제의 제시

숙제는 학교수학에서 소홀히 해서는 안 된다. 정규시간은 교사의 설명에 이어 학생들의 활동 등으로 연습할 수 있는 시간이 많지 않다. 교사가 발견학습과 같이 학생 스스로 학습을 하게 시간계획을 구상하였다면 연습할 수 있는 시간의 양은 더욱 감소된다. 따라서 이 연습을 숙제라는 형식으로 정규시간 이외에 제공한다. 숙제의 형태는 교사의 지도유형과 매우 밀접한 관계가 있다. 만일 교사가 기능을 지도했다면 숙제로 알고리즘을 발견하고 이 알고리즘을 연습하는 형태의 숙제가 제시되어야 한다. 예를 들어 교사가 인수분해의 공식을 다음과 같이 제시했다면

$$
\begin{aligned}
& ma+mb=m(a+b) \\
& a^2-2ab+b^2=(a-b)^2 \\
& a^2-b^2=(a-b)(a+b) \\
& x^2+(a+b)x+ab=(x+a)(x+b) \\
& a^3-b^3=(a-b)(a^2+ab+b^2)
\end{aligned}
$$

숙제는 역시 다음 문제와 같이 이들을 어떻게 이용하는지 연습을 하는 방향으로 제시되어야 한다.

$$
\begin{array}{ll}
a^2b-ab^2 & a^2-4a-5 \\
2y^2+xy-3x^2 & 25a^2-1
\end{array}
$$

만일 교사가 이해와 문제해결에 대해 지도했다면 숙제로 제시되어야 할 문제는 역시 이해와 문제해결을 연습할 수 있는 문항이 나와야 하며 문항수는 기능수준의 문항보다 훨씬 적어야 하며 생각을 깊게 할 수 있는 시간을 주어야 한다. 이 경우 숙제의 역할은 정규시간에 학습한 기능을 훈련시킴으로써 알고리

즘의 연습이 되고, 이해내용을 더욱 발전시키고, 문제해결의 능력을 더욱 신장시키는 일을 한다.

또 다른 숙제의 역할은 전시학습과 본시학습의 내용을 연결해주는 데 있다. 과거에 배운 것 중에서 본 학습과 관련이 있는 내용을 숙제로 제시함으로써 학생들은 본 학습을 이해하는 데 훨씬 쉬워진다. 또, 앞으로 배울 내용을 숙제로 제시하는 경우도 있다. 예를 들어 다음 시간에 피타고라스 정리를 배운다면 다음과 같은 숙제를 제시한다.

모눈종이에서 직각삼각형 ABC를 그린 것이다. 컴퍼스를 이용하여 $\overline{AB}$의 길이, $\overline{BC}$의 길이, $\overline{GA}$의 길이를 조사해보고 세 변의 길이 사이에 재미있는 관계가 있는지 조사해보아라.

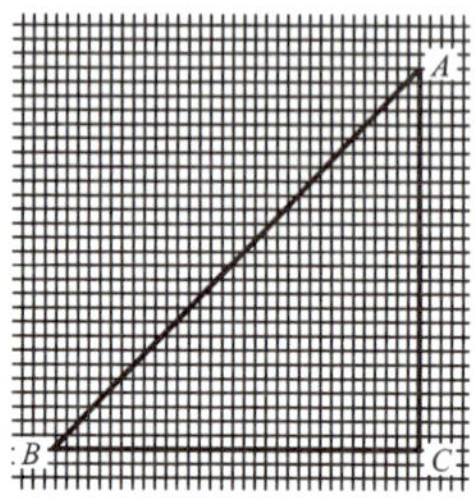

이러한 숙제는 문제의 수가 적으면서 많은 생각을 요구하는 형태이다. 다음은 숙제를 단순히 각자 집에 가서 하는 연습 정도로 보고 교사는 학생들 스스로 하는 연습시간으로 생각할 것인가 또는 학습의 연장으로서 교사가 숙제의 결과를 통제하는 수준으로 생각할 것인가 이다. 만일 후자가 학교수학에서 바람직하다면 교사는 학생들이 해 온 숙제를 점검하고 점수를 주며 학생들과 숙제의 정답을 맞추어 보아야 한다. 그만큼 숙제의 비중을 높인다는 뜻이다. 숙제를 점검한다는 것은 교사와 학생이 숙제에 제시된 문제의 정답을 확인해보는 방법도 있고 학생들끼리 바꾸어 가면서 정답을 확인하는 방법도 있고 몇몇 학생들을 시켜 칠판에서 문제를 풀어보게 하는 방법이다.

(6) 평가

다음 장에서는 평가의 원칙 등을 논의할 것이다. 학교수학에서 매 시간 시험을 실시하여 점수를 얻는 것은 교사의 업무 중의 하나이다. 문제는 평가시간인데, 매 시간마다 평가를 실시할 수 없다면 한 달에 한 번씩 평가를 한다든지 어느 일정 기간을 정해놓고 한다든지 해야 한다. 평가에 앞서 목표는 상세하게 하여야 한다. 교사가 수업시간에 제시한 목표가 어느 정도 도달되었는지 점검해야 한다. 평가를 위한 목표는 다음 세 가지를 포함한다.

① 학생들이 지도의 맨 마지막에 도달해야 하는 최종행위
② 최종행위가 기술될 때의 조건
③ 받아들일 만한 최소 성취수준

다음과 같은 몇 개의 보기를 든다.

교과서를 보지 않고 다음의 엇각에 대한 정의의 일부분을 완성해야 한다.

직선 t가 직선 l_1과는 M에서 만나고 직선 l_2와는 N에서 □, $\angle\alpha$와 $\angle\beta$는 엇각이라 불린다.

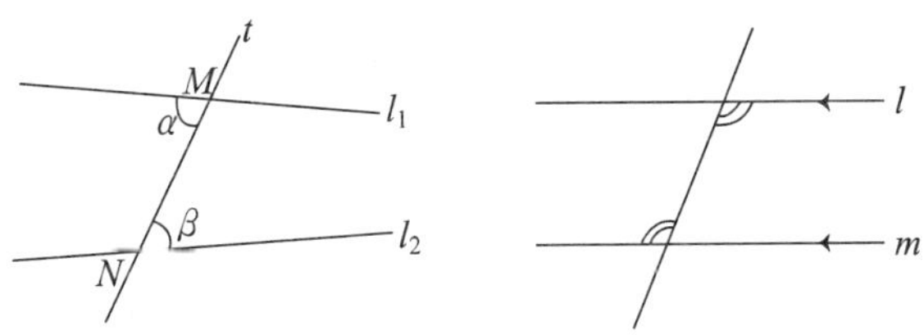

적당한 증명방법을 사용하고 외부의 도움을 받지 않고 다음 정리를 증명한다.

두 개의 직선이 다른 하나의 직선에 의하여 잘릴 때, 한 쌍의 엇각이 같으면 두 직선은 평행하다.

위와 같이 목표가 상세하게 기술되었을 때, 평가문항을 제시하는 것은 어렵지 않다. 때로는 상세화된 목표가 문항이 될 수 있다.

(7) 지도를 위한 학습보조 자료 제시

교사가 준비해야 할 일 중에 하나는 한 시간 동안의 수업을 위해 어떤 학습보조 자료를 준비해야 하느냐를 판단하는 것이다. 발견학습의 경우 활동을 강조하기 때문에 교사는 교안에 학습보조 자료를 미리 명시해야 한다.

6.4 교수학습도구

(1) 교수학습도구 역할

수업시간에 시청각기자재는 학생의 제한된 경험을 넓혀주고, 감각적 경험을 도와주고, 자발적 행동은 중시하는 학습동기를 부여해 줄 뿐 아니라 개념형성을 도와준다. 다음에서 각 도구의 역할을 간단히 논한다.

(a) OHP: 가장 일반화된 것으로 이의 특성은 밝은 장소에서 사용가능하고, 교사가 학습자를 보면서 수업을 할 수 있고, 사용방법이 다양하고 융통성있는 수업을 할 수 있고, 조작이 간단하다는 것을 들 수 있다. 이것의 활용방법으로 다음을 줄 수 있다.

- 사인펜을 이용하여 선, 그림, 글 등을 첨가할 수 있고 내용일부를 제거할 수 있다.
- 전체를 보여주지 않고 부분만을 두꺼운 종이로 가릴 수 있다.
- 겹쳐서 보여줄 수 있다.
- 움직이는 것을 보여줄 수 있다. 예로 회전물이 달린 투명체를 부착시켜 시뮬레이션 효과를 낼 수 있다.

OHP를 이용한 수업에서는 수학개념의 탐구활동이 사용되며, 실생활 문제해결에서도 중요하게 사용된다.

OHP 자료: 함수도입

- 놀이공원에 있는 놀이기구 그림
- 인천 지역의 조수 그림
- 우리 마을 또는 우리나라 쓰레기 배출량 도표

(b) 슬라이드: 실험수학(또는 체험수학)에서 현지 견학을 생생하게 본다든지, 학생수준에 따라 자료를 보이는 시간을 조절한다든지, 복사를 통한 자료의 수집전달이 양호하다든지, 소집단학습에 유용한 장점이 있다. 학생들이 수행평가에서 자기관심을 가진분야(실생활 상황, 수학적 아이디어가

있는 문제 등)를 슬라이드로 만들어 설명한다든지, 소집단별 관찰, 실험 등에서 이를 활용할 수 있다.

(c) 비디오, 텔레비전

영상매체로 비디오와 텔레비전은 여러 장점이 있다. 우선 추상적인 생각을 구체적으로 표현한다든지, 애니메이션 등을 통해 학습내용을 정확하게 전달한다든지, 분할화면을 통해 두 학습장면을 비교한다든지, 역동적인 변화의 모습을 실감나게 표현한다든지 여러 가지를 들 수 있다. 이를 매체의 활용은 다양한 측면이 있는데, 특히 동기유발을 위한 많은 자료(비디오테잎)을 도입과 전개에서 보여줌으로써 토론 및 교사와 학생의 상호작용을 도울 수 있다. 이의 활용으로 다음과 같은 상황을 생각할 수 있다.

- **과제**: 중앙로에 주차장 설치
  준비물로서 시내 중심의 중앙표에 주차문제를 해결하기 위하여 6차선 도로 2개 차선(양쪽)을 주차장으로 활용하는 상황을 비디오로 준비한다. 이들 비디오는 현장을 방문하지 않아도 주차장을 설치하는 이유, 장소 등을 제공한다.
- **동기유발**: 교통혼잡의 상황을 제시하고 주차장 설치 이유를 설명한다.
- **자료조사 · 탐구**: 주차장을 직각 또는 사각으로 할 것인지 결정하기 위하여 비디오 현장에서 자료를 탐구한다.
  ① 한 개의 주차장 데이터 수립
  ② 적절한 의사결정
  ③ 소집단 자료분석 · 발표
- **자료해석**: 주차장의 형태를 주차장을 정할 것인지 수치해석적인 방법으로 계산기를 이용하여 표를 만든다.
- **정리**: 의사결정을 위한 문제해결을 시도한다.

(d) 멀티미디어와 웹자료

멀티미디어는 문장, 그림, 소리, 비디오와 같은 비디오를 두 가지 이상 사용하고 이를 디지털로 바꾸어 서로 관련활동을 조장하는 역할을 한다. 한 예로 파워포인트는 앞의 매체를 상당히 바꿀 수 있으며, 여러 사람이 공유할 수 있다. 또 웹자료는 홈페이지에 있는 자료를 의미한다. 시간과 장소를 넘어서 고등학습정보를 얻을 수 있다는 장점이 있다. 다음에 제시되는 파워포인트 자료는 전체수업 또는 소집단 수업이 역동성 있게 운영되도록 도와준다.

- **과제**: 파워포인트로 만든 '원통형 용기를 2개월 창고에 보관', '삼각함수 사인과 코사인 그래프의 구성적 영상처리', '기하나라 또는 기하카페 작도나라', '그래픽 계산기의 면적의 최대화', '통계적 확률 소프트웨어'
- **동기유발**: 사회에서 흔히 일어날 수 있는 창고보관료의 계산, 기하의 작도와 확률계산을 위한 실험적 접근, 비용의 최소화 또는 면적의 최대화 등은 생활에서 흔히 볼 수 있는 동기유발적인 소재이다.
- **자료해석 · 탐구**: 파워포인트 또는 웹을 이용하여 학생 각 개인이 준비할 수 없는 실물 또는 실험자료를 영상적으로 처리하여 탐구와 실험을 동시에 다수 또는 전체 학생이 공유할 수 있다. 이때, 데이터수집, 의사결정 참여, 발표등이 효과적으로 운영이 된다.
- **자료해석 · 정리**: 소집단 토론을 통한 의사소통이 원활하게 운영되어 자료해석과 정리가 이루어진다.

6.5 수업과정안

지금 한 시간의 수업을 하기 위하여 교사는 어떤 준비를 해야 할 것인가를 설명하였다. 이러한 이론에 바탕을 두어 교사(특히, 경험이 적은 교사)는 교안을 준비하게 된다. 여기에서는 한국과 미국의 우수교사가 준비한 수업 안을 소개한다. 이들 자료는 좋은 교안을 짜는 데 도움을 준다.

점과 도형의 대칭이동(한국, 춘천)

이 자료는 도지정연구학교에서 지역교사들을 위한 시범수업을 한 결과이다. (윤성달, 유명희, 김학배, 2005)

수업의 철학

세 분의 수학교사는 새수학 운동의 정신을 중요하게 생각한다. 무엇보다 수학의 개념, 원리, 계산이 독립적으로 학습되지 않고 서로 연결된 관계망을 수업에서 가장 중요하다고 본다. 따라서 수학의 수업에서 전이를 극대화하려면 개념이나 조직 위계의 복잡성에 관계없이 각 개념과 조직이 가지는 수학적 의미를 명확히 파악함은 물론이고 일반화를 잘 이해해야 한다는 시각을 가졌다. 따라서 이들은 기본적으로 구조학습을 선호하며 매시간 개념의 계통성을 강조하고 수업에서도 구조의 이해를 수업의 큰 목표로 삼는다. 전통적인 수업처럼 수학의 내용을 암기하면서 반복훈련을 하고 이들 과정을 문장제 또는 수학적 문제장면에 활동을 한다. 교사의 유의미 설명은 좋은 수학수업의 한 중심에 서 있다고 보며, 가네의 "과제를 주의깊게 분석하여 학습 위계를 설정하는 일"에 관심이 많다. 또, 브루너의 수업순서에는 항상 문제점이 있다고 본다. 즉, 문제해결 장면을 먼저 주고 다음에 교사의 자료제시방법을 통해서 또는 계획된 지도에 의해 필요한 개념을 얻거나 풀이방법을 유도해내는 수업은 항상 우리 교실에 맞지 않다고 본다. 구체적인 근거로 미분계수를 지도할 때 미분계수의 아이디어가 있는 포괄적인 문제해결장면을 제시해보면 다음과 같은 장면을 생각해야 하는데 정지된 상태에 있던 물체가 자유낙하를 시작하여 x초 동안 떨어진 거리를 ym라고 하면 $y = 4.9x^2$인 관계가 있다.

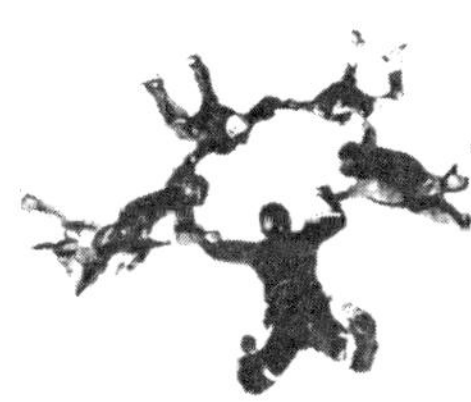

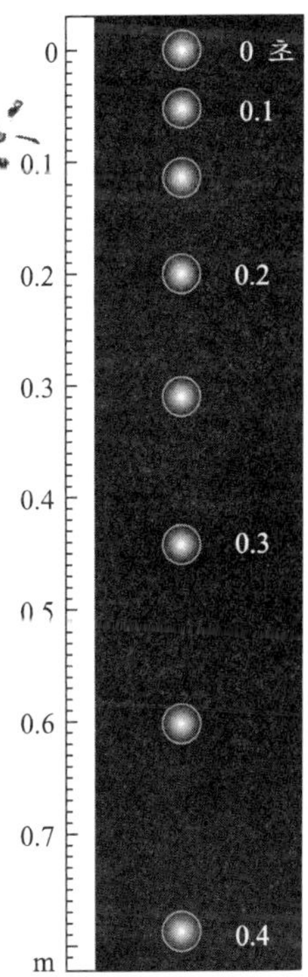

활 동

① 다음 표를 완성하여라.

x초	0	0.1	0.2	0.3	0.4	0.5	1	$1+h$
y(m)	0	0.049						

② 물체가 낙하하기 시작하여 0.1초에서 0.3초 사이의 평균 속도를 구해 보자.

③ 0.1초에서 0.2초 사이의 평균 속도를 구해 보자.

생각모으기

[1] 위의 자유낙하에서, 낙하 시작 후 1초에서 $1+h$초 사이의 평균 속도를 구해보자.

[2] [1]에서 구한 평균 속도에서 $h \to 0$일 때 극한값이 존재하는가? 존재한

다면 그 극한값의 의미를 생각해보자.

실제 이를 수업에 적용해보니 학생들은 본과제(미분계수)를 들어가기 전에 오히려 혼란만 경험했다는 말 때문이다. 물론 중학교의 경우 포괄적인 아이디어가 있는 문제해결장면을 수업들어가기 전에 동기유발로 제시하면 좋을 수도 있다는 생각을 가끔한다. 다시 말하면 오스벨의 선행조직자가 나쁘지는 않다고 본다. 선행조직자는 일종의 도입자(advance organizer)로 포괄성, 일반성을 지닌 진술문이다. 꼭 진술문 형태를 취하지 않더라도, 그것이 학습과제의 개념적 골격을 제시하는 기능을 갖추면 선행조직자로 활용할 수 있다. 이를테면 수업시작과 함께 던지는 하나의 질문도 될 수 있고, 영화, 시범도 될 수 있다. 사실 선행조직자는 교육현장이 아닌 비즈니스 현장에서도 자주 사용하는 말이다. 이를테면, ○○대교를 건설하는 현장에서는 흔히 작업이 시작되기 전에 전체 공정의 개요 또는 작업을 효율적으로 진행하기 위한 설명, 질문, 시범이 있다.

우리 교실에서도 새로 배우려 하는 개념이 기존개념과 잘 통합을 하려면 두 개념의 공통점, 차이점 등을 분명 제시해주는 선행조직자가 있어야 한다. 다음 보기를 보자.

- 다음 그림에서 질문에 답하여라.
  평행사변형 LSRK를 어떤 불변선에 대하여 다른 평행사변형으로 사상시켜 보아라. 단 두 도형의 면적은 같게 한다.

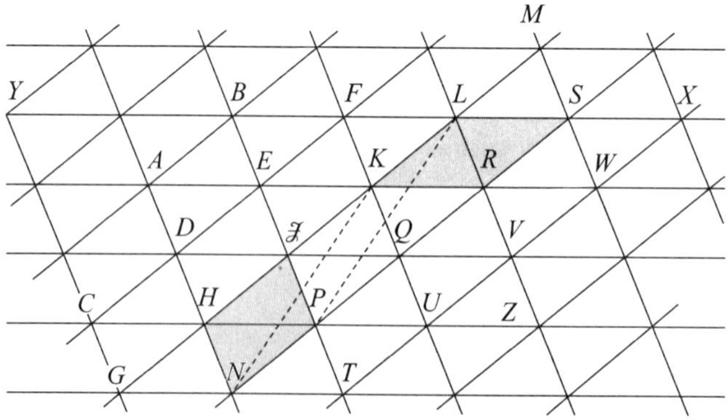

- 다음 그림은 원점을 꼭지점으로 하는 단위정사각형을 두 번 쉬어를 한

그림이다. 각각의 쉬어를 행렬로 나타내어라.

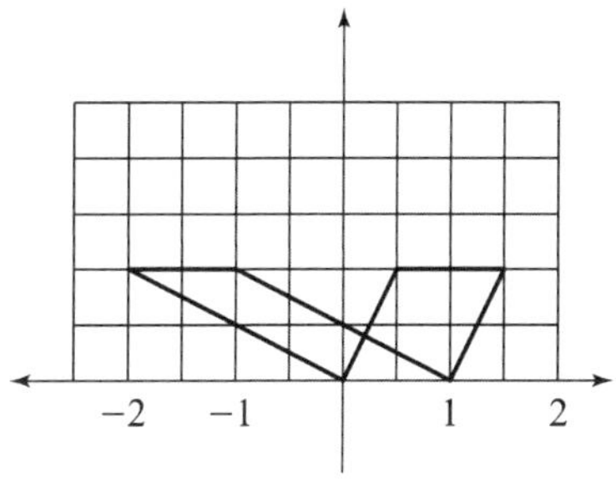

• 다음 그림에서 정사각형 $ABCD$를 평행사변형 $PQRS$로 사상하는 쉬어를 행렬로 나타내어라.

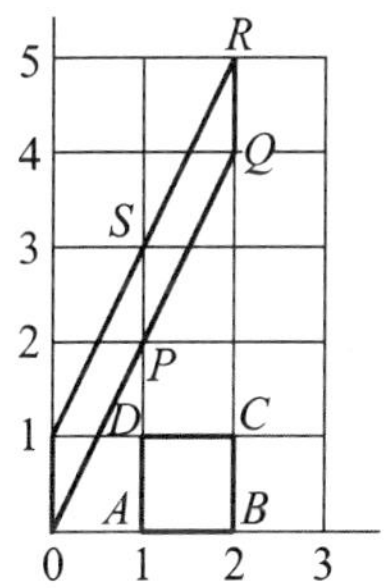

위에서 처음에 제시한 놀이성격을 띤 변환활동은 이후 엄격하게 도입한 변환 "쉐어"를 학습하는데 도움을 준다. 다만, 이러한 선행조직자 활동을 브루너식의 발견으로 하느냐? 또는 오스벨식의 유의미 설명으로 시작하느냐?는 교사가 판단할 문제이다. 다시 앞으로 돌아가서 세 분의 수학교사는 부르너의 발견방식, 탐구방식을 교실환경에 따라 알맞게 조절하는 것도 바람직한 수업방법으로 본다. 다음 소재를 보자.

다음 그림은 함수 f를 나타낸 그래프이다.

함수 f는 다음 그래프로 표현된다.

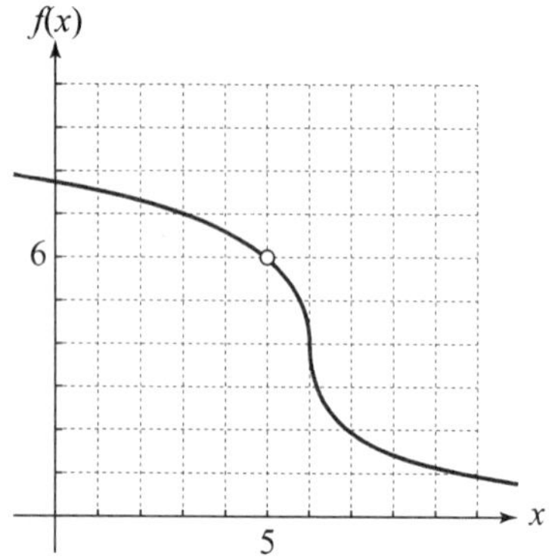

(1) $x \to 5$일 때 $f(x)$의 극한은 6이다. 이를 극한의 정의로 엄격히 나타내어라. 즉, ε, δ를 이용하여 수학적 문장으로 나타낸다.

(2) $\varepsilon = 1$일 때 그래프로부터 ε에 대응하는 δ값을 근사하여라. 즉,

$$\varepsilon > 0,\ \ \exists\, \delta > 0 \ni |x-5| < \delta \Rightarrow |f(x) - 6| < \varepsilon$$

(3) 위의 그래프의 방정식은

$$f(x) = 4 - 2(x-6)^{\frac{1}{3}},\ x \neq 5$$

이다. 앞에서는 그래프에서 직관적으로 δ값을 구하였다. 이제 정확한 δ값을 산출하여라.

(4) $\varepsilon = 0.01$일 때 이에 대응하는 비교적 정확한 δ값을 계산기로 구하여라.

(5) $\varepsilon = 0.0001$일 때 이에 대응하는 정확한 δ값을 계산기로 구하여라.

(6) 주어진 $\varepsilon > 0$에 대하여 알맞은 δ를 구하여라.

이 연습에서 무엇을 배웠는지 써라.

이들 수학교사들은 여러 수업방법을 교실에 맞게 동원할 수 있으나 수업의 핵심은 역시 수학구조의 학습이라 생각한다. 이들은 상황인지에서 실험한 수업 또는 교과서를 비판의 눈으로 본다(김하나 수업, 2004). 왜냐하면 이들 자료를 검토하면 수학적 개념, 원리, 법칙은 단순히 응용상황을 해결하는데 이용되는

도구에 불과하다는 것을 알 수 있다. 이들 수학 내용의 계통성도 사라지고 개념의 추상화, 정리의 일반화, 강한 추론과 같은 수학의 특징이 없다.

1. 수준별 이동수업의 학급 편성 및 운영

(1) 본교 수준별 이동수업의 운영과정

본교는 전형적인 농촌지역의 학교로서 학생들의 수준 차가 심하여 학생들의 학력 수준에 맞는 수업을 진행하기가 힘든 여건이다. 이에 현행 교육과정의 근간인 수요자 중심교육과 학생들의 눈높이에 맞는 학습이 필요하다고 판단되어 2004학년도에는 수준별 아동수업을 2개 학급기준으로 각각 심화반1, 보충반1로 총 4개 학급으로 편성하여 실시하였고, 2005학년도에는 수준별 이동수업의 내실화를 기하고 학생 및 학부모의 요구 수준에 맞추어 학급을 세분화하여 심화반, 기본반(2반), 보충반으로 4개 반을 편성하여 수준별 이동 수협을 실시하고 있다.

(2) 학습 집단의 편성

본교는 1학년이 4개의 학급으로 편성되어 있어 수준별 이동수업을 위해 심화반, 기본 A반, 기본 B반, 보충반으로 편성하였다.

(가) 편성시기: 연 4회 (학기별 2회 정기고사 실시 후)

(나) 편성방법

① 기준 : 각 학기별 직전 정기고사 성적을 기준으로 하되 필요시 전국 모의 학력고사와 자체 배반고사를 통해 편성하였으며 학생·학부모의 요구가 있을시 희망사항을 반영하도록 함(단, 학년 초 편성 시 신입생 배반고사 성적 및 입학고사 성적)

② 희망반영: 심화반, 기본반, 보충반 경계에 있는 학생에 한하여 희망을 반영하였고, 희망하는 학생은 담당교사와의 상담을 통해 대부분 심화반, 기본반에 배치하였다.

(다) 반편성 현황

학급수 및 교실 / 편성반	편성반 학생수	수업교실	비고
심화반	30	신관 영어 II 교실	상수준
기본 A반	30	신관 수학 II 교실	중상수준
기본 B반	28	신관 수학 I 교실	중하수준
보충반	30	신관 영어 I 교실	하수준

(3) 교수-학습 지도 방법

(가) 학생 수준에 따른 차별화된 수업 방법 적용

과정별	수업형태	도입	전개	정리
심화반	문제해결 중심학습	창의적이고 확산적인 사고를 요하는 발문을 통한 전략	탐구 및 발표 중심의 수업전재를 통한 비판적 사고력, 문제해결력, 탐구력 신장	수준별 자기주도적 학습지 풀이 및 확인에 의한 평가
기본반	조별학습을 통한 이해중심 학습	구체적 발문, 자료 제시를 통한 이해력을 높이는 전략	조별 활동을 통한 발표학습으로 이해력을 높임	학생들 스스로 학습내용을 정리하도록 유도
보충반	기본개념 및 원리학습	실생활과 연관된 자료 제시를 통한 흥미유발 전략	구체적 조작이나 실험을 통한 기본적인 개념원리를 터득케 함	교사의 주도로 학습내용을 정리 및 평가

(나) 교수-학습 지도 시 교사의 태도

① 심화반 지도 시 학생들이 선행학습을 통해 기본과정을 알고 있다는 선입견으로 원리 설명에 충실하지 못한 경우와 보충반 지도 시 설명을 통해 문제를 반복하여 설명하는 형태는 학생들의 학습동기를 더욱 낮출 수 있으므로 지양하도록 한다.

② 보충반 지도 시 학생들로 하여금 기초학습 부진으로 인한 학습의욕 상실을

극복하기 위해서 의도적인 격려와 인간적인 유대감 형성(이름 불러주기, 오답을 말해도 허용하는 분위기 조성하기) 등에 힘쓴다.

(4) 평가

(가) 정기고사: 심화학급에서 다룬 고난도의 학습내용은 배제하고 각 학급별 공통 학습 내용에서 출제하되, 응용력, 종합사고력, 비판력 등을 측정할 수 있는 난이도 '상'의 문제를 20%, 기본개념의 이해, 지식 등 난이도 '하'의 문제를 30% 반드시 출제함

(나) 수행평가: 1학기당 2회 서술형 평가를 실시하며, 20%를 반영한다. 채점의 공정성을 기하기 위하여 4명의 수학교사가 함께 모여 채점을 한다.

2. 단원의 설정

(1) 단원명: Ⅰ. 도형

(2) 단원의 개관

유클리드의 '원론'에 서술된 기하학은 고대로부터 필요에 의해 태어난 학문으로서 엄격한 논리 체계를 가짐으로써 수학을 탁월하고 유용한 학문으로 자리잡게 했다. 이런 논리성에 대해 플라톤은 "신은 가하학적으로 사고한다."라고 하였다.

기하학적인 사고를 익힌 사람은 신과 같이 올바르게 사고하고 판단할 수 있다는 것이다. 평면이나 공간에서의 도형의 이해는 공간 개념의 확립과 공리적 방법의 습득만이 아니라 연역적 추론방법에 대한 이해와 창조적으로 사고하는 능력의 신창에 매우 효과적이다. 기하는 대수와 달리 다양한 해법이 존재하기에 창조적인 사고력을 신장시킬 수 있는 좋은 소재이다.

(3) 단원의 지도 목표

(가) 평면좌표

① 수직선 위에서 두 점 사이의 거리를 구할 수 있게 한다.

② 좌표평연에서 두 점 사이의 거리를 구할 수 있게 한다.
③ 수직선 위에서 선분의 내분점과 외분점의 좌표를 구할 수 있게 한다.
④ 평면 위에서 선분의 내분점과 외분점을 구할 수 있게 한다.

(나) 직선의 방정식
① 직선의 방정식을 구할 수 있게 한다.
② 직선의 평행조건, 수직조건을 알게 한다.
③ 점과 직선 사이의 거리를 구하는 공식을 알게 한다.

(다) 원의 방정식
① 원의방정식을 이해하고 구할 수있게 한다.
② 평면에서 두 원의 위치 관계를 이해할 수 있게 한다.
③ 두 원에 동시에 접하는 직선을 알 수 있게 한다.
④ 원과 직선의 방정식을 이용하며 원과 직선의 위치 관계를 이해할 수 있게 한다.

(라) 도형의 이동
① 좌표평면에서 도형의 평행이동을 알 수 있게 한다.
② 피칭이동의 뜻을 이해하고 원점, x축, y축, 직선 $y=x$에 대한 도형의 대칭이동을 이해할 수 있게 한다.

(4) 지도의 유의점

(가) 내분점, 외분점, 중점의 정의를 이해한다.
(나) 수직선에서 두 점 사이의 거리와 내분점 외분점을 구할 수 있다.
(다) 직선과 방정식의 관계를 분명히 하고 직선의 방정식을 이해한다.
(라) 두 원의 위치 관계를 직선과 원의 관계를 안다.
(마) 평행이동과 대칭이동을 이해한다.

(5) 단원의 지도계통

선수학습(7~9단계)

· 함수관계
· 수직선, 좌표평면
· 도형의 닮음, 내분점, 외분점
· 일차함수와 그래프
· 도형(원, 중심, 반지름, 원에 대한 접선)
· 원과 직선의 위치 관계
· 그래프의 평행이동

본시학습(I. 도형)

· 평면좌표: 1. 직선, 평면 위의 점의 좌표
· 직선의 방정식: 1. 직선의 방정식
2. 두 직선의 위치 관계
· 원의 방정식: 1. 원의 방정식
2. 두 원의 위치 관계
3. 원과 직선과 위치 관계
· 도형의 이동: 1. 평행이동
2. 대칭이동

(6) 지도계획

단원		교과서	지도내용	용어와 기호	차시
1. 평면좌표	1) 직선 위의 점의 좌표	11~14	· 수직선 위에서 두 점 사이의 거리 · 수직선 위에서 내분점, 외분점	내분, 내분점, 외분, 외분점	2
	2) 평면 위의 점의 좌표	15~22	· 좌표평면에서 두 점 사이의 거리 · 좌표평면에서 내분점, 외분점		2
	· 연습문제	23	· 중단원에 대한 성취도 평가		1

2. 직선의 방정식	1) 직선의 방정식	25~30	· 직선의 방정식	내분, 내분점, 외분, 외분점	2
	2) 두 직선의 위치관계	31~38	· 두 직선의 교점, 평행, 수직조건 · 점과 직선사이의 거리		2
	· 연습문제	39	· 중단원에 대한 성취도 평가		1
3. 원의 방정식	1) 원의 방정식	41~45	· 좌표평면 위의 원의 방정식 · 이차방정식과 원의 방정식		2
	2) 두 원의 위치관계	46~52	· 두 원의 위치 관계 · 공통 접선	공통현, 중심선, 중심거리, 공통접선	2
	3) 원과 직선의 위치관계	53~59	· 원과 직선의 교점		2(1)
	· 연습문제	60	· 중단원에 대한 성취도 평가		1
	· 수학퍼즐	61			2
4. 도형의 이동	1) 평행이동	63~65	· 좌표평면과 도형의 평행이동	평행이동	2
	2) 대칭이동	66~72	· 점, 도형, $y=x$의 대칭이동	대칭이동	2
	· 심화과정	73~74	· 내적 문제 해결		1
	· 연습문제	75	· 중단원에 대한 성취도 평가		1
	· 단원평가문제	76	· 대단원에 대한 성취도 평가		1
	· 보충학습	77	· 수준별 학습 평가 문제		1
	· 심화학습	78			
	· 컴퓨터 활용 학습	79	· 도형 문제 해결하기		1
	· 활용 문제 해법연구	80	· 그래프를 이용한 연립방정식의 해		
	· 수행평가	81	· 도형을 응용한 수행 평가		

3. 본시 교수학습 지도 계획(유의미 설명수업)

(1) 수준별 이동 수업개관

<table>
<tr><td colspan="2">단원명</td><td colspan="4">점과 도형의 대칭이동</td></tr>
<tr><td colspan="2">일시 및 장소</td><td colspan="4">2005년 10월 12일 수요일 2교시 신관 교실</td></tr>
<tr><td colspan="2" rowspan="2">학습목표</td><td>심화반</td><td>기본 A반</td><td>기본 B반</td><td>보충반</td></tr>
<tr><td>1. x축, y축,
원점에 대한 점과
도형의 대칭이동을
이해한다.
2. 실생활에서
도형의 대칭이동에
관한 문제를 해결할
수 있다.</td><td>1. x축, y축,
원점에 대한 점과
도형의
대칭이동을 안다.
2. x축, y축,
원점에 의해
대칭이동된
도형의 방정식을
구할 수 있다.</td><td>1. x축, y축,
원점에 대한 점과
도형의
대칭이동을 안다.
2. x축, y축,
원점에 의해
대칭이동된
도형의 방정식을
구할 수 있다.</td><td>1. x축, y축,
원점에 대한 점의
대칭이동을 안다.
2. x축, y축,
원점에 대한
도형의 대칭이동을
안다.</td></tr>
<tr><td colspan="2">교수 - 학습
방법</td><td>토의식 수업을 통한
문제해결 중심학습</td><td>종이접기를 통한
이해중심
조별학습</td><td>OHP자료를
활용한 개념중심
조별학습</td><td>구체적 조작을
통한 기초 개념
원리학습</td></tr>
<tr><td rowspan="3">수업
전략</td><td>도
입</td><td>창의적이고
확산적인 사로를
요하는 발문을 통한
전략</td><td>구체적 발문,
자료제시를 통한
이해력을 높이는
전략</td><td>구체적 발문,
자료제시를 통한
집중력을 키우는
전략</td><td>실생활과 연관된
자료 제시를 통한
흥미 유발 전략</td></tr>
<tr><td>전
개</td><td>탐구 및 발표
중심의 수업전개를
통한 비판적 사고력,
문제해결력, 탐구력
신장</td><td>조별 협동학습을
통한 발표 및
수준별 학습진행</td><td>조별 활동을 통한
발표학습으로
이해력을 높임</td><td>구체적 조작이나
실험을 통한
기본적인
개념원리를
터득케 함</td></tr>
<tr><td>정
리</td><td>수준별 자기주도적
학습시 풀이 및
확인에 의한 평가</td><td>학생들 스스로
학습내용을
정리하도록 유도</td><td>학생들 스스로
학습내용을
정리하도록 유도</td><td>교사의 주도로
학습 내용을 정리
및 평가</td></tr>
<tr><td colspan="2">교수 - 학습
활용매체</td><td>1. 교사용 컴퓨터
2. 프로젝션TV
3. PPT자료
4. 관련 웹 사이트</td><td>1. 교사용 컴퓨터
2. 프로젝션TV
3. PPT자료
4. 관련 웹 사이트</td><td>1. 교사용 컴퓨터
2. 프로젝션TV
3. PPT자료
4. OHP</td><td>1. 교사용
컴퓨터 1대
2. 학생용
컴퓨터 ○○대
3. 프로젝션TV
4. 한글97
프로그램
5. 프린터
6. PPT 자료</td></tr>
</table>

3-1. 본시 교수학습 지도 계획

(1) 대상 및 단원명

① 실시일: 2005년 10월 12일 (수) 2교시, 신관 영어 II 교실

② 대상학생: 1학년 심화반 30명

③ 지도교사: 윤성달

④ 교수·학습 방법: 문제해결 중심 학습

⑤ 교재명: 수학 10-나 (주)천재교육

⑥ 단원명: 대단원 : I. 도형

중단원 : 4. 도형의 이동

소단원 : 2) 대칭 이동

(2) 학습주제

점과 도형의 대칭이동

(3) 학습목표

- x축, y축, 원점에 대한 점과 도형의 대칭이동을 이해한다.
- 실생활에서 도형의 이동에 관한 문제를 해결할 수 있다.

(4) 지도상의 유의점

① 점의 대칭이동의 뜻을 이해하고 이용할 수 있도록 한다.

② 도형을 선 또는 점에 대하여 대칭이동시킨 결과를 스스로 이해할 수 있게 하고 문제해결과정에 역점을 둔다.

③ 상위수준의 경우 대칭이동시킨 결과를 방정식으로 나타내는 원리를 이해할 수 있게 하고 이를 활용한 문제를 해결할 수 있게 한다.

(5) 교수-학습 활용 매체

① 인터넷에 연결된 컴퓨터 1대(교사용): 수학반 교실

② PPT 자료

③ 웹사이트(http://www.sjlug.com/ict/html/ICT10-06-content-04-01-Menu.html)

(6) 교수-학습 활동 전개 계획

학습준비

■ 선수학습 요소 및 기능

△ 교과 선수 학습 요소

－ 점과 도형의 평행이동을 알 수 있다.

－ 평행동에 의하여 도형의 모양이 변하지 않음을 알 수 있도록 한다.

학습단계 : 도입

학습내용	선수학습에서 본시학습 내용 유도하기	소요시간	5분
선수학습확인 ⇩ 동기유발 ⇩ 학습목표제시	1. 선수학습 확인 · 점의 평행이동: $g:(x,\ y)\rightarrow(x_{a.}\ y+b)$ · 도형의 평행이동: $f(x,\ y)=0,\rightarrow f(x-ay-b)=0$ 2. 동기유발 및 내용유도 3. 학습목표 제시 · x축, y축, 원점에 대한 점의 대칭이동을 이해하고 이를 활용한 문제를 해결한다. · x축, y축, 원점에 대한 도형의 대칭이동을 알고 이를 활용한 문제를 해결한다.		

교사활동	학생활동
a. 선수학습 실행 b. PPT를 사용 본 단원에 대한 동기유발 및 내용 암시(유도) c. 학습 목표를 제시한다. (대표 학생에게 읽게 한다.)	a. 문답을 통해 지난 시간에 학습한 점과 도형의 평행이동을 확인한다. b. 생활주변에 대칭이 되는 것을 찾아본다. c. 학습목표를 읽는다. d. 학습목표를 확인한다.

유의점	· 컴퓨터를 중앙에서 제어한다. · 학습내용에 주의 집중할 수 있도록 각별히 유의한다. (컴퓨터 사용 – 전시학습 내용)

학습단계 : 전개

학습내용 1	점의 대칭이동	소요시간	20분
개념설명 ⇩ 문제제시 ⇩ 문제해결 ⇩ 수행과제제시 ⇩ 수행과제해결	1. 점의 대칭이동이란? 2. 점의 대칭이동 정의 i) x축 : $f:(x, y)\rightarrow(x, -y)$ ii) y축 : $f:(x, y)\rightarrow(-x, y)$ iii) 원점 : $f:(x, y)\rightarrow(-x, -y)$ 3. 문제제시 : 점$(4, 5)$가 x축, y축, 0에 대하여 대칭인 점을 구하여라. 4. 수행과제제시(별지 1) 오른쪽 그림과 같이 $A(4, 1)$, $B(2, 5)$와 x축, y축, 위의 점을 P, Q라 할 때, ① $\overline{AP}+\overline{PQ}+\overline{QB}$이 최소가 되는 P, Q를 작도하시오. ② $\overline{AP}+\overline{PQ}+\overline{QB}$의 최소값을 구하시오 ③ P, Q의 좌표를 구하여라. [실생활문제해결] 오른쪽 그림과 같이 지우가 말에게 물을 먹이고 집으로 돌아가고자 한다. 가장 빠른 길을 작도해 보자. 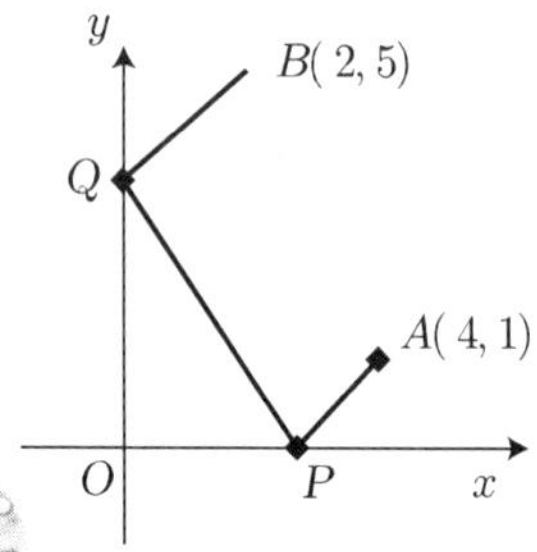 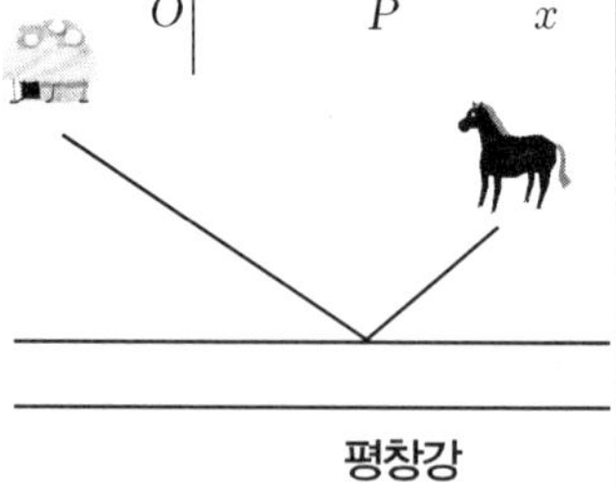 		

교사활동	학생활동
a. 칠판에 정의를 설명한다. b. PPT를 이용하여 점의 대칭이동을 정리 c. 수행과제[별지 1]을 배부하고 대표학생을 통해 칠판에 풀이를 시킨다. d. 순회지도를 통해 수행과제를 지도한다.	a. 칠판을 보며 점의 대칭이동의 개념을 이해한다. b. 학생들은 수행과제를 각자 풀고 대표학생은 칠판에 풀고 설명한다. c. 자와 연필을 준비하여 실제로 작도한다. d. 대표학생의 풀이를 경청하고 오답부분들 체크하여 수정한다.

유의점	·학습내용에 집중할 수 있도록 유의한다. ·해결과제 부여 후 순회지도를 실시하여 문제해결의 실마리를 제공한다. ·적당한 「발문」을 통해 학생들에게 점의 대칭이동을 확실히 이해시킨다.

<table>
<tr><td>학습내용 2</td><td colspan="2">도형의 대칭이동</td><td>소요시간</td><td>15분</td></tr>
<tr><td>개념설명
⇩
수행과제제시
⇩
수행과제해결
⇩
문제제시해결</td><td colspan="4">1. 인터넷을 통한 도형의 대칭이동 설명 및 확인
(http://www.sjlug.com/ict/html/ICT10-06-content-04-01-Menu.html)

2. [예제] $y=x+1$를 x축에 대하여 대칭이동한 방정식을 구하여라.

3. 수행과제 제시[별지 2]
$y=2x+1$을 점대칭을 이용하여 x축, y축, 원점에 대하여 대칭이동한 방정식을 구하고 그래프를 그려라.
① x축
② y축
③ 원점

4. 도형의 대칭이동 설명: x축 : $f:(x, y)\to(x, -y)$
y축 : $f:(x, y)\to(-x, y)$
원점 : $f:(x, y)\to(-x, -y)$

5. 수준별문제제시
원 $(x-1)^2+(y+2)^2=1$을 원점에 대하여 대칭이동시킨 원 C가 있다. 직선 $3x+2y+k=0$ 이 원 C의 넓이를 이등분할 때, 상수 K의 값을 구하여라.</td></tr>
<tr><td colspan="2">교사활동</td><td colspan="3">학생활동</td></tr>
<tr><td colspan="2">a. 인터넷을 통해 도형의 이동을 설명한다.
b. 수행과제 [별지 2]를 해결함으로서 자연스럽게 도형의 대칭이동을 이해하고 일반화시키게 한다.
c. 발문을 통해 개념을 확실히 정리한다.
d. PPT를 통해 대칭이동을 정리한다.
e. 순회지도를 통해 수행과제를 지도한다.</td><td colspan="3">a. 칠판을 보며 도형의 이동에 대한 개념을 익힌다.
b. 학생들은 수행과제를 해결하고 대표학생은 칠판에 풀이한다.
c. 교사의 질문에 답하고 신중하게 문제를 푼다.
d. PPT를 보면서 도형의 대칭이동을 다시 한번 확인한다.</td></tr>
<tr><td>유의점</td><td colspan="4">· 교사는 학생들이 칠판에 집중하도록 주의시킨다.
· 교사는 학생들을 순회하며 학생들에게 도움을 준다.
· 교사는 학생들이 수행과제를 해결할 시간을 충분히 준다.</td></tr>
</table>

학습단계 : 정리

수업내용	개념정리 및 형성평가 문제 풀이	소요시간	10분
개념정리 ⇩ 형성평가	1. 점의 대칭이동: $f:(x, y)\to(x, -y)$: x축 대칭이동 $f:(x, y)\to(-x, y)$: y축 대칭이동 $f:(x, y)\to(-x, -y)$: 원점 대칭이동 2. 도형의 대칭이동: $f:(x, y)=0\to(x, -y)=0$: x축 대칭이동 $f:(x, y)=0\to(-x, y)=0$: y축 대칭이동 $f:(x, y)=0\to(-x, -y)=0$: 원점 대칭이동 3. 형성평가 문제제시		

교사활동	학생활동
1. 전체 학생에게 대상으로 질문한다.	1. 정답을 말하고 정리한다. 2. 놓친 부분을 확인하여 질문한다.

학습단계 : 차시예고

수업내용	차시예고 및 과제제시	소요시간	5분
	1. $y=x$에 대한 대칭이동		

교사활동	학생활동
1. $y=x$에 대한 대칭이동을 설명한다.	1. 다음 시간에 학습할 내용을 읽도록 한다.

유의점	・과제를 제시한다(교재 69쪽 문제 4번). ・차시학습에 대한 예습을 당부한다.

형성평가(심화반)

1학년 (　　)반　　　　　　　　　　　　　　성명 :

[문제 1] 다음 중 y축에 대하여 대칭인 도형의 방정식을 모두 고르시오

1) $y=|x|$　　　2) $y=(x-1)^2$　　　3) $x^2+(y-1)^2=1$

[문제 2] 오른쪽 그림과 같이 점 $P(3,\ 7)$과 y축 위의 점 Q, 직선 l 위의 한 점 R에 대하여 $\triangle PQR$의 둘레의 길이가 최소가 되도록 점 R, Q를 작도하시오.

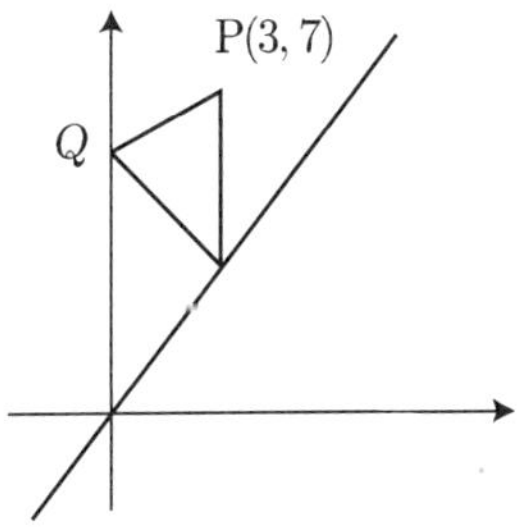

3-2. 본시 교수학습 지도 계획(기본 A반)

(1) 대상 및 단원명

① 실시일: 2005년 10월 12일 (수) 2교시, 신관 수학 2교실

② 대상학생: 1학년 기본 A반 30명

③ 지도교사: 유명희

④ 교수·학습 방법: 이행중심 조별학습

⑤ 교재명: 수학 10-나 (주)천재교육

⑥ 단원명: 대단원 : I. 도형

중단원 : 4. 도형의 이동

소단원 : 2) 대칭 이동

(2) 학습주제

점과 도형의 대칭이동

(3) 학습목표

- x축, y축, 원점에 대한 점과 도형의 대칭이동을 안다.
- x축, y축, 원점에 대칭이동 된 도형의 방정식을 구할 수 있다.

(4) 지도상의 유의점

① 점의 대칭이동의 뜻을 이해하고 이용할 수 있도록 한다.

② 도형을 선 또는 점에 대하여 대칭이동시킨 결과를 이해할 수 있도록 한다.

③ 하위수준의 경우 대칭이동 도형의 방정식으로 이용하는 데 중점을 두어 지도하도록 한다.

(5) 교수-학습 활용 매체

① 컴퓨터 1대(교사용)

② 프로젝션 TV

③ PPT 자료

(6)교수-학습 활동 전개 계획

학습준비

■ 선수학습 요소 및 기능

△ 교과 선수 학습 요소

– 점과 도형의 평행이동을 알 수 있다.

– 평행이동에 의하여 도형의 모양이 변하지 않음을 알 수 있도록 한다.

학습단계 : 도입

<table>
<tr><td>학습내용</td><td colspan="2">선수학습에서 본시학습 내용 유도하기</td><td>소요시간</td><td>5분</td></tr>
<tr><td>선수학습확인
⇩
동기유발
⇩
학습목표제시</td><td colspan="4">1. 선수학습
· 점의 평행이동: $g:(x,\ y)\rightarrow(x+a,\ y+b)$
· 도형의 평행이동: $f(x,\ y)=0,\rightarrow f(x-a,\ y-b)=0$

2. 동기유발
– 김재홍의 동강그림 제시

3. 학습목표 제시
· x축, y축, 원점에 대한 점과 도형의 대칭이동을 안다.
· x축, y축, 원점에 대한 도형의 대칭이동 된 도형의 방정식을 구할 수 있다.</td></tr>
<tr><td colspan="2">교사활동</td><td colspan="3">학생활동</td></tr>
<tr><td colspan="2">a. 선수학습을 한다.
b. 준비한 그림을 제시하여 대칭에 대한 동기를 유발한다(PPT 사용).
c. 학습 목표를 제시한다.
(전체 학생들이 큰소리로 읽게 한다.)</td><td colspan="3">a. 질문을 통하여 전 시간에 배운 점과 도형의 평행이동을 확인한다.
b. 제시된 그림을 자세히 보면 대칭과 관련이 있음을 안다.
c. 칠판에 있는 학습목표를 읽는다.</td></tr>
<tr><td>유의점</td><td colspan="4">· 컴퓨터를 중앙에서 제어한다.
· 학습내용에 주의 집중할 수 있도록 각별히 유의한다.
(컴퓨터 사용－전시학습 내용 및 동기유발, 학습목표－판서)</td></tr>
</table>

학습단계 : 전개

<table>
<tr><td>학습내용 1</td><td>점의 대칭이동</td><td>소요시간</td><td>10분</td></tr>
<tr><td>개념설명
⇩
조별문제해결
⇩
개념정리
⇩
문제제시</td><td colspan="3">1. 대칭이동 (對稱移動)
도형을 점, 직선, 평면 따위에 대하여 대칭이 되도록 옮기는 일

2. 조별활동지 지시(좌표평면 접기를 통한 대칭이동 확인 활동)
・과제 : 점 $(3, 4)$가 x축, y축, 원점 대칭이동하면 어떤 점이 될까?
<조별로 다른 좌표 제시>

3. 점의 대칭이동 정리
$f:(x, y)\to(x, -y)$: x축 대칭이동
$f:(x, y)\to(-x, y)$: y축 대칭이동
$f:(x, y)\to(-x, -y)$: 원점 대칭이동

4. 문제제시
문제 1. 점 $A(4, 5)$가 x축, y축, 원점에 대한 대칭이동에 의하여 얻어지는 점을 구하여라.</td></tr>
<tr><td colspan="2">교사활동</td><td colspan="2">학생활동</td></tr>
<tr><td colspan="2">a. 칠판에 대칭이동의 낱말 뜻을 설명한다.
b. 조별 활동지를 나누어 주고 조별로 해결하게 한다.
−순회지도를 하며 과제 수행을 돕는다.
−원점대칭에 대해 힌트를 준다.
c. 점의 대칭이동을 정리한다(PPT 사용).
d. 점의 대칭이동에 대한 교과서의 문제를 해결하게 한다.</td><td colspan="2">a. 칠판을 보며 점의 대칭이동의 뜻을 이해한다.
b. 조별 활동지를 풀고 각조에서 이동된 점의 좌표를 발표한다.
(좌표평면을 접어서 각 축에 대한 점의 대칭이동을 알도록 한다.)
c. 화면을 보며 점의 대칭이동의 개념을 이해하고, 노트에 정리한다.
d. 교과서의 문제를 풀며 대칭이동의 개념을 확실히 익힌다.</td></tr>
<tr><td>유의점</td><td colspan="3">・교사는 학생들이 칠판 및 스크린에 집중하도록 주의시킨다.
・학습내용(PPT)에 주의 집중할 수 있도록 각별히 유의한다.
・교사는 학생들이 이해하고 있는지 주의해서 관찰한다.
・조별활동이 원만히 이루어지도록 순회하며 지도한다.</td></tr>
</table>

학습내용 2	도형의 대칭이동	소요시간	20분

조별문제제시 ⇩ 개념설명 ⇩ 개념정리 ⇩ 문제제시	1. 조별 활동지 제시 **(좌표평면 접기를 통한 도형의 대칭이동 확인)** 2. 점의 대칭이동을 통한 도형의 대칭이동을 설명한다. 3. 도형의 대칭이동 정리 $f:(x, y)=0 \rightarrow (x, -y)=0$: x축 대칭이동 $f:(x, y)=0 \rightarrow (-x, y)=0$: y축 대칭이동 $f:(x, y)=0 \rightarrow (-x, -y)=0$: 원점 대칭이동 4. 문제제시 문제 2: 다음 도형을 x축, y축, 원점에 대하여 각각 대칭이동한 도형을 좌표평면 위에 나타내고, 도형의 방정식을 구하여라. 1) $y-2x+3$ 2) $(x+y)^2+(y-2)^2=1$

교사활동	학생활동
a. 조별 활동지를 나누어 주고, 활동지에 제시된 도형의 대칭이동을 그려보게 한다. b. 점의 대칭이동을 이용하여 도형의 대칭이동을 설명한다. c. 설명한 내용을 정리한다. d. 도형의 대칭이동에 대한 교과서의 문제를 풀게 한다.	a. 조별로 활동지에 제시된 문제를 해결하고 1조에서 한 명이 나와서 설명한다. (좌표평면을 접어서 각축에 대한 도형의 대칭이동을 알도록 한다.) b. 도형의 대칭이동에 대한 설명에 집중한다. c. 정리내용을 노트에 기록한다. d. 교과서 문제를 풀며 도형의 대칭이동을 확실히 익힌다. (문제를 풀며 이해가 가지 않는 부분은 질문한다.)

유의점	· 교사는 학생들이 좌표평면을 접고 도형을 그릴 시간을 충분히 준다. · 교사는 학생들을 칠판에 집중하도록 주의시킨다. · 교사는 학생들을 순회하며, 학생들에게 도움을 준다.

학습단계 : 정리

<table>
<tr><td>수업내용</td><td colspan="2">개념정리 및 형성평가 문제 풀이</td><td>소요시간</td><td>13분</td></tr>
<tr><td>개념정리
⇩
형성평가</td><td colspan="4">1. 점의 대칭이동: $f:(x, y)\to(x, -y)$: x축 대칭이동
$f:(x, y)\to(-x, y)$: y축 대칭이동
$f:(x, y)\to(-x, -y)$: 원점 대칭이동

2. 도형의 대칭이동: $f:(x, y)=0\to(x, -y)=0$: x축 대칭이동
$f:(x, y)=0\to(-x, y)=0$: y축 대칭이동
$f:(x, y)=0\to(-x, -y)=0$: 원점 대칭이동

3. 형성평가 문제제시</td></tr>
<tr><td colspan="2">교사활동</td><td colspan="3">학생활동</td></tr>
<tr><td colspan="2">a. 배운 내용을 전체 학생을 대상으로 발문하며, 학생들 스스로 정리하게 한다.
b. 형성평가 문제를 제시하고, 발문을 통해 점과 도형의 대칭이동에 대해 확실히 알도록 한다.</td><td colspan="3">a. 대답하며 정리하며, 놓친 부분을 확인하여 질문한다.
b. 형성평가 문제를 풀며 점과 도형의 대칭이동을 확실히 익힌다.</td></tr>
</table>

학습단계 : 차시예고

<table>
<tr><td>수업내용</td><td colspan="2">과제 부여 및 차시 예고</td><td>소요시간</td><td>2분</td></tr>
<tr><td>차시예고</td><td colspan="4">1. 교과서의 문제 4번을 과제로 부여
2. $y=x$에 대한 대칭이동</td></tr>
<tr><td colspan="2">교사활동</td><td colspan="3">학생활동</td></tr>
<tr><td colspan="2">1. 교과서의 문제 4를 과제로 제시한다.
2. $y=x$에 대한 대칭이동을 설명한다.</td><td colspan="3">1. 과제를 적는다.
2. $y=x$에 대한 대칭이동을 생각해 본다.</td></tr>
<tr><td>유의점</td><td colspan="4">· 과제물을 제시한다.
· 차시학습에 대한 예습을 당부한다.</td></tr>
</table>

형성평가(기본 A반)

1학년 (　　)반　　　　　　　　　　　　　　성명 :

[문제 1]　점 $(2, -5)$를 x축, y축, 원점 대칭이동한 점을 구하시오.

[문제 2]　$(x+3)^2+(y-2)^2=5$를 x축, y축, 원점 대칭이동한 도형의 방정식을 구하시오.

3-3. 본시 교수학습 지도 계획(기본 B반)

(1) 대상 및 단원명

① 실시일: 2005년 10월 12일 (수) 2교시, 신관 수학 1교실

② 대상학생: 1학년 기본 B반 30명

③ 지도교사: 박영민

④ 교수·학습 방법: 개념 중심 조별학습

⑤ 교재명: 수학 10-나 (주)천재교육

⑥ 단원명: 대단원 : I. 도형

중단원 : 4. 도형의 이동

소단원 : 2) 대칭 이동

(2) 학습주제

점과 도형의 대칭이동

(3) 학습목표

- x축, y축, 원점에 대한 점과 도형의 대칭이동을 안다.
- x축, y축, 원점에 대칭이동 된 도형의 방정식을 구할 수 있다.

(4) 지도상의 유의점

① 점의 대칭이동의 뜻을 이해하고 이용할 수 있도록 한다.

② 도형을 선 또는 점에 대하여 대칭이동시킨 결과를 이해할 수 있도록 한다.

③ 하위수준의 경우 대칭이동 도형의 방정식으로 이용하는 데 중점을 두어 지도하도록 한다.

(5) 교수-학습 활용 매체

① 인터넷에 연결된 컴퓨터 1대(교사용)

② PPT 자료

③ OHP 자료

(6) 교수-학습 활동 전개 계획

학습준비

■ 선수학습 요소 및 기능

△ 교과 선수 학습 요소

– 점과 도형의 평행이동을 알 수 있다.

– 평행이동에 의하여 도형의 모양이 변하지 않음을 알 수 있도록 한다.

학습단계 : 도입

<table>
<tr><td>학습내용</td><td colspan="2">선수학습에서 본시학습 내용 유도하기</td><td>소요시간</td><td>5분</td></tr>
<tr><td>선수학습확인
⇩
동기유발
⇩
학습목표제시</td><td colspan="4">1. 선수학습
· 점의 평행이동: $f:(x,\ y) \rightarrow (x+a,\ y+b)$
· 도형의 평행이동: $f(x,\ y)=0 \rightarrow f(x-a,\ y-b)=0$

2. 동기유발
– 데칼코마니 기법으로 그린 그림을 보여준다.

3. 학습목표 제시
· x축, y축, 원점에 대한 점과 도형의 대칭이동을 안다.
· x축, y축, 원점에 대한 도형의 대칭이동 된 도형의 방정식을 구할 수 있다.</td></tr>
<tr><td colspan="2">교사활동</td><td colspan="3">학생활동</td></tr>
<tr><td colspan="2">a. 선수학습 내용을 PPT 자료와 간단한 질문을 통해서 확인한다.
b. 데칼코마니 그림을 제시하여 대칭이동에 대한 동기유발을 한다.
c. 학습 목표를 제시한다.
(전체 학생들이 큰소리로 읽게 한다.)</td><td colspan="3">a. PPT 자료와 교사의 물음에 답하면서 전시 학습을 확인하다.
b. 그림을 보면서 오늘 학습할 내용을 인지한다.
c. 칠판에 있는 학습목표를 읽는다.</td></tr>
<tr><td>유의점</td><td colspan="4">· 컴퓨터를 중앙에서 제어한다.
· 학습내용에 주의 집중할 수 있도록 각별히 유의한다.
(컴퓨터 사용 – 전시학습 내용, 학습목표 – 판서)</td></tr>
</table>

학습단계 : 전개

<table>
<tr><td>학습내용 1</td><td colspan="2">점의 대칭이동</td><td>소요시간</td><td>10분</td></tr>
<tr><td>개념설명
⇩
조별과제제시
⇩
학습내용정리
⇩
수준별학습
순회지도</td><td colspan="4">1. 대칭이동: 대칭이동 개념 설명
▶ 조별활동: 주어진 점을 대칭이동을 시켜보면서 대칭이동의 개념을 확인한다. (OHP와 모눈종이를 이용한다.)

2. 조별활동지 제시
▶ 조별활동: 조별로 주어진 점을 대칭이동하면서 대칭이동 된 점의 좌표를 확인한다.

3. 점의 대칭이동 정리
$f:(x, y) \to (x, -y)$: x축 대칭이동
$f:(x, y) \to (-x, y)$: y축 대칭이동
$f:(x, y) \to (-x, -y)$: 원점 대칭이동
(원점 대칭은 x축과 y축 대칭이동을 통해서 얻은 것임을 보여준다.)

4. 문제제시
[문제 1] 점 $A(4, 5)$가 x축, y축, 원점에 대한 대칭이동에 의하여 얻어지는 점을 구하여라.</td></tr>
<tr><td colspan="2">교사활동</td><td colspan="3">학생활동</td></tr>
<tr><td colspan="2">a. 조별 활동지를 통해서 대칭이동의 개념을 확인하게 한다.
b. 조별 활동지를 대칭이동된 점의 좌표를 확인하게 한다.
c. PPT 자료를 보면서 점의 대칭이동을 정리한다.
d. 교과서의 문제를 풀게 한다.
– 순회지도하면서 개별지도를 한다.</td><td colspan="3">a. 조별 활동지를 통해서 대칭이동의 개념을 안다.
b. 조별 활동지에 나와 있는 문제를 풀면서 대칭이동된 점의 좌표를 확인한다.
c. PPT 자료를 보면서 점의 대칭이동을 정리한다.
d. 교과서의 문제를 푼다.
– 질문을 통해서 반드시 익히도록 한다.</td></tr>
<tr><td>유의점</td><td colspan="4">· 교사는 학생들이 칠판 및 스크린에 집중하도록 주의시킨다.
· 학습내용(PPT)에 주의 집중할 수 있도록 각별히 유의한다.
· 교사는 학생들이 이해하고 있는지 주의해서 관찰한다.
· 조별활동이 원만히 이루어지도록 순회하며 지도한다.</td></tr>
</table>

<table>
<tr><td>학습내용 2</td><td colspan="2">도형의 대칭이동</td><td>소요시간</td><td>15분</td></tr>
<tr><td>조별문제제시
⇩
개념설명
⇩
개념정리
⇩
문제제시</td><td colspan="4">1. 조별 활동지 제시: 나누어준 모눈종이와 OHP를 통해서 도형의 대칭이동을 인지하고 대칭이동 된 도형의 방정식을 관찰한다.
(http://www.sjlug.com/ict/html/ICT10-06-content-04-01-Menu.html)

2. 점의 대칭이동을 통한 도형의 대칭이동을 설명한다.

3. 도형의 대칭이동 정리 및 예제 문제 풀이
$f:(x, y)=0 \to (x, -y)=0$: x축 대칭이동
$f:(x, y)=0 \to (-x, y)=0$: y축 대칭이동
$f:(x, y)=0 \to (-x, -y)=0$: 원점 대칭이동

4. 문제제시
[문제 2] 다음 도형을 x축, y축, 원점에 대하여 각각 대칭이동한 도형을 좌표평면 위에 나타내고, 도형의 방정식을 구하여라.
1) $y=-2x+3$ 2) $(x+2)^2+(y-2)^2=1$</td></tr>
<tr><td colspan="2">교사활동</td><td colspan="3">학생활동</td></tr>
<tr><td colspan="2">a. 조별 활동지를 나누어 주고 활동지에 제시된 도형의 대칭이동을 그려보게 한다.
b. PPT 자료를 보면서 점의 대칭이동을 이용하여 도형의 대칭이동을 설명한다.
c. 도형의 대칭이동을 정리하고 예제 문제를 풀이한다(판서).
d. 교과서의 문제를 풀게 하고 조별로 발표를 시킨다(보조칠판 활용).</td><td colspan="3">a. 조별로 활동지에 제시된 도형을 대칭이동 시켜보면서 도형의 모양과 크기를 관찰한다.
b. 도형의 대칭이동에 대한 설명에 집중한다.
c. 대칭이동 내용을 정리하고, 예제 문제 설명을 듣는다(노트필기).
d. 교과서 문제를 풀고 조별로 나와서 발표한다(보조칠판 활용).</td></tr>
<tr><td>유의점</td><td colspan="4">· 교사는 학생들이 칠판에 집중하도록 주의시킨다.
· 교사는 학생들을 순회하며, 학생들에게 도움을 준다.
· 교사는 학생들이 도형을 그릴 시간을 충분히 준다.</td></tr>
</table>

학습단계 : 정리

수업내용	개념정리 및 형성평가 문제 풀이	소요시간	10분
개념정리 ⇩ 형성평가	1. 점의 대칭이동: $f:(x,y)\to(x,-y)$: x축 대칭이동 $f:(x,y)\to(-x,y)$: y축 대칭이동 $f:(x,y)\to(-x,-y)$: 원점 대칭이동 2. 도형의 대칭이동: $f:(x,y)=0\to(x,-y)=0$: x축 대칭이동 $f:(x,y)=0\to(-x,y)=0$: y축 대칭이동 $f:(x,y)=0\to(-x,-y)=0$: 원점 대칭이동 3. 형성평가 문제제시		

교사활동	학생활동
a. 전체 학생에게 대상으로 질문한다.	a. 대답하며 정리한다. b. 놓친 부분을 확인하여 질문한다.

학습단계 : 차시예고

수업내용	과제 부여 및 차시 예고	소요시간	5분
차시예고	1. $y=x$에 대한 대칭이동		

교사활동	학생활동
1. $y=x$에 대한 대칭이동을 설명한다.	1. 다음 시간에 학습할 내용을 읽도록 한다.

유의점	· 과제물을 제시한다. · 차시학습에 대한 예습을 당부한다.

형성평가(기본 B반)

1학년 (　　)반　　　　　　　　　　　　성명 :

[문제]　다음 도형을 x축, y축, 원점에 대하여 각각 대칭이동한 도형을 좌표평면 위에 나타내고, 도형의 방정식을 구하여라.

1) $x-2y+1=0$

2) $(x-1)^2+(y-1)^2=1$

3-4. 본시 교수학습 지도 계획(보충반)

(1) 대상 및 단원명

① 실시일: 2005년 10월 12일 (수) 2교시, 신관 영어 1교실
② 대상학생: 1학년 보충반 30명
③ 지도교사: 김학배
④ 교수·학습 방법: 구체적 조작을 통한 기초 개념 원리학습
⑤ 교재명: 수학 10−나 (주)천재교육
⑥ 단원명: 대단원 : I. 도형
　　　　중단원 : 4. 도형의 이동
　　　　소단원 : 2) 대칭 이동

(2) 학습주제

점과 도형의 대칭이동

(3) 학습목표

- x축, y축, 원점에 대한 점과 도형의 대칭이동을 안다.
- x축, y축, 원점에 대칭이동 된 도형의 방정식을 구할 수 있다.

(4) 지도상의 유의점

① 점의 대칭이동의 뜻을 이해하고 좌표상에 나타낼 수 있도록 한다.
② 도형을 선 또는 점에 대하여 대칭이동시킬 수 있으며 도형의 위치의 변화를 관찰할 수 있도록 하며 도형의 방정식이 어떻게 변화되는지 알 수 있도록 한다.

(5) 교수−학습 활용 매체

① 교사용 컴퓨터 1대, 학생용 컴퓨터 6대, 프로젝션 TV
② 한글97 프로그램
③ 프린터
④ PPT 자료

(6) 교수-학습 활동 전개 계획

학습준비

■ 선수학습 요소 및 기능

△ 교과 선수 학습 요소

– 점과 도형의 평행이동을 알 수 있다.

– 평행이동에 의하여 도형의 모양이 변하지 않음을 알 수 있도록 한다.

학습단계 : 도입

학습내용	선수학습에서 본시학습 내용 유도하기	소요시간	5분
선수학습확인 ⇩ 동기유발 ⇩ 학습목표제시	1. 선수학습 · 평행이동의 뜻과 도형의 평행이동 2. 동기유발 – 제시된 사진을 관찰하며 관심을 대칭과 관련이 있음을 유도한다. 3. 학습목표 제시 · x축, y축, 원점에 대한 점과 도형의 대칭이동을 안다. · x축, y축, 원점에 대한 도형의 대칭이동을 알 수 있다.		

교사활동	학생활동
a. 선수학습 내용을 간단한 질문을 통하여 점검한다. b. 준비한 그림을 제시하여 본 단원에 대한 동기를 유발한다(PPT 사용). c. 학습 목표를 제시한다. (전체 학생들이 큰소리로 읽게 한다.)	a. 교사의 물음에 답하면서 전 시간에 배운 점과 도형의 평행이동을 확인한다. b. 제시된 자료를 보며 자연스럽게 보고 물음에 답한다. c. 칠판에 있는 학습목표를 읽는다.

유의점	· 학습분위기 조성에 힘쓰며 활기찬 수업이 되도록 노력한다. · 학습내용에 주의 집중할 수 있도록 각별히 유의한다. (컴퓨터 사용–전시학습 내용 및 동기유발, 학습목표–판서)

학습단계 : 전개

<table>
<tr><td>학습내용 1</td><td colspan="2">점의 대칭이동</td><td>소요시간</td><td>10분</td></tr>
<tr><td>개념설명
⇩
조별과제제시
⇩
학습내용정리
⇩
수준별학습
순회지도</td><td colspan="4">1. 대칭이동 개념 설명
− 직선 대칭과 점 대칭(PPT 자료)
− 점의 x축 대칭이동, y축 대칭이동, 원점 대칭이동(hwp 자료)
2. 조별 활동과제 제시(파일명: 점의 대칭이동1.hwp)
− 과제: 점 $(3, 4)$의 x축 대칭, y축 대칭, 원점 대칭인 점을 컴퓨터를 이용하여 나타내보고 출력하여 이동점의 좌표를 구하기.
3. 점의 대칭이동 정리
$f:(x, y)\to(x, -y)$: x축 대칭이동
$f:(x, y)\to(-x, y)$: y축 대칭이동
$f:(x, y)\to(-x, -y)$: 원점 대칭이동
(원점 대칭 이동은 x축 대칭 → y축 대칭임을 강조)
4. 수준별 문제 제시(정리 내용이 이해된 학생은 제시된 문제 해결)
[문제] 점 $A(2, -3)$가 x축, y축, 원점에 대한 대칭이동에 의하여 얻어지는 점을 구하여라.</td></tr>
<tr><td colspan="2">교사활동</td><td colspan="3">학생활동</td></tr>
<tr><td colspan="2">a. 대칭이동의 개념을 PPT 자료를 통하여 설명하되 x축 대칭, y축 대칭, 원점 대칭만을 다룬다.
b. 조별 활동 과제를 제시하고 과제해결 요령을 설명한다.
− 순회지도를 통하여 과제수행을 돕는다.
− 학생들이 적극적으로 참여하도록 분위기를 조성한다.
c. 점의 대칭이동을 PPT를 사용하여 정리하고 칠판에 판서한다.
d. 점의 대칭이동에 관한 문제를 제시하여 개별적으로 해결하도록 한다.
− 순회를 통하여 개별기도를 한다.</td><td colspan="3">a. 모니터를 보며 점의 대칭이동의 개념을 이해한다.
b. 조별 과제를 조장을 중심으로 함께 수행하며 출력하여 과제물을 완성한다.
− 완성된 과제물은 보조칠판에 게시한다.
− 조별토론을 통한 과제 수행을 한다.
c. 화면을 보며 점의 대칭이동의 개념을 이해하고 노트에 정리한다.
d. 제시된 문제를 노트에 푼다.
− 이해가 되지 않은 학생은 선생님에게 질문하여 반드시 익히도록 한다.</td></tr>
<tr><td>유의점</td><td colspan="4">· 교사는 학생들이 주의가 산만하지 않도록 힘쓴다.
· 교사는 조별 활동과제가 원만히 이루어지도록 순회지도를 통하여 조언한다
· 교사는 학생들이 어려워하는 점이 무엇인지 면밀히 관찰한나.
· 학생들이 간단한 것도 질문할 수 있는 허용적인 분위기를 유지한다.</td></tr>
</table>

<table>
<tr><td>학습내용 2</td><td colspan="2">도형의 대칭이동</td><td>소요시간</td><td>21분</td></tr>
<tr><td>조별문제제시
⇩
개념설명
⇩
개념정리
⇩
문제제시</td><td colspan="4">1. 도형의 대칭이동 개념 설명
- 점의 대칭이동을 통한 도형의 대칭이동(PPT자료 및 플래시 자료)
- 원점대칭 이동은 x축 대칭 → y축 대칭임을 강조하여 도형의 모습 변화에 중점을 둔다.
(http://www.sjlug.com/ict/html/ICT10-06-content-04-01-Menu.html)
2. 조별 활동과제 제시
- 과제 1: 직선 $y=x+2$에 대하여 x축대칭, y축대칭, 원점 대칭인 도형을 컴퓨터를 이용하여 나타내보고 출력하여 옮겨진 도형의 방정식 구하기(파일명 : 도형의 대칭이동1.hwp)
- 과제 2: 원 $(x-2)^2+(y-2)^2=1$에 대하여 x축대칭, y축대칭, 원점 대칭인 도형을 컴퓨터를 이용하여 나타내보고 출력하여 옮겨진 도형의 방정식 구하기(파일명: 도형의 대칭이동2.hwp)
3. 도형의 대칭이동 정리
$f:(x, y)=0 \to (x, -y)=0$: x축 대칭이동
$f:(x, y)=0 \to (-x, y)=0$: y축 대칭이동
$f:(x, y)=0 \to (-x, -y)=0$: 원점 대칭이동
(http://www.mathkoo.com/gongtong/04mirr2.swf)
4. 수준별 문제 제시
[문제] 다음 도형을 x축, y축, 원점에 대하여 각각 대칭이동한 도형을 좌표평면 위에 나타내고, 도형의 방정식을 구하여라.
1) $y=-2x+3$ 2) $(x+2)^2+(y-2)^2=1$</td></tr>
<tr><td colspan="2">교사활동</td><td colspan="3">학생활동</td></tr>
<tr><td colspan="2">a. 점의 대칭이동을 이용하여 도형의 대칭이동을 PPT 자료와 플래시 자료를 이용하여 설명한다.
b. 조별 활동과제를 제시하고 순회지도를 통하여 과제수행을 돕는다.
c. 도형의 대칭이동을 학생들의 과제를 중심으로 설명하며 방정식이 어떻게 바뀌는지에 중점을 두며 내용을 정리한다.
d. 도형의 대칭이동에 대한 수준별 문제를 풀게한다.</td><td colspan="3">a. 모니터를 보면 도형의 대칭이동의 개념을 이해한다.
b. 조별 과제를 조장을 중심으로 함께 수행하며 출력하여 과제물을 완성한다.
- 완성된 과제물은 보조칠판에 게시한다.
- 조별 토론을 통한 과제 수행을 한다.
c. 정리내용을 노트에 기록한다.
d. 제시된 문제를 노트에 푼다.
- 이해가 되지 않은 학생은 선생님에게 질문하여 반드시 익히도록 한다.</td></tr>
<tr><td>유의점</td><td colspan="4">· 교사는 조별활동이 산만해지지 않도록 주의한다.
· 교사는 학생들을 순회하며, 학생들의 어려움을 해결하도록 노력한다.
· 교사는 학생들이 도형을 그릴 시간을 충분히 준다.</td></tr>
</table>

학습단계 : 정리

수업내용	개념정리 및 형성평가 문제 풀이	소요시간	12분
학습내용정리 ⇩ 형성평가 ⇩ 보완설명	1. 점의 대칭이동: $f:(x, y)\to(x, -y)$: x축 대칭이동 $f:(x, y)\to(-x, y)$: y축 대칭이동 $f:(x, y)\to(-x, -y)$: 원점 대칭이동 2. 도형의 대칭이동: $f:(x, y)=0\to(x, -y)=0$: x축 대칭이동 $f:(x, y)=0\to(-x, y)=0$: y축 대칭이동 $f:(x, y)=0\to(-x, -y)=0$: 원점 대칭이동 3. 형성평가 문제제시		

교사활동	학생활동
a. 오늘 배운 내용을 요약 정리하며 대칭이동에 따른 도형의 방정식이 어떻게 변화하는지에 주안점을 둔다. b. 형성평가를 통하여 학습성취도를 확인하고 수업내용의 결손부분을 보완한다.	a. 배운 내용을 잘 정리하며 교사의 설명을 잘 듣는다. b. 형성평가를 통하여 자신의 학습성취도를 알아보고 미흡한 부분을 보충한다.

학습단계 : 차시예고

수업내용	과제 부여 및 차시 예고	소요시간	5분
차시예고	1. 대칭이동과 관련된 실생활 문제를 가정학습과제로 부여(유인물) 2. 직선 $y=x$에 대한 대칭이동		

교사활동	학생활동
1. 직선 $y=x$에 대한 대칭이동에 대한 간단한 설명	1. x축, y축 대칭이 아닌 직선 $y=x$에 대한 대칭을 생각한다.

유의점	· 과제물을 제시한다. · 차시학습에 대한 예습을 당부한다.

형성평가(보충반)

1학년 (　　)반　　　　　　　　　　　　**성명 :**

※ 다음은 대칭이동에 관한 문제입니다. 물음에 답하시오.

1. 점 $A(2, 3)$에 대하여 대칭이동한 점의 좌표를 적고 좌표평면 위에 나타내시오.

   1) x축 대칭이동 : (　　　,　　　)

   2) y축, 대칭이동 : (　　　,　　　)

   3) 원점 대칭이동 : (　　　,　　　)

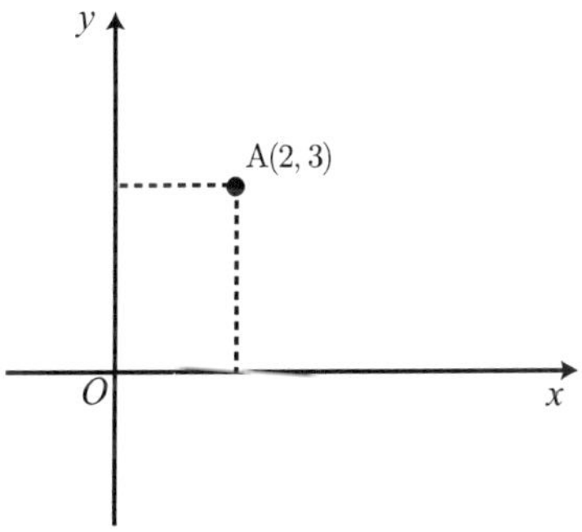

2. 원 $(x+2)^2+(y-3)^2=4$를 좌표평면 위에 나타내고, 아래의 대칭이동한 도형의 방정식을 구하고 좌표평면 위에 나타내시오.

   1) x축 대칭이동 :

   2) y축, 대칭이동 :

   3) 원점 대칭이동 :

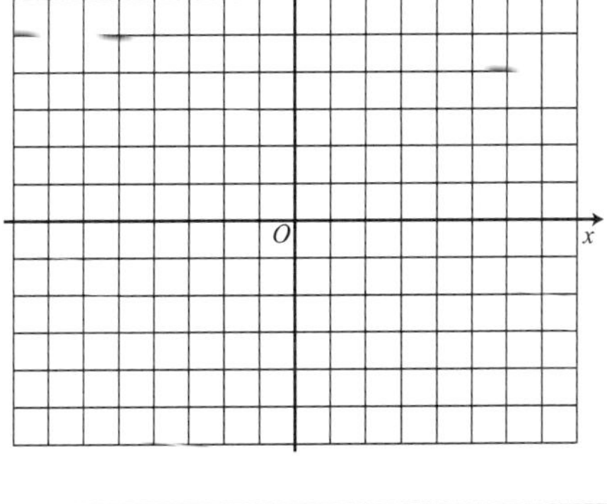

4. 삼각형의 무게 중심(탐구수업)

(1) 목표

① 학생들은 삼각형의 무게중심을 정의할 수 있다.

② 학생들은 주어진 삼각형의 무게중심을 정확하게 표시할 수 있다.

③ 학생들은 삼각형의 무게중심은 세 중선의 길이를 각 꼭지점으로부터 2 : 1로 나눔을 증명할 수 있다.

(2) 수업의 전개

차례	수업내용	교사의 활동	학생활동	자료준비 및 유의사항
도입	•두꺼운 종이로 삼각형을 자르고 평형점(balance point)을 찾기	•교사는 학생들에게 두꺼운 종이를 준비하고 소집단별로 편성하여 연필 끝으로 평형점을 시행착오를 통해 찾도록 지시한다. •다음은 모눈종이에서 평형점이 어떻게 발견되는지 찾게 한다. 이 결과를 각 소집단별로 발표하게 한다.	•종이를 가위로 오려서 삼각형을 만들고 연필 끝으로 평형점을 찾아본다. •꼭지점과 평형점을 연결했을 때, 그 선분의 세 변의 어느 점에 이르는지 조사한다. 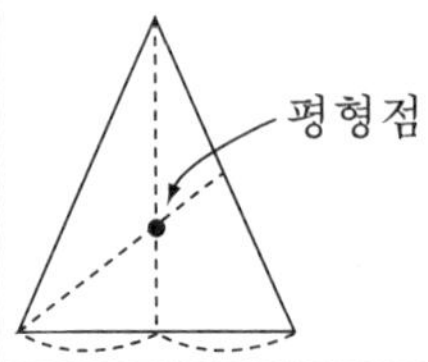	•두꺼운 종이, 가위, 모눈종이 •발견학습을 시작했다면 여기서 평형점은 어떻게 정확히 표시할 수 있는지 가설을 세우도록 한다.

핵심요소	•무게중심을 정의하기 •무게중심의 위치를 발견하기 (무게중심에서 꼭지점 거리):(무게중심에서 대변의 거리) =2 : 1	•삼각형의 무게중심은 실험에서 짐작한 대로 삼각형의 평형점임을 강조한다. •실험에서 각 소집단별로 토론이 된 무게중심의 위치를 발견하기에서 얻어낸 비공식적인 결정을 종합하기 위하여 다음과 같은 질문을 던진다. ① 꼭지점에서 무게중심을 지난 성분은 대변의 어느 지점에서 만난다고 생각하는가? ② 무게중심을 모눈종이에 나타내보면 어떻게 종이접기로 무게중심의 위치를 찾을 수 있을까? ①, ②의 질문이 끝나 다음 서로 다를 수 있으므로 교사는 무게중심을 세 꼭지점에서 대변의 중점에 선분을 긋고 세 선분이 만나는 지점이라는 것을 강조한다. •학생 스스로 규칙을 발견하기 위하여 다음과 같은 질문을 던진다.	•학생들은 소집단별로 발표한다. •모눈종이에 임의의 삼각형을 그리고 종이접기를 한다. 교사의 종합을 듣고 학생은 삼각형의 세 변의 중점을 컴파스로 찍은 다음 꼭지점에서 선분을 긋는다. 그리고 그 선분의 교점을 연필로 표시한다.	모눈종이 컴퍼스

차례	수업내용	교사의 활동	학생활동	자료준비 및 유의사항
		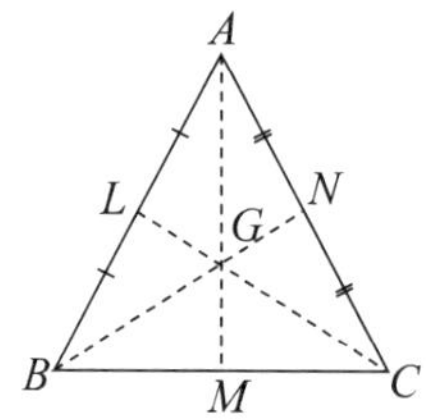		발견학습으로 할 경우는 이와 같이 질문으로 유도되나 교사주도로 설명을 하게 될 때는 교사가 말해야 한다.
		무게중심 G에서꼭지점 A까지의 거리와 G에서 M까지의 거리의 비는?	컴파스를 이용하여 $\overline{GA}$의 길이를 재고 $\overline{GM}$의 길이를 잰다.	모눈종이 컴파스
		다른 두변의 꼭지점에서 같은 실험을 하여라. 거리의 비는 얼마나 될까? $\overline{AG}:\overline{GM}=\overline{BG}:\overline{GN}=\overline{GC}:GL=2:1$이라고 말할 수 있는가?	마찬가지로 $\overline{GB}$의 길이, $\overline{GN}$의 길이를 재어 비교해 본다. 다른 변과 마찬가지로 재어본 다음 세 경우 모두 $2:1$이 되는지 조사한다.	
		위의 활동이 끝난 다음 교사는 삼각형의 무게중심은 세 중선의 길이를 각 꼭지점으로부터 $2:1$로 나눔을 종합해 준다.		
	•무게중심의 정리를 증명하기	증명은 학생 스스로 발견하기 어려운 과제이다. 따라서, 교사의 설명이 주가 된다. 그러나 다음과 같은 두 가지의 관점으로 제시할 수 있다. (제1방법) 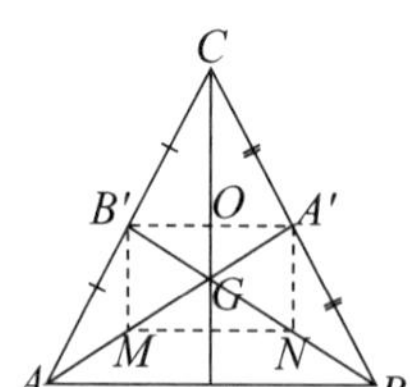		
		위의 그림에서 O는 $\overline{GC}$의 중점, M은 $\overline{AG}$의 중점, N은 $\overline{GB}$의 중점 ① □$A'B'MN$에서 $\overline{B'A'}=\overline{MN}$인가?	교실의 질문에 답하면서 결론은 $\overline{GC}:\overline{GC'}=$ $\overline{GB}:\overline{GB'}=$	

차례	수업내용	교사의 활동	학생활동	자료준비 및 유의사항
		② □$A'B'MN$은 평행사변형인가? ③ $\overline{AM}=\overline{MG}=\overline{GA'}$ 인가? ④ $\overline{AG}:\overline{GA'}=2:1$인가? ⑤ $\overline{GB}:\overline{GB'}=2:1$인가? ⑥ $\overline{GC}:\overline{GC'}=2:1$인가?	$\overline{AG}:\overline{GA'}=2:1$임 을 증명한다.	
종 결	가능한 한 적은 수의 힌트를 통하여 결론을 얻게 함 •무게중심의 뜻을 반복해서 읽기 •삼각형의 무게중심의 정리를 진술하기 •다음 학습에서 이 정리가 어떻게 이용되는지 예시하기	어떻게 평행사변형을 만들었는지 알았는가? 이와 같이 질문을 단계별로 제시하면서 결론을 유도하게 된다. 이후 칠판에 기호를 사용하여 전개를 해나가야 한다. (제2방법) 제1안이 단계별로 학생들의 수업활동을 질문을 통하여 진행했다면 두 번째 안은 가능한 한 교사의 적은 힌트를 통하여 증명을 학생 스스로 생각하도록 한다. ① 삼각형의 중점연결 정리를 이용하여 □$A'B'MN$이 평행사변형임을 보이고, 증명을 유도하자. 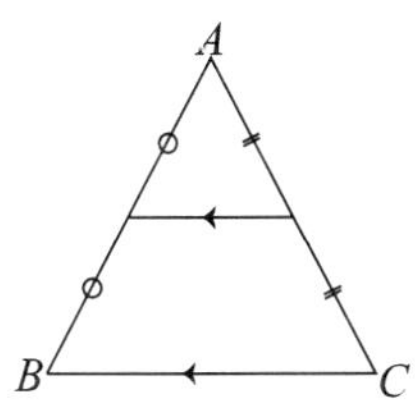 교사 주도로 반복해서 설명할 수 있고 몇 학생을 시켜 물어볼 수 있다.	제2안에서는 학생들이 '삼각형의 중점연결정리'를 서로 토론한다. 학생들은 교사가 준 힌트를 가지고 전체 증명과정을 생각한 다음 노트에 적어 내려간다.	
숙 제	•종이접기로 삼각형의 무게중심의 정리를 증명하기 •해석기하를 이용하여 정리를 증명하기	숙제를 점검할 때는 교사와 학생이 같이 정답과 증명, 풀이과정을 검토해야 한다.		
평 가	•형성평가 실시 또는 다음에 이 소제목에 대한 평가예시			

5. 문자와 식(탐구수업)

학습목표	문자를 사용하여 문장을 식으로 나타낼 수 있다.	
학습자료	교사	학생
	교과서, 지도안, 색분필, 활동학습지, ppt 자료	교과서, 학습장, 필기구

과정	학습내용	학습활동		학습자료 및 지도상유의사항	시간
		교사	학생		
	•선수학습 확인 •학습목표: 문자를 사용하여 문장을 식으로 나타낼 수 있다.	•인사 및 출석점검 •유리수의 사칙연산과 거듭제곱꼴에 대한 간단한 문제를 풀어본다. •함께 답을 확인한다. •학습목표를 ppt자료로 제시한다.	•각자 문제를 풀어본다. •화면에 제시된 목표를 보면서 이번 시간에 배울 내용에 대해 생각해본다.	•ppt.1 •ppt.2	5분
전개	•흥미유발 (탐구활동지)	•(탐구활동)을 제시하고 모듬별로 토의하면서 연구하게 한다. •한 모듬을 호명하여 토의결과에 대한 발표를 시킨다. (1) 세 친구들이 사야할 꽃은 몇 송이인가? 15송이 (2) 세 친구들이 내야할 꽃값은 모두 얼마인지 식으로 나타내어라. $300\times3+400\times5+500\times7=6400$원 (3) 만일 국화를 2송이, 장미를 4송이, 백합을 3송이 산다면 꽃값은 얼마가 되겠는가? $300\times2+400\times4+500\times3=3700$원	•(탐구활동)을 모듬별로 토의하고 연구한다. •호명 당한 모듬은 탐구활동에 대해 연구한 것을 발표하고 다른 모듬들은 발표내용을 주의 깊게 들으면서 자기 모듬에서 연구한 것과 같은지 확인한다. •각 모듬별로 연구한 것을 교사와 함께 풀면서 설명을 듣는다.	•탐구학습지 유인물을 나누어준다. •순회지도	10분
전개		•이번 시간부터는 일상생활에서 나타나는 문제를 +, −, ×, ÷의 기호와 문자를 사용하여 나타내는 방법을 배우려고 합니다. 먼저 문장을 문자를 사용하여 식으로 나타내는 방법부터 배워봅시다.			

		•모두 풀이를 했는지 확인한다. •무작위로 호명하여 답을 확인한다.	•각자 풀이를 한다.	•ppt.3	

과정	학습내용	학습활동		학습자료 및 지도상유의사항	시간
		교사	학생		
	•생각열기 민수는 한송이에 1000원 하는 장미꽃을 사서 다운이에게 선물하려고 한다. 장미꽃 2송이와 3송이의 값은 각각 얼마인가?	•여기서 장미꽃의 값을 계산하는 식을 말의 식으로 판서한다. 장미꽃 값= 한송이의 값×꽃송이 수 이때 장미꽃 2송이, 3송이의 값을 구체적으로 계산하는 방법을 설명하면서 판서한다. 1송이→1000×1=1000원 2송이→1000×2=2000원 3송이→1000×3=3000원 … ★송이→1000×★(원)			
	•그렇다면 장미 x송이의 값은 얼마인가?		•각자 풀어보고 모듬별로 자유롭게 이야기한다.	•순회지도	
		•다같이 답해 볼까요?	1000×x(원)이라고 대답		
	•데카르트의 그림 (ppt.4) 제시	•처음 x를 사용한 사람은 프랑스의 사상가이며 수학자인 데카르트인데, 프랑스어에는 x자가 들어가는 단어가 많다. 그래서 인쇄소에서는 x의 활자를 여분으로 많이 가지고 있었기 때문이라고 한다.	•? 다른 알파벳도 많은데 왜 x라는 문자를 사용하나요?	•학생들의 예상 질문에 대한 준비 •문자에 대한 사고의 유연성을 길러준다.	
전개	•(기본문제) (1) 한 변의 길이가 $a$cm인 정사각형의 둘레의 길이 (2) 12자루에 y원 하는 볼펜 1자루의 값 (3) x℃보다 5℃ 높은 온도	•모두 다 풀었는지 확인하고 칠판에다 함께	•각자 풀어보고 모르는 것에 대해서는 팀별로 자유롭게 의사 소통하거나 선생님께 질문한다.	•ppt.5 •순회지도 •ppt 자료 작성 시 학생의 흥미와 이해를 돕기 위해 그림을 첨부	

과정	학습내용	학습활동		학습자료 및 지도상유의사항	시간
		교사	학생		
	•(심화문제) 다음을 문자를 사용하여 식으로 나타내어라.	풀어본다. •ppt로 문제제시		•ppt.6	
	(1) 한 자루에 a원하는 연필 3자루와 한 권에 b원하는 공책 5권의 값 (2) 한 봉지에 700원하는 과자 x봉지와 한 병에 500원 하는 음료수 y병의 값 (3) 한 장에 x원하는 카드 4장과 한 송이에 y원하는 꽃 8송이를 사고 3000원을 냈을 때의 거스름돈	•모두 다 풀었는지 확인하고 칠판에다 함께 풀어본다.	•각자 풀어보고 모르는 것에 대해서는 선생님께 질문한다.	•순회지도 •ppt 자료 작성시 문장이해력을 높이기 위해서 그림을 배제해서 작성.	25분
정리 및 차시 예고	•요약 정리	•이번 시간에 무엇을 배웠나요? •예. 맞아요. 지금까지 우리 일상 생활속에서 여러 가지 수량을 문자와 덧셈, 곱셈, 뺄셈, 나눗셈 부호를 사용해서 나타내는 방법을 배웠습니다.	•'문장을 식으로 나타내기에 대해 배웠어요.' 라고 대답한다. •오늘 배운 내용을 스스로 정리한다.		
	•차시예고	•이번 시간에는 여러분이 수업을 너무 열심히 해서 특별히 옛날 이야기를 하나 해 주면서 마치겠습니다. •(디오판테스의 묘비문) ppt제시 후 낭독. •디오판테스가 몇 살까지 살았는지 조사해 오도록 과제를 내준다.	•교사의 이야기를 집중해서 듣는다.	•유인물 제시	5분

수열의 일반화(미국, 시카고)

이 자료는 시카고 지역의 교사가 OCTM 수업발표회에서 시범수업한 결과를 차시안으로 제시한 것이다(Lgnn, 2010).

수업철학

린(Lynn)은 미국의 중부지역에 있는 중고등학교에 근무하는 수학교사이다. 그녀는 항상 교사가 가져야 할 지식으로 잘 구조화된 수학내용 못지않게 교수학습에 관한 지식이 아주 중요하다고 생각한다. 그녀는 인류가 발전시킨 수학내용을 잘 전달하는 것보다 수학을 이용하여 학생들의 수학적 사고를 효과적으로 훈련시키느 것이 중요하다고 생각한다. 그녀는 이를 파워풀한 교수학습이라 하며 일종의 린 교사만이 가지는 교육철학인 셈이다.

그녀는 항상 수학교사로써 다음을 마음속 깊이 새긴다.

- 학생들에게 가르치는 수학적 지식은 구성주의자들의 관점으로 개발한다.
- 교실에서 학생들 앞에 서기전에 수학의 학습자로써 자신의 경험을 반영시킨다.
- 수업 중에 일어나는 학생들의 이해, 문제해결, 동기유발, 연습에 대한 문제점(보류, 질문, 의사소통 등등)을 분석한다.
- 학생들의 이해를 측정하는 방법을 항상 생각한다.
- 수학적 지식, 즉 이해, 문제해결, 계산 등을 학생들에게 전달하기 위한 알맞은 수업전략을 계속해서 개발한다.

이와 같은 린의 아이디어는 구성주의자들의 대표적인 생각이다.

그녀는 종전의 교실은 드릴과 연습을 강조하는 손다이크의 학습이론, 의미학습을 강조한 브라운웰의 학습이론과 문제해결의 통찰을 중시하는 형내심리의 이론, 새수학운동의 영향을 받은 새수학이론, 피아제 이론등을 실험하는 장이었다는 것을 잘안다. 지금의 교실은 어떤 학습이론의 영향을 받는가?에 대한 당연히 구성주의와 인지과학이라고 대답한다. 그녀는 최근에 개발된 교육과정 또는 학교프로그램을 보면 학습자가 활동적으로 자기학습에 집중한다는 점을 강조한다는 것을 잘 안다. 즉, 그들은 수학적인 아이디어를 물리적 세계, 자료 및 동료들과 상호작용(interacting)하면서 구성하고 수정한다. 이 학습이론은 개념적 지식을 잘 포장된 상태로 한 학습자에서 다른 학습자로 전달되지 않으며, 보다 학습자 자신의 경험에 바탕을 두어 스스로 구성한다는 것이다(Nik Pa, 1986). 그녀는 학습자는 수학적인 활동에 깊이 관여하여 개념화시키며, 다른 사람(교사)으로부터 듣고 본 절차와 설명에서 어떤 센스를 만들려 노력하기(Wood, Cobb, Yackel & Dillon, 1993) 때문에 교사는 교실에서 그들의 기존 생각을 다시 조직하고 반영시킬 수 있는 진정한 수학적 문제를 준비해야 한다는 견해에 동감한다. 교실에서 특별한 관심을 가지지 않으면 학습자가 행하는 문제해결의 과정은 어떤 수학적사고의 암시도 없이 무의식적으로 진행되는 경우가 많다고 느낀다.

린의 생각처럼 우리는 사실 구성주의를 지나치게 확대해석한 면이 있다. 이를테면, 교실에서 구체물을 사용하여 개념을 지도했다면 곧 구성주의 방식의 지도라고 단언하는 경우가 있는데, 이유는 마치 그들 스스로 수학적 아이디어를 구성하고 있다고 생각하기 때문이다. 엄밀히 말하면 구성주의는 교수학습이론을 담고 있지 않다. 그러나 교실에서 의미교섭을 위한 토론, 도전, 반영, 의미생성 등과 같은 활동은 구성주의에 가까운 시도임에는 틀림없다. 이와 같이 엄밀하게 구성주의 방식의 지도인가? 또는 아닌가? 하는 논의보다 항상 학생들이 이해본질을 파악하는 것이 올바른 처방이다. 이러한 노력은 수학적인 학습의 모델을 발전시키는 길이다. 이 점은 인지과학에서 많은 연구를 했다.

학생들의 수학개념에 대한 이해본질은 인지과학자들의 오랜 연구과제였다. 이 과제 중에서 지식의 표현에 대한 본질을 모델로 만드는 노력이 가장 돋보였다(Anderson, 1990; Greeno, 1989; Ohlsson, 1988). 개인의 인지과정은 정신적 표현에 조작(operation)을 수행하는데, 이 정신적 표현은 서로 내적으로 관련 있는 아이디어의 네트워크, 즉 연결된 상태를 의미한다(Hiebert & Carpenter, 1992). 연결된 상태로써의 네트워크는 학생들의 수학적 이해에 대한 그들 사고의 유용한 수단을 제공한다. 이를테면, 교실에서 이해를 잘하는 학생은 수학적 아이디어를 연결한 네트워크가 이해를 잘못하는 학생의 것과는 다르다. 수학적 이해에 탁월한 학생일수록 대수문제를 해결하는데 기하학적인 아이디어를 연결한다.

교실에서 수학교사가 연구해야할 꼭 필요한 과제로 수학의 학습에 의미있는 학생들의 연결성, 즉 네트워크를 관할하는 일이다.

다음 어느 초등학생의 $\frac{1}{4}+\frac{1}{8}$에 대한 우수한 네트워크(또는 연결성)를 나타낸 그림이다.

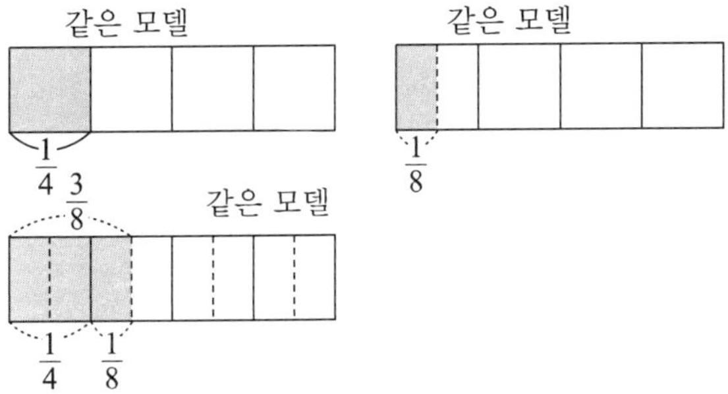

위와 같은 좋은 네트워크를 정신모델로 표현할 수 있는 이 아동은 대수를 배울때도 다른 학생과 확연히 구분되는 모델을 만들 수 있다. 매우 어려운 문제해결에서도 좋은 정신모델을 만들 수 있는 학생이 교실에서 관찰되었다. 인지과학은 문제해결과 추론의 교육에서도 의미있는 연구를 했다. 요약하면 폴랴, 쉐엔필드 등이 실험한 "발견전략"과 "메타인지" 등을 교실에서 활용하는 문제를 말한다. 그런데 실험과정에서 발견전략의 의미없는 활용은 별효과가 없음이 드러났다. 즉, 학습자가 발견전략을 충분히 익히고 있다해도 언제, 어떻게, 어디에서 발견전략이 사용되는지 모르면 별 효과가 없다는 뜻이다. 마찬가지로 자기의 문제해결의 활동을 모니터링하고 반영할 줄을 모르면 발견전략의 효과는 미미한 실정이다 (Flavell, 1976; Lester & Garofalo, 1982; Schoenfeld, 1992; Silver, 1985).

수업자료

그녀가 7년전부터 채택한 교과서는 Core plus로 교육과정 "표준"을 잘 표현한 자료이다. 이 책은 개념적 지도에서 실생활 문제장면을 통해 개념형성을 도와주는 많은 자료가 있다. 수업절차를 간단하게 소개하여 소단원의 예를 들어보자.

조사활동 1 운동화 비즈니스

학급 학생들과 ○○지역에서 신발가게 주인이 가장 알고 싶은 자료가 어느 것인지 조사하여라.

		차기 브랜드		
		나이키	리복	휠라
현재 브랜드	나이키	40%	40%	20%
	리 복	20%	50%	30%
	휠 라	10%	20%	70%

이를테면, 현재 나이키를 신은 사람이 운동화를 바꿀 때는 나이키를 다시 사겠다는 사람이 40%, 리복을 사겠다는 사람이 40%, 휠라를 사겠다는 사람이 20%이다. 2행과 3행도 똑같이 해석이 되며, 1열은 나이키를 사겠다는 사람으로 해석할 수 있다.

- 소비자들이 가장 선호하는 제품은?
- 지금 바이어들이 나이키를 1700켤레, 리복을 500켤레, 휠라를 400켤레를 샀다면, 다음 해(모든 사람이 1년 신발을 신고 바꾼다고 가정)에는 이 인원은 어떻게 변하는가?
- 위의 문제를 행렬로 변경하여 구하여라.

요약하기

- 스스로 연습

○○체인점을 운영하는 회사에서는 도시 C, A, S에서 나이키와 리복을 판 한다. 2004년에 한 달에 평균 판매된 켤레는

도시 C에서 250켤레의 나이키, 195켤레의 리복
도시 A에서 175켤레의 나이키, 175켤레의 리복
도시 S에서 185켤레의 나이키, 275켤레의 리복

와 같았다.

(1) 행렬로 나타내어라.
(2) 세 도시에서 판매한 리복의 총켤레수는?
(3) 어느 도시에서 가장 많은 운동화를 판매했는가?

- 모델링, 조직하기, 복습하기, 발전시키기

조사활동 2 행렬의 곱셈

- 앞의 운동화 브랜드
- 행렬의 곱

(1) 지금까지는 1×3행렬과 3×3행렬의 곱을 생각했다. 이들을 종합해보

면 다음과 같이 계산이 뒤따른다.

$$\begin{array}{c} \\ (700\ 500\ 400) \end{array}\begin{array}{c} \begin{array}{ccc} N & R & F \end{array} \\ \begin{pmatrix} 40\% & 40\% & 20\% \\ 20\% & 50\% & 30\% \\ 10\% & 20\% & 70\% \end{pmatrix} \end{array} = \begin{array}{c} N\ R\ F \\ (\qquad\quad) \end{array}$$

(2) 이와같은 연습이 몇 개 이어지고 난 다음에는 실생활 소재를 자연스럽게 도입하여 학생들에게 2×3행렬에 3×3행렬을 곱하는 연습으로 들어간다. 이를테면,

옷 한 벌 가격

	소	중	대
유니폼 플로스사	\$28	\$36	\$41
스포츠전문사	\$34	\$35	\$36

팀별소요분량

	호랑이팀	갈매기팀	곰팀
소	6	6	9
중	11	4	6
대	3	10	5

이를 이용하여 팀별로 확보해야 할 예산을 두 행렬의 곱으로 나타낸다. 여기서 얻을 수 있는 학생들의 지식은 앞에서 탐구한 행렬의 곱을 그대로 적용한다. 다음 연습을 해보자.

(3) 지붕에 기와를 놓을 수 있는 기술자 A, B, C의 역량은 계절별로 다음과 같다.

$$\begin{array}{r} \\ 4\text{월} \sim 6\text{월} \\ 7\text{월} \sim 9\text{월} \end{array}\begin{array}{c} \begin{array}{ccc} A & B & C \end{array} \\ \begin{pmatrix} 10 & 12 & 9 \\ 11 & 14 & 10 \end{pmatrix} \end{array} = Q$$

한 집의 일을 끝내는 데 두 가지 공정이 필요하며, 각 공정에 걸리는 기술자의 시간(일)은 다음과 같다. 또, 모든 기술자들이 각 공정에 들어가는 하루당 비용은 다음과 같다.

$$\begin{array}{c} \\ A \\ B \\ C \end{array}\begin{array}{c} \begin{array}{cc} \text{프로세스} & \text{마무리} \end{array} \\ \begin{pmatrix} 3.5 & 0.5 \\ 3.0 & 0.5 \\ 4.0 & 0.5 \end{pmatrix} \end{array} = T \qquad \begin{array}{c} \text{프로세스} \\ \text{마무리} \end{array}\begin{pmatrix} \$520 \\ \$160 \end{pmatrix} = S$$

마지막으로 몇 가지 계산을 하여라.

총시간(일) 연간 총비용(4월~9월)

	프로세스	마무리
4월 ~ 6월		
7월 ~ 9월		

요약하기

- 스스로 연습
- 모델링, 조직하기, 복습하기, 발전시키기

다음은 어떤 지역의 생태계를 그래프로 나타낸 그림이며 먹이사슬 관계를 이용하여 행렬의 곱, 합, 차는 물론이고 경로를 알게 하는 과정이다.

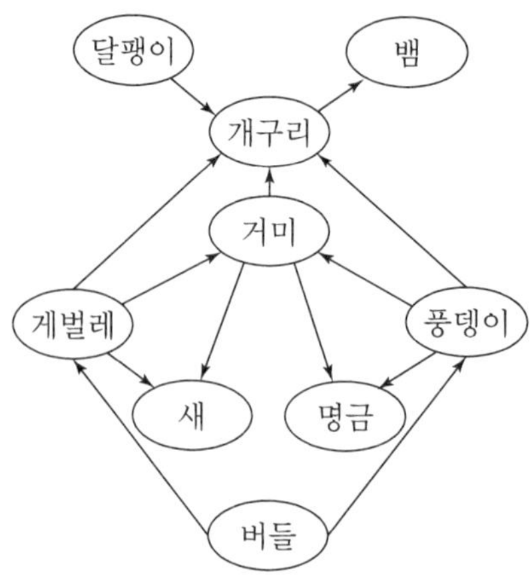

이 그림에서 $A \rightarrow B$는 "A는 B의 먹이다."라는 관계를 나타내는 화살표이다. 이를테면, "개구리는 뱀의 먹이다."를 '개구리→뱀'과 같이 나타낸다.

- 이 기역의 모든 개구리가 농약에 오염되었따면, 이를 먹은 어떤 동물이 오염이 되는가? 경로를 만들어라. 또, 게벌레가 농약에 오염이 되었다면 이후 오염되는 동물의 경로를 만들어라.
- 앞의 그래프를 인접행렬로 나타내어라.
- 길이가 2인 경로를 찾아보기 위해서는 행렬을 몇 번 곱해야 하는가? 실제 그래프에서 길이 2인 경로를 구해보고 이를 행렬로 확인하여라.
- 위의 행렬을 A라 할 때 A^3는 어떤 의미를 주는가?

- 그래프에서 버들이 오염된 물에 의하여 오염이 된 상태라면 안전한 동물은 어느 것인가?
- 행렬 A와 A^2의 합 $A+A^2$은 무엇을 알아보는데 유익한가?

린의 수업계획

다음은 린 교사가 수업을 하기 전에 설계한 수업계획 차시안이다.

- 가우스, 등차수열에 대한 수업계획

1. 주제: 몇 개의 직사각형이 있는가? 수학적으로 패턴을 발견하고 표현하는 수업이다.
2. 포커스 질문 · 패턴을 서술하기 위하여 어떻게 수학을 이용하는가? 어떻게 1에서 n까지 자연수의 합을 계산하고 표현하는가?
3. 수업의 배경
   - 학습사이클-이 학생들은 대수 I 를 수강하는 학생이지만, 일부 학생은 대수 I 를 넘어서는 수준이고 일부는 그렇지 못한 집단이다. 수업목적은 등차수열의 합을 구하는 것이다. 사전과 사후학습의 연결은 다음과 같다.

구분 내용	사전학습	현재학습	미래학습
	· 직사각형, 정사각형, 일변수 방정식의 풀이, 연산표현 방법(표, 그래프, 문자 등)	· 조직권 세기 · 이름붙이기/레벨링 · 자료조직 · 추론, 판단, 문제해결 · 일반화하기 · 특수화하기	· 등차수열 · 조직적 세기 · 문제해결 · 일반화하기 · 판단하기

- 수업자료-계산기, 카메라, 소집단 활동의 화이트보드, 차트, 워크시트
- 교사는 일반화를 질문을 이용하여 유도할 것이다. 학생은 수학적인 아이디어, 세기, 가설설정, 문제풀고, 자기주장에 대한 추론을 하고 친구들과 협력하여 수학적인 공식을 유도한다.
- 아이오와 주(Iowa 주) 교육과정
- 소집단 협력학습

4. 차시안

시간	활동 및 과제	예측된 학생활동, 질문대답	교사활동(미답)	기록할 만한 사항 (교사반성란)
단계 1 2분	•칠판/교사 지도방향 •10, 16, 40의 평균 구하기 •한 학생을 선택하여 자기의 답을 체크해보고 타당한지를 발표함.	•학생들은 개별적으로 평균 22를 계산함	•기본사항이므로 결과를 체크함	
4분	•(LCD 또는 차트종이) 메리는 N살이고 아담은 메리보다 4살 어리다. 또, 피터는 아담보다 한 살 어리다. 이들 두 사람의 평균 나이는? –학생들이 변수 표현에 대해 서로 논의하게 한다. –평균을 어떻게 구하지?	•N이 무엇입니까? 이해를 못하겠는데요. •메리의 나이가 6살보다 작으면 어떻게 되나요?	•교사는 학생들이 문제를 풀기 전에 변수에 대해 편안하게 생각하도록 한다. •N은 메리의 나이 먼저 메리의 나이를 머릿속에서 정하여라. 어떤 수? 이때, 아담은? 피터는? 만일 그 수 대신 N을 넣으면 각각의 나이는? •그녀 나이는 적어도 6살	•데이터 수립/조직 •각자 1분 정도 시간을 주어 학급 토론 유도
단계 2 3분	•패턴을 생각하기 패턴을 구상하는데 수학을 이용하기 공식을 유도하기 5개의 직사각형의 연결에서 표를 만들어 세기 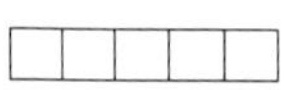		•직사각형의 개수에 대한 덧셈	•조직적 세기 •이름 붙이기 •표를 만들어 데이터 조직 •학생들이 소집단으로 해도 좋음

시간	활동 및 과제	예측된 학생활동, 질문대답	교사활동(미답)	기록할 만한 사항 (교사반성란)
	•서로 다른 사이즈의 직사각형의 모임을 상상하기 •과제 다음 그림에서 직사각형의 총개수는? 계산과정을 설명하라. 어떻게 알았는가? 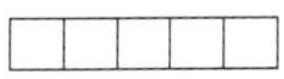 교사는 교실을 걷고 좋은 풀이방법을 구상한 학생을 선택한다.	•자기가 어떻게 세었는지 발표하기 원합니까? •나는 아직 15개를 얻지 못했어요.	•표를 만들어 세기를 조직한다. •이해하기 어려운 단어를 설명 •1×1, 1×2, 1×3, 1×4, 1×5를 충분히 이해시켜 $1\times n$으로 연결하게 함 •총개수 확인 $5+4+3+2+1$	•수업을 하면서 학생들의 활동은 그들이 수학아이디어를 얼마나 효과적으로 표현하는지 좋은 교훈을 주었음. •위의 관찰은 "왜 공식을 먼저 알려주지 않했는가?"에 대한 답이 됨. •3×1의 표현은 받아주지 않음
단계 3	•질문 2로 옮김 교사는 교실 개별지도에 관찰 가장 잘된 풀이를 선택 •과제 그림에서 직사각형의 총개수는? 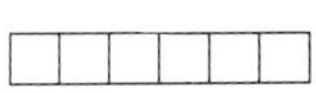 •계속 질문 2에 대한 탐구활동 옆친구와 같이 문제를 해결하게 함. 친구들의 풀이방법을 비교함	•나는 21이 나오지 않는데… •아직 패턴을 발견하지 못했어요.	•단위 직사각형이 9개 있으면 어떤 패턴이 있는가? 질문 •질문을 통해 9개인 경우 $9+8+7+\cdots+1$을 유도함.	•한 학생 부르스의 대답이 매우 조직적임 5 1×1 1×1 1×1 1×1 1×1 4 1×2 1×2 1×2 1×2 3 1×3 1×3 1×3 2 1×4 1×4 1 1×5 5 4 3 2 1

시간	활동 및 과제	예측된 학생활동, 질문대답	교사활동(미답)	기록할 만한 사항 (교사반성란)
11-2분 허용	•과제 다음과 같이 n개 직사각형을 나열했을 때 직사각형의 총개수는? 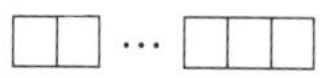 n개	•N이 무엇을 뜻합니까?	•N은 1×1의 개수를 의미 •위에서 계산한 바와 같이 200개의 1×1 직사각형이 있으면 계산패턴을 얻었다. 마찬가지로 200 대신 N개 있다면 총 직사각형의 개수는 N에 의해 표현이 된다.	•이 결과와 오늘 수업의 한 목표이다. •이 단계에는 학생들은 표를 만들 필요는 없다. 왜냐하면 이미 패턴을 알았기 때문이다. 이를테면, $6+5+4+3+2+1$
단계 4	•$n=20$일 경우 합을 어떻게 발견할 수 있을까? 또, 계산기가 없다고 생각하자. 어떻게 합을 구할 수 있을까? 방법을 알아보면 $20+19+\cdots+3+2+1$ $\underline{1+2+3+\ \ +19+20}$ $1+2+3+\cdots+19+20$ 을 몇 번 더 했는가? 위에서 각 열은 21이면 21이 몇 개 있는가? 계산기 없이 $1+2+3+\cdots+19+20$ 의 총합을 쉽게 생각하여라. $n=5, n=6$일 경우 이 공식에 의해 답을 구할 수 있는가?	•표를 만들면 $20+19+18+\cdots+3+2+1$ 을 얻을 수 있지요. 아니, 표 없어도 이미 패턴을 얻을 수 있어요. •2번이요 •20번 있어요. $20\times21\div2$	•1에서 맨 마지막 수가 얼마 더해졌는지 판단한다. •중요한 점은 합이 2번 더해졌다는 사실이다. •여러 수를 해보는 것도 도움이 될 수 있다.	
단계 5	•이제는 $1+2+3+\cdots+(n-2)+(n-1)+n$의 합을 구해보자.	•다음은 어때요. $\frac{n(n+1)}{2}$ •그림을 그리고 싶은데, 총개수를 모르면 어떻게 그려요.	•앞에서 나이에 관한 연습을 생각하며 그때 피터나이, 아담나이를 문자로 표현했다.	

6.6 동기유발

이 단원의 마지막 소제목으로 동기유발을 제시한다. 동기유발은 도입, 전개, 종결 등에서 항상 필요한 것이다. 수학시간이 재미있다고 느끼는 이유는 어떤 원인에 의하여 학생은 동기유발이 된 것이다. 홀트(Holt, 1964)는 학생들의 동기유발을 돕는 제언을 했다.

(1) 목표

교사는 수업이 시작되면 학생들이 도달해야 할 목표를 주게 된다. 때로는 칠판에 쓸 때도 있고, 학생들에게 읽어주면서 그림을 그려가며 설명를 할 때도 있다. 이때 학생들은 이번 시간에 저 목표는 도달 가능성이 있는가? 없는가? 하고 자신에게 묻는다. 이때 교사가 제시해 준 목표가 자신에게 쉽게 들리고 도달 가능성이 있다고 판단하면 목표성취에 대하여 의욕을 가지게 된다. 따라서 교사가 목표를 제시할 때는 학생에게도 도달 가능성이 있는 내용을 주며 목표제시를 쉽게 이해할 수 있도록 해야 한다.

(2) 변화

학습 - 지도에 변화를 주어야 한다. 교사가 한 가지 방법만 가지고 지도하게 되면 학생들은 지루해 할 수 있다. 또, 학습형태도 변화를 줌으로써 학생들에게 성취감을 증진시키도록 해야 한다. 구체적인 방법으로, 숙제해 온 것을 교사가 검사하는 방법을 바꾸어서 학생들끼리 답과 풀이과정을 검토하게 한다든지, 학생들이 칠판에 나와서 풀도록 하고 풀이과정을 다른 학생들에게 설명하게 한다든지 활동을 강조하는 과제를 선정하여 수업을 신행한다든지, 수업이 지루하게 느낄 때 다음과 같은 오락 수학문제를 제시함으로써 분위기를 바꾸는 방법 등이 있다.

다음 그림에서 맨 위 A에서 출발하여 아래로 내려오면서(왼쪽 또는 오른쪽) ALGEBRA를 만들어 보아라. 가능한 모든 길(path)을 만들면 몇 개가 있겠는가? 그림은 그 중 하나를 표시한 것이다.

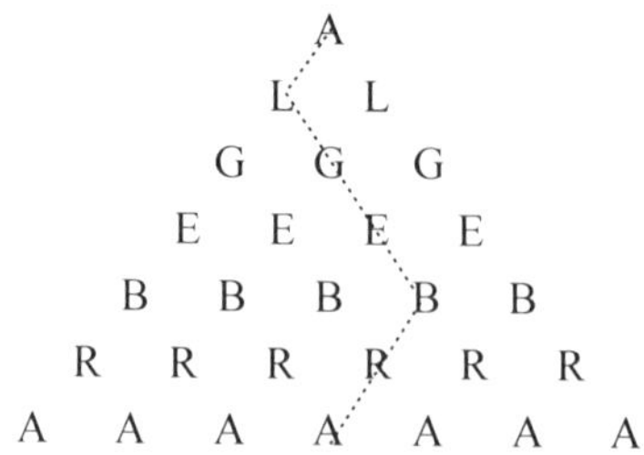

(3) 흥미

수업에 흥미를 가진다는 것은 수업 외적인 사건들로 있으나 여기서는 수학의 지도내에서 수학내용을 어떻게 재미있게 조직하느냐에 초점을 둔다.

소벨(Sobel)은 다음과 같은 네 가지 방법을 제시하고 있다.

① 직관적인 추측 사용

다른 직각삼각형에서 $\triangle ABC$는 $\triangle HBA$와 닮았는가?

또, $\triangle HAC$와 $\triangle HBA$는 서로 닮았는가?

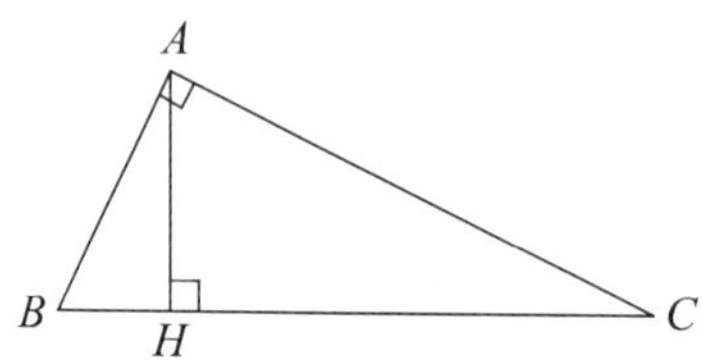

이와 같은 문제에서 학생들끼리 추측을 해서 누가 바른 추측을 했는지 알아보게 하는 것은 흥미를 일으키는 학습방법이다.

② 수학적인 분위기 유도

정상적인 수업과정에서 다음과 같은 문제를 제시해본다.

첫 번째 어떤 수를 생각 $\boxed{23}$

5를 곱함 $23 \times 5 = 115$

6을 더함 $115 + 6 = 121$

4를 곱함 $121 \times 4 = 484$

9를 더함	$484+9=493$
5를 곱함	$493\times5=2465$

마지막 수에서 165를 빼고 마지막 두 자리의 수(00)를 없애면 처음수가 된다. 즉, $2465-165=2300$.

③ **계산활동 제공**

$x+m=2m$ 과 같은 계산 문제를 제공하여 학생들이 쉽게 성취감을 가지게 한다.

④ **기하에서 활동제공**

다음 그림에서 각 a, b, c, d, e 의 합을 구하여라.

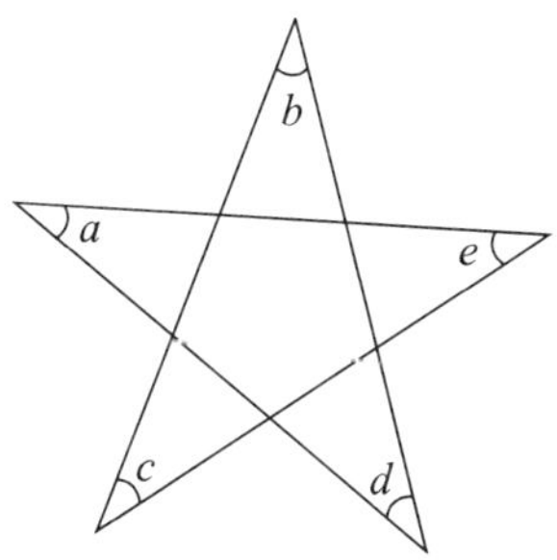

다음 도형에서 연필을 떼지 않고 모든 선분을 한 번씩만 통과할 수 있는 도형은 어느 것인가?

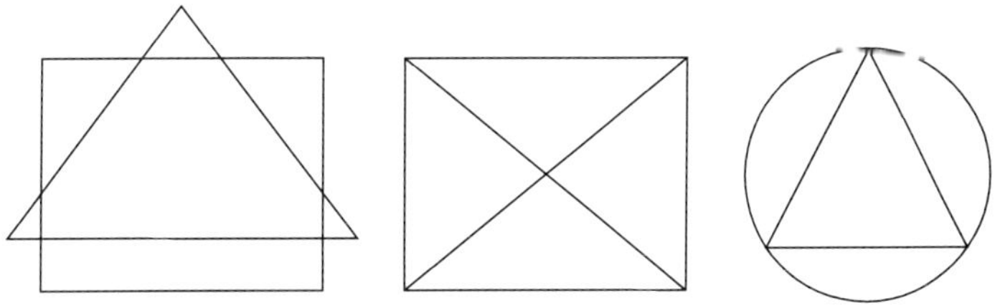

기하 문제장면이나 수학사에서의 교과서와 관련 있는 내용을 소개하는 것도 학생들에게 흥미를 일으킬 수 있는 소재들이다.

7

수학교실의 역동적 환경

앞에서는 구조주의, 구성주의, 상황인지 관점에서 수학교사가 택할 수 있는 수업모형을 논하였고, 이 단원에서는 바람직한 교실의 환경면에서 이들 이론의 실제를 좀 더 알아본다.

7.1 교실의 수학적 활동

수학의 인식론을 보면 수학교실에서 활동의 개념은 수업의 핵심적인 역할을 한다는 것을 안다. 교실에서 수업의 과정(교수학습의 과정)을 관찰해보면 과정의 수업과 결과의 수업이 자주 대조적으로 보인다. 문제는 학습자의 활동이 보다 핵심적임을 느낄 수 있는데, 이때 교사는 과제의 창조자, 과제활동의 출발을 창안하는 자, 활동의 촉진자 또는 조정자로서 역할을 한다. 물론 학생의 활동은 교사의 역할에 지대한 영향을 받는다. 위에서 나열한 여러 교사의 역할 중에서 역시 가장 중요한 점은 학생들 자신의 반영된 의미를 창조하는 활동에 그들이 들어가도록 기회를 제공하는 분위기(과제, 상황)를 만들어 주는 일일 것이다.

이를테면, 종이접기는 학생의 반영된 의미를 창조해주는 활동상황이라 볼 수 있다. 어떤 점을 창조해 주는가? 이때, 반영적 의미는 무엇인가?

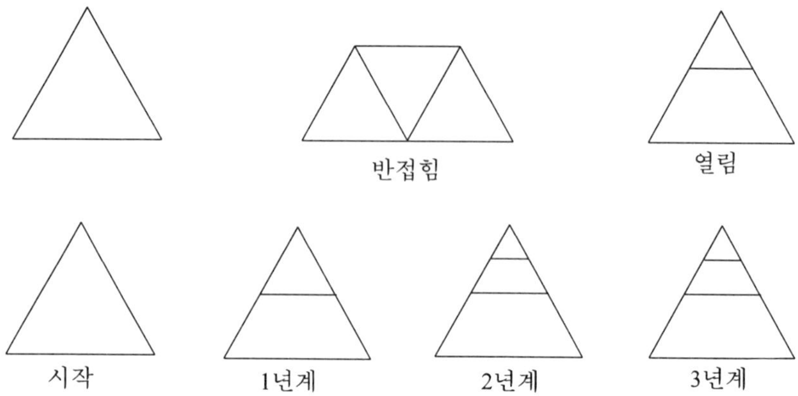

학생들이 다음을 생각하게 한다.

단계	0	1	2	3	4	…	n
삼각형수	1	2	3	4	5		$n+1$
사다리꼴수	0	1	3	6	10	…	(　　)

이때, 수렴하는 수열은 위의 접기 상황에서 만들 수 있는가? 어떤 수학적 의미를 창조하는가?

스트리플랜드(Streefland, 1982)는 학생들이 스스로 수학적 의미(수열의 수렴 등)을 창조하는 실험을 보여준 적이 있다. 이들 실험에서 보인 것은 "doing mathematics"이며, 이들 범주에는 물리적 활동뿐 아니라 정신적 활동이 수학적 활동을 반영한다는 사실을 보인 것이다. 여기서 'doing math'에 의하여 수학을 배우는 것은 단순히 목적물을 핸들링하는 수준이 아니고, 핸들링에 대한 사고에 이어 수학적 과정과 결과에 반영시키는 수준까지를 포함하는 것이다.

구성적인 과제에서 보이는 학습자의 다양한 능력은 비드웰(Bidwell, 1982)에 의하여 확인된 바 있다. 12살 되는 학습자에게 다섯 개의 크기가 같은 초코렛 바를 여섯 명이 똑같이 나누어 가지려 한다는 과제에서 네 가지 구성적 방법이 나왔는데, 이들 중 교사의 예측과 어긋난 발전된 개념획득은 다음과 같다.

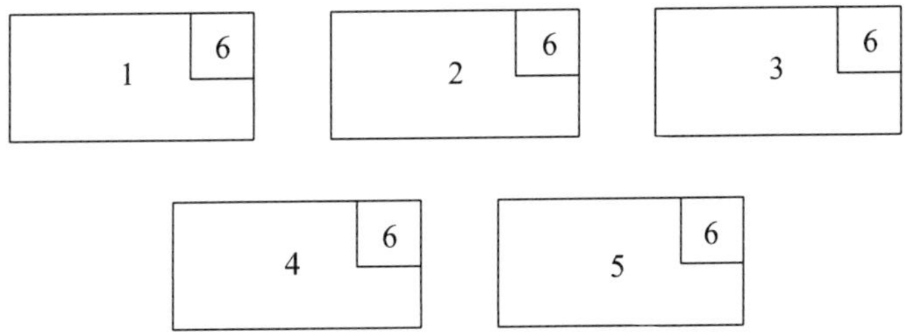

또 다른 관점은 마치 수학사를 보는 것과 같다.

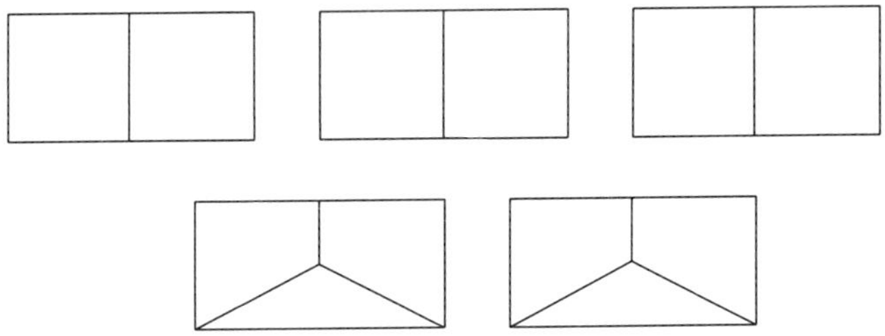

이러한 서로 다른 접근방식을 보인 학습자에게 구성적 교사로써 어떤 조치를 취해야 할까? 하는 문제가 발생한다. 실제 교실에서 학생들은 능력에서 다른 수준을 보일 뿐 아니라 선수경험, 학습유형 등도 각기 구성적 접근에 영향을 주는 것으로 보고되었다. 이러한 관찰로 자연수 1에서 n까지의 합을 실험해 보면 학생들의 구성적 능력이 얼마나 다양한지 느낄 수 있다.

$$1+2+3+\cdots+n=?$$

교사 중에서 다양한 구성적 능력을 교실에서 경험한 사람은 조심스럽게 학생들의 자기토론을 자극하여 서로 다른 가능성이 창출되도록 수업설계(구성설계)를 한다. 또, 그들끼리 상호토론을 강조하게 하고, 모든 그들의 결론은 적절한 논쟁 속에서 일어나도록 배려하며, 공통 의견을 교사가 수집하는 과정을 중요시한다.

○○○ 교사는 갑에게 기하시간에 택시캡이라는 도시기하의 일부를 설명한다. 즉, 거리함수 d_T를 그림에서와 같이

$$d_T(A,\ B) = \overline{BC} + \overline{CA}$$
$$= 3 + 6 = 9$$

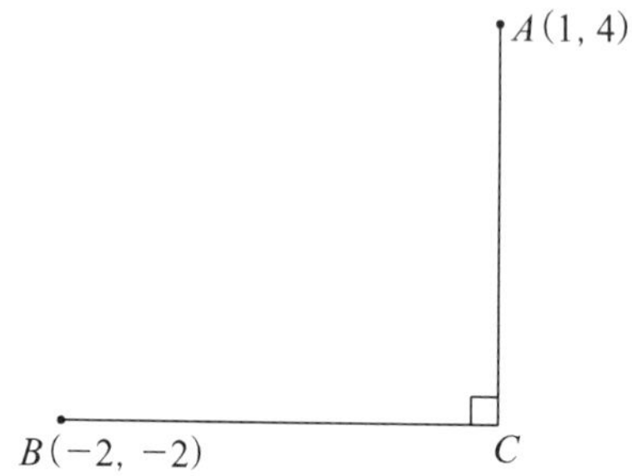

정의한다. 따라서 $P(a_1,\ a_2)$, $Q(b_1,\ b_2)$에서

$$d_T(A,\ B) = |a_1 - b_1| + |a_2 - b_2|$$

그리고 그에게 "$\{P \mid d_T(P,\ A) = 3\}$의 그래프를 그려라."와 같은 문제를 준다. 이때 $A = (-2,\ -1)$이다.

갑은 이 문제를 풀려고 노력하나, 쉽게 풀리지 않자 옆에 있는 몇 명에게 자문을 구한다. 그러나 일부 이 문제를 아는 학생이 설명을 하지만 그는 쉽게 이해를 하지 못한다. 그는 다시 "선생님, 거리함수가 중학교에서 배운 피타고라스 정리의 공식이라면 이 그래프는 원이 됩니다. 그러나 이 경우에는 원이 되지 않는 것도 같고, 또 원인 경우도 되고…" 선생님은 다른 학생들에게 정답을 요청하자 이들 중 한 명이 칠판에 답을 제시한다.

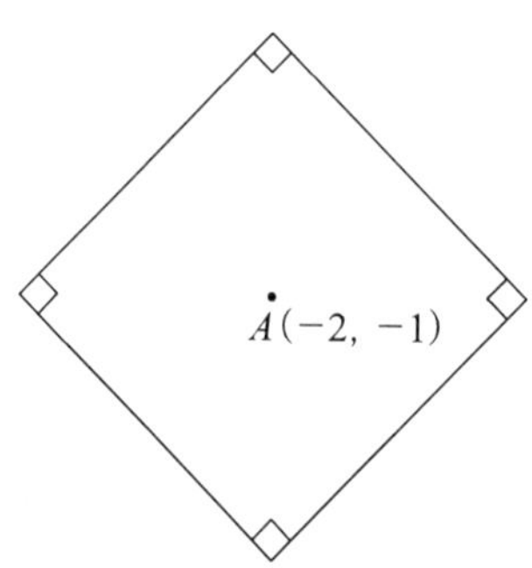

교실의 상황을 살펴보면 갑은 상당히 당황하고 있음을 알 수 있으며, 수업이 자연스럽게 이어지지 못하고 위협을 받으면서 단절되며, 사고가 더 이상 진행되지 못하고 막히는 것을 볼 수 있다. 그러나 교실에 있는 모든 학생이 수업에 집중하고 있음은 틀림없으나, 교사는 갑은 물론 다른 학생이 사고하고 대화하는 교실을 만들지 못했다.

그런데 다음 상황을 보면 위에서 부족했던 자유로운 의사소통의 분위기가 살아있으며, 교사는 상황을 창조하고 있음을 알 수 있다. 우선 교사는 학생이 교실에 들어오자마자 창문을 열고 학생들에게 친절하게 대한다. 그리고 적절한 자료(파워포인트, 역할극 등)를 보여주며, 학생들과 질문을 주고받는다.

자료제시

아래의 직각삼각형 모양의 점의 그림을 보면 처음 네 개 도형의 점의 개수는 각각 1, 3, 6, 10이다.

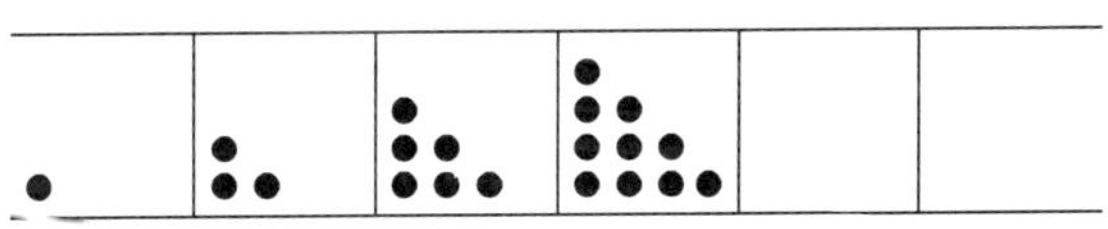

(1) 위의 그림에서 5, 6번째에 알맞은 그림을 그려 보아라. 이때, 그 점의 개수는 몇 개인가?

(2) 위의 그림에서 11번째와 12번째의 그림에 올 수 있는 점의 개수의 차는 얼마인가?

선생님: 위의 그림에서 각 직각삼각형의 모양의 점의 개수를 다음의 세 가지 방법으로 세어 보아라.

① 행으로 센다　　② 열로 센다　　③ 사선 방향으로 센다

방법＼개수	1	3	6	10		
①	1	1+2	1+2+3			
②	1	2+1	3+2+1			
③	1	1+2	1+2+3			

학　생: (학생들은 옆 사람과 같이 토론해가면서 답을 한다.)

선생님: 위의 그림에서 점의 개수가 1, 3, 6, 10, ⋯으로 늘어난다. 여기서 이웃한 두 수 사이의 차를 써 보아라.

학　생: 2, 3, 4, ⋯

선생님: 11번째와 12번째에 오는 그림에서 점들의 개수는 각각 어떤 수들의 합이 되는가? 이때, 두 합의 차는 얼마인가?

학　생: 열한 번째: $1+2+3+\cdots+11=66$

열두 번째: $1+2+3+\cdots+12=78$

따라서 두 항의 차이는 12입니다.

선생님: 이번에는 직사각형 모양으로 점을 단계 4까지 나열하였다. 여러 가지 다른 모양으로 규칙성을 갖도록 네 단계까지 점을 나열하여라.

학　생: 단계 3에서 9개 점을, 단계 4에서 16개 점을 정사각형 모양으로 만든다.

선생님: (교사는 위 소재를 정리하는 의미에서 수의 규칙성을 찾는 설명을 자세하게 한다.) 이후, 좀더 발전된 소재를 준다.

탐구 1에서 같은 직각삼각형 모양을 두 개 겹쳐서 직사각형 모양으로 만들고 그 점의 개수를 세어 보려고 한다.

(a) 아래 빈 칸에 알맞게 써 넣어라.

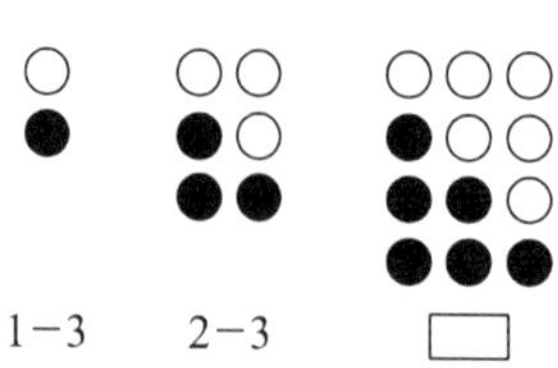

(b) 네 번째와 다섯 번째의 직사각형 모양의 그림을 그려 이 직사각형 모양

의 점의 개수를 각각 구하여라.

이 상황에서 수업은 고등학생을 위한 것이지만 교사는 좀 색다른 방법으로 문제실험을 했을 뿐 아니라(또, 설정을 실생활 재미있는 상황으로 대체할 수 있음), 학생들은 옆 사람과 같이 탐구하고, 교사의 질문에 협의하여 아이디어교환을 시도한다. 이러는 중에 학생들끼리 사고의 교섭활동이 일어난다. 즉, 수학적 의미를 탐구, 교섭하는 활동이 자연스럽게 교실에서 일어난다.

위와 같은 교실에서 다른 교사가 다음 활동을 한다고 보자.

곡선 $y=f(x)$ 위의 점 $P(a, f(a))$에서의 접선의 기울기는 미분계수 $f'(a)$로 나타냄을 배웠다.

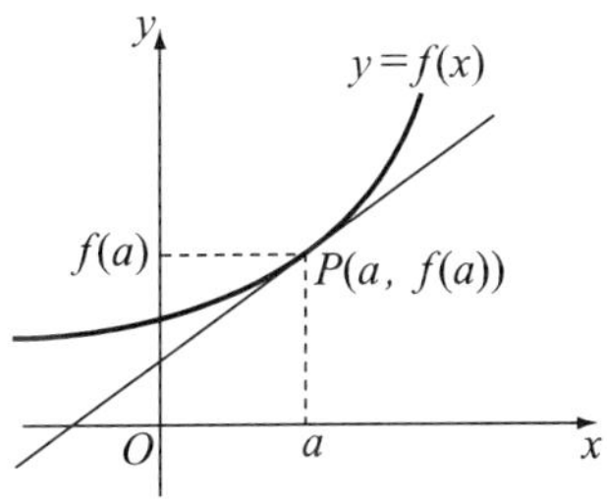

따라서 이 점에서의 접선, 곧 점 $P(a, f(a))$를 지나고, 기울기가 $f'(a)$인 직선의 방정식은 다음과 같다.

접선의 방정식: 곡선 $y=f(x)$ 위의 점 $P(a, f(a))$에서의 접선의 방정식은 $y-f(a)=f'(a)(x-a)$이다.

문제 1

포물선 $y=3x-x^2$ 위의 점$(1, 2)$에서 이 곡선에 그은 접선의 방정식을 구하여라.

교사는 교실을 순회하면서 개별지도를 하고, 선수학습에 대한 모든 학생들의 관찰결과를 노트로 보여준다. 종이 울리자 교사는 학생들에게 이 문제보다 약간 발전된 문제를 숙제로 주고 교실을 나간다.

두 번째 사례인 접선의 방정식은 소재가 미적분에 관련되어 심화적인 내용이기 때문에 대부분 교사들은 유의미 설명수업을 지향한다.

사실 고등학교 2, 3학년 내용을 발견적(또는 탐구) 학습방법으로 수업을 시도하기에는 어려움이 있다. 그러나 세 번째로 다음 수업과정을 보자.

귀빈이 러버밴드를 힘껏 늘려서 놓았을 때 힘 F는 x인치의 함수임을 알았다. 여기서 x는 러버밴드의 길이를 말한다. 또, x는 시간 t(초)의 함수로 t는 러버밴드를 늘리기 시작한 때부터 걸린 시간을 의미한다. 다음은 t, x, F 사이의 자료를 적은 것이다.

t 초(sec)	x 인치(in)	F 온즈(oz)
0	3.0	0
0.2	4.8	4.4
0.4	6.1	8.2
0.6	6.9	11.2
0.8	7.3	13.7
1.0	7.7	14.4
1.2	7.9	15.6
1.4	8.0	16.0
1.6	8.0	16.0
1.8	3.0	0

a) 다음 용지에 x에 대한 F, t에 대한 x의 그래프를 그려라. 그리고 곡선으로 점들을 연결하여라.

b) $t=0.8$초에서 $\frac{dy}{dx}$를 어림하여라. 이때, $\frac{dx}{dt}$의 단위는 무엇인가?

c) $x=7.3$인치($t=0.8$일 때)에서 $\frac{dF}{dt}$를 어림하여라. 이때 $\frac{dF}{dx}$의 단위는 무엇인가?

d) 위의 a)에서 b), c)의 답이 옳은지 기하학적으로 보여라. 이때, x축, t축과 x축, F축이 서로 다른 스케일인지 관찰하여라.

e) 다음에 t에 대한 F의 그래프를 그려라.

f) 연쇄법칙은 $\frac{dF}{dt}=\frac{dF}{dx}\cdot\frac{dx}{dt}$이다. $t=0.8$초에서 $\frac{dF}{dt}$를 발견하여라. 이때, 앞의 b), c)에서 계산한 결과를 사용한다. $\frac{dF}{dt}$의 단위와 $\frac{dx}{dt}$의 단위가 $\frac{dF}{dt}$의 단위와 어떻게 결합되는가?

g) 앞 자료에서 t와 F에 대한 자료를 읽고 바로 $t=0.8$초에서 $\frac{dF}{dt}$를 계산하여라.

h) 위 f), g)에서 얻은 답이 바르다는 것을 기하학적으로 설명하려라.

i) 위의 탐구에서 무엇을 배웠는지 일기형식으로 써라.

교사는 수업이 미적분의 어려운 개념이지만 탐구(또는 발견)적으로 과정을 이끌어갔다. 학생들은 이 탐구과정에서 많은 동기가 부여되고 수학을 하는 태도가 달라진다. 이런 수업은 2~3명씩 같이 앉아 서로 아이디어를 토론하면서 의미있는 교섭활동을 한다. 또, 많은 활동이 들어가기 때문에 머릿속으로 하는 수학과는 크게 다른 환경을 제공한다,

이 세 개의 교실 에피소드를 보면 세 교사 모두 과제에 관련된 활동을 시작하게 하는 역할을 했으나, 수업의 결과는 크게 차이남을 알 수 있다. 차이점은 분석한대로 상호교환, 문제설정, 공식(정리)의 유도과정 또는 선언 등을 들 수 있다.

또, 교사와 학생이 1:1로 면담하면서 수학의 개념과 문제해결을 지도하는 교실이 있다. 물론, 교실의 학생수가 적은 환경하에서 가능하지만, 이 보다 진단 및 치료의 차원에서 면담법을 채택하는 교사가 많다.

소집단학습에서는 우선 소집단 토론이 중요시되기 때문에 이들을 위한 교실 분위기를 유지시켜주는 것도 교사의 중요한 일이다. 다음 소집단 동료학생들의 대화내용을 보고 교사가 어디에 관여해야 하는지 알아보아라.

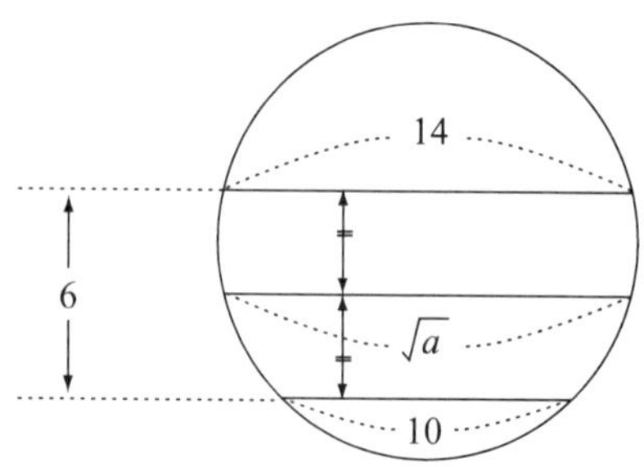

위의 그림은 한 원과 길이가 각각 14, 10이고 거리가 6인 평행한 두 현을 나타낸 것이다. 두 현과 평행하며 각각에서의 거리가 같은 한 현의 길이가 $\sqrt{a}$ 일 때, a의 값은?

수준	대화내용
상위 - 상위	B: 현이 원과 만난 점을 중심과 그어 보자. 중심이 있으니까 이 거리를 r이라 놓으면… A: 중심에서 현 A까지 거리를 x, 그러면 B까지 거리를 $6-x$라 하면… B: 문제에서 두 현 사이의 거리가 6이라고 했으니까 됐어 A: 피타고라스 정리 써 볼까? 두 개의 식이 나오겠지?(계산한 후)
상위 - 중간	B: 야! 그런데 문제에서 현의 길이가 $\sqrt{a}$ 에서 문자 a와 우리가 놓은 a하고 같은 거니? 혼동하잖아? A: 그럼 어떻게 할까? B: 선분 OP를 x, 선분 OQ를 y로 바꾸어 보자. A: 어휴, 처음부터 문자를 놓을 때 잘못 놓았어. B: 그럼 $x+y=6, x-y=-4$로 놓고 x, y를 구해 보자(계산 후).
중간 - 중간	A: 원의 중심에서 각 현의 한 끝점을 이어보자. B: 그래 그것은 일정하니까 r이라 놓자. A: 그러면 현의 길이가 14, 10으로 주어졌으니까, 원의 중심에서 두 현에 수선을 내려보면 직각 삼각형이니까, 하나는 $\sqrt{r^2-49}$ 또, 다른 하나는 $\sqrt{r^2-25}$ ...

지금까지 몇 가지 사례를 조사했지만, 학생들은 가능한 많은 종류의 과제(소재모드, 수학내용모드)를 해결해 보아야 한다. 우리나라 교실의 약점중 하나는 과제의 유사성이 너무 심하다는 지적이 있다. 대부분 수능에 알맞은 내용을 중등학교에서 취급하다보면 이러한 현상이 일어난다. 그러나 과제는 다양함이 바람직하다. 즉, 물리적 상황을 담은 과제와 순수추상과제, 즉각 답은 얻는 과제와 과정을 강조하는 과제, 수학내용으로 구성된 과제와 비수학적인(퀴즈)과제, 문자로 쓰인 과제와 비문자과제, 탐구과제와 암기식 과제, 발견전략적인 과제와 알고리즘 과제, 개별과제와 공동사고과제 등등 학생의 입장에서 보면 위의 비교는 쉽지 않기 때문에 교사의 선택이 매우 중요하다. 이러한 교사의 선택은 수업목표, 교사의도, 학생능력에 바탕을 두어 행하여지며 교안작성에서 구체적으로 들어난다. 한 예를 들어보자.

중학교 1학년에서 부피, 넓이에 대한 2차시 수업을 계획할 때 교사 A, B의 수업계획을 짜보면, 교사 A는 전통적으로 넓이와 부피의 개념을 이해한 후에 공식을 암기하고 마지막으로 공식의 활용에서 입체의 부피 구하기, 넓이구하기 등을 소개할 수 있다. 그러나 B교사는 다음 소재를 첫 시간에 주고(역할극,

TV소개 등등) 이후에는 다음 음료캔 16개를 상자에 담아 시장에 내놓는다. 이때, 상자의 표면적과 부피를 구하는 과제로 들어간다.

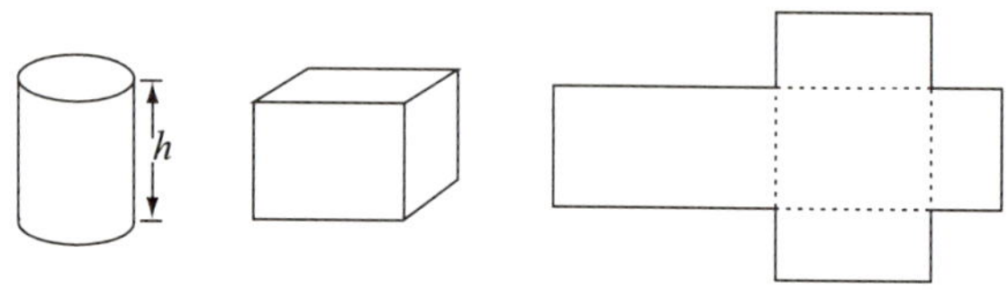

이 과제를 해결하기 위하여 개념과 공식의 획득을 위한 수업을 진행하며, 다시 이 과제로 돌아와 협력학습으로 수업을 처리한다. 그런 다음에는 학생들의 팀훈련을 통해 보다 난이도가 높은 과제를 준비하게 한다. 그런데 위의 다양한 과제활동을 준비했다 해도 어떻게 과제활동을 지휘해야 하는가는 아마 과제의 준비 못지 않게 수학교사에겐 부담이 될 수 있다.

'어떻게'라는 방법을 논의하기 위해서는 교실의 과제활동을 전체적으로 관리하는 법, 교실의 과제활동을 소집단으로 관리하는 법, 교실의 과제활동을 개별적으로 관리하는 법을 알아야 한다. 먼저, 교실전체를 관리하는 것은 가장 기본이 되는 교사의 교수・학습활동인데, 이 점에 대해 많은 사람이 실험을 했다. 브로피(Prophy, 1982)는 "교실 전체를 관리하는 방법이 성공적일 때는 교사가 교수학습활동을 시스템적으로 관리하는 경우이지 몇 개의 서로 연결이 안 되는 기술로는 어렵다. 시스템은 교사가 학기초에 미리 계획하는 활동을 통해 얻어진다. 이 계획에서 가장 중요한 부분은 학생의 집중에 알맞은 동기유발, 다양한 표현방법과 교재개발 등이 포함된다."라고 말했다. 또, 코우닌(Kounin, 1970)은 수업관리에 가장 효과적인 사례와 그렇지 않은 사례를 실험적으로 비교한 글에서 그는 "수업 중에 학생들간에 무엇이 일어나는가를 정확히 아는 교사, 다양한 교수방법이 어떻게 학생에게 영향을 끼치는가를 분석하는 교사, 즉 다양한 교수방법에서 좋은 질문기술, 오랜 설명을 피하는 기술, 애매모호한 표현과 학생들이 싫어하는 설명과 탐구활동을 피하는 기술, 갑자기 껑충뛰는 기법을 피하는 기술 등이다." 이것 이외에는 과제를 난이도 순으로 진행하는 기술, 즉 점진적인 과정을 강조하는 기술은 가장 많이 연구된 결과이다(Allen 1969; Brown, 1975). 또, 노트정리는 또다른 기술이라고 말한다. 노트필기는 학습자의 반성적 사고의 훈련, 과제의 중요부분요약, 의사교환수단의 훈련면에서 좋은 학습활동으로 분류하고 있다.

교실에서 적당한 연습문제풀기, 풀이발표활동의 강조, 교사의 풀이도움주기, 용기와 칭찬 등이 그 효과면에서 중요한 활동이다. 전체적으로 교실관리 하는 문제(교사의 문제풀이, 칠판필기 등)는 결국 교사의 감독, 도움주기가 주류를 이루지만 교실에 있는 모든 학생이 다양한 의사교환 수단을 이해하느냐도 무척 중요한 활동이다. 즉, 학생들과 어떻게 활동을 나누는가와 학생들의 이해 못한 부분과 그들이 열심히 활동에 참여하는 것을 모니터링 하는 문제이다.

위에서 말한 전체 수업에서 교실의 역동성은 소집단의 수업을 강조하는 교실에서 그대로 소통이 될 수 없다. 소집단 활동을 통제・조절하는 일은 그 성격이 위에서 기술한 내용과 많이 달라진다. 보렌슨(Borenson, 1981)은 소집단에서 긍정적인 상호작업에 대해 다음과 같이 말했다.

협력하고 돕기, 같이 공부하기, 서로 칭찬하고 조직화하기, 다른 사람의 아이디어를 듣고 생각하기, 서로 상의하고 질문하기, 서로를 흥미있게 생각하고 호기심을 가지기 등 소집단의 활동의 장・단점은 무엇일까? 우선 장점으로는 다른 사람의 문제해결 또는 작업에 의하여 자극을 받으며, 또한 복잡한 문제해결 또는 작업일수록 가설설정, 구성 등에 훨씬 서로의 도움을 받는다. 프로이덴탈(Freudenthal, 1978)도 문제해결에서 이질집단의 협력 학습에 대한 장점을 나열하면서 "어떤 한 작업에서 능력이 서로 다른 집단내 각 구성원이 자기수준에서 공동작업에 참여하는 것은 여러 가지 좋은 점이 있다. 비록 낮은 수준의 구성원이라 해도 그는 수준 높은 문제해결 과정을 지켜볼 수 있고, 자기가 생각하지못한 풀이법에 대한 다른 사람의 풀이과정을 이해할 수 있다." 그의 말은 교실에서 서로 도우면서 작업을 하는 도중에 다른 사람의 전략을 이해할 수 있고, 자신의 일을 반복하는데 자신을 가지며 다른 사람의 작업 속에 발견되는 오류를 쉽게 접할 수 있다는 것이다. 이와 같이 자신의 아이디어를 다른 사람과 비교한다는 것은 지적발달의 핵심분야이기도 하다(Otte, 1986).

다음은 두 학생들간의 문제해결 도중 대화이다. 어떤 대화가 오고갔는지 조사해보자.

다음 그림과 같이

$$O(0,\ 0),\ A(5,\ 0),\ B(5,\ 1),\ C(3,\ 1),\ D(3,\ 3),\ E(0,\ 3)$$

를 꼭지점으로 하는 L자 모양의 영역이 있다. 원점을 지나는 직선이 이 영역의 넓이를 이등분할 때, 이 직선의 기울기는 얼마인가?

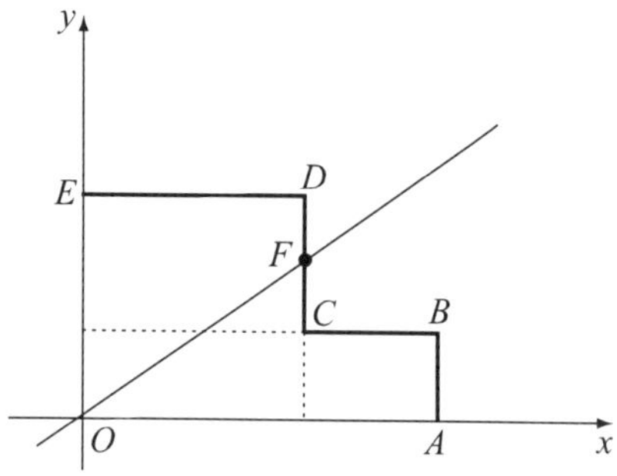

상위 수준 – 상위 수준의 대화내용

① 문제에 대한 이해단계(문제를 읽고)

A: 쉬운 것 같다. 중심을 잡아서 할까?

B: 원점을 지나니까 직선의 식은 $y=ax$ 형이고 기울기를 구하는 거니까 우선 전체 넓이를 구해볼까?

② 문제 해결의 계획 단계

A: (계산후) 전체 넓이는 11이니까 직선과 y축 사이의 넓이를 볼까?

B: 반쪽이 되려면 이등분했을 때 $\frac{11}{2}$이 되어야 하잖아?

A: 반쪽까지 $\triangle ODE$의 넓이가 $\frac{9}{2}$이니까 선분 CD 위에 $D(3, 3)$에서 내려와서 분 $DF=x$라 하면 $\triangle ODF$의 넓이가 1이면 되잖아?

B: 어떻게 했니?

A: $\triangle ODE$의 넓이 $\frac{9}{2}$에서 $\triangle ODF$의 넓이가 1이면 더해서 $\frac{11}{2}$이 되니까 반이 되잖아?

B: 음….

③ 계획의 실행단계

A: 그럼 $\triangle ODF$의 넓이는 $\frac{1}{2}\times x\times 3=1$에서 $x=\frac{2}{3}$다.

B: 점 F의 좌표는 $\left(3,\ 3-\frac{2}{3}\right)$에서 $\left(3,\ \frac{7}{3}\right)$이지?

A: 그러면 직선 $y=ax$가 점 $\left(3,\ \frac{7}{3}\right)$을 지나니까 대입하여 $\frac{7}{3}=a\times 3$에서 $a=\frac{7}{9}$?

B: 맞는지 확인해 볼까?

사다리꼴 $OEDF$의 넓이는 $\dfrac{\left(3+\dfrac{2}{3}\right)\cdot 3}{2}=\dfrac{11}{2}$ 맞다.

④ 문제 해결의 반성 단계

A: 다른 방법은 없니?

B: 어떤 방법?

A: 큰 직사각형에서 작은 직사각형의 넓이만큼 제외시키면 되지 않겠니?

B: 해 봐?

A: 큰 직사각형의 위쪽에서 작은 직사각형의 넓이 2만큼만 직사각형을 떼어 내면 나머지 직사각형의 넓이를 직선이 대각선이 되니까 문제 뜻에 맞지?

B: 그럼 금방 답이 나오겠네.

A: 위에 풀었던 문제에서 선분 $DF=\dfrac{2}{3}$가 바로 나오잖아.

B: 이 방법은 더 쉬운 거 같다.

학생들은 혼자 문제를 풀고 과제를 해결하기 보다는 친구들과 협력하며 그 일을 하는데 흥미를 느끼고 있으며, 학교에서 배우는 많은 과제들 중 문제해결과 본질이 같은 과제(문제해결, 프로젝트 등) 또는 조사활동 또는 탐구적 과제 등이 동료들과 협력해서 해결하는데 좋은 것들이다.

다음은 단답형을 요구하는 기하소재이지만 학생들은 동료들과 토론해가면선 풀기를 즐긴다.

여섯 개의 농구팀이 서로 다른 팀과 한 번씩 갖는 리그전을 벌인다고 하자. 이때, 총 몇 번의 경기가 이루어져야 하는가?

1) 활동

(a) 농구팀의 수가 각각 2, 3, 4일 때, 각 농구팀을 꼭지점으로 하고 두 팀이 경기를 하는 경우를 변으로 나타내어 다음 그래프를 완성하여라.

①

②

③

(b) 농구팀의 수가 각각 5, 6일 때, 리그전을 벌이는 경우를 그래프로 나타내어라.

(c) 위 (a), (b)에서 완성한 그래프를 살펴보고 다음 표를 완성하여라. 또, 일곱 개의 팀이 리그전을 할 때, 총 시합 수를 구하여라.

팀의 수	2	3	4	5	6	7
총 시합의 횟수						

(d) n개의 농구팀이 리그전을 벌일 때 각 팀은 몇 번의 경기를 하게 되는가?

2) 토론

(a) n개의 팀이 리그전을 벌이는 경우를 그래프로 나타낼 때, 각 꼭지점의 차수를 말하여라.

(b) 위의 결과를 이용하여 활동 (a)에서 얻은 그래프의 변의 개수를 구하는 방법을 말하여라.

또, 기초적인 계산활동(일차방정식 풀이, 적분계산 등)과 같은 알고리즘 과제는 소집단 활동으로 꼭 처리해야 할 내용은 아니지만, 만일 소집단 활동으로 도입하려면 서로 경쟁적인 분위기를 만드는 것이 바람직하다. 그러나 위의 조사형 과제처럼 측정활동, 조사활동, 수학적 게임활동, 통계자료 수집 등에 관련된 과제는 사회적 · 협력적인 기능이 필요하다.

그러나 소집단 활동의 약점을 감소시키는 교실활동을 교사는 미리 알아두어야 한다. 지나치게 한 구성원이 학습활동을 독점하면, 한 과제가 끝난 다음에는 다음 과제 수행에 부정적인 영향을 다른 구성원에 미친다. 이때는 독점력이 강한 구성원만 한 집단을 만들든지, 소집단 리더를 교대한다든지, 교사의 수정전략(주의, 수정)을 제시해야 한다(Farnham, 1975).

따라서 수학교사는 개인의 성향을 전체학습의 관점에서만 모니터링하지 말고, 각 개인을 소집단 관점에서 모니터링할 필요가 있다. 아울러, 전체 학습에 알맞은 규칙을 교실에서 정하는 것처럼 소집단학습에 알맞은 수업규칙, 활동규칙, 필요한 기능을 정하거나 훈련시켜야 한다.

지금까지는 전체수업상황, 소집단수업 상황에 대한 교사활동, 학생활동, 모니터링 시스템을 이야기했지만 개인별 학습활동을 통제, 조절, 권장하는 상황도 교실에 항상 존재함을 알아야 한다.

이를테면, 시험을 치르는 활동, 개인별 숙제, 개인발표 등과 같은 교실활동은 옆에서 같이해 주는 동료가 항상 있지 않는 활동이다. 즉, 자기혼자 생각하는 습관 또는 행위에 대한 교사의 배려가 교수학습의 활동에서 고려하여야 한다. 교실에서 개인이 틀린 경우에 교사가 직접 "이것은 틀렸다. 이렇게 하라" 또는 "옆의 친구가 이것은 틀렸다."라는 학습현상은 학생에게 바람직하지 않으며, 교육에 도움이 되지 못한다. 대신 학생들이 자기 안목으로 틀린 문제를 지적할 수 있고, 이를 고치는 절차를 알게 힌트를 주어야 한다. 즉, 학생들 스스로 "이렇게 하면…"을 배워야 한다. 한마디로 개별활동을 관리하는 차원은 튜터링이다. 그러나 교실에서는 30~40명의 전체 수업에서도 틈틈이 튜터링을 요구한다는 사실이 교사의 역할은 더욱 어렵게 만든다.

7.2 교실의 구성활동

다음과 같은 게임을 교실에서 한다고 하자.

두 명의 경기자 A, B가 카드 아홉 장을 가진다. 그들은 카드 한 장, 두 장, 또는 세 장을 옮길 수 있다. 그러나 후임 경기자는 전임 경기자가 옮긴 수와 똑같은 카드수를 옮길 수 없다. 승리하는 경기자는 마지막 카드를 집거나 상대편 경기자가 더 이상 유효한 경기(집기)를 못했을 때 이긴다.

게임 1: A가 세 장의 카드를 집었다고 해보자. B가 이기려면 어떻게 해야 하는가? 또, A가 두 장의 카드를 옮겼다면 B는 이길 수 있는가? 또, A가 한 장의 카드를 옮겼다면 B는 이길 수 있는가?

게임 2: 여섯 장의 카드로 게임을 한다면 첫 경기자가 이길 수 있는 길이 있는가? 일곱 장은 어떤가? 여덟 장 또는 아홉 장은 어떤가?

게임 3: 여덟 장의 카드로 게임을 하면 누가 지는가? 일곱 장으로 하면 누가 이기는가?

게임 4: A 경기자가 항상 먼저 출발한다고 하자. 단 한 개 카드로 시작하면

A는 이것을 옮기면서 A는 이긴다. 카드수가 2, 3, …, 13이라면 누가 이기는가? 다음 표를 채워라.

카드수	1	2	3	4	5	6	7	8	9	10	11	12
이기는 자	A											

카드수가 15, 16, …, 52, …, 999라면 어떤가?

위의 상황은 수학시간에 교사가 학생들과 같이 게임을 소재로 재미있는 상호작용을 하는 모습을 그린 것이다. 교실에 있는 각 개인은 그 자신의 목표, 수학내용, 다른 사람과 상호작용 등을 끊임없이 구성해간다.

이러한 사실은 교사의 강의틀을 결정하는 데 소중한 지식이다. 많은 연구결과가 교실에서 수업을 "수학적 의미를 나누고 발전시키기 위한 교실환경을 역동적으로 조직하고 통제하는 과정"으로 본다. 이를 분석하면 다음과 같은 말로 해석된다.

(a) 교사는 항상 전체 학생과 관련 속에 있게 한다. 즉, 교사의 학생들이 서로 따로 활동하는, 교사의도가 학생에 전혀 들어가지 않는 상황이 조금이라도 있어서는 안된다는 뜻이다.

(b) 수업의 역동적이고 상호교환적인 성격을 나타낸다.
학생과 같은 다음 활동을 교실에서 해보자. 역동적이고 상호교환적인 수업을 생각해 보아라.

- 52장의 포커카드에서 5장의 포커를 꺼내는 수는?

$${}_{52}C_5 = \binom{52}{5} = 2598960$$

5장의 포커를 많이 해보면 스트레이트프러쉬, 포카드, …, 원페어 등의 확률은 어떻게 될까? 여기 자료가 있다.

스트레이트 프러쉬	0.0000154
4장의 한 종류	0.0002401

풀하우스	0.0014406
프러쉬	0.0019654
스트레이트	0.0039246
3장의 한 종류	0.0211285
투페어	0.0475390
원페어	0.4225690
노페어	0.5011774

이를테면, 원페어(one pair)의 확률은 다음과 같이 계산이 된다.

$$\frac{\binom{13}{1}\binom{4}{2}\binom{12}{3}4^3}{\binom{52}{5}} = \frac{13 \cdot 6 \cdot 220 \cdot 64}{2598760} = 0.4225690$$

(c) 교사는 단순히 용기를 돋우기 위해 교실에 학생들과 있는 것이 아니다.

(d) 교사는 지식을 획득하는 과정에서 아이디어의 교환과 배분에 관여하고 있다.

(e) 교사는 학습이론적인 접근 나누기보다는 학생들의 선수지식, 능력, 감정, 발달속에 직접 관여하고 있다.

(f) 교사는 수학적 의미를 개발하고, 여러 지도 방법과 교실조직과의 존재를 인정한다.

위의 수업에 관련된 교사의 역동성은 주로 수학적인 의미개발과 관련이 있다. 이 점을 톰(Thom, 1973)이 지적한 대로 "수학교사에게 매일 직면하는 실제 문제는 형식(rigour)가 아니고 의미개발, 수학적 실체의 존재성 같은 것이다."에 연결된다.

많은 연구에 의하면 교실에서 학생이 이해를 못했을 때 교사의 역할은 무엇인가?에 대한 답을 얻으려 했다. 결론적으로 완전하지는 않지만 몇 가지 대안이 나왔고, 이중 가장 강력하게 권장한 것이 구성주의 역할관이었다. 한 가지 주의할 점은 구성주의는 특정한 지도기술을 권장하지 않했다는 점이다. 또, 교실에서 구성주의를 도입할 때는 교사의 역할이 가장 중요하다는 점이다.

리차드(1991)에 의하면 학생들은 우연히 능동적인 학습자가 되는 것이 아니고, 설계에 의해 가능해진다고 본다. 교사는 목표를 정해주고, 과제를 설계하고, 프로젝트를 잘 수행하도록 설계하여야 한다. 한 예로 학생들이 실생활 소재에서 그래프를 능동적으로 구성하도록 수업설계를 하여 이산적인 문제 상황을 그래프를 이용하여 해결하는 방법을 논하여 본다.

단계 1: 문제를 그래프를 이용하여 모형화한다.

단계 2: 그래프 모형을 만들기 위해 꼭지점과 변이 무엇을 나타내는가를 결정한다.

단계 3: 그래프 모형에서 꼭지점간의 관계를 변으로 나타낸다.

예 사이가 좋지 않은 25명의 학생으로 이루어진 클럽에서 각각의 학생이 정확히 5명과 친하게 지내는 것이 가능한지 알아보아라.

[풀이] 각 학생을 꼭지점으로 하고 두 학생이 친하게 지내면 변으로 연결하여 그래프를 그린다. 꼭지점의 차수가 5이고 꼭지점의 개수가 25개이므로 모든 꼭지점의 차수의 합은 $25 \times 5 = 125$이므로 이런 그래프는 존재하지 않는다. 따라서 정확히 5명과 친하게 지내는 것은 불가능하다.

교실에서 좋은 설계를 위해 몇 가지 참고하는 점을 알아보자.

하나는 교사 자신의 지도모델이 아닌 학생들의 사고방법과 그들 지적구조에 알맞은 모델을 제시해야 한다. 이점에 대해서는 다음 한붓그리기에 대하여 학생들의 사고방법과 그들의 지적구조를 조사해 볼 수 있다.

쾨니히스베르그 다리 문제를 나타내는 아래의 그래프는 차수가 홀수인 꼭지점이 세 개 이상이므로 한붓그리기가 불가능하다. 오일러 회로와 연관지어 생각할 수 있는 생활 주변에서

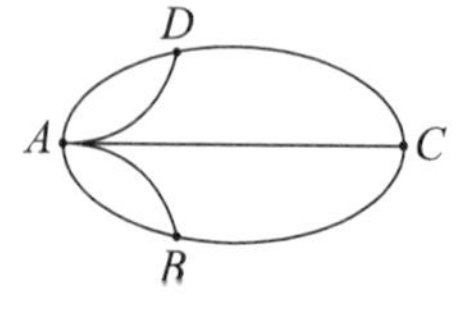

- 길 청소하는 차량의 이동경로
- 쓰레기 수거 차량의 이동경로
- 우편 배달부의 편지 배달하기

등 많은 문제들이 한붓그리기 문제와 연관이 있는 것을 알 수 있다.

하나는 반영적 사고과정을 강조하는 수학화(상황 - 반영 - 형식획득)가 교실에서 강조되어야 한다. 즉, 한 변화를 만들면 반영적 활동이 바로 들어오고 또 다른 변화를 창조한다. 이를테면, 다음 중복조합에서 반영적 활동의 예를 만들어라.

세 개의 숫자 1, 2, 3 중에서 중복을 허용하여 두 개의 숫자를 택하는 중복조합의 수 ${}_3H_2$의 값을 구하는 방법을 통해 중복조합을 이해하자.

두 개의 숫자를 택하여 만든 중복조합들을 첫 번째 성분이 두 번째 성분보다 크지 않게 정리하여 순서쌍으로 나타낸 집합을 A라고 하면

$$A = \{(1, 1), (1, 2), (1, 3), (2, 2), (2, 3), (3, 3)\}$$

여기서, A의 각 원소의 두 번째 성분에만 1을 더하여 만든 순서쌍들의 집합을 B라고 하면

$$B = \{(1, 2), (1, 3), (1, 4), (2, 3), (2, 4), (3, 4)\}$$

이때, 두 집합 A, B의 원소들 사이에는 일대일 대응 관계가 있으므로 $n(A) = n(B)$이고, B의 원소의 개수는 네 개의 숫자 1, 2, 3, 4에서 중복을 허용하지 않고 두 개의 숫자를 택하는 조합의 수 ${}_4C_2$와 같다.

따라서 세 개의 숫자에서 두 개의 숫자를 택하는 중복조합의 수 ${}_3H_2$는

$${}_3H_2 = {}_{3+2-1}C_2 = {}_4C_2$$

임을 알 수 있다.

하나는 자료의 실제성과 문제상황의 실제성, 실제적 문제를 가지고 학습해야 한다. 문제 자체가 사실적이고 복잡하며 특정한 지식과 기능을 탐지하고 적

용해야 한다. 이를테면, 다음에서 중학교 2학년을 위한 자료의 실제성과 상황의 실제성을 검증하여라.

그림에서 A에서 F로 가는 방법의 수

(a) A에서 B와 D를 거쳐 F로 가는 방법

$$\underset{1}{A} \rightarrow \underset{3}{B} \rightarrow \underset{2}{D} \rightarrow F$$

이므로 곱의 법칙에 의하여 $1 \times 3 \times 2 = 6$(가지)이다.

(b) A에서 C와 E를 거쳐 F로 가는 방법

$$\underset{1}{A} \rightarrow \underset{3}{C} \rightarrow \underset{1}{E} \rightarrow F$$

이므로 곱의 법칙에 의하여 $1 \times 3 \times 1 = 3$(가지)이다.

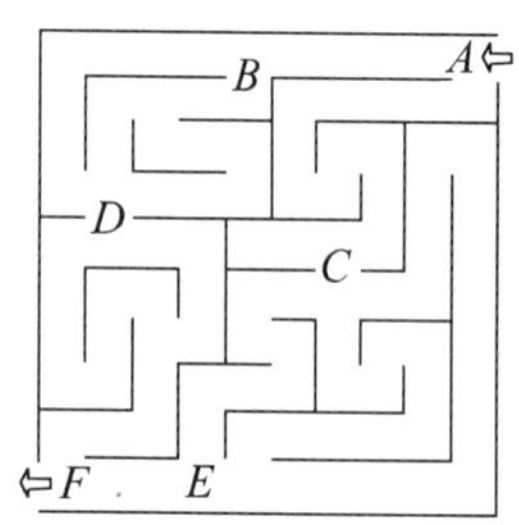

(a), (b)에서 합의 법칙에 의하여 구하는 방법의 수는 $6 + 3 = 9$(가지)이다.

- $\triangle ABC$의 변 AB에 평행한 아홉 개의 직선이 다른 두 변을 열 개의 작은 선분으로 등분한다. 이때 $\triangle ABC$의 내부영역은 열 개의 부분으로 나누어지며 가장 큰 부분의 넓이가 38이다. 원래 $\triangle ABC$의 넓이는 얼마인가?
- 어느날 아침, 일정한 비율로 눈이 많이 내리기 시작했다. 아침 8시부터 제설장비가 작동되어 9시에 2마일을 작업했고 10시까지 3마일을 작업했다. 제설장비가 1시간당 일정한 부피의 눈을 제거한다고 가정한다면, 눈이 내리기 시작한 시각을 결정하여라.

하나는 학습자는 다양한 관점에서 문제를 탐구함으로써 개개인은 다양한 관점에서 문제와 상황을 분석하는 방법과 다양한 상황에서 언제, 어떻게 지식이 사용되는가를 이해한다. 다음 그림에 알맞은 문제상황을 기술하여라.

이 그림에 나타낸 경제활동의 모델인 함수는 중등학교에서 쉽게 다룰 수 있는 소재이며, 학습자에게 기초적 형태로 표현된 함수의 그래프를 그리는 경험을 주는 활동이다. 또, 중요한 것은 함수의 그래프를 기호로 변환하는 기회로 주어야 한다. 위 그래프는

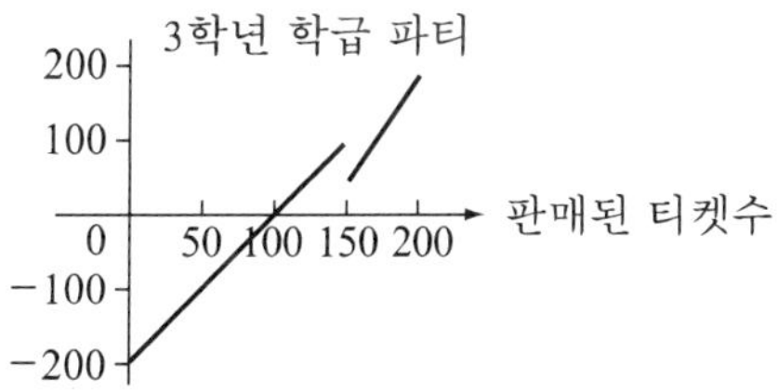

판매된 티켓수의 함수로서의 판매 수익금

다음과 같은 식으로 변수나 기호를 사용하여 나타낼 수 있다(NCTM, 1989).

$$\begin{aligned} P(t) &= 2t - 200;\ 0 \leqq t < 150 \\ &= 3t\,400,\ 150 \leqq t \leqq 200 \end{aligned}$$

하나는 이해를 위해서는 응용소재를 계산기술과 개념을 배우는 상황으로 활용할 수 있다. 또, 문제해결 상황 속에 들어가 의미를 교환하고 다른 학생과 타협하면서 이해는 두터워진다. 어떤 질문으로부터 개념을 배우는 상상을 만들 수 있나. 이를테면,

둘레가 18인 것 중에서 넓이가 최대인 것을 찾을 수 있는가? 이러한 질문을 통해 학생들은 고정된 둘레에 대해 최대의 넓이를 가지는 직사각형을 발견할 수 있다. 여기서 학생들은 미적분의 기본 내용인 최대, 최소값을 찾는 아이디어를 구체적인 방법을 통해 탐구할 수도 있다.

이러한 구체물 모델, 수모델, 그래프 모델로부터 관계를 나타내는 대수적인 모델, $2l + 2W = 18$, 즉 $W = 9 - L$이 유도되고, 직사각형의 넓이 공식 $A - LW$에서 $A = L(9 - L)$, 즉 $A = 9L - L^2$이 된다. $A = 9L - L^2$과 L의 서로 다른 값

에 대한 점들의 그래프를 관련짓는 것은 이 탐구와 논의의 매우 중요한 결과이다.

하나는 Willis(2000)의 말 "구조 관점의 연습에 대한 반영모델은 실세계에서 일어나는 많은 문제 또는 수학적 상황이 잘 포장될리 없다."는 것이다. 이를테면, 다음 완전 그래프에서 실생활 모델이 잘 포장되었는가?

팀의 수	2	3	4	5	6	7
총 시합의 횟수	1	3	6	10	15	21

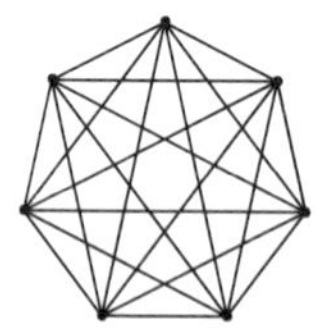

그래프에서 변의 개수의 합이 총 시합의 수이다. 농구 팀의 수가 7개팀일 때, 그래프는 위의 그림과 같고 변의 개수의 합은 21이다.

일반적으로, n개의 농구팀 $a_1, a_2, a_3, \cdots, a_n$이 리그전을 벌이는 경우 a_1팀은 $a_2, a_2, \cdots, a_n$팀과 $(n-1)$번 시합을 해야 하고, a_2팀은 $a_3, a_4, \cdots, a_n$팀과 $(n-2)$번 시합을 해야 하고, a_{n-1}팀은 a_n팀과 1번 시합을 하면 된다.

따라서 총 시합의 수는

$$(n-1)+(n-2)+\cdots+2+1=\frac{n(n-1)}{2}$$

이다.

이러한 역동성에 알맞게 교사는 교실에서 무엇을 해야 할 것인가? 이 점에 대해서는 이미 여러 사람이 논의한 바가 있다(Delamont, 1976; Postmm, 1971).

교실의 활동: 교사의 주도에 의한 발표보다 학습자의 능동적 수업참여를 강조하는 의미

교실의 의사교환: 의미나누기

교실의 교섭: 목표가 분명한 상호접촉, 즉 교사나 학생은 그들 각각의 목표

를 찾는다.

7.3 교실의 의사교환활동

교실에서 의사교환의 활동이 무엇을 의미하는지를 논하기 위해서 다음 보기를 보자.

두 개의 변수 x, y 사이에 x값에 대해 y값이 하나씩 정해지는 것을 y는 x의 함수라 한다. 이를 기초로 $y=f(x)$라 쓰고, 변수 x값이 속한 범위를 정의역이라 한다.

이 정의를 교사 설명으로만 끝나는 수업이 있고, 교사와 학생의 적절한 대화를 통해 개념을 전달하는 수업이 있고, 학생들끼리 대화와 토론을 최대로 강조하는 수업이 있을 수 있다. 문제는 교사가 어떤 수업을 하느냐에 따라서 학생들은 이해할 수 있거나 이해를 못하고 암기하면서 넘어가는 경우가 있다. 즉, 교사의 의사교환의 역할이 이 수업을 결정한다. 위의 실험을 해보면서 학생들은 그들 자신의 의미(meaning)를 창조한다는 것을 느낄 수 있으며, 즉 교사의 설명에도 그대로 복사하는 일이 드물다는 것을 관찰할 수 있으며 개인적인 관점으로 그들이 수학을 이해한다는 것을 느낀다. 그러나 종종 교사는 교실에서 학생들의 이러한 특징을 잡지 못하고 넘어가는데, 교사주도의 강의수업에서 이 현상이 자주 일어난다.

우리가 교실수업에서 의사교환이 강조되는 수학의 개념과 문제해결의 교수학습을 주장하는 것도 이러한 이유 때문이다. 다음 교사와 학생의 대화를 보면 학생들의 잘못된 습관이 교사의 센스 있는 대화에 의해서 벗겨지고 있음을 안다(Harvey, 1992).

학생A: 15는 홀수이고 $\frac{1}{2}$은 짝수입니다.

교사 : $\frac{1}{2}$이 짝수라고? 정말인가?

학생A: 예.

교사 : 왜 그렇지?

학생A: 왜냐하면 그것의 $\frac{1}{4}$은 홀수이고, $\frac{1}{2}$은 짝수이기 때문입니다.

교사 : 왜 $\frac{1}{4}$이 홀수인가?

학생A: 왜냐하면, 단지 3이기 때문입니다.

교사 : 3은 어디서 나왔는가?

학생A: $\frac{1}{4}$입니다.

교사 : $\frac{1}{4}$이 3이라고?

학생A: 저의 나누기 방법입니다.

(이때, 옆에 있는 다른 학생이 말참견을 하여, 교사에게 친구의 답을 설명하려 한다.)

학생B: 친구 말이 맞는데요. 시계에서 $\frac{1}{4}$에 해당하는 곳은 세 부분 5, 10, 15이니까요.

교사 : 오! 그래

학생B: 오직 세 부분이 저기에 있지요.

교사 : 오! 그래서 5분이 3개 있어서 한 시간의 $\frac{1}{4}$을 만드는 구나. 그렇지.

학생A: 예, 예…

위의 대화를 보면 교사는 숨겨진 학생의 의미(meaning)를 꺼내려 노력하고 있다. 이와 같이, 교실에서는 의사교환이 이루어졌을 때 학생들의 숨겨진 의미가 나오며, 이런 방식의 대화는 여러 장점을 가진다. 이를테면, 아이디어의 브레인 스토밍, 토론의 참가, 문제해결에서 역할 찾기, 동료에게 설명하기, 자기의 논리적 주장을 방어하기, 잘못된 프로포설을 거절하기, 전문가와 인터뷰, 질문을 던지기, 과제를 분배하기 등등. 그래서 수업이 일어나는 어떤 장소에서든 의사교환이 확실하게 포함되어야 한다. 만일 의사교환이 없으면 학습이 일어나지도 않고, 학습이 일어나지 않으면 교수활동도 일어나지 않는다. 지금부터는 두 종류의 의사교환을 검토해보자.

첫째는 설명이다. 어떤 형식으로든 교실에서 교사의 설명은 필수적이다. 전문가로서 수학교사는 수학의 지식을 전달하는데, 중요한 점은 수학이라는 과제를 명료하게 학생들에게 설명할 수 있어야 한다. 여기서 설명이란 무엇인가? 단순히 교과서를 서술하고, 교과서 정의를 읽고, 단순히 말하는 활동보다 상위개념이다. 이를테면, 교과서에서 한 점에서 함수의 연속성을 설명하는 것은 단순히 정의를 학생에게 읽어주고, 정의해주는 차원을 넘는 활동이 설명속에 들어있다. 좀더 "설명"을 분석해보면 교사가 설명하려는 아이디어와 다른 아이디어들 사이에 존재하는 연결, 관계 등을 나타내는 끝이 없는 프로세스임에 틀림없다. 흔히, 강의식은 설명의 가장 큰 수단으로 생각하는데, 이 방법은 학생과의 연결이 매우 부족하다는 약점이 있다. 이 방법을 쓰는 교사는 이미 학생들이 가지고 있는 사전지식이 무엇인지를 교감할 수 없기 때문에 많은 가정(학생들에 관한)을 만든다. 그러나 이 가정은 실제와 동떨어진 것이 될 수 있기 때문에 학생들의 사전지식, 사고방법등과 거리가 멀때는 그 설명은 실패한다.

때문에 경험이 많은 교사들은 이러한 가정을 실제와 거의 같게 만들기 위하여 이미 학생이 알고 있는 또는 경험한 지식과 활동이 무엇인지 발견하려 노력하며, 예습, 복습, 요약 등과 같은 지도기술을 사용한다. 오수벨(1968)의 선행조직자도 위와 같은 지도기술이며 수업의 본론이 시작되기 전에 학습자가 좀더 잘 듣고 이해를 쉽게 하기 위한 방법이다.

학생들로부터 피드백이 없는 또는 그런 기회를 마련하지 않는 교사는 교실에서 매우 어려운 상황을 맞이한다. 어떤 교사가 대칭이동

> 점 $P(x, y)$를 점 $P_1(x, -y)$에 대응시키는 함수
>
> $$T_1 : (x, y) \to (x, -y)$$
>
> 를 x축에 대한 대칭이동이라고 한다. 같은 방법으로, 함수
>
> $T_2 : (x, y) \to (-x, y)$를 y축에 대한 대칭이동
>
> $T_3 : (x, y) \to (-x, -y)$를 원점에 대한 대칭이동
>
> 이라고 한다.

에 대하여 학생들의 선행지식과 활동을 피드백 했다면, 이를 그대로 반복해서 말하지는 않을 것이다. 다음 좌표에 위의 내용에 대한 선행지식의 피드백을 하려한다. 적당한 기하학적인 도형을 생각하여라.

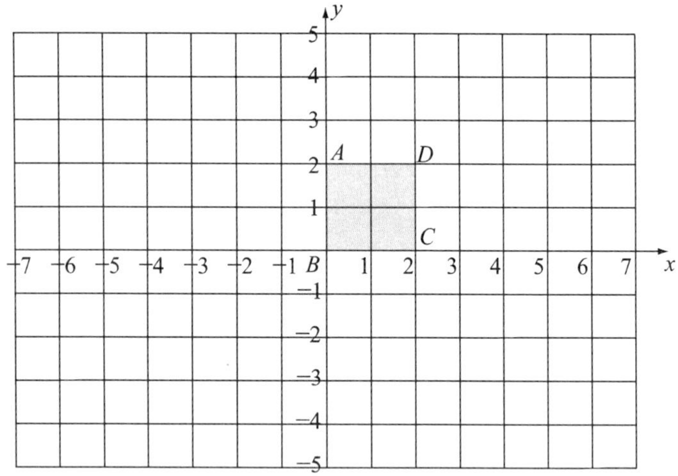

이러한 자료준비는 교사의 피드백 결과이다. 교사는 늘 학생들과 같이 있기 때문에 학생들의 선행지식(수학지식, 활동)에 대해 잘 알 수 있는 위치에 있기 때문 피드백기회가 많다. 이는 교사가 의미 있는 설명을 누구보다 잘할 수 있다는 신호이다. 이러한 현상은 일찍이 Wertheimer(1959)가 초등학교 교실에서 지적한바 있다.

초등학교 고학년에서는 그림 왼쪽의 평형사변형의 넓이를 쉽게 구하는 방법을 교사와 학생이 연습하고 있었다. 모든 학생이 성공적으로 넓이 구하는 일을 했다. 다음날 그는 다시 그 교실을 방문하여 그림의 오른쪽 평형사변을 칠판을 그리고 평형사변형임을 확인시킨 다음에 넓이를 구하라고 했다. 그러나 모두 넓이를 구하지 못했다.

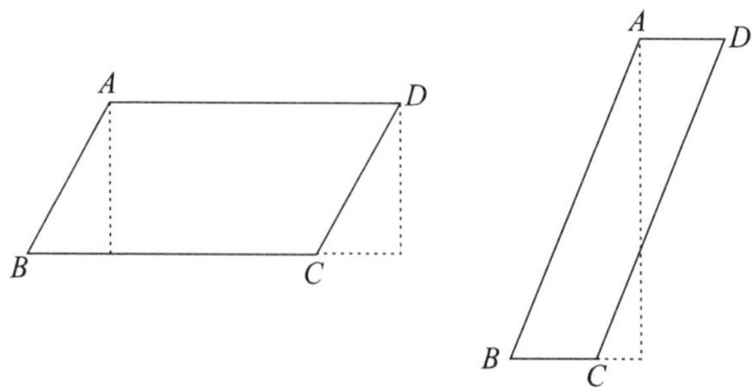

이 점에 대해 그는 이 학습현장에서 교사의 피드백이 결여를 시석했다. 즉, 교사는 학생들에게 넓이를 계산하는 방법만 지도해주었고 평행사변형의 넓이를

의미 있게 계산하는 활동을 제공할 기회를 잃어버렸다는 것이다. 때문에 교사의 의도와는 별도로 설명이 아닌 단순한 말하기가 되었다. 이러한 설명은 적절한 질문을 동반할 때 더욱 의미 있어진다.

원래 의사교환 또는 의사소통은 학습자 상호간의 의미를 교환하고 전달함으로써 서로 공통된 의미를 수립하고 행동에 영향을 미치는 과정 및 행동을 창출하는 것으로, 수학적 의사소통 능력이란 문제상황을 읽고 이를 극복하는 아이디어를 다른 사람과 의논하며, 수학적 용어를 사용하여 분명한 언어로 다른 사람을 설득할 수 능력을 말한다.

앞에서는 주로 교사의 관점에서 이야기 했지만 학습자의 관점이 주가 된다. 이를 위해서는 말하기, 쓰기, 읽기 등이 강조된다. 수학에서의 쓰기는 학생들의 의사소통을 열어주는 통로로서, 연산에 의한 수학적 기호의 단순한 나열만이 아니라 내적으로 또는 다른 사람과 의사소통하기 위한 수단으로 자신의 생각을 표현하는 방법이다. 학생들은 쓰기를 통하여 수학적 생각을 반성하고, 수학적 경험을 통합시킴으로써 확고한 지식 기반을 형성하며, 자기 스스로를 평가할 수 있다. 또한 교사는 쓰기를 통해 학생의 이해 수준과 수학적 사고 수준을 평가할 수 있으며, 수학적 오류를 파악하여 학생 개개인의 개별지도에 활용할 수 있다.

특히, 수학일기 쓰기는 수학시간에 행하고 배우는 것에 대해 일정한 형식이 없이 자유롭게 기록하는 방법으로, 수학일지 쓰기는 수업시간에 학습한 내용을 명료화하고, 자신의 수학적 사고를 자유롭게 표현하는 수학적 의사소통의 방법이기도 하다. 수학일지 쓰기는 학생에게는 학습의 수단이자 수학학습에 대한 자기 평가의 수단이 되고, 교사에게는 학생의 수학적 의사소통 능력과 교수 활동에 대한 평가의 수단이 된다.

신진희(2002)의 연구는 교실에서 이용할 수 있는 쓰기에 대한 질문을 다음과 같이 지적하고 있다.

(a) 여러분이 오늘 수학시간에 배운 것은(가장 기억에 남는 내용은)?
(b) 오늘의 수업내용 중 아직 이해가 안 되는 것은(어려웠던 것은)?
(c) 결석한 친구에게 오늘 수학시간에 배운 내용을 예를 들어가며 자세히 설명해 보세요(친구가 이해할 수 있도록 구체적인 예를 들어가며 상세히 설명해 보세요).
(d) 수학 학습 또는 수업과 관련하여 자신의 생각 및 느낌을 자유롭게 써

보세요(수학수업에 대하여 또는 자기반성 또는 질문 또는 선생님에게 하고 싶은 말 등 무엇이든지 좋다).

이 질문의 관점으로 학생들이 쓴 일지는 다음과 같다. 처음은 상위수준에 있는 실험자의 쓰기이고, 가운데는 중위수준의 실험자가 쓴 일지의 예이고, 마지막은 하위수준의 학생이 쓴 예이다(신진희, 2002).

- 결석한 친구에게 오늘 수학시간에 배운 내용을 예를 들어가며 자세히 설명해 보세요(친구가 이해할 수 있도록 구체적인 예를 들어가며 상세히 설명해 보세요).

(a) 이차방정식 $ax^2+bx+c=0(a\neq 0)$의 근 $x=\dfrac{-b\pm\sqrt{b^2-4ac}}{2a}$라고 할 때 두근을 α, β라 하면 $\alpha=\dfrac{-b+\sqrt{b^2-4ac}}{2a}$에서 $\beta=\dfrac{-b-\sqrt{b^2-4ac}}{2a}$ 두 근 $+, -$를 분리해서 이렇게 나뉘어 집니다. 그래서

$$\alpha+\beta=\frac{-b+\sqrt{b^2-4ac}}{2a}+\frac{-b-\sqrt{b^2-4ac}}{2a}\pm\frac{-2b}{2a}$$
$$=-\frac{b}{a}$$

가 됩니다. 이것도 역시 근이 두 개이므로

$$\alpha\beta=\frac{-b+\sqrt{b^2-4ac}}{2a}\times\frac{-b-\sqrt{b^2-4ac}}{2a}$$
$$=\frac{-b^2-(b^2-4ac)}{4a^2}=\frac{4ac}{4a^2}$$
$$=\frac{c}{a}$$

이 됩니다.

따라서 이차방정식의 두 근의 합과 곱은 이차방정식의 계수로 나타낼 수 있게 됩니다. 오늘의 포인트라고 할 수 있는 것은 근과 계수의 관계

이차방정식 $asx^2+bx+c=0(a\neq 0)$의 두 근을 α, β라 하면

$$\alpha+\beta=-\frac{b}{a},\ \alpha\beta=\frac{c}{a}$$

• 결석한 친구에게 오늘 수학시간에 배운 내용을 예를 들어가며 자세히 설명해 보세요(친구가 이해할 수 있도록 구체적인 예를 들어가며 상세히 설명해 보세요).

(b) 조립방법은 몫과 나머지를 쉽게 구할 수 있는 방법이다. 어떻게 몫과 나머지를 쉽게 구하냐면 우선 문제를 예로 들어서 한번 풀어보자. $(x^3-2x^2+5-3)\div(x-2)$라는 식이었어. 그런데 이걸 하나하나 다 풀면 힘드니까 조립제법을 이용해서 위에 있는 이 식을 푸는 거야. 어떻게 푸냐구? 간단해

$$\begin{array}{r|rrrr} 2 & 1 & -2 & 5 & =3 \\ & \downarrow & 2 & 0 & 10 \\ \hline \times & 1 & 0 & 5 & 7 \end{array}$$

로 되는데 이렇게 하면 몫은 x^2+5 나머지는 7이 되는 거야. 아참! 위의 $(x-2)$로 나눌 때 꼭 부호를 바꿔서 나눠줘야 해.

한 문제 더 풀면 $(x^3-x^2+1-5)\div(x+3)$은

$$\begin{array}{r|rrrr} -3 & 1 & -1 & 1 & -5 \\ & & -3 & +12 & -3 \\ \hline & 1 & -4 & -13 & -4 \end{array}$$

로 해서 $x^2-4x+13$이 몫이고 -4이 나머지가 되는거야.

이제 알겠지?

• 결석한 친구에게 오늘 수학시간에 배운 내용을 예를 들어가며 자세히 설명해 보세요(친구가 이해할 수 있도록 구체적인 예를 들어가며 상세히 설명해 보세요).

(c) 얘들아 안녕.

나는 너네보다 수학 못하지만 이렇게 쓴다.

너네들이 없으니까 교실이 허전하고 수업진도는 계속나가고 너네들이 와서 교실 좀 채워주라.

글구 오늘 수업시간에 공식이랑 허근, 실근을 배웠는데 선생님이 공식은 외워야 한데.

내가 써줄테니 외워

$$\alpha = \frac{-b \pm \sqrt{b^2 - 4ac}}{2a},$$

나는 외우긴 외웠는데 좀 헷갈린다. 공식 이름은 이차방정식의 근의 공식이다…

다른 거는 몰라두 공식은 꼭! 외우는게 좋데…

그러니까 공식은 꼭! 외워!

안외우면 너네들만 손해다.

그럼 이만 쓴다.

눈병 빨리나서 학교에서 보자.

빠빠이

위의 사례에서 느낀 바와 같이 수학일지는 학습에 대한 흥미를 줄뿐만 아니라 교사와 학생 사이의 대화의 창이 될 수 있다. 학생들은 수학일지 쓰기를 통하여 학습한 것을 반영하고, 아이디어를 확장하고, 해와 전략을 논의하고, 자신을 위한 의미를 만들 수 있으며, 교사는 수학일지로부터 얻어진 정보를 이용하여 학생들에게 필요한 것과 덜 강조되어야 하는 것들을 알고 수업을 계획하고 조정하는 데 도움을 받을 수 있다. 즉, 수학일지 쓰기는 학생의 잘못된 개념을 진단하고 교정하는데 매우 가치 있으며, 교사에게는 교수계획의 수립과 교수전략의 개발에 도움을 주고, 교사와 학생간의 상호작용을 통하여 긍정적인 교실 분위기를 조성한다(박현수, 2000).

8 교실의 수학적 상황

앞에서는 수업모델에 관련된 상황인지 내용이 있었다. 그러나 상황인지에는 교수학습의 측면도 있지만 전이, 평가의 측면도 있기 때문에 본 단원에서는 상황인지이론을 교실의 관점에서 논한다.

8.1 상황이론의 일반성

앞 장에서는 교실의 역동적 환경으로 교실의 구성분위기, 의사소통의 분위기, 수학적 활동의 분위기 등을 강조했다. 이 과정에서 자연스럽게 상황인지 이론의 중요점이 제시되었다.

교실의 역동적 분위기는 단순히 교사가 말하고 쓰면, 학생들이 받아쓰고 읽는 수준을 의미하지 않는다. 탐구와 구성, 토론과 상호작용등과 같은 학습자들의 활동이 있을 때, 그 교실은 역동적 환경을 이루고 있다고 말한다. 이러한 활동은 상황인지에서 강조하는 것이므로 이 이론의 내용을 간략히 논하여 보자.

상황학습은 학습자가 지식이 발생되고 구성되는 상황에 능동적으로 참여함으로써 지식과 기술이 자발적으로 이루어지는 학습을 말한다. 이는 지식은 그 지식이 적용될 상황 속에서 가르치고 그 상황을 통해 일반화될 때 유의미한 가치를 지닌다는 가정에 바탕을 둔다(Duffy, 1991) 다음 소재에서 이 가정을 설명하여라.

다음 처음 그림에서는 반지름이 0.2m인 바퀴가 수평선 위를 굴러간다. 점

P는 중심 C 바로 위에 있으며, $\theta°$만큼 회전하면 점 P의 높이는 hm이다. h를 θ로 나타내고 그래프로 나타내어라. 그러나 두 번째 그림에서는 실세계 상황이 없다. 교실에서 이 문제는 의미가 있는 소재인가?

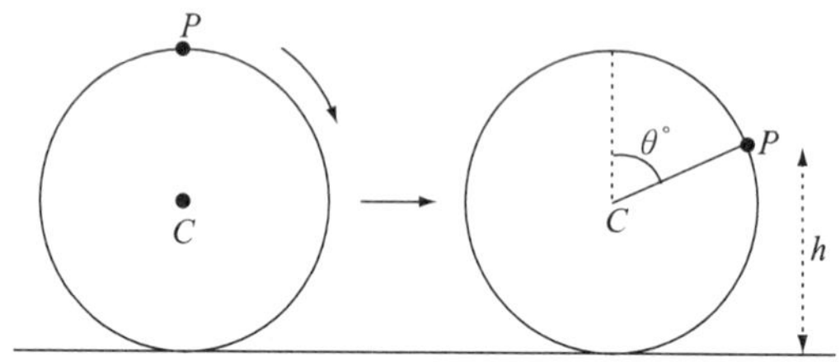

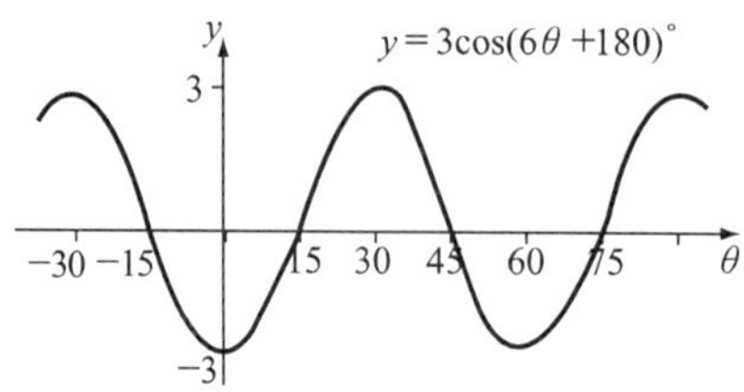

진폭 3, 주기 60, $-30°$ 이동

이와 같이 지식이라는 것은 상황적인 것이고 그 지식이 사용될 과제, 맥락, 문화 안에서 생성되는 것이지 결코 단독적으로 존재하는 것은 아니며, 실제 상황에서 실제적인 문제를 학습자에게 제공하는 환경에서 학습이 이루어지고, 필요시에 지각되고 행동으로 옮겨질 수 없는 지식은 진정한 학습 개념에서는 무의미한 지식이라 할 수 있다는 것이다. 그 이유는 지식은 단순히 독립적으로 존재하는 사실 즉, 내재적 지식(insert knowledge)이기보다는 현실에서 활용될 수 있는 도구, 즉 능동적 지식(active knowledge)일 때 진정한 지식이라고 평가될 수 있기 때문이다.

이러한 맥락은 문제상황의 전체를 주어져야 하며 단편적인 상황의 일부를 주어서는 안된다. 후자의 경우에는 오히려 학습에 대한 감각 또는 효과적인 학습활동을 방해한다.

다음 최대, 최소에 대한 수학개념을 상황인지관점에서 학습하려고 할 때, 이 문제에 알맞은 실세계 상황은 어떤 것인가?

• 다음 연립부등식을 만족시키는 점 (x, y)에 대하여 $x-y$의 값의 최대값

과 최소값을 구하여라.

$$\begin{cases} 2x+3y-6 \leqq 0 \\ 2x-\ \ y+1 \geqq 0 \\ x \geqq 0, \qquad y \geqq 0 \end{cases}$$

직선 $x-y=k$를 주어진 영역 안에서 움직여본다.

새수학운동의 영향을 받은 종전의 교실에서는 수학의 학습에 실생활의 의미 있는 상황을 접목시킬 이유가 없으나 상황인지에서는 실세계의 상황을 맥락으로 제공하여 실질적 전략을 탐구하게 함으로써 학교를 졸업한 후에 직장 또는 실생활에서 일어나는 복잡한 문제를 해결하는 능력을 기르게 한다. 이러한 실질적 과제를 인증된 과제라 보며 이것이 교실에서 강조될 때 비로소 학생들은 그들이 무엇을 배워야 하고, 배운 것을 어떻게 활용하는지 잘 판단할 수 있다. 단, 여기서 인증된 과제는 일상적인 실천을 나타내는 일관성있고, 유의미하고, 목적지향적인 활동을 뜻하며(Brown, 1989), 실천가들이 실제 문제해결상황에서 참여하는 활동으로 구성된다(Wilson, 1973).

다음과 같은 실생활 소재는 중학교 3년에게 인증된 과제인지 논하여라.

소재1: 새로운 농지관리법에 의하여 김○○ 영농회사는 어느 지역에서 농지 소유주와 대리영농을 위한 협상을 한다. 한 가구의 농지를 관리하는 대신 27만 원을 받기로 하는데 보통 400가구 중 100가구만이 이 회사와 계약을 한다. 올해는 좀더 많은 가구와 계약하기 위해 100가구 넘어서면 넘는 한 가구에 대해 모든 계약자에게 1500원 감해주기로 하는 보너스 제도를 운영하기로 했다. 이 영농회사에 최대 수입을 올려주려면 몇 가구와 계약해야 하는가?

계약가구수	각 계약가구의 비용	총수입
100	270000	27000000
101	270000 − (1500×1)	

이와 같이 학습에 투입되는 인증된 과제의 훈련은 학생들로 하여금 실제적

인 과제에 직면했을 때 문제를 해결하는 사고기회를 훨씬 쉽게 얻을 뿐 아니라 자기주도적이고 목표지향적인 활동을 가능하게 한다(Collins, 1989). 따라서 실제 맥락은 학습자의 상황판단에 대한 단서를 제공할 뿐 아니라 관련된 문제해결 맥락들의 선행조직자가 되기도 한다.

다음은 어느 지역의 조류활동을 조사하여 그래프로 나타낸 것이다. 이 과제는 어떤 수업을 위한 인증된 과제라 말할 수 있는가? 만일 인증된 과제하면 이 과제는 어떤 소재의 선행조직자가 될 수 있는가?

다음은 서해안의 A 지역에서 하루종일 관찰한 조류의 높이를 그림으로 나타낸 것이다.

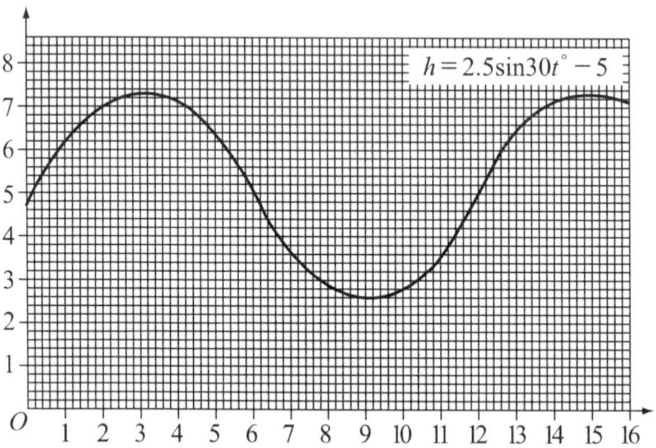

(a) 몇 시에 조류는 가장 빨리 올라왔는가?

(b) 몇 시에 조류는 가장 빨리 떨어졌는가?

(c) 변화율이 0이 되는 시각은?

이 이론의 특징은 학습환경, 지식의 유용한 도구, 문화적응의 과정을 강조하며, 지식이 구체적으로 적용되는 문화의 적응훈련 과정이 있어야 하며 이를 학습과정이라 한다. 또한 이 학습과정은 실제세계의 맥락 속에서 이루어져야 한다는 것이다. 다음 소재에 대한 상황학습의 중요한 용어인 문화적응훈련, 학습환경, 지식의 유용한 도구, 실세계의 맥락을 설명하여라.

일반적으로 함수 $f : X \to Y$가 X에서 Y로의 일대일 대응이면 Y의 임의의 원소 y에 대하여 $f(x) = y$를 만족하는 X의 원소 x가 단 하나 존재한다.

따라서 Y의 각 원소 y에 $y = f(x)$인 X의 원소 x가 대응할 때, Y의 정의역, X를 공역으로 하는 새로운 함수를 얻는다.

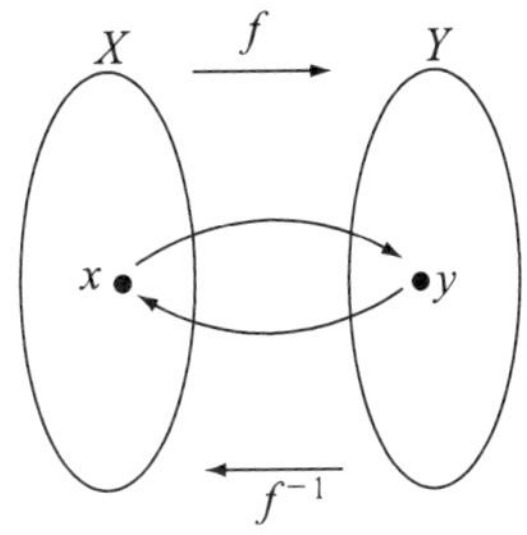

이 새로운 함수를 함수 $f: X \to Y$의 역함수라고 하며, 이것을 기호로

$$f^{-1}: Y \to X$$

와 같이 나타낸다.

따라서 역함수를 설명한 위의 맥락은 학습의 전이를 증진시키지 못하고, 학습자로 하여금 새로운 지식을 재구성하는 기회를 빼앗아간다. 뿐만 아니라 실제 현장에 역함수를 완전하게 응용할 수도 없고, 이러한 단순화, 추상화는 현실 세계의 실제상황에 적응할 수 없는 지식으로 남을 가능성이 크다. 때문에 교실에서 실세계의 실제환경을 단순화, 추상화시켜 전달하는 것은 의미가 없으며, 이보다 실제 맥락의 다양하고 복잡한 상황들이 포함된 개념이 학습자에 인도되어야 한다. 다음과 같은 단순화되고 추상화된 내용을 실세계의 복잡한 상황이 있는 맥락으로 바꾸어라.

$y = a\sin(bx+c)^{\circ} + d$는 $y = \sin x^{\circ}$를 다음 그림과 같이 변형한 것이다.

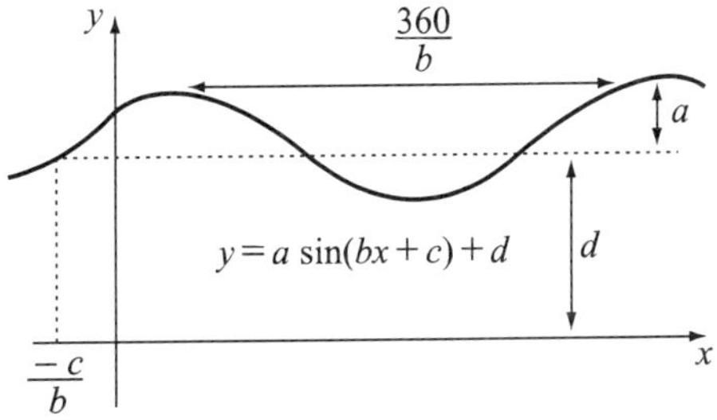

A라는 학생이 어느 날 수업에서 효과적인 학습을 해냈다는 것은 학습의

전이로 그 효율성을 측정할 수 있다. 이와 같은 전이(transfer)는 학습의 결과가 다른 학습과제의 성취에 영향을 줄 때 의미를 갖는다. 이를테면, 수에서 이차방정식의 풀이에 관련된 학습을 했다면, 이후 문제구조가 복잡한 이차방정식 응용문제를 손쉽게 풀었을 때 전이는 잘 이루어졌다고 본다. 그러나 전이는 무척 설명이 어려운 개념이어서 대수의 증명과제를 성공적으로 푼 학생이 기하의 증명과제도 의미 있게 하는가에 대해서는 전이로 말하기 어렵다. 학교에서는 학생들이 수학의 한 개념을 획득할 때 그 개념형성과정에서 사용한 사고방식 또는 인지전략이 다른 개념의 획득과정이나 실생활 문제해결에 잘 사용되기를 기대한다. 라킨(Larkin, 1989)은 전이가능한 지식을 강조하면서 이러한 전이 가능한 지식은 전문분야의 지식과 밀접하게 연결되어 있다고 보고 있기 때문에 구체적 사례와 밀접하게 결부해야 한다는 것이다. 다음 소재는 전문분야의 소재는 아니지만 새수학 관점에서는 교실에서 자주 대하는 문제이다. 이 내용에 알맞은 인증된 소재를 생각할 수 있는가?

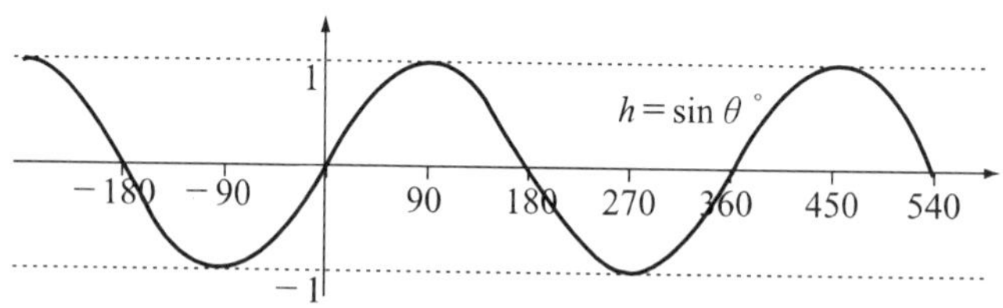

위의 $y = \sin\theta^\circ$의 그래프에서 $\dfrac{dy}{d\theta}$의 그래프는 다음과 같다. 이때, k의 값을 구하여라.

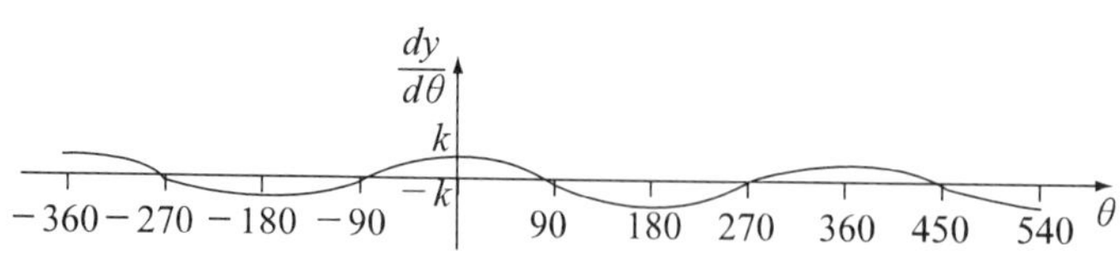

위의 그림은 x축(θ축)이 각도로 표시되어 있기 때문에

$$\frac{d}{d\theta}(\sin\theta)^\circ = \frac{\pi}{180}\cos\theta^\circ$$

점 (0, 0)에서는 $\dfrac{\pi}{180}$이며, x축이 라디안으로 정해져 있다면 1이다.

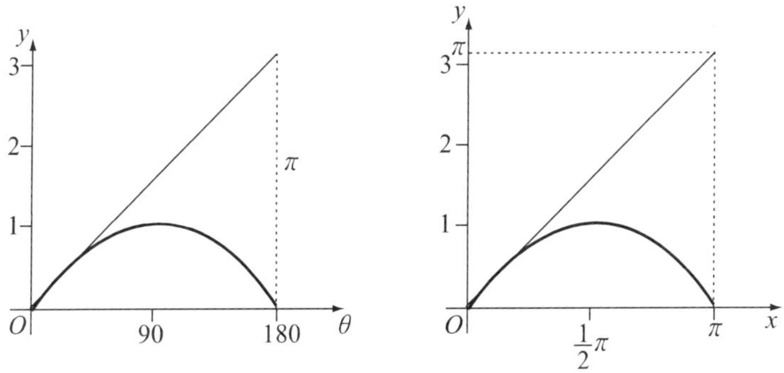

실제로 전문분야 지식(공장의 과제)을 해결하는 직장인들의 문제해결을 관찰해 보면 학교에서 행하는 관습, 즉 추상적이고 논리적인 수학규칙 또는 정리를 실생활 문제상황에 적용하는 방법에서 크게 벗어나고 있다는 것을 느낄 수 있다. 즉, 그들은 다양한 경험으로부터 관련요인을 추출하여 주어진 상황 또는 과제를 해결하는 방법을 택한다(Bransford, 1986).

일부 연구에 의하면 여기에 충분한 문제해결력, 스스로 모니터링 하는 기술 등이 갖추어질 때 일반적인 원리들이 전이된다고 보고 있다(Nelson, 1987). 또, 상황인지에서는 유추적 사고를 매우 중시한다. 즉, 다양한 맥락간의 유사성을 인지할 수 있는 능력은 진이를 촉진시킨다는 것인데, 이 점은 폴리야의 문제해결이론에서도 확인할 수 있다.

원래 유추문제는 원래의 문제에서 하나 또는 그 이상의 변수들을 변경해서 만드는 것이고 확장문제는 문제에서 나타난 개념의 의미를 관련 분야에 확장하는 것을 말한다. 이러한 교과활동은 유추적 사고와 관련이 있을 뿐 아니라 전이를 촉진시키는 훈련방법이기도 하다.

전이를 잘할 수 있는 능력을 기르기 위한 다른 하나의 방법은 학습자가 대비세트를 교실에서 경험하게 하는 것이다(Bransford, 1989). 즉 처음으로 학습자가 어떤 과제를 접했을 때 그가 이전에 경험한 과제와 같거나 다른지를 이해하기 위해서는 다양한 과제의 본질적인 측면을 인식하는 것이 중요하다는 것이다. 여러 과제들의 중요한 차이점을 인식하는데 실패 하면 문제해결에 필요한 정보를 얻을 수 없게 된다. 교실에서 대수증명을 곧잘한 학생이 기하증명을 잘한다는 보장이 없다. 그만큼 두 증명 사이의 본질을 인식하기 어렵고, 차이점을 인식하기 어렵다는 것이다.

대수적 증명

부등식 $a^2+b^2 \geqq ab$를 증명하라. (a, b는 실수)

증명: $a^2-ab+b^2=\left(a-\frac{b}{2}\right)^2+\frac{3b^2}{4}$

그런데 $\left(a-\frac{b}{2}\right)^2 \geqq 0$, $\frac{3b^2}{4} \geqq 0$이므로

$$a^2-ab+b^2 \geqq 0 \qquad \therefore a^2+b^2 \geqq ab$$

기하적 증명

삼각형 ABC에서 변 BC의 중점을 M이라 할 대, $\overline{AB}^2+\overline{AC}^2=2(\overline{AM}^2+\overline{BM}^2)$임을 증명하여라.

증명: 직선 BC를 x축, M을 지나고 이 직선에 수직인 직선을 y축으로 잡고 꼭지점을 $A(a, b)$, $B(-c, 0)$, $(C(c, 0)$으로 높으면

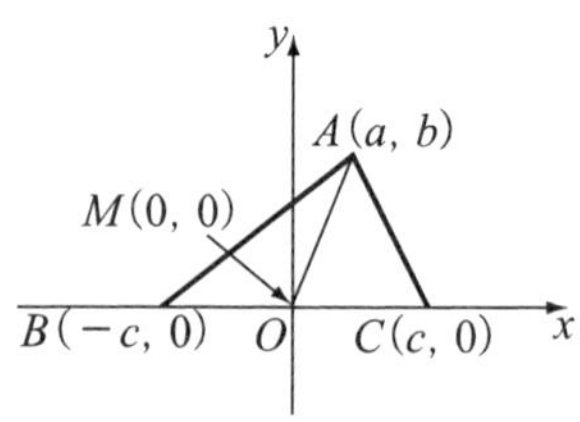

$$\overline{AB}^2+\overline{AC}^2=(a+c)^2+b^2+(a-c)^2=b^2$$
$$=2(a^2+b^2+c^2)$$

그런데 $\overline{AM}^2=a^2+b^2$, $\overline{BM}^2=c^2$

따라서 $\overline{AB}^2+\overline{AC}^2=2(\overline{AM}^2+\overline{BM}^2)$

전이를 용이하게 하기 위해서는 학습의 방법을 종전의 추상적 법칙 또는 원리, 공식을 배운 다음에 다양한 문제상황을 주는 것이 아니고 맥락속에서 다양한 개념과 기능을 연습시키는 것이다(Collins, 1993). 이를테면, 함희준(2003)의 마이크로 수업에서 큰 상황과 단순화된 상황을 부여주고 개념과 기능의 연습을 하는 경우이다.

8.2 교실의 인증된 과제

대부분의 학교에서는 교과서를 통해 수학적 지식을 배우는데, 그 교과서는 실제적 상황과는 거리를 두기 때문에 오직 수학 자체내의 계통을 강조한다. 이들 지식이 실제적 상황과는 동떨어져 있기 때문에 학교에서 배우는 지식과 그 지식이 적용되는 실생활 상황은 별개로 생각한다(Collins, 1989; 박명헌, 2002).

이러한 교실의 분위기는 우리나라의 어느 학교(특히, 고등학교)에 가도흔히 볼수 있는 광경이다. 그러나 초·중·고등학교에서 이러한 관점은 다른 나라에서는 많은 도전을 받아왔다. 이러한 관점의 가장 큰 단점은 학생들이 고등학교를 졸업하고 대학교의 여러 전공분야에 진출하거나 직장생활에서 학교에서 배운 내용을 응용하지 못한다는 사실이다. 따라서 이를 극복하기 위한 방법으로 상황인지에서는 도제모델을 만들어 인증된 활동(authentic activity)을 통한 개념과 원리의 발달을 모색한다. 즉, 실생활의 문제상황에서 개념, 원리, 기능과 법칙 등을 익히고 사용함으로써 수학의 학습이 이루어지는 수업과정을 생각한다. 이러한 도제모델에서는 교사는 학생들이 목표로 정한 과정을 관찰하게 하고, 그 과정에 대한 수업모델을 구성할 수 있도록 과제를 수행한다(Collins, 1989).

다음은 교사가 학생들을 소집단으로 분류하여 그들로 하여금 다음 주에 있을 수업의 과제를 준비시킨 내용이다.

○○마트의 구매담당 부장은 일정한 크기의 포도주 병(16개) 한 상자에 담는데 상자에 들어가는 두꺼운 종이를 가능하면 적게 사용하여 원가를 절감하려 한다. 그런데, 전문가에게 물어보니 병이 들어가는 밑바닥의 모양은 다음 모양과 같이 두 종류가 있다고 한다.

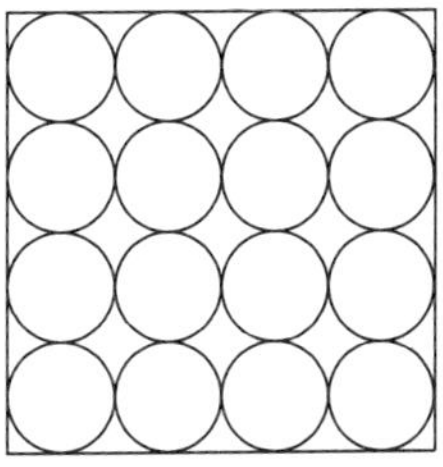

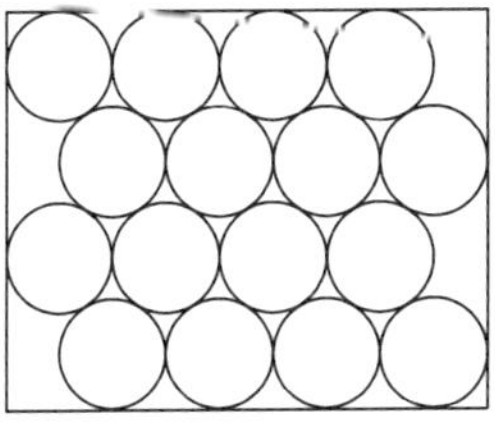

그림 왼쪽은 정사각형 모양이고 오른쪽은 정육각형 모델이다. 또, 병이 서로 부딪히지 않게 하기 위하여 병과 병 사이를 다음 모양과 같이 두꺼운 종이

를 넣는다고 한다.

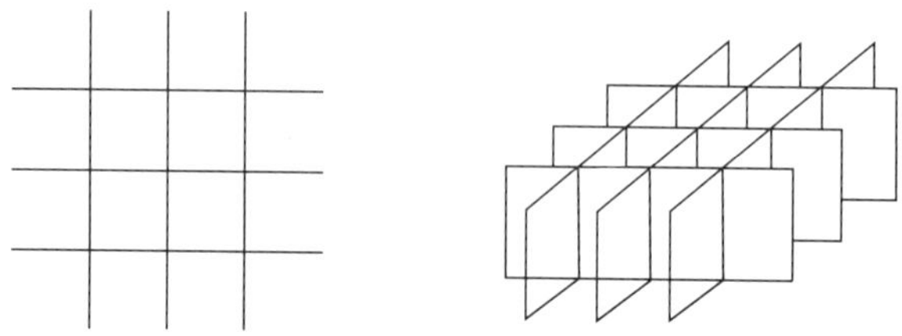

정사각형 모델

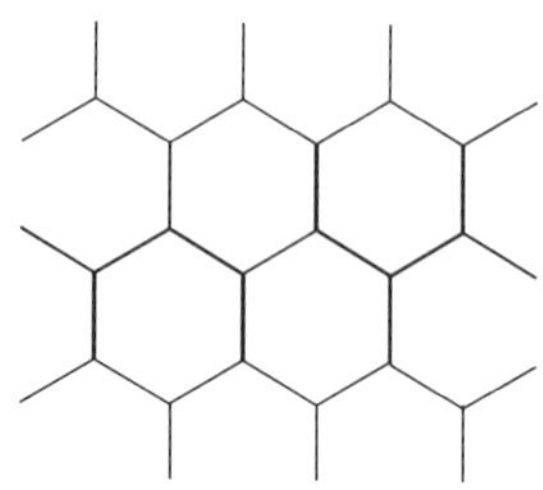

정육각형 모델

이부장의 고민은 어느 모형을 택하여 한 상자에 들어가는 자료(두꺼운 종이)를 최소로 만드느냐이다.

위의 과제는 학생들이 준비한 것으로 목표에 알맞은 소재를 관찰, 조사하여 얻는 것이다. 이 과제의 해결에 알맞은 인지적 모델(수업모델)을 생각할 수 있다.

비디오 위의 인지적 모델을 만드는데 한동석(2004) 수업모델을 참고하여라. 이 모델에서 협력학습을 어떻게 구상했는지 말하여라.

이와 같은 인지적 모델을 만드는 데는 이 과정에는 교사의 지도가 필요하다. 즉, 일종의 시범으로 학생들에게 주의를 집중하게 하고, 필요한 수학내용을 상시시키고, 필요하면 힌트와 피드백을 제공하고 이것의 단순상황을 제시하여 앞으로 진행할 목표달성의 감각을 잡게 한다. 이 지도과정에서는 학생들 자신의 인지적 정보와 지식을 가르쳐주는 일이 주가 되겠으나 학생이 의사결정과정과 해결전략의 개발에 꼭 참여하도록 기회를 마련해야 한다. 그러나 인지적 구조가 충분하게 발달되었을 때는 계획한 암시제공은 필요하지 않다. 단지, 인지적 구조가 불완전하고 안정적이지 못할 때 필요하다(Brown & Palinscar, 1989). 이러한 계획한 암시제공은 전체적인 과제의 수행에서부터 가끔 주어지는 힌트의 제공에 이르기까지 그 범위가 넓고 다양하다. 그리고 학습자의 이해가 증진됨에 따라 교수자는 비계를 감소시킬 수도 있고, 필요에 따라 재조직하거나, 차츰 줄여 나가게 된다.

함희준(2003)의 최대공약수, 최소공배수의 마이크로 수업을 보고, 교사의 역할이 적절했는지 비판하여라.

이상과 같은 관찰, 조사, 지도과정이 끝나면 학생들이 전문가다운 능력, 기능, 태도를 갖고 스스로 능력을 발휘하여 문제를 해결하도록 도움을 주어야 한다. 어떤 도움을 줄까? 먼저 정교화 하는 활동이 학생들한테서 일어나야 한다. 이는 학생들이 자기가 아는 바를 설명하고, 생각하는 것을 바르게 표현하는 것으로 대화, 요약, 비판을 통해 이러한 활동이 일어난다. 이 수준에서 학생들은 자기가 가지고 있는 지식, 계산, 이해, 태도 및 사고를 종합적으로 연결하는 정도가 된다(이성호, 1999). 즉, 폴리야의 문제이해 및 계획의 수준까지도 될 수 있다는 것이다. 콜린(Collin, 1993)은 정교화를 통하여 새로운 상황에 지식을 전이시키는 능력을 얻는다고 한다. 이 과정에서 자기 스스로를 모니터링 하는 절차가 자연스럽게 들어간다.

양현애(2004)의 마이크로 수업에서 학생들의 정교화를 지적하여라. 또, 이성호(1999)가 지적한 것처럼 이미 이 마이크로 수업에서 지식, 계산, 이해, 태도, 사고를 종합적으로 연결하는 시점을 비판하여라.

다음의 단계는 탐색으로 새로운 전략을 탐색하는 것으로 전문가다운 자질을 함유하게 된다. 앞의 과제(포도주병 상자만들기)에서 다음을 생각하여라.

- 교사의 시범과 지도과정
- 정교화와 모니터링 과정

위와 같은 수업과정을 효율적으로 운영하기 위해서는 다음과 같은 몇 가지 사항이 교실에서 지켜져야 한다. 먼저 상황인지에서는 개념, 원리, 법칙 및 계산은 이들이 실생활에서 의미 있게 사용이 되는 상황(맥락)에서 학습이 되므로 유의미한 목적이 있는 활동(인증된 활동)을 포함해야 한다. 이때, 인증된 활동은 학습자에게 개인과제와 사회과제를 연결하는 기회를 제공하기 때문에 문화에 근거한 활동을 만들어야 한다. 이러한 문화에 근거한 활동속에는 구성원의 상호작용이 사회적으로 이루어진다. 중요한 점은 교실에서 학생들은 실제 전문가의 도움을 받아 집단내 활동을 한다(Collins, 1989).

다음 이동을 위한 소재로 이것은 인증된 과제인지 조사하여라. 또, 위에서 콜린(1989)이 지적한 실제 전문가 도움을 계획하여라.

①

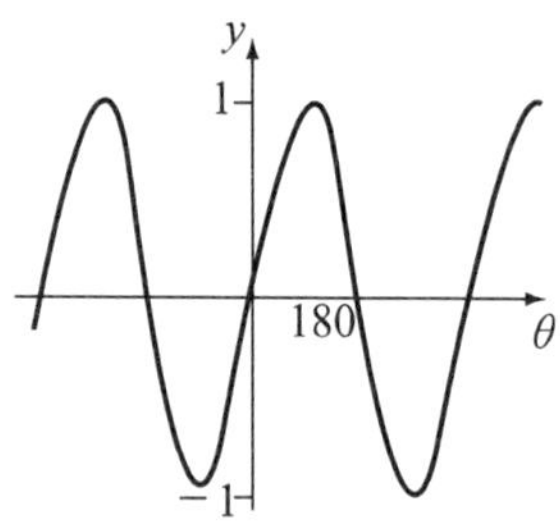

②

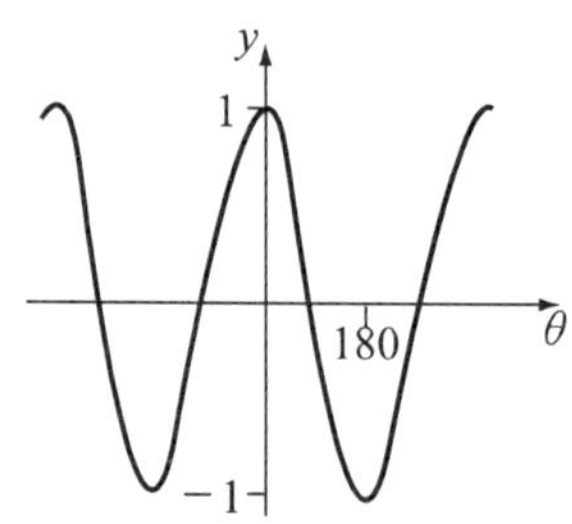

③

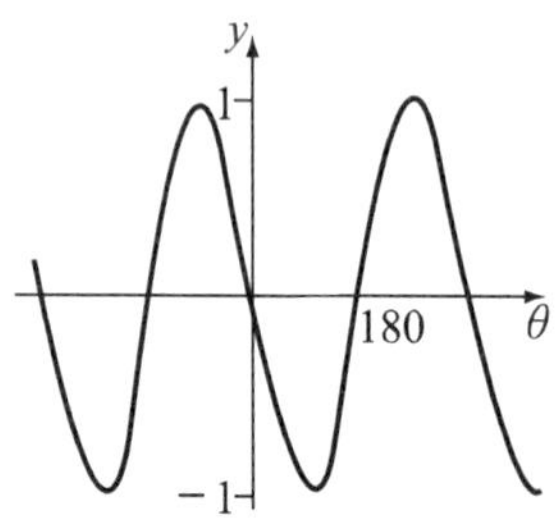

④

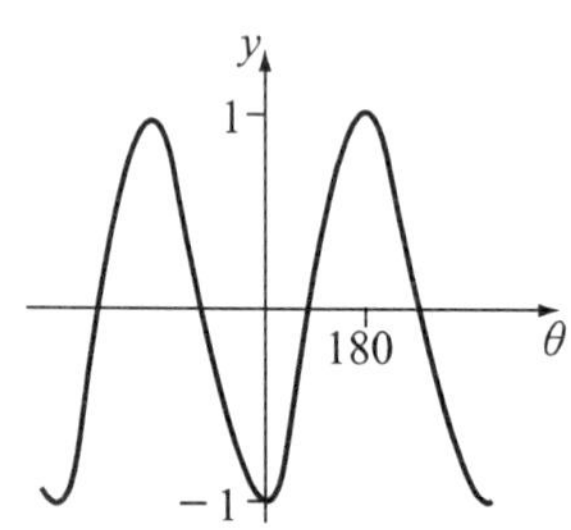

- ①를 θ 축에 대칭시키면 어느것?
- ②를 θ 축에 대칭시키면 어느것?
- ①를 y 축에 대칭시키면?
- ②를 y 에 대칭시키면?

한편 비고츠키(Vygotsky)의 견해에 의하면 인간의 복합적인 정신과정은 사회적 · 문화적 상호작용을 통하여 발달한다고 한다. 상황인지는 그의 견해를 따르기 때문에 학습환경의 중요한 특징으로 협동학습을 강조한다. 학생들은 교실에서 집단활동을 통해 협동적인 상호작용 속에 들어가서 다른 사람(어른 또는 동료)의 사고과정을 접하고, 자기 스스로에게 질문을 던지고, 자기사고를 발표하면서 비판받고 한다. 이러는 과정에서 학습자는 성공적인 문제해결자가 가지는 해결방법을 음미하게 된다(Slavin, 1997).

다음 반성적 사고의 훈련으로 이것은 교실에서 학생들이 획득해야 할 논리적 추론, 다양한 관점의 이해, 자신의 입장 확보 등의 훈련에 필수적인 사고이다.

또, 효율적인 수업 또 역동적인 교실환경은 학생들의 자발적인 참여에 의하여 가능해진다.

8.3 상황인지 평가모델

전통적인 평가는 평준화검사, 준거지향검사, 교사가 제작한 검사지 등을 사용하여 주로 절차적 지식을 측정한다. 그러나 학습자의 이해과정, 이해수준, 사고의 지리 등을 측정하는 데는 이 방법의 한계가 있다. 이를테면, 실험결과에 의하면 전통적 시험은 실세계의 문제해결의 과정과는 정반대의 사고를 길러낼 수 있다고 한다(Collins, 1990).

다음에서 (1)은 전통적인 평가(모의고사)에서 자주 사용하는 평가문항이고, (2)는 수행평가 등에서 사용되는 평가문항이다. 이때, (1)에서는 절차적 지식을 어떻게 평가하는지(2)에서는 인증된 과제를 해결하는 또는 복잡한 이해과정과 전략 수립과정을 어떻게 평가하는지 논하여라. 특히 두 평가 제도를 이해하는데 정미랑(2003)과 함혜영(2003)의 마이크로 수업을 참고하여라.

(1) 임의의 실수 x에 대하여, x를 넘지 않는 소수의 개수를 $f(x)$라 하자. 예를 들면, $f\left(\frac{5}{1}\right)=1$, $f(5)=3$이다. 다음 보기에서 옳은 것은 어느 것인가?(수능시험, 1998)

• $f(10)=4$

• 임의의 양의 실수 x에 대하여 $f(x) < x$이다.

•임의의 양의 실수 x에 대하여 $f(x+1)=f(x)$이다.

(2) ○○엔터테인먼트에 수석 홍보이사로 근무하는 정○○는 앞으로 있을 콘서트를 위해 2천만 원의 홍보비를 회사로부터 받았다. 그런데 조사결과에 의하면 20초짜리 라디오 광고는 비용이 10만 원이고, 30초짜리 텔레비전 광고는 80만 원이라 한다. 그녀는 적어도 30개 이상 60개 이하의 라디오 광고, 적어도 15개의 텔레비전 광고를 계획하고 있다. 주어진 예산범위에서 가장 큰 광고효과를 얻기 위해서는 몇 개의 라디오 광고와 몇 개의 텔레비전 광고를 계획하는 것이 바람직한가?(단, 효과는 가장 오래 일반에게 전하는 시간수를 의미한다.)(NCTM, 모델링 1991).

상황인지에서는 학습자들이 인증된 과제를 해결하고 복잡한 과제를 이해하는 과정을 중시하므로, 평가에서도 다양한 시각과 문제해결의 다양성을 측정해야 한다(Shepard, 1989). 최정임(1997)은 상황인지 평가에 대하여 다음을 이야기했다.

- 상황화된 학습환경에서 한 개인의 진도가 그 학습자 자신의 목적과 의도, 과정의 성취도와 관련이 있으므로 평가는 실제적인 문제해결의 상황에서 발생하는 지각 - 행동의 과정에 초점을 맞추어야 한다.
- 공식적인 지식 체계의 기억을 평가의 대상으로 하지 말고 사고 능력의 유연성에 그 초점을 맞추어야 한다.
- 학생들의 사고와 행동 또는 수행과 관련된 다양한 기준과 표준을 포함하는 다면적인 과정이 되어야 한다.
- 문제해결의 과정 계획, 표현, 수정과 같은 항목을 강조해야 한다.

비디오 한동식(2003), 함희준(2003), 양현애(2004), 정윤체(2004)의 마이크로 수업을 보고, 상황인지에서 중요시하는 평가관점, 즉 문제해결의 상황에서 발생하는 지각·행동과정의 성취수준, 사고능력의 유연성, 수학과 관련된 다양한 기준 등을 평가하여라.

이들을 포함할 수 있는 방법으로 포트폴리오가 적절하다고 말한다. 이를 통해 학생들이 시간이 지남에 따라 자신의 노력에 박식해지고, 숙고하며, 반성적인 평가자가 되는 과정을 볼 수 있다. 또, 수행평가는 상황인지에서 적극 추천하는 평가방법이며, 이를 통해 실세계의 복잡성을 반영하고 다양한 측면을 동시에 측정해주기를 바란다.

참고문헌

1. 김광휘, 집단보상법과 협동기술훈련이 학습능력이 상이한 학습자의 학업성취에 미치는 효과, 부산대학교에 학원, 박사 학위논문, 1996.
2. 김종석(역). 교수학습이론과 실제, 서울: 성원사, 1989.
3. 노은효. 교수학습방법론, 서울: 동문사, 2000.
4. 변영계, 협동학습의 이론과 실제, 서울: 학지사, 2000.
5. 신진희, 수학적 의사소통 능력 평가를 위한 수학일기 쓰기적용에 관한 연구, 교육대학원 논문, 2002.
6. 임철일, 교수설계이론. 학습과제 유형별 교수전략. 교육과학사, 2000.
7. 최정임. 상황학습이론에 따른 학습내용의 구성, 교사의 역할, 평가원리고찰. 교육학연구, 35(3), 1997.
8. Allen, D., Microteaching, Addison-Wesley, Reading, Mas., USA, 1969.
9. Ausubel, D.P., The role of discriminability in meaningful verbal learning. *Journal of Educational psychology*, 54, 1963.
10. Bidwell, J. K., Share Five Chocolate Bars Among six Children. *Mathematics Teaching* 99, 1982.
11. Borenson, H., Promoting Mathematical Creativity in the Classroom. Educational Forum 45, 1981.
12. Clark, L. H. *Teaching in the Secondary School.* New York: Macm, 1977.
13. Cole, P. G., *Teaching Principles and practice*, New York: Prentice Hall,

1987.

14. Collins, A. S. Cognitive apprenticeship: Making thinking visible. Americam Educator, 15(3), 1993.
15. Delamont, S., Interaction in the Classroom, Methuen, London, 1976.
16. Duffy, T. M. Constructivism: New implications for instructional technology. Educational Technology, 3(5), 1991.
17. Farnham, D., Language and Mathematical Understanding Recognition No.3, Association Teachers of Mathematics, Derby, 1975.
18. Freudenthal, H. *Didactical phenomenology of Mathematical Structures*. Dordrecht: D. Reidel Publishing Company, 1983.
19. Good, T., Teaching effects: A Process-Product Study in Fourth-grade Mathematics Classroom, Journal of Teacher Education, 28, 1977.
20. Harvey. R., Language Teaching and Learning. No.6, Mathematics, Ward Lock Educational, London, 1982.
21. Hyman, R. T. Ways of teaching, New York: J. B. Lippin Cott. 1974.
22. Harter, S. A model of Mastery motivation in children: Individuall difference and developmental Change. *Minnesota Symposium on Child Prychology*. vol. 14. H: llsdale, New Jorsey: Erlbaum, 1981.
23. Kemp, J, E., *The instructional design process*, New York: Harper & Row, 1985.
24. Kounin, j. S., Discipline and Group Management in classrooms. Holt, Rinebart, NewYork, 1970.
25. Joyce. B. R., Teacher Training Research: Working Hypothesis for Program Design and Direction for Futher study, Americom Education Research Association, Los Angels, 1981.
26. Knowles, M, S. *Self-directed Learning: Reseasch and application*. OK: The oklahoma R.C.C.P. H, 1975.
27. Kagan, S., Cooperative Learning resources for teachers. CA: Resources for Teaches, 1992.
28. Joyce, B. R., The coaching of teaching. Educational Leadership, p, 40(1) 1982.

29. Lave. J. Situating Learning in Communities of Practice, In L. Resnick, J. Levine(Eds). *Perspectives on Socially Shared Cognition.* Washington: APA, 1993.

30. __________. *Situated Cognition in Mathematics.* Oxford University, Department of Educational Studies, 1996.

31. Prophy, J. Classrom Organisation and Management Occasional paper No. 54. Institute for Research on Teaching, Michigam State Clniverilty, 1982.

32. Slavin, R. E. Cooperative Learning: Where behavioral and humanistic approaches to classsroom motivation meet. Elementary School Journal, 88, 1987.

33. Suchman, J.R., Studies in Inquiry Training. In Piaget Reconsidered eds. R. Ripple. Ithaca, N. Y.: Cornell University, 1964.

34. Streefland, L. Subtracting Fractions with Different Denominators. Educational Study in mathematics. 13, 1982.

35. Thom, R. Modern Mathematics, Does it Exist?, in A. G. Howson(ed.), *Developments in Mathematical Education.* Cambridge Vniversity Pres, Cambridge, 1973.

36. Taba, H. Teacher's Handbook for elemeritary Social Studies. Reading, Mass: Addison-wesley Publishing Co., lnc, 1967.

37. Wadsworth, B., Piaget for the Clarnroom Teachers. New York Longman Inc., 1978.

38. Wragg, E.C. *Classroom Teaching skills*, New York: Nichols, 1984.

39. Weil, M. *Models of teaching,* Prentice-Hall, Inc. 1986.

40. Young, D., Team Learning: An Experiment in Instructional method of Related Achievement. Journal of Reasasch in Science Teaching, 8, 1972.

41. Instructional Design for Situated learning. Educational Technology, Research and Development, 41(1), 1993.

찾아보기

이 책은 《수학지도의 설계 및 수업모형》의 개정 도서입니다.

21 중등수학교육

수학과 수업모델 및 설계

지은이 신현성
펴낸이 박문규
펴낸곳 KM 경문사
펴낸날 2011년 3월 5일
등 록 1979년 11월 9일 제9-9호
주 소 121-818, 서울특별시 마포구 동교동 184-17
전 화 (02)332-2004 팩스 (02)336-5193
이메일 kyungmoon@kyungmoon.com

값 18,000원

ISBN 978-89-6105-428-7
ISBN 978-89-7282-760-6 (세트)

★ 경문사 홈페이지에 오시면 즐거운 일이 생깁니다.
http://www.kyungmoon.com

한국과학기술출판협회 회원사

경문사 초등수학 교육학시리즈

1. 초등수학교육의 이해 (제2판)
   김수미 외 지음

2. 수학 학습 심리와 교수-학습전략
   박성택 지음

3. 초등수학교육의 이해 (개정판)
   최창우 지음

4. 수학교육론
   린 D. 잉글리시·그레엄 S. 핼포드 지음
   고상숙 외 옮김

5. Piaget의 발생론적 인식론을 적용한
   수학수업 1학년
   Constance Kamii 지음/강완 외 옮김

6. Piaget의 발생론적 인식론을 적용한
   수학수업 2학년
   Constance Kamii 지음/강완 외 옮김

7. Piaget의 발생론적 인식론을 적용한
   수학수업 3학년(증보)
   Constance Kamii 지음/강완 외 옮김

8. 테크놀로지와 함께하는 수학교육(제2판)
   권성룡 외 지음

9. 수학의 힘을 길러주자
   권성룡 외 지음

10. 구성주의에 입각한 초등수학 학습·지도
    나카하라 다다오 지음/임문규 옮김

11. 문제해결을 통한 수학적 경험(개정판)
    이대현·최승현 지음

12. 구성주의 수학교실-나눗셈
    마리안 위켓 외 지음/김진호 외 옮김

13. 어린이의 마음을 알면 교육이 보인다
    -임상면담의 첫걸음-
    Herbert P. Ginsburg 지음/신준식 외 옮김

14. 초등수학 교육론
    강완 외 지음

15. 예비교사와 현직교사를 위한
    학교수학과 교구
    김남희 지음

16. 수학교실에서 어린이를 이해하기 위한
    융통성 있는 면담
    허버트 P. 긴스버그 외 지음/남승인 외 옮김

17. 거리수학과 학교수학
    Terezinha Nunes 외 지음/박만구 외 옮김

18. 구성주의 수학교실-곱셈
    메릴린 번스 지음/김진호 외 옮김

19. 수학교실에서 말하기
    수잔느 H. 채핀 외 지음/김진호 외 옮김

20. 수학을 어떻게 가르칠 것인가?
    존 반 드 월르 지음/남승인 외 옮김

21. 초등수학교육론 I
    남승인 외 지음

22. 초등 교사를 위한 레크리에이션 수학
    강완·백석윤 지음

23. 초등학교 수학의 중요한 지도 내용
    이용률 지음